Kleine Hotels
mit Charme

DEUTSCHLAND

KLEINE HOTELS
MIT CHARME

DEUTSCHLAND

Herausgegeben von Fiona Duncan und Leonie Glass

Aus dem Englischen übersetzt
von Ulrike Kretschmer und Sidhi Schade

Christian Verlag
München

Herausgeber *Andrew Duncan*
Design *Mel Petersen*
Übersetzung *Ulrike Kretschmer und Sidhi Schade*

Titelfoto: *Schloss Wilkinghege, Münster, Seite 77*

2. Auflage 2004
© für die deutschsprachige Ausgabe
Christian Verlag
München, 2003
Titel der englischen Ausgabe
»Charming Small Hotel Guides: Germany«
© Duncan Petersen Publishing Ltd., 2003
Das Werk einschließlich aller seiner Teile ist urheberrechtlich geschützt. Jede Verwertung außerhalb der engen Grenzen des Urheberrechtsgesetzes ist ohne Zustimmung des Verlags unzulässig und strafbar. Das gilt insbesondere für Vervielfältigungen, Übersetzungen, Mikroverfilmung und die Einspeicherung und Verarbeitung in elektronischen Systemen.
Projektleitung: *Dr. Alex Klubertanz*
Redaktion: *Christine E. Gangl*
Umschlaggestaltung: *Agentur ZERO, München, nach einer Reihengestaltung von Nele Schütz Design*
Satzarbeiten: *Dr. Alex Klubertanz*
Druck: *Estudios Graficos Zure, SA, Erandio*
Printed in Spain
Alle deutschsprachigen Rechte vorbehalten

ISBN 3-88472-578-5

Hinweis
Alle Informationen und Hinweise, die in diesem Buch enthalten sind, wurden von den Autoren nach bestem Wissen erarbeitet und von ihnen und dem Verlag mit größtmöglicher Sorgfalt überprüft. Unter Berücksichtigung des Produkthaftungsrechts müssen wir allerdings darauf hinweisen, dass inhaltliche Fehler oder Auslassungen nicht völlig auszuschließen sind. Für etwaige fehlerhafte Angaben können Autoren, Verlag und Verlagsmitarbeiter keinerlei Verpflichtung und Haftung übernehmen.

Korrekturhinweise sind jederzeit willkommen und werden gerne berücksichtigt.

Besuchen Sie unsere website
www.kleinehotels.de

Inhalt

Einleitung	6–15
Leserkommentare	16
Karten der Hotelstandorte	17–25
Norddeutschland	26–53
Westdeutschland	54–109
Mitteldeutschland	110–125
Ostdeutschland	126–170
Süddeutschland	171–313
Register der Hotels	314–321
Register der Orte	322–329

Einleitung

In diesem Einführungsteil

Unsere Auswahlkriterien	8
Die verschiedenen Übernachtungsmöglichkeiten	9
Wie Sie einen Eintrag finden	12
Leserkommentare	16
Karten der Hotelstandorte	15–25

Willkommen zu dieser erweiterten dritten Auflage von »Kleine Hotels mit Charme – Deutschland«. Wir folgen dem Vorbild unserer letzten Auflagen von »Frankreich«, »Italien« und »Griechenland« und haben auch hier einige größere, leserfreundliche Neuerungen durchgeführt:

• Alle Hotels werden mit Farbfoto und einem ganzseitigen Beitrag vorgestellt. Einträge ohne Foto gibt es nicht mehr.
• Das Layout wurde verändert, damit Sie die für eine Buchung wichtigen Informationen schneller finden können.
• Die Karten der Hotelstandorte wurden grundlegend überarbeitet und verbessert.

Wir hoffen, dass Ihnen diese Neuerungen eine wirkliche Hilfe sind. In jeder anderen Hinsicht bleibt der Hotelführer seinen Kriterien und seiner Qualität treu, die ihn so einzigartig machen (siehe S. 7), wie uns so viele begeisterte Leser immer wieder bestätigen. Er ist der einzige Deutschland-Hotelführer in Farbe, und seit seinem ersten Erscheinen in den frühen 1990er Jahren beträgt seine Gesamtauflage in Deutschland, Großbritannien und den USA mehrere Hunderttausend Exemplare.

Warum sind wir einzigartig?

Dieser Führer ist der einzige völlig unabhängige Hotelführer (kein Hotel bezahlt in irgendeiner Weise für die Aufnahme) über Deutschland, der

- jedes Hotel im Farbbild vorstellt,
- nur Häuser berücksichtigt, die wirklich Charme und Charakter besitzen,
- die vorgestellten Hotels sorgfältig auswählt,
- besonderen Wert auf eine überschaubare Größe der Hotels legt. Die meisten verfügen über weniger als 40 Zimmer. Sind es mehr, erscheint das Hotel kleiner als es ist. Wir sind der Meinung, dass ein wirklich herzlicher Empfang viel eher in einem kleinen Hotel gewährleistet ist;
- hohen Wert auf die ausführliche Beschreibung der Hotels legt, anstatt störende oder unverständliche Symbole zu verwenden;
- von einem kleinen, unbürokratischen Verlag mit einem Team gleich gesinnter Tester herausgegeben wird. Vergleichen Sie auch unsere Auswahlkriterien auf Seite 8.

Unsere Auswahlkriterien

• Eine ruhige und attraktive Lage. Wenn das Hotel in einer Stadt liegt, müssen wir bezüglich der Ruhe natürlich manchmal Konzessionen machen.
• Ein Gebäude, das besonders schön, interessant oder historisch bedeutend ist – oder wenigstens besonders viel Charakter hat.
• Ausreichend Platz in einem familiären Rahmen. Wir schätzen keine Hotels, die durch ihre Vornehmheit oder falsche Ambitioniertheit einschüchtern.
• Guter Geschmack und Fantasie in der Inneneinrichtung. Wir lehnen standardisierte Einrichtungsgegenstände und Einheitsdekorationen wie bei Hotelketten ab.
• Zimmer, die wie wirkliche Schlafzimmer wirken und individuell eingerichtet sind – nicht wie unpersönliche Hotelzimmer.
• Möbel und andere Teile der Einrichtung, die bequem sind und gut gepflegt werden. Wir freuen uns über interessante antike Möbelstücke, die zum Gebrauch, nicht zum Bestaunen da sind.
• Eigentümer und Personal, die engagiert und planvoll zu Werke gehen. Ein persönlicher Empfang, der weder unterkühlt noch aufdringlich ist. Der Gast sollte sich als Individuum behandelt fühlen.
• Gute und interessante Küche.
• Eine angenehme Atmosphäre. Es sollten weder aufdringliche Menschen mit ihrem Geld angeben, noch sollte das Hotel einen exklusiven und elitären Charakter aufweisen.

Einleitung

Umfangreich und wählerisch

Um für jeden Eintrag eine ganze Seite Text und ein Farbfoto zur Verfügung zu stellen, mussten wir ein paar Seiten mehr drucken. Wir beschränken uns jedoch unverändert auf eine Auswahl von etwa 300 Unterkünften. Mit den Jahren hat sich die Anzahl kleiner Hotels mit Charme in Deutschland immer mehr erhöht; besonders in den neuen Bundesländern gibt es mittlerweile viele neue Unterkünfte. Wir glauben jedoch nicht, dass es in Deutschland gegenwärtig wesentlich mehr als 300 Hotels gibt, die unseren Auswahlkriterien genügen. Nähmen wir mehr Unterkünfte in unseren Führer auf, würden wir unserem Prinzip untreu, ausschließlich die Hotels zu erwähnen, die mehr zu bieten haben als lediglich ein Bett für die Nacht. Bei jedem Eintrag überlegen wir uns sehr genau, ob das Hotel unabhängig von seiner Anzahl an Sternen oder Annehmlichkeiten etwas Besonderes ist.

Klein, aber mit Charme

Es gibt relativ wenige echte kleine Hotels mit Charme. Trotz der Kompromisse, die wir bei den deutschen Hotels eingehen mussten (siehe Seite 11), liegt uns bei unserer Empfehlungen vor allem die Größe der Häuser sehr am Herzen.

Im Gegensatz zu anderen Hotelführern nehmen wir keine Hotels auf, die zwar über große Annehmlichkeiten verfügen, letzten Endes jedoch nur eines sind – Hotels. All unsere Empfehlungen sind auf ihre Art etwas Besonderes. Unsere genauen Auswahlkriterien finden Sie auf Seite 8. Wir glauben, dass wir eine klarere Vorstellung davon haben, was ein besonderes Hotel ausmacht und wir diese Messlatte auch konsequenter anlegen als andere Reiseführer. Schließlich sind wir ein kleiner, unbürokratischer Verlag mit einem Team gleich gesinnter Tester und haben unsere Auswahlkriterien schon häufig angewandt und verinnerlicht. Wir freuen uns über jede Zuschrift von unseren Lesern (siehe dazu auch Seite 16), sie bilden aber nicht unsere Hauptinformationsquelle.

Die verschiedenen Übernachtungsmöglichkeiten

Trotz seines Titels beschränkt sich dieser Hotelführer nicht auf Unterkünfte, die mit Hotel bezeichnet sind, oder auf hotelähnliche Unterkünfte. Im Gegenteil: Wir suchen nach Orten, die ein Zuhause fern von zu Hause bieten. Wir nehmen kleinere und Hotels mittle-

rer Größe auf, traditionelle Gästehäuser und Dorfgasthöfe. Einige bieten nur Bed & Breakfast, andere auch Mittag- und Abendessen an. Darüber hinaus verzeichnen wir auch Apartmenthotels und eine Hand voll privater Unterkünfte, vorausgesetzt, sie sind etwas Besonderes. Die meisten Hotels haben weniger als 40 Zimmer, viele sogar weniger als 20, einige jedoch 60 und mehr. (In unseren anderen Hotelführern, z. B. »Italien« oder »Frankreich«, haben die Hotels oft weniger als 20 Zimmer.)

Sie finden sowohl Luxushotels als auch sehr einfache Unterkünfte in diesem Buch; die meisten entsprechen jedoch der zweiten Preiskategorie und liegen zwischen 50 und 100 Euro (siehe dazu auch Seite 11).

Kein Sponsoring!

Wir gehören zur Minderheit der unabhängigen Hotelführer, denn wir meinen, dass es fatal ist, wenn sich der Verlag für die Aufnahme eines Hotels bezahlen lässt. Führer, die gegen Bezahlung arbeiten, sind weder bei der Auswahl noch bei der Beschreibung der Hotels objektiv, obwohl sie die Illusion ihrer Unabhängigkeit angestrengt aufrecht erhalten wollen. Fast kein Hotelführer gibt auf dem Buchumschlag zu, Geld für den Abdruck von Hotelempfehlungen zu bekommen – die meisten verstecken diese Information vielmehr diskret im Inneren.

Vielen Lesern ist nicht bewusst, dass es wesentlich mehr Hotelführer gibt, die sich für die Aufnahme eines Hotels bezahlen lassen, als unabhängige Führer. Das vorliegende Buch gehört jedoch zu den wenigen, die ihre Objektivität bewahrt haben.

Die deutsche Hotelszene

Es war zugegebenermaßen nicht ganz einfach, kleine Hotels mit Charme in Deutschland zu finden. Doch ihre Zahl steigt erfreulicherweise stetig an. Deutschland ist jedoch nach wie vor ein Land, in dem Erfolg unweigerlich mit Wachstum und Expansion verbunden zu sein scheint. Oft glauben nicht nur die Hotelgäste, sondern auch die Hotelbesitzer, dass Größe die Voraussetzung dafür ist, am Markt ernst genommen zu werden. Die Dinge ändern sich jedoch, vor allem in touristisch stark frequentierten Gegenden Deutschlands, in denen die Gäste auch mehrere Auswahlmöglichkeiten haben wollen.

In Ostdeutschland mit seinen fünf Bundesländern Mecklenburg-Vorpommern, Sachsen-Anhalt, Brandenburg, Berlin und Sachsen ist der Wandel am auffälligsten. Es ist uns nicht schwer gefallen, über 40 ganzseitige Einträge zusammenzustellen und auf Seite 126 noch 20 weitere Hotels zu erwähnen, die wir gerne ausführlicher vorgestellt hätten. Wir hoffen, dies in unserer nächsten Ausgabe nachholen zu können. Dennoch unterscheiden sich die kleinen Hotels mit Charme im Osten Deutschlands erheblich von denen in z. B. Frank-

---

Erkundigen Sie sich nach den Preisen

Die in diesem Führer angegebenen Preise beziehen sich auf 1 Zimmer. Wir verwenden ein System von Preisspannen, anstatt wie in früheren Ausgaben die exakten Preise zu nennen. Sie reichen vom preiswertesten Einzelzimmer in der Nebensaison bis zum teuersten Doppelzimmer in der Hauptsaison:

€	unter 50 Euro
€€	50–100 Euro
€€€	100–150 Euro
€€€€	über 150 Euro

Die Preise enthalten Mehrwertsteuer, Frühstück und Service. Wann immer es ging, haben wir die aktuellen Preise für die Saison 2003/2004 aufgeführt; leider war dies bei Redaktionsschluss jedoch nicht bei allen Hotels möglich. Es kann also vorkommen, dass die Preise höher sind als angegeben. Um unangenehme Überraschungen zu vermeiden, sollten Sie dies bereits bei der Buchung klären.

reich oder Italien. Uns fiel besonders eine Tendenz zur Übertreibung bei der Einrichtung auf; auch die Küche wird zwar oft ernst genommen, entbehrt jedoch einer gewissen Finesse. Doch diese kleinen Nachteile sollten Sie keinesfalls davon abhalten, den landschaftlich und historisch interessanten Osten Deutschlands zu besuchen.

Wie Sie einen Eintrag finden
Die Einträge in diesem Führer sind geografischen Gruppen zugeordnet. Zunächst ist ganz Deutschland in fünf Hauptgebiete unterteilt: Der Führer beginnt mit Norddeutschland und schreitet in südlicher Richtung zu West-, Mittel-, Ost- und schließlich Süddeutschland fort. Jedes der Hauptgebiete besteht aus einem oder mehreren Bundesländern, deshalb sind auch die Einträge in unserem Führer nach den verschiedenen Bundesländern geordnet. Das Gebiet Norddeutschland setzt sich aus Hamburg, Niedersachsen und Schleswig-Holstein zusammen, Westdeutschland aus Nordrhein-Westfalen, Rheinland-Pfalz und dem Saarland, Ostdeutschland aus Mecklenburg-Vorpommern, Sachsen-Anhalt, Brandenburg, Berlin und Sachsen.
Es gibt jedoch auch Abweichungen von diesem Prinzip: Das Gebiet Mitteldeutschland besteht aus nur einem Bundesland: Hessen. Zudem ist Bayern aufgrund seiner Größe in einen südlichen und einen nördlichen Teil aufgeteilt.

Buchungsservice

Wenn Sie die Hotels in diesem Buch schnell und einfach buchen oder sich eine individuelle Reise zusammenstellen lassen möchten, können Sie sich an das Reisebüro am Patentamt in München wenden. Dort wird man Ihnen gerne weiterhelfen.

Reisebüro am Patentamt
Frau Helga Henning
Kennwort: Kleine Hotels mit Charme
Tel.: 089 / 22 79 63
Fax: 089 / 228 34 06
rsb.patentamt@startpartner.net
Besuchen Sie auch unsere website
www.kleinehotels.de

Innerhalb der regionalen Unterteilungen folgen die Einträge einem festen Prinzip:
• Als Erstes finden Sie eine Einleitung in das betreffende Gebiet. Sie bietet nach einer geografischen Eingrenzung und kurzen Hinweisen auf landschaftliche und historische Sehenswürdigkeiten einen generellen Überblick über die Übernachtungsmöglichkeiten der Gegend und die Erwähnung zusätzlicher Hotels, bei denen ein ganzseitiger Eintrag nicht gerechtfertigt ist oder die aus Platzgründen entfallen mussten.
• Es folgen die ganzseitigen Einträge, die alphabetisch nach Stadt, Ort oder nächstgelegenem Dorf geordnet sind. Wenn mehrere Empfehlungen in der gleichen Stadt oder ihrer Umgebung gegeben werden, werden sie alphabetisch nach dem Namen des Hotels aufgelistet.
Um ein Hotel in einem bestimmten Gebiet zu finden, benutzen Sie am besten die Karten im Anschluss an diese Einleitung. Um ein bestimmtes Hotel zu finden, dessen Namen Sie bereits kennen oder ein Hotel in einem Ihnen bekannten Ort, empfehlen sich die Indizes im Anhang. Sie sind in Hotel- und Ortsregister unterteilt.

Wie Sie einen Eintrag richtig lesen

Westdeutschland

RHEINLAND-PFALZ

COCHEM

Alte Thorschenke
~ Stadthotel ~

56812 Cochem, Brückenstr. 3
Tel (02671) 7059 **Fax** (02671) 4202
e-mail alte-thorschenke@t-online.de **website** www.castle-thorschenke.com

Die meisten Besucher Cochems fotografieren als erstes diesen alten Gasthof, der direkt neben dem Hauptparkplatz steht. Die aus dem 14. Jahrhundert stammende Fassade wirkt mit ihren Giebeln und Türmen ebenso malerisch wie die mittelalterliche Stadtmauer.

Das Innere der Alten Thorschenke besitzt eine wohnliche Atmosphäre. Wenn man das Glück hat, sich eines der wenigen Zimmer im vorderen Teil des Hauses zu sichern, steigt man von der Rezeption (mit clubähnlicher Lounge) eine wunderschöne hölzerne Wendeltreppe hinauf. Über einen Korridor mit knarrenden Dielen gelangt man in so herrliche Zimmer wie beispielsweise die Napoleon-Suite mit einem riesigen Himmelbett und anderen antiken Stücken. Weitere Gästezimmer befinden sich im Rückgebäude, das neuer und weniger interessant ist; sie sind aber ebenfalls gemütlich und mit Antiquitäten möbliert.

Die auf Pergamentpapier gedruckte Karte im Speiseraum, der von einer hohen Decke überspannt wird, bietet zahlreiche regionale Fisch- und Wildgerichte sowie Moselweine aus der Umgebung. Das Frühstück besteht aus einem eindrucksvollen Büfett.

Umgebung: Reichsburg Cochem; Burg Eltz (15 km) • **Lage:** an der Brücke im Stadtzentrum; mit 7 Garagen und großem öffentlichem Parkplatz • **Mahlzeiten:** Frühstück, Mittag- und Abendessen, kleine Gerichte • **Preise:** €-€€€
Zimmer: 43; 38 Doppelzimmer, 20 mit Bad, 11 mit Dusche/WC; 5 Einzelzimmer, 3 mit Bad; alle Zimmer mit Zentralheizung, Telefon, Radio, TV, Fön, Minibar
Anlage: Speiseraum, Weinstube, Rezeption; Terrasse • **Kreditkarten:** DC, MC, V
Kinder: willkommen • **Behindere:** Lift • **Tiere:** nur auf den Zimmern erlaubt
Geschlossen: 5. Jan. bis 15. März; Restaurant Mi (ab Nov.) • **Besitzer:** Weingut Freiherr von Landenberg

---

Name des Hotels

Art der Unterkunft

Ausführliche Beschreibung von Lage und Gebäude des Hotels

Sehenswürdigkeiten in der Umgebung

Ungefähre Beschreibung, wo das Hotel liegt. Fragen Sie sicherheitshalber bei der Reservierung im Hotel nach der besten Anfahrtsmöglichkeit.

Ein Zimmer, das nach unserer Beschreibung ein Bad hat, kann außerdem noch eine Dusche besitzen; Zimmer, die nach der Beschreibung eine Dusche haben, besitzen nur diese Dusche.

Diese Information bezieht sich nur auf Rollstuhlbenutzer oder gebrechliche Menschen. Fragen Sie lieber beim Hotel nach, ob passende Räume zur Verfügung stehen.

Bezieht sich die Angabe »geschlossen« auf Monate, erstreckt sie sich vom Beginn des ersten Monats bis zum Ende des letzten. Erscheinen Wochentage, beziehen sie sich meist auf das Restaurant.

Stadt oder Dorf, in der das Hotel liegt

Postanschrift und sonstige Kontaktmöglichkeiten

Um vom Ausland aus nach Deutschland zu telefonieren, wählen Sie die Länderkennung 0049 und dann die Ortsvorwahl ohne die 0.

Eine wachsende Zahl von Hotels verbietet das Rauchen in einigen oder allen Gemeinschaftsräumen oder sogar in den Schlafzimmern. Raucher sollten vor der Buchung beim Hotel nachfragen, wie die Regeln dort sind.

Wo Kinder willkommen sind, gibt es häufig besondere Einrichtungen für sie, z. B. Kinderstühle, Kinderbetten, Babyphone oder vorgezogenes Abendessen. Fragen Sie immer nach, ob Kinder im Speisezimmer geduldet werden.

Das Frühstück – von klein bis üppig – sollte im Zimmerpreis inbegriffen sein. Die Preise für Mittag- und Abendessen haben wir nicht kategorisiert. Möglicherweise gibt es auch noch Zwischenmahlzeiten. »Zimmerservice« bedeutet, dass Getränke und Mahlzeiten, sowohl mehrgängige Menüs als auch Snacks, aufs Zimmer gebracht werden können.

Die Abkürzungen für die Kreditkarten bedeuten:
AE American Express
DC Diners Club
MC Mastercard
V Visa

Teilen Sie dem Hotel stets im Voraus mit, wenn Sie ein Haustier mitbringen wollen. Selbst dort, wo Tiere gestattet sind, kann es eine Reihe von Auflagen geben, und möglicherweise wird eine kleine Gebühr verlangt.

Wir kategorisieren nach Preisspannen, statt exakte Preise zu nennen. Diese beziehen sich auf ein übliches Doppelzimmer in der Hauptsaison mit Frühstück für zwei Personen. Andere Tarife, z. B. für andere Zimmertypen, Nebensaison, Wochenenden, Langzeitaufenthalt etc., können eventuell nachgefragt bzw. ausgehandelt werden. In einigen Hotels, vor allem den abgelegenen, oder Restaurants mit Zimmern ist Halbpension obligatorisch. Fragen Sie bei der Reservierung nach.

Trinkgelder
In den Hotelpreisen ist der Service immer inbegriffen. Trinkgelder für den Zimmerservice sind also nicht notwendig – aber eine nette Geste, wenn Sie besonders zufrieden waren. Im Restaurant ist es üblich, die Rechnung um 5 bis 10 Prozent auf einen geraden Betrag aufzurunden.

Preisspannen
€	unter 50 Euro
€€	50–100 Euro
€€€	100–150 Euro
€€€€	über 150 Euro

LESERKOMMENTARE

Bitte teilen Sie uns Ihre positiven oder auch negativen Erfahrungen mit kleinen Hotels und Gasthöfen mit, auch wenn sie in diesem Führer nicht berücksichtigt sind. Für Häuser in Großbritannien und Irland, in Frankreich, Italien, Österreich und in der Schweiz, in Spanien und Portugal interessieren wir uns ebenfalls. Wir gehen davon aus, dass Sie damit einverstanden sind, dass Ihre Beiträge unentgeltlich entweder wörtlich oder in überarbeiteter Form veröffentlicht werden.

Senden Sie Ihre Berichte an:
Christian Verlag
Redaktion Kleine Hotels mit Charme
Amalienstraße 62
80799 München

Anmerkungen
Bitte handeln Sie jedes Hotel einzeln ab, und geben Sie dazu jeweils Ihren Namen und Ihre Adresse an. Wir würden es sehr begrüßen, wenn Sie Ihre Berichte mit der Maschine schreiben und nach folgenden Punkten gliedern könnten:

- Name des Hotels
- Stadt oder Ortschaft, in der es liegt, bzw. nächstgelegener Ort
- Vollständige Adresse einschließlich Postleitzahl
- Telefonnummer
- Ankunftstag und Dauer des Aufenthalts
- Das Gebäude und seine Lage
- Gesellschaftsräume
- Zimmer und Badezimmer
- Einrichtung (Stühle, Betten, Heizung, Licht, Warmwasser)
- Zustand und Management des Hotels
- Atmosphäre, Empfang und Service
- Essen
- Preis-Leistungs-Verhältnis

Karten der Hotelstandorte

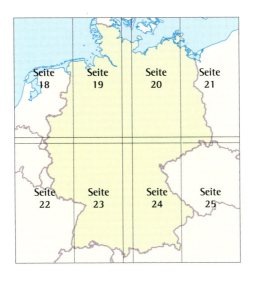

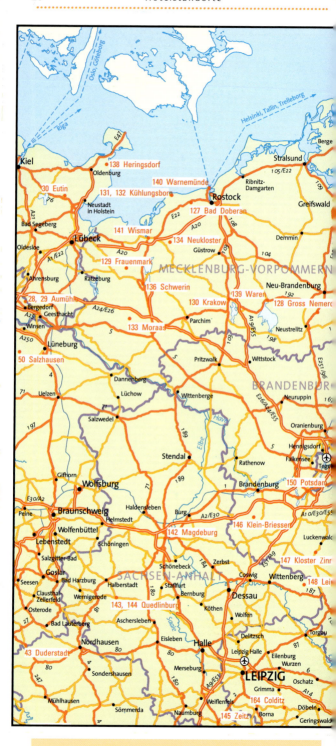

Der Nordosten

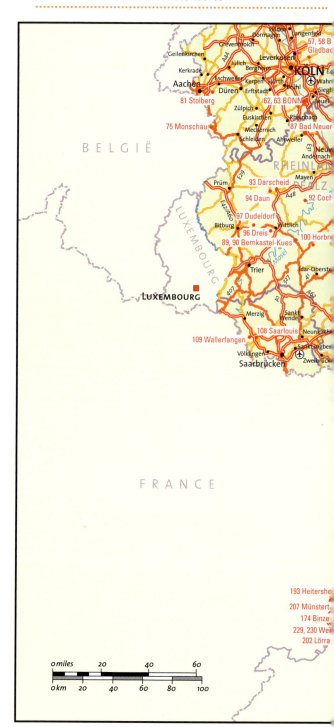

Der Südwesten

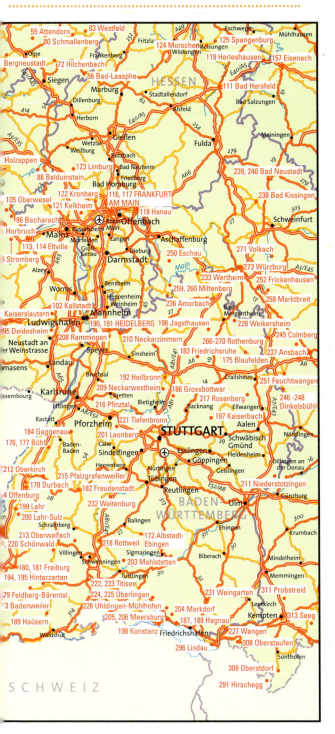

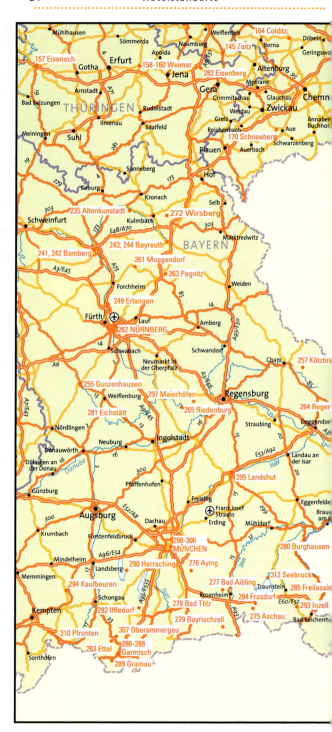

Der Südosten

Schleswig-Holstein

Überblick

Hotels in Schleswig-Holstein

Das nördlichste Bundesland reicht nördlich der Elbe bis zur dänischen Grenze und grenzt im Westen an die Nordsee und im Osten an die Ostsee. Am interessantesten für Touristen sind neben den Küstengebieten die landschaftlich reizvolle Holsteinische Schweiz.

Die Hauptstadt Kiel, eine größtenteils moderne Stadt, liegt an der Mündung des Nord-Ostsee-Kanals. Zu den empfehlenswerten Hotels gehören hier: *Kieler Kaufmann* (Tel. 0431/88110, Fax 8811135, 47 Zimmer), ein elegantes, modernes Hotel mit angeschlossenem exklusivem Club; *Wiking* (Tel. 0431/67301, Fax 673054, 42 Zimmer), ein modernes Hotel mit Restaurant (bodenständige Küche) im Stadtzentrum. Außerhalb des Zentrums in ruhiger Lage: *Birke* (Tel. 0431/53310, Fax 5331333, 64 Zimmer); *Zur Waffenschmiede* (Tel. 0431/369690, Fax 363994, 12 Zimmer), in einem hübschen Grundstück gelegen.

Schleswig, das an der Kreuzung der Hauptverkehrsverbindungen von Nord nach Süd und von Ost nach West liegt, besitzt mehrere historisch bedeutsame Baudenkmäler, darunter Schloss Gottorf mit dem Waldhotel (S. 34). Außerdem empfehlen wir hier: *Strandhalle* (Tel. 04621/9090, Fax 909100, 28 Zimmer), ein komfortables, einladendes Hotel mit seemännischem Flair.

Die Hansestadt Lübeck, im Mittelalter das bedeutendste Handelszentrum in Nordeuropa, konnte viel von ihrem prächtigen alten Stadtkern bewahren, der von Kanälen umgeben ist. *Der Kaiserhof* (Tel. 0451/703301, Fax 795083, 70 Zimmer) ist etwas zu groß für einen eigenen Eintrag in diesem Führer, verbindet aber die Atmosphäre eines eleganten Stadthauses mit hohem Komfort.

Ausführlich stellen wir mehrere Hotels auf den viel besuchten Ferieninseln vor der Westküste des Landes vor. Auf Sylt weiterhin empfehlenswert: *Stadt Hamburg* (Tel. 04651/8580, Fax 858220, 85 Zimmer), ein traditionelles, komfortables Hotel, sowie das elegante, von Michelin ausgezeichnete *Jörg Müller* (Tel. 04651/27788, 22 Zimmer), beide im mondänen Kurort Westerland.

Schleswig-Holstein

Alt Duvenstedt

Töpferhaus
Landhotel

24791 Alt Duvenstedt, Am See
Tel (04338) 99710 **Fax** (04338) 997171
e-mail info@toepferhaus.de **website** www.toepferhaus.com

Das *Töpferhaus* liegt zwischen Flensburg und Hamburg, nur 5 Autominuten von der Autobahn entfernt. Seine ruhige Lage am Ufer des Bistensees könnte einen Gast, der nur eine Nacht bleiben will, auch zu einem längeren Aufenthalt verführen.

Küchenchefin ist Britta Jess, deren Palette regionale und internationale Spezialitäten umfasst. Das Hauptrestaurant mit seinen vielen gemütlichen Nischen und die Gesellschaftsräume sind im Landhausstil gehalten: schmucklose, weiße Wände mit freiliegendem Gebälk und solide Holzmöbel. Große Panoramafenster, die einen Ausblick über die Terrasse und den Garten auf den See bieten, tragen dazu bei, dass die Räume hell und luftig wirken. Überall stehen hübsche Blumensträuße, viele davon in Tonvasen aus der Töpferei, von der das Hotel seinen Namen hat.

Den Gästezimmern sieht man noch an, dass sie erst vor kurzem frisch renoviert worden sind, aber sie sind hübsch eingerichtet, mit Einbauschränken und -tischen, und besitzen mit Marmorfliesen ausgestattete Bäder. Manche Zimmer verfügen über eigene Balkone oder Terrassen.

Umgebung: Rendsburg (11 km) mit Altstadt und Eisenbahnhochbrücke; Ostsee (30 km) • **Lage:** am Ufer des Bistensees, 11 km n von Rendsburg; Ausfahrt Rendsburg/ Büdelsdorf von der A 7, 2 km auf der B 203, Richtung Eckernförde; Parkplatz • **Mahlzeiten:** Frühstück, Mittag- und Abendessen • **Preise:** €€€ **Zimmer:** 44; 27 Doppelzimmer, 8 mit Bad, 19 mit Dusche; 17 Einzelzimmer mit Dusche; alle mit TV, Telefon, Radio • **Anlage:** Speiseräume, Halle, Konferenz-/ Partyraum; Terrasse, Sauna und Solarium, Tennisplatz, Fahrräder • **Kreditkarten:** AE, DC, MC, V • **Kinder:** willkommen • **Behinderte:** keine speziellen Einrichtungen • **Tiere:** nicht erlaubt • **Geschlossen:** nie • **Geschäftsführer:** Martin Brandenburg

Schleswig-Holstein

Aumühle

Fürst Bismarck Mühle
~ Umgebaute Mühle ~

21521 Aumühle bei Hamburg, Mühlenweg 3
Tel (04104) 2028 **Fax** (04104) 1200
e-mail info@bismarck-muehle.de **website** www.bismarck-muehle.de

Anne Marie von Bismarck, Mitglied des schwedischen Königshauses und Schwiegertochter Otto von Bismarcks, übernahm die Umgestaltung dieser 1959 stillgelegten Getreidemühle. Das Innere des Hauses ist mit hübschen Familienerbstücken geschmückt, und jedes Zimmer hat seinen eigenen, ganz persönlichen Charme. Das Hotel stellt die ideale Ausgangsbasis für Besuche im nahe gelegenen Bismarckmuseum und -mausoleum in Friedrichsruh dar.

Das makellos weiße Äußere des Gebäudes wird durch das typisch norddeutsche schwarze Fachwerk akzentuiert; jedes der sieben Zimmer verfügt über eine schöne Aussicht auf den umliegenden Wald, den See und das Flüsschen Au. Die Zimmer sind recht einfach mit weißen Wänden und kontrastierenden bunten Stoffen sowie wenigen Bildern ausgestattet. Die Speiseräume dagegen sind, ebenso wie das Äußere des Gebäudes, im Fachwerkstil gehalten; auch die großen Fenster werden von Holzbalken eingerahmt. Die frischen Blumen, schmalen weißen Kerzen und einige Ölgemälde tragen zu einer äußerst angenehmen Atmosphäre bei, in der man die traditionelle Hausmannskost des Hotels genießen kann. Für laue Sommerabende bietet sich die sonnenüberflutete Terrasse mit Blick auf den Garten an.

Umgebung: Hamburg (30 km); Friedrichsruh mit Bismarckmuseum und Schmetterlinggarten (2 km); Dassendorf, Golfplatz (6 km); Reinbek-Wentorf, Golfplatz (10 km) **Lage:** am Autobahnkreuz Reinbek auf der A24 die Abfahrt in Richtung Reinbek nehmen und der Beschilderung nach Aumühle folgen; Parkplatz • **Mahlzeiten:** Frühstück, Mittagessen, Abendessen • **Preise:** €€ • **Zimmer:** 7; 6 Doppel- und 1 Einzelzimmer, alle mit Bad oder Dusche, Telefon, TV, Modemanschluss **Anlage:** Speiseraum, Bar, Terrasse, Garten, kleine Tierfarm für Kinder • **Kreditkarten:** MC, V • **Kinder:** erlaubt • **Behinderte:** Zugang zum Restaurant; Zugang zu den Zimmern schwierig • **Tiere:** nur im Restaurant, gut erzogene Hunde gern gesehen • **Geschlossen:** Restaurant mittwochs • **Besitzer:** Carl-Heinz Szaggars

Schleswig-Holstein

Aumühle

Hotel Waldesruh am See
~ Hotel am See ~

21521 Aumühle bei Hamburg, Am Mühlenteich 2
Tel (04104) 3046 / 3139 **Fax** (04104) 2073
e-mail waldesruhamsee@aol.com **website** www.waldesruh-am-see.de

Diese in Schwarz und Weiß gehaltene Jagdhütte aus dem 18. Jh. profitiert sowohl von der Ruhe des nahe gelegenen Sees als auch von den zahlreichen Wandermöglichkeiten in die ebenfalls nahe Holsteinische Schweiz. Das Gebäude stammt aus dem Jahr 1737 und diente nicht nur als Jagdschlösschen, sondern 1937 auch als Militärhospital, das von Anne Marie von Bismarck geführt und später in ein Hotel umgewandelt wurde. Heute verfügt es über sechs Speiseräume; am schönsten sind das mit Geweihen geschmückte Jagdrestaurant und die verglaste, mit Goldregen umrankte Veranda, von der aus man einen großartigen Blick über den See hat. Im Sommer dürfen Sie sich die für bis zu 120 Personen veranstalteten Grillabende auf der Terrasse nicht entgehen lassen.

Das Hotel ist auch bei Hochzeitsgesellschaften sehr beliebt; die Hochzeitssuite mit ihren olivefarbenen Bettvorhängen und Efeufriesen ist die zusätzlichen Kosten jedoch nicht wert. Die anderen, mit Antiquitäten eingerichteten Zimmer zeichnen sich sowohl durch ihre Größe als auch durch ihre Schlichtheit aus. Wenn möglich, buchen Sie Zimmer Nr. 3 mit seinen dunkelroten und weißen Stoffen, dem vergoldeten Spiegel und der weiten Aussicht auf den See.

~

Umgebung: Hamburg (30 km); Friedrichsruh mit Bismarckmuseum und Schmetterlinggarten (2 km) • **Lage:** in der Nähe des Bahnhofs, mit Blick auf die Holsteinische Schweiz und den See; Parkplatz • **Mahlzeiten:** Frühstück, Mittagessen, Abendessen, Snacks • **Preise:** €€-€€€ • **Zimmer:** 12; 8 Doppel- und 3 Einzelzimmer, 1 Hochzeitssuite; alle Zimmer mit Bad oder Dusche, WC, Zentralheizung, TV, Minibar, Radio • **Anlage:** Terrasse, Bootsverleih, Minigolfplatz • **Kreditkarten:** AE, DC, MC, V • **Kinder:** erlaubt • **Behinderte:** keine entsprechenden Einrichtungen • **Tiere:** erlaubt • **Geschlossen:** Restaurant dienstags • **Geschäftsführerin:** Kathrin Gehl

Schleswig-Holstein

Eutin

Voss Haus
~ Hotel am See ~

23701 Eutin, Vossplatz 6
Tel 04521 40160 **Fax** 04521 401620
e-mail info@vosshauseutin.de **website** www.vosshauseutin.de

Eutin in der Holsteinischen Schweiz ist bekannt, weil es der einzige Ort in einer ansonsten flachen Landschaft ist, der sich durch einige Hügel auszeichnet; den liebevollen Beinamen »Rosenstadt« erhielt es aufgrund der zahlreichen Körbe und Tröge voller Rosen, die die ganze Stadt schmücken. Es ist bei Touristen vor allem auch deswegen so beliebt, weil nicht nur die Ostseeküste sowie Kiel und Lübeck, sondern auch Kopenhagen, die Hauptstadt Dänemarks, nur einen Katzensprung entfernt sind.

Doch sowohl die Stadt als auch das Hotel selbst verführen mit viel Charme zum Bleiben. Das *Voss Haus* ist nach dem Schriftsteller Johann Heinrich Voss benannt, dessen Unterschrift auch heute noch das Gästebuch ziert. Im Jahr 2001 ist das Hotel vollständig renoviert worden, und obwohl es den zwölf Zimmern ein wenig an Flair mangelt, sind sie doch frisch und sauber. Die beiden Speisemöglichkeiten stehen mit Meinung des Hotelbesitzers ganz oben auf der Liste des Pluspunkte seines Establissements. Das »Da Vinci's« befindet sich direkt im Hotel und bietet eine Reihe von bodenständigen Pasta- und Pizzagerichten sowie traditionelle, regionale und saisonale Kost an. Ganz in der Nähe liegt die »Brasserie am See«, die sich auf Steak- und Kartoffelgerichte spezialisiert hat.

Umgebung: Lübeck (45 km); Kiel (45 km); Timmendorfer Strand (20 km); Golfplatz (9 km) • **Lage:** im Zentrum von Eutin am Großen Eutiner See, 10 km von der Autobahn entfernt; Parkplatz • **Mahlzeiten:** Frühstück, Mittagessen, Abendessen **Preise:** €€ • **Zimmer:** 12 Doppelzimmer, die zu einem Spezialpreis auch als Einzelzimmer gebucht werden können; alle Zimmer mit Bad oder Dusche, TV, Telefon, Fön • **Anlage:** Aufenthaltsbereiche, Speiseraum, Restaurant in der Nähe, Terrasse, Garten • **Kreditkarten:** MC, V • **Kinder:** erlaubt • **Behinderte:** einige Rampen und breite Türen vorhanden, jedoch keine Zimmer im Erdgeschoss • **Tiere:** erlaubt **Geschlossen:** Februar • **Besitzer:** Lars Rülander

Schleswig-Holstein

Insel Föhr

Landhaus Altes Pastorat
~ Restaurant mit Gästezimmern auf dem Land ~

25938 Insel Föhr, Süderende
Tel (04683) 226 **Fax** (04683) 250
email altespastorat@inselfoehr.de **website** www.inselfoehr.de/altespastorat

Föhr gehört zu den größeren Inseln (etwa zwölf Kilometer lang und neun Kilometer breit) im äußersten Nordwesten Deutschlands; sie ist viel ruhiger als ihre Nachbarinsel Sylt und auch nicht durch eine Eisenbahnstrecke mit dem Festland verbunden. Die meisten Hotels der Insel liegen in der Nähe des Ankunftshafens Wyk; das *Landhaus Altes Pastorat* nicht – und für dieses sollten Sie sich entscheiden.

Das langgestreckte, niedrige Backsteingebäude stammt aus dem 17. und 18. Jh. Im ausgebauten Dachgeschoss sind mehrere der komfortablen Zimmer untergebracht; aus ihren Fenstern hat man einen herrlichen Blick auf den üppigen, blumenübersäten hinteren Garten. Auch im Inneren des Gebäudes gibt es überall Blumen; die Einrichtung besteht aus alten und modernen Kunstgegenständen, Antiquitäten und Büchern.

Gäste, die das Hotel vor kurzem für uns besuchten, betonten besonders den Erholungswert des *Landhauses Altes Pastorat*, dem auch der neue Besitzer großen Wert beimisst. Weitere Berichte sind willkommen.

~

Umgebung: Vogelschutzgebiet, Radtouren, Wanderungen • **Lage:** mitten in einem alten friesischen Dorf auf der Insel; auf einem Grundstück mit Parkplatz
Mahlzeiten: Frühstück, Abendessen • **Preise:** €€€ • **Zimmer:** 8; 4 Doppelzimmer mit Dusche, 2 Einzelzimmer mit Bad, 2 Suiten; alle Zimmer mit Telefon, TV, Fön
Anlage: Salon, Speiseraum, Bibliothek; Fahrräder • **Kreditkarten:** keine
Kinder: erlaubt • **Behinderte:** nicht geeignet • **Tiere:** Hunde erlaubt
Geschlossen: November • **Besitzer:** Knut Friederichs

SCHLESWIG-HOLSTEIN

OCKHOLM-BONGSIEL

Gaststätte Bongsiel
Ländliches Hotel

25842 Ockholm-Bongsiel, Bongsiel
Tel (04674) 1458 **Fax** (04674) 1445
e-mail bjoern.thamsen@t-online.de **website** www.bongsiel.de

Die Gaststätte *Bongsiel* befindet sich bereits seit vier Generationen in der Hand der Familie Thamsen. Das ursprüngliche Haus wurde 1903 für Lauritz Thamsen gebaut, der die nahe gelegene Schleuse überwachte, die in die Nordsee führt. Die private Atmosphäre, die das Hotel auch heute noch bestimmt, geht auf die frühen Jahre des 20. Jhs. zurück, als Lauritz Reisende aufnahm, die auf die Schiffe zu den Nachbarinseln warteten. Unter diesen Gästen befanden sich auch Künstler, die für Kost und Logis mit ihren Gemälden bezahlten – der berühmteste war Emil Nolde. Die Wände des gemütlichen Restaurants »Swarte Peerd« zieren mittlerweile über 150 Arbeiten aus dieser Zeit, was neben den köstlichen Aalgerichten zweifelsohne sehr für das Restaurant spricht.

Dem jetzigen Besitzer, Björn Thamsen, ist es gelungen, die Atmosphäre zu erhalten, die sein Urgroßvater geschaffen hat, und das Hotel gleichzeitig modernen Bedürfnissen anzupassen. 2002 wurde der nördliche Teil des Gebäudes renoviert, ein heller Tanzsaal sowie sieben neue Zimmer mit Bad kamen hinzu. Das scheunenähnliche, pflanzenüberwucherte Landhotel mit Reetdach ist in eine üppige grüne Landschaft eingebettet und stellt einen idealen Ausgangspunkt für Wander- und Radausflüge dar.

Umgebung: Nationalpark (3 km); Husum (30 km) • **Lage:** von der B5 bei Bredstedt abfahren, nach 1 km links abbiegen und hinter Ockholm der Beschilderung folgen; Parkplatz • **Mahlzeiten:** Frühstück, Mittagessen, Abendessen • **Preise:** €-€€ **Zimmer:** 15 Zimmer, 8 Apartments, alle mit Bad oder Dusche, Satelliten-TV, Radio **Anlage:** Garten, Ruderboote, Kanal, Terrasse, hoteleigene Angelmöglichkeit, Spielplatz • **Kreditkarten:** keine • **Kinder:** willkommen • **Behinderte:** WC und 4 Apartments im Erdgeschoss geeignet • **Tiere:** erlaubt • **Geschlossen:** Februar; Restaurant dienstags • **Besitzer:** Björn Thamsen

Schleswig-Holstein

Quickborn

Jagdhaus Waldfrieden
Landhaushotel

25451 Quickborn, Kieler Str. (B4)
Tel (04106) 61020 **Fax** (04106) 69196
e-mail waldfrieden@romantikhotels.com **website** www.waldfrieden.com

Hamburg ist nicht einmal eine halbe Stunde entfernt, aber man befindet sich hier in einer anderen Welt. Die Villa, die ein Reeder vor hundert Jahren im traditionellen Jagdhausstil mit steilem Dach und kleinem Turm errichten ließ, steht in einem wunderschönen kleinen Park. Die alten Bäume dort halten den Verkehrslärm von der nahen B 4 ab. Die Lage ist auch die Hauptattraktion des Hotels, aber Siegmund Baierle, der große Erfahrung als Manager von größeren Hotels besitzt, sorgt dafür, dass sein kleiner, aber aufstrebender Betrieb einen hohen Standard bietet.

Die wenigen Gästezimmer im alten Haus sind auf altmodische Weise gemütlich. Wir bevorzugen die Zimmer im 1990 hinzugekommenen Neubau: Sie sind im Landhausstil eingerichtet und besitzen elegante Bäder. Im Haus gibt es zahlreiche Räume zum Entspannen, darunter der faszinierende Speisesaal mit dekorativer Empore, Flügel und Jagdtrophäen. Man kann aber auch im neu entstandenen Gartenhaus (als Frühstücksraum genutzt) oder – bei schönem Wetter – unter den Bäumen im Park essen. Die Küche ist recht anspruchsvoll, das Personal freundlich.

Umgebung: Hamburg (23 km) • **Lage:** 3 km nördlich der Stadt, an der Hauptstraße; großes Anwesen und großer Parkplatz • **Mahlzeiten:** Frühstück, Mittag- und Abendessen • **Preise:** €€-€€€ • **Zimmer:** 24; 19 Doppel-, 5 Einzelzimmer; alle Zimmer mit Bad, TV, Telefon, Radio, Fön, Minibar • **Anlage:** Salon, Speiseräume, Frühstücksraum; Terrassen • **Kreditkarten:** AE, DC, MC, V • **Kinder:** willkommen • **Behinderte:** Zugang leicht • **Tiere:** erlaubt • **Geschlossen:** nie **Besitzer:** Siegmund Baierle

Schleswig-Holstein

Insel Sylt

Benen-Diken-Hof
~ Landhaushotel ~

25980 Keitum/Sylt-Ost, Süderstr. 3–5
Tel (04651) 93830 **Fax** (04651) 9383183
e-mail info@benen-diken-hof.de **website** www.benen-diken-hof.de

Dieses reizvolle Ferienhotel versteht sich als »Insel auf der Insel«. Es gehört zu den exklusiveren Hotels auf Sylt, wie man bereits an der breiten, von Weidezäunen gesäumten Zufahrt erkennt.

Es besteht aus einer Reihe von reetgedeckten, weiß getünchten Häusern. Der in den 1980er Jahren errichtete Anbau ist kaum vom ursprünglichen Gebäude aus dem Jahre 1841 zu unterscheiden. Die Innenräume sind in einer geschmackvollen Mischung aus stilvollen modernen Möbeln, guten Reproduktionen und echten antiken Stücken eingerichtet. Das Dekor ist zurückhaltend, was den Blumengestecken und alten Standuhren zugute kommt. Bilder von einheimischen Künstlern schmücken die Wände; im winzigen Kapitänsraum zeigen die Wandgemälde das Meer. Die Gästezimmer sind hell und sauber.

Der ehemalige Besitzer ging kürzlich in Rente, und sein Sohn Claas-Erik Johannssen übernahm das Hotel zusammen mit seiner Frau Anja. Das Hotel bietet zwar offiziell nur Frühstück an, aber dennoch hat man am Abend eine kleine Auswahl von Gerichten. In der näheren Umgebung gibt es einige ausgezeichnete Restaurants.

Umgebung: Rotes Kliff, Westerland (5 km) mit Spielkasino • **Lage:** in einem Dorf im Osten von Sylt; mit Grundstück und privatem Parkplatz • **Mahlzeiten:** Frühstück • **Preise:** Zimmer €€–€€€ • **Zimmer:** 42; 21 Doppelzimmer (5 mit Einzelbetten) mit Bad, 6 Einzelzimmer mit Dusche, 10 Familienzimmer mit Bad, 5 Apartments; alle Zimmer mit TV, Telefon, Radio, Fön • **Anlage:** Frühstückszimmer, Bar, Bridgezimmer; Schwimmhalle, Sauna, Solarium, Whirlpool, Sonnenterrasse
Kreditkarten: AE, DC, V • **Kinder:** erlaubt • **Behinderte:** Zugang leicht • **Tiere:** auf Anfrage • **Geschlossen:** nie • **Besitzer:** Anja und Claas-Erik Johannssen

SCHLESWIG-HOLSTEIN

INSEL SYLT

Seiler Hof
~ Landhotel ~

25980 Keitum/Sylt-Ost, Gurstig 7
Tel (04651) 93340 **Fax** (04651) 933444
e-mail info@seilerhofsylt.de **website** www.seilerhofsylt.de

Auf Sylt sind sogar die Campingplätze regelmäßig ausgebucht. So überrascht es auch nicht, dass dieses hübsche Landhaus in der Hauptsaison voll belegt ist mit Stammgästen, die sich ihr Zimmer bereits ein Jahr vorher haben reservieren lassen. Es war uns daher nicht möglich, die Gästezimmer zu sehen; doch dem übrigen Haus nach zu urteilen dürften sie keine unangenehmen Überraschungen bergen.

Der *Seiler Hof* ist ein niedriges, strahlend weißes Friesenhaus mit schmalen Fenstern und Reetdach und passt sehr gut zu dem malerischen Dorf Keitum. Es wurde 1761 von den Vorfahren Inken Johannsens errichtet, deren Bruder den größeren *Benen-Diken-Hof* (siehe vorangehende Seite) besitzt. Das Haus ist geschmackvoll eingerichtet mit einer Mischung von ländlichen und gemäßigt modernen Möbeln. Der Speiseraum besitzt einen gefliesten Boden und an den Wänden Delfter Kacheln. Die Gäste werden gebeten, bis Mittag zwischen zwei Abendmenüs auszuwählen. Wenn die gesunde Hausmannskost nicht nach Ihrem Geschmack ist, können Sie im und rund um den Ort zahlreiche Restaurants finden.

~

Umgebung: Rotes Kliff, Westerland (5 km) und Spielkasino • **Lage:** mitten im Dorf; mit Garten und Parkplatz • **Mahlzeiten:** Frühstück, Abendessen • **Preise:** €€-€€€ **Zimmer:** 11; 10 Doppelzimmer, 5 mit Bad, 5 mit Dusche; 1 Einzelzimmer mit Dusche; alle Zimmer mit TV, Telefon, Radio, Fön • **Anlage:** Frühstückszimmer; Sauna, Dampfbad, Fitnessraum, Whirlpool • **Kreditkarten:** keine • **Kinder:** willkommen • **Behinderte:** nicht geeignet • **Tiere:** nicht erlaubt • **Geschlossen:** November; Restaurant sonntags • **Besitzerin:** Inken Johannsen

Schleswig-Holstein

Westerdeichstrich

Der Mühlenhof
~ Umgebautes Bauernhaus ~

Dorfstraße 22, 25761 Büsum-Westerdeichstrich
Tel (04834) 9980 **Fax** (04834) 99888
website www.hotel-muehlenhof.de

Wir halten den *Mühlenhof* für nicht mehr und nicht weniger als eine nützliche Übernachtungsmöglichkeit in einer Gegend, die ansonsten recht arm an kleinen Hotels mit Charme ist. Zudem ist sie im Sommer auch sehr überlaufen und das Hotel meist völlig ausgebucht. Trotz der vor kurzem durchgeführten Renovierung ist die Einrichtung der Zimmer wenig einfallsreich und recht hotelähnlich; dennoch sind die Zimmer sehr komfortabel.

Die wirkliche Attraktion stellt das Restaurant nebenan dar, das in einer alten Windmühle untergebracht und mit wunderschönen Artefakten ausgestattet ist. Die Speisekarte wechselt je nach Saison und bietet eine große Auswahl regionaler Spezialitäten. Nur das Personal schien uns wenig motiviert und nicht besonders um einen herzlichen Empfang bemüht; der (österreichische) Besitzer des Hotels lebt in Berlin und ist fast nie im Mühlenhof anwesend. Weitere Berichte sind uns herzlich willkommen.

~

Umgebung: Büsum, Nordsee • **Lage:** auf eigenem Grundstück, Parkplatz
Mahlzeiten: Frühstück, Mittagessen, Abendessen • **Preise:** €€ • **Zimmer:** 21; 15 Doppel-, 6 Einzelzimmer mit WC und Dusche; alle Zimmer mit Telefon, TV
Anlage: Restaurant, Garten, Sauna, Solarium • **Kreditkarten:** AE, MC, V • **Kinder:** willkommen • **Behinderte:** 2 geeignete Zimmer • **Tiere:** erlaubt • **Geschlossen:** nie
Besitzer: Herbert Wegscheider

HAMBURG

ÜBERBLICK

Hotels in Hamburg

Das von der Elbe durchflossene Hamburg ist die zweitgrößte deutsche Stadt (nach Berlin), der größte Hafen des Landes und neben Bremen einer der beiden Stadtstaaten. Bedeutung erlangte die Stadt als Mitglied der Hanse (die im Mittelalter den Seehandel in der Nord- und der Ostsee kontrollierte); heute ist sie ein modernes Geschäfts- und Industriezentrum. Da sie im Zweiten Weltkrieg verheerende Bombenschäden erlitt, ist der Stadtkern weitgehend modern. Weltweit bekannt ist Hamburgs Vergnügungsviertel, die Reeperbahn.

Natürlich gibt es in Hamburg zahlreiche ruhige, kleine, komfortable Hotels, von denen einige auf den folgenden Seiten detailliert beschrieben werden. Weiterhin empfehlenswert sind: *Außen Alster* (Tel. 040/241557, Fax 2803231, 27 Zimmer) in einem Stadthaus aus dem 19. Jh. mit modernem Interieur, das trotz der zentralen Lage relativ ruhig ist (einige Zimmer haben Alsterblick). Ebenfalls in zentraler Lage nahe der Alster, aber mit eigenem Parkplatz und Garten, befindet sich das *Prem* (Tel. 040/24934040, Fax 2803851). Der österreichische Kunstsammler Rudolf Prem hat zwei Stadthäuser in ein elegantes Hotel umgewandelt, das elegant und geschmackvoll mit vielen antiken Stücken ausgestattet ist; sein Restaurant »*La Mer*« bietet eine interessante Küche. Das *Wedina* (Tel. 040/243011, Fax 2803894, 38 Zimmer) ist ein einfaches, ruhiges, freundliches Hotel an der Alster mit Garten und Swimmingpool, aber ohne eigenes Restaurant.

Außerhalb des Zentrums empfehlen wir: *Haus Lindtner* (Tel. 040/790090, Fax 7909952, 17 Zimmer) mit Garten in Harburg; *Mellingburger Schleuse* (Tel. 040/6024001, Fax 60227912, 40 Zimmer), ein ruhiges, 250 Jahre altes Bauernhaus in Sasel.

Hamburg

Hamburg

Hotel Abtei
~ Stadthaushotel ~

20149 Hamburg, Abteistr. 14
Tel (040) 442905 **Fax** (040) 449820
e-mail info@abtei-hotel.de **website** www.abtei-hotel.de

Das *Hotel Abtei* ist ein wahres Juwel – ein zentral gelegenes, aber ruhiges und sehr persönliches Stadthotel. Es liegt äußerst vorteilhaft und ruhig in einer der schönsten Wohngegenden Hamburgs. Alte Kastanienbäume säumen die Straße vor dem Haus (die frühere Zufahrt zum Kloster Harvestehude). Diese Lage bietet aber noch weitere Vorteile: Die eleganten Hamburger Geschäfte sind bequem zu Fuß zu erreichen; gleich um die Ecke befindet sich die Außenalster mit Bootsanleger. Der Flughafen ist nur 15 Minuten mit dem Auto entfernt.

Die 1887 erbaute Patriziervilla wurde von der gegenwärtigen Besitzerin, Petra Lay, 1978 in ein Hotel mit privater Atmosphäre umgewandelt. Die Gästezimmer sind mit erlesenen englischen Antiquitäten und schönen Stoffen sowie mit modernstem Komfort ausgestattet. Stereoanlage im beeindruckenden Marmorbad.

Man serviert seit kurzem Abendessen (Regionalgerichte mit französischem und italienischem Touch) in einem Speisesaal, in dem das Rauchen nicht erwünscht ist. In den Sommermonaten werden Frühstück und Zischenmahlzeiten bei schönem Wetter im Garten eingenommen.

~

Umgebung: Kunsthalle, Museen, Botanischer Garten, Hafen, Fernsehturm mit Aussicht • **Lage:** in ruhiger Einbahnstraße w der Außenalster, n vom Stadtzentrum; mit Garten, 2 Garagen und begrenzten Parkmöglichkeiten
Mahlzeiten: Frühstück, Abendessen, kleine Gerichte • **Preise:** €€€-€€€€
Zimmer: 11 Doppelzimmer; alle mit Bad, Telefon, Fön, Stereoanlage, TV, Minibar
Anlage: Salon, Speisesaal, Bar; Billardzimmer, Terrasse, Garten • **Kreditkarten:** AE, MC, V • **Kinder:** erlaubt • **Behinderte:** keine speziellen Einrichtungen • **Tiere:** erlaubt (geringe Gebühr) • **Geschlossen:** Restaurant Mitte März • **Besitzer:** Petra Lay

Hamburg

Hamburg

Hotel Hanseatic
~ Stadtvilla ~

22299 Hamburg, Sierichstr. 150
Tel (040) 485772 **Fax** (040) 485773
website www.hanseatic-hamburg.de

Die zwei Jahre, die der ehemalige Besitzer Wolfgang Schüler in London verbrachte, müssen ihn nachhaltig beeinflusst haben: Viele Räume des Hotels sind mit englischen Antiquitäten eingerichtet, und beim Frühstück kann man zwischen 15 verschiedenen Teesorten wählen, die in silbernen Teekannen zusammen mit Toast und selbst gemachten Marmeladen serviert werden.

Das Patrizierhaus mit der weißen Fassade liegt in einem vornehmen Wohnviertel nahe der Binnenalster. Es besitzt die Atmosphäre eines exklusiven Clubs: Es gibt kein Hotelschild; die meisten Gäste erfahren durch Mundpropaganda vom *Hanseatic*. Man kann ausgiebig frühstücken oder im eleganten Salon sitzen und plaudern, wobei man sich an der Bar selbst bedient. Die Gästezimmer sind tadellos sauber und verbinden die Atmosphäre eines Privathauses mit dem Komfort eines großen Hotels.

Die Innenstadt ist nur 10 Autominuten entfernt. Im Sommer können die Gäste vom Pier Alsterrundfahrten unternehmen.

~

Umgebung: Hafenrundfahrten, Kunsthalle • **Lage:** an einer Hauptstraße in einem Wohngebiet, 10 Minuten vom Stadtzentrum entfernt, nö von der Außenalster; mit Garagen • **Mahlzeiten:** Frühstück • **Preise:** €€-€€€€ • **Zimmer:** 13 Doppelzimmer mit Bad; alle Zimmer mit TV, Telefon, Radio, Fön, Minibar
Anlage: Salon, Frühstückszimmer • **Kreditkarten:** keine • **Kinder:** willkommen
Behinderte: nicht geeignet • **Tiere:** einige erlaubt • **Geschlossen:** nie
Besitzer: Melanie Zoebel

Hamburg

Hamburg-Blankenese

Strandhotel Blankenese
~ Hotel an der Elbe ~

22587 Hamburg, Strandweg 13
Tel (040) 861344 **Fax** (040) 864936
e-mail info@strand-hotel.de **website** www.strand-hotel.info

Blankenese, früher ein Fischerdorf, ist heute ein vornehmer Vorort von Hamburg. Seine großen Villen erheben sich an einem steilen Hang mit engen Straßen, die sich zur Mündung der Elbe hinunterwinden. Dieses wundervolle, leuchtend weiße Jugendstilgebäude blickt direkt auf den Fluss. Es wurde Anfang des 20. Jhs. als Hotel errichtet und besitzt noch sehr viele seiner alten Bauelemente wie Gesimse, Stuckdecken, bunte Glasfenster und Glastüren. Die neuen Besitzer verwandelten die Terrasse zum Fluss in einem lauschigen Platz zur gemütlichen Einnahme eines Drinks.

Diese Lage trägt sehr viel zum Reiz des Hotels bei. Man sollte deshalb unbedingt ein Zimmer mit Elbeblick nehmen. Die besten sind wunderbar geräumig und gut geschnitten und mit einer wirkungsvollen Mischung aus alten Möbeln (zum Benutzen, nicht zum Anschauen gedacht) und modernen Kunstwerken ausgestattet. Die Liebe zur modernen Kunst ist im ganzen Haus zu spüren. Das luftige Frühstückszimmer, das auf die Elbe hinausgeht, wird als Galerie für Hamburger Künstler genutzt. Im intimen Speiseraum werden reichhaltige Gerichte serviert, aber es gibt auch zahlreiche Speiserestaurants entlang der Elbe.

~

Umgebung: Segeln, Golf, Reiten; Wedel (5 km) mit »Willkomm-Höft« (Schiffsbegrüßungsanlage Schulau) • **Lage:** am Elbufer in vornehmer Wohngegend, 15 km ö vom Stadtzentrum; mit Garten und Parkplatz • **Mahlzeiten:** Frühstück, Mittag- und Abendessen • **Preise:** €€-€€€€ • **Zimmer:** 16; 10 Doppelzimmer, 5 mit Bad, 5 mit Dusche; 5 Einzelzimmer mit Dusche, 1 Suite; alle Zimmer mit TV, Telefon, Radio, Fön, Minibar • **Anlage:** Speiseraum, Frühstückszimmer, Kunstgalerie; Terrasse, Privatstrand, Sauna • **Kreditkarten:** AE, DC, MC, V • **Kinder:** willkommen **Behinderte:** keine speziellen Einrichtungen • **Tiere:** erlaubt • **Geschlossen:** nie **Besitzer:** Michael Dischoff und Christian Blunck

Niedersachsen

ÜBERBLICK

Hotels in Niedersachsen

Die Norddeutsche Tiefebene des Bundeslands Niedersachsen zieht zwar nur relativ wenige Touristen an, hat aber weit mehr zu bieten, als man erwarten würde. Beispielsweise gibt es hier die landschaftlich schönen und fruchtbaren Ausläufer des Harzes und des Niedersächsischen Berglandes.

Bremen, wie Hamburg eigener Stadtstaat, ist der wichtigste Hafen der Region. Im Zentrum gibt es mehrere große, elegante Hotels, aber keine Häuser, die in unseren Führer passen. Am nördlichen Stadtrand liegt das *Landhaus Louisenthal* (Tel. 0421/232076, Fax 236716, 60 Zimmer), ein klassizistisches Herrenhaus mit gemütlicher Einrichtung. Ebenfalls empfehlenswert ist *Hof Hoyerwege* (Tel. 04222/93100, Fax 931055, 20 Zimmer), ein komfortables Hotel mit ruhigem Garten, nur 20 km südwestlich von Bremen in Ganderkesee. Weiter westlich im Kurort Bad Zwischenahn befindet sich das *Seehotel Fährhaus* (Tel. 04403/6000, Fax 600500, 54 Zimmer) mit wunderschönem Blick über das Zwischenahner Meer. Die vor der Küste gelegenen Ostfriesischen Inseln besitzen schöne Strände und sind ein Paradies für Vogelfreunde. Wir empfehlen hier das *Strandeck* (Tel. 04972/6880, Fax 6277, 42 Zimmer) auf der für den Autoverkehr gesperrten Insel Langeoog, ein sehr komfortables Hotel mit hervorragender Küche.

Die größte Stadt Niedersachsens ist Hannover. Zusätzlich zu den langen Einträgen empfehlen wir hier: *Alpha-Tirol* (Tel. 0511/7687970, Fax 341588, 15 Zimmer) im Zentrum. Im weiter östlich gelegenen Wolfsburg befindet sich das *Ludwig am Park* (Tel. 05362/9400, Fax 940400, 38 Zimmer) mit exzellentem Restaurant direkt am Stadtpark.

Die Lüneburger Heide war früher ein weitgehend unfruchtbares Moorgebiet. In der Stadt Lüneburg sollten Sie im *Hotel Zum Heidkrug* (Tel. 04131/24160, Fax 241620, 7 Zimmer), einem hübschen Restaurant mit Gästezimmern in einem neugotischen Gebäude, oder im *Stumpf* (Tel. 04134/215, Fax 8353), einem einfachen, kleinen Hotel am Stadtrand, übernachten. Weiter südlich liegt die schöne alte Stadt Celle. Der außergewöhnlich elegante *Fürstenhof* (Tel. 05141/2010, Fax 201120, 75 Zimmer), der zur Hotelkette Relais & Châteaux gehört, ist in einem prächtigen historischen Palais untergebracht.

In Osnabrück, der größten Stadt im südlichen Niedersachsen, empfehlen wir das elegante *Hotel Residenz* (Tel. 0541/669309, Fax 6693499, 22 Zimmer) und das historische *Walhalla* (Tel. 0541/34910, Fax 3491144, 27 Zimmer). Das *Waldhotel Felsenkeller* (Tel. 05403/825, Fax 747012, 30 Zimmer) befindet sich im 16 km weiter südlich gelegenen Bad Iburg.

Niedersachsen

Celle

Utspann
~ Stadthotel ~

29221 Celle, Im Kreise 13
Tel (05141) 92720 **Fax** (05141) 927252
e-mail info@utspann.de **website** www.utspann.de

Diese ehemalige Gerberei in der historischen Altstadt von Celle ist über 350 Jahre alt und ein wahres Juwel. Das Fachwerkhaus mit seinem Ziegeldach, den hübschen Fensternischen und den lebhaften roten Markisen gehört der Familie Mehls, die das Gebäude 1986 kaufte und grundlegend renovierte.

Ulla Mehls hat alle Zimmer selbst eingerichtet und sich dabei an den ursprünglichen Stil des Hauses gehalten; die mit ländlichem Schnick-Schnack angefüllten und sorgfältig ausgestatteten Räume haben viel Charme. Ein Zimmer im Dachgeschoss verfügt zwar über recht unruhig gemusterte Stoffe, was jedoch durch einen gestärkten weißen Baldachin und blau-weißes Porzellan an den Wänden ausgeglichen wird. Ein Zweibettzimmer in einem anderen Stockwerk erinnert mit seinen einfachen Holzbetten und den dunkelblauen Tagesdecken an ein Van-Gogh-Interieur. Der Effekt wird noch durch eine Vase mit gelben und weißen Blumen und einen Bronzeeimer voller Getreideähren verstärkt. Wirklich überraschend ist jedoch das große Angebot an Freizeit- und Erholungsmöglichkeiten, darunter auch eine Sauna und ein Solarium. Neben modernem Komfort kommt auch die Technik nicht zu kurz: Jedes Zimmer verfügt über einen Modemanschluss.

Umgebung: Hannover (30 km) • **Lage:** im nördlichen Teil der alten Stadtmauer; Parkplatz • **Mahlzeiten:** Frühstück, Abendessen • **Preise:** €€-€€€ • **Zimmer:** 24; 21 Zimmer, 3 Suiten; alle mit Bad oder Dusche, Telefon, Modemanschluss; auch Zimmer für längere Aufenthalte erhältlich • **Anlage:** Sauna, Solarium, Sonnenterrasse, Garten, Speiseraum, Tagungs-/Partyraum; auf Anfrage Abholservice vom Flughafen Hannover • **Kreditkarten:** AE, DC, MC, V • **Kinder:** erlaubt • **Behinderte:** 2 Zimmer ohne Treppen • **Tiere:** erlaubt • **Geschlossen:** 24. Dezember bis 3. Januar; Restaurant montags und dienstags • **Geschäftsführerin:** Viola Partusch

NIEDERSACHSEN

DUDERSTADT

Zum Löwen
∽ Stadthotel ∽

37115 Duderstadt, Marktstr. 30
Tel (05527) 3072 **Fax** (05527) 72630
e-mail info@hotelzumloewen.de **website** www.hotelzumloewen.de

Bei der vollständigen Renovierung des Hotels 1988 ging viel von seinem ursprünglichen Charakter verloren. Laura-Ashley-Tapeten mit dezentem Blumenmuster verhindern in den Gästezimmern, dass diese zu anonym wirken. Die Möbel sind Sonderanfertigungen aus Vogelaugenahorn, die sehr solide, gemütlich und gefällig wirken.

Überall im Hotel spürt man, dass hier mit viel Liebe zum Detail gearbeitet worden ist. Man mag den Stil des Innenarchitekten vielleicht kritisieren, aber man muss die Ausführung bewundern. Dies gilt vor allem für die verschiedenen Gesellschaftsräume: den eleganten holzgetäfelten Gourmet-Speiseraum, die in Rosa gehaltene, mit Kiefernholz ausgestattete Bar und das Café mit Glasdach, durch das man auf die gefliese Terrasse gelangt.

Eine Hauptattraktion des Hotels ist die ausgezeichnete Küche mit einfallsreichen, fachkundig zubereiteten, reichhaltigen Gerichten. Kleinere Gerichte gibt es auch in der Bar.

Umgebung: Altes Rathaus, Fachwerkhäuser, Propsteikirche St. Cyriakus
Lage: in der Fußgängerzone der Stadt, 32 km ö von Göttingen; mit Garagen
Mahlzeiten: Frühstück, Mittag- und Abendessen • **Preise:** €€-€€€€ • **Zimmer:** 42; 28 Doppelzimmer, 24 mit Bad, 4 mit Dusche; 8 Einzelzimmer mit Dusche; 6 Doppelzimmer in anderem Gebäude; alle Zimmer mit TV, Telefon, Radio, Fön, Minibar, Safe • **Anlage:** Speiseraum, Frühstückszimmer/Café, Konferenzzimmer, Kinderspielzimmer; Terrasse, Hallenbad, Sauna, Solarium • **Kreditkarten:** AE, DC, MC, V • **Kinder:** sehr willkommen • **Behinderte:** Zugang leicht; Rollstühle vorhanden • **Tiere:** erlaubt • **Geschlossen:** nie • **Geschäftsführer:** Franz-Josef Otto

NIEDERSACHSEN

HANNOVER

Georgenhof
Vorstadtrestaurant mit Gästezimmern

30167 Hannover, Herrenhäuser Kirchweg 20
Tel (0511) 702244 **Fax** (0511) 708559

Ähnlich wie das *Landhaus Ammann* gehört der *Georgenhof* zu den angesehensten Restaurants von Hannover. Oder genauer gesagt: Er beherbergt eines, das als »Stern« bekannt ist. Heinrich Stern fungiert als Küchenchef, während sich seine Frau Renate um das Haus kümmert. Die modern präsentierten Gerichte sind recht einfach, aber nicht billig.

Die Gäste kommen aber nicht nur wegen des Essens; auch die Lage ist sehr attraktiv. Die Speiseräume sind – wie nicht anders zu erwarten – makellos: funkelnde Gedecke, kunstvolle Blumenarrangements und stilvolle, moderne Holzstühle, ein Minimum an Dekor, schmucklose Wände und dunkles Gebälk. Unmittelbar dahinter liegt die Speiseterrasse mit Blick auf einen von Schilfgras umgebenen Teich mit illuminierter Fontäne. Das von Kletterpflanzen überwucherte Hotel und die üppig wachsenden Bäume im Garten bilden eine friedliche Oase.

Die Gästezimmer sind ebenso tadellos sauber wie die Speiseräume. Die Betonung liegt hier auf Komfort, aber mit genug Liebe zum Detail (zur Einrichtung passende gerahmte Stiche), um sie aus dem Durchschnitt herauszuheben. Das Personal ist freundlich und hilfreich.

Umgebung: Herrenhäuser Gärten, Kestner-Museum • **Lage:** am nö Rand der Stadt, nahe Herrenhäuser Gärten; auf einem Grundstück mit großem Parkplatz
Mahlzeiten: Frühstück, Mittag- und Abendessen, kleine Gerichte • **Preise:** €€-€€€€ • **Zimmer:** 14; 5 Doppel-, 8 Einzel-, 1 Familienzimmer; alle Zimmer mit Bad, TV, Telefon, Fön, Minibar, die meisten mit Radio • **Anlage:** Restaurant, Konferenzzimmer; Terrasse • **Kreditkarten:** AE, DC, MC, V • **Kinder:** sehr willkommen
Behinderte: nicht geeignet • **Tiere:** werden geduldet • **Geschlossen:** nie
Besitzer: Familie Stern

NIEDERSACHSEN

HANNOVER

Landhaus Ammann
~ Landhaushotel ~

30173 Hannover, Hildesheimer Str. 185
Tel (0511) 830818 **Fax** (0511) 8437749
e-mail mail@landhaus-ammann.de **website** www.landhaus-ammann.de

Trotz seines Namens und unserer damit verbundenen Kategorisierung liegt das Landhaus günstig für Gäste, die in das Stadtzentrum oder zu den Messehallen möchten. Deshalb verkehren hier auch vorwiegend Geschäftsleute mit großzügig bemessenem Spesenkonto.

Trotzdem sind Helmut Ammanns Preise gerechtfertigt angesichts seiner gelungenen Kombination von eleganter Landhausatmosphäre und Stadtnähe, gutem Service und erstklassigem Essen. Die Küche ist das Reich von Herrn Ammann, der seinen Michelin-Stern wirklich verdient. Er bietet moderne Gerichte, mit unverfälschtem Geschmack und in klarer Präsentation, wobei er häufig frische Kräuter aus eigenem Garten verwendet. Auch der Weinkeller kann sich sehen lassen: über 500 verschiedene Weine. Die großen Tische im eleganten Speiseraum sind mit feinem Leinen und ausgesuchtem Porzellan gedeckt. Aber man kann auch draußen auf der überdachten Terrasse speisen, mit Blick auf den Garten und den Wald. Die Gästezimmer sind ebenfalls elegant, in kühlen Farbtönen gehalten, mit dunklen Holzmöbeln und gut ausgestatteten Bädern. Die besten sind außerdem sehr geräumig.

~

Umgebung: Herrenhäuser Gärten, Niedersächsisches Landesmuseum • **Lage:** am Waldrand s der Stadt, nahe Südschnellweg; mit Garten und großem Parkplatz
Mahlzeiten: Frühstück, Mittag- und Abendessen • **Preise:** €€€-€€€€
Zimmer: 14; 12 Doppelzimmer, 2 Suiten; alle mit Bad, Telefon, Fön, TV, Minibar, Radio, elektrischem Hosenbügler • **Anlage:** Speiseraum, Bar • **Kreditkarten:** AE, DC, MC, V • **Kinder:** sehr willkommen • **Behinderte:** nivellierter Zugang zum Erdgeschoss • **Tiere:** erlaubt • **Geschlossen:** nie • **Besitzer:** Helmut Ammann

Niedersachsen

Haselünne

Burghotel Haselünne
~ Stadthotel ~

49740 Haselünne, Steintorstr. 7
Tel (05961) 94330 **Fax** (05961) 943340 **e-mail** reservierung@burghotel-haseluenne.de **website** www.burghotel-haseluenne.de

Das Vier-Sterne-Burghotel *Haselünne* wirbt mit den Worten: »Alte Aristokratie in neuem Glanz«. Der erste Eindruck ist gut: zwei ehemalige Herrenhäuser, die einen hübschen gepflasterten Hof umgeben. Laut Broschüre ist jedes Zimmer ein »Ereignis« – und das entspricht sogar der Wahrheit. Die beeindruckendsten Zimmer sind die Hochzeitssuite, die im Erdgeschoss liegt und in warmen Apricottönen gehalten ist. Das riesige Doppelbett ziert ein weißer Musselinstoff, der wie ein Vorhang an der Wand drapiert ist und von einer überdimensionalen goldenen Krone bekränzt wird. Das entspricht bestimmt nicht jedermanns Geschmack, und wer sich nicht gerade auf Hochzeitsreise befindet, mag das Hotel ein wenig dekadent finden. Es wurden jedoch keine Kosten und Mühen gescheut, um eine Atmosphäre luxuriöser Individualität zu schaffen. Auch die übrigen Zimmer enttäuschen die Erwartungen luxusverwöhnter Gäste nicht. Darüber hinaus gibt es eine finnische Sauna und einen Whirlpool.

Umgebung: die Werften Papenburg und Meyer Werft (40 km); Destillerie Berentsen **Lage:** im Stadtzentrum; Parkplatz • **Mahlzeiten:** Frühstück, Abendessen für Gruppen • **Preise:** €€-€€€ • **Zimmer:** 32; 28 Doppel-, 2 Einzelzimmer, 2 Suiten; alle Zimmer mit Bad oder Dusche, Telefon, TV, Fön, Minibar • **Anlage:** Aufenthaltsraum, Speiseraum, Bar, Biergarten, Wellnesscentre, Solarium, Sauna, Whirlpool, Konferenzräume • **Kreditkarten:** DC, MC, V • **Kinder:** erlaubt **Behinderte:** keine entsprechenden Einrichtungen • **Tiere:** nur in manchen Zimmern erlaubt • **Geschlossen:** nie • **Geschäftsführerin:** Maria Heggemann-Trümper

Niedersachsen

Holle-Astenbeck

Gutsschenke des Fürsten zu Münster
~ Hotel auf dem Land ~

31188 Holle-Astenbeck
Tel (05062) 1866 **Fax** (05062) 89089
e-mail gerhardt-gutsschenke@t-online.de **website** www.gutsschenke.de

Dieter und Dagmar Gerhardt könnten keine besseren Gastgeber sein. Ihr Hotel ist das Ergebnis ihrer gemeinsamen Liebe zu gutem Essen und noch besseren Weinen; Dagmar hat in den 1960er Jahren als Au-pair-Mädchen in Paris das Kochen gelernt und ist sehr stolz auf alles, was ihre Küche verlässt: »Unser Ziel ist es, für jeden Geschmack und jeden Geldbeutel etwas zu bieten.« Sie ist bekannt für ihre geschmacklichen Experimente, und wie viele inspirierte Köche schreibt sie das Geheimnis ihres Erfolges der »liebevollen Zubereitung« zu. Das Restaurant ist meist von Einheimischen überfüllt.

Ein Hotel, das Pferdeställe zur Verfügung stellt, ist eine Seltenheit, doch Dieter und Dagmar besitzen selbst einige Pferde, und auch Kühe, Gänse, Hühner und Schweine tummeln sich auf dem Hof. Trotz des großen Anwesens leidet das Hotel etwas unter dem Lärm, der von der Hauptstraße herüberdringt, die direkt am Haus vorbeiführt. Die Zimmer sind jedoch sehr gemütlich, was zusammen mit der Herzlichkeit der Gastgeber und dem guten Essen den Charme der Gutsschenke ausmacht.

Umgebung: Hildesheim (14 km); Goslar (22 km); Wolfenbüttel (24 km); Tennisplatz (2 km); Golfplatz (8 km) • **Lage:** auf der A7 von Hannover die B6 in Richtung Hildesheim nehmen; Parkplatz • **Mahlzeiten:** Frühstück, Mittagessen, Abendessen **Preise:** €-€€ • **Zimmer:** 9; 3 mit Dusche/WC • **Anlage:** Speiseraum, Spielplatz, Garten, Bar • **Kreditkarten:** AE, DC, MC, V • **Kinder:** erlaubt • **Behinderte:** keine entsprechenden Einrichtungen • **Tiere:** erlaubt; Pferdeställe stehen zur Verfügung **Geschlossen:** dienstags (außer wenn im Voraus gebucht) • **Besitzer:** Dieter und Dagmar Gerhardt

NIEDERSACHSEN

KRUMMHÖRN-GREETSIEL

Witthus
~ Landhotel ~

26736 Krummhörn-Greetsiel 3, Kattrepel 7-9
Tel (04926) 92000 **Fax** (04926) 920092
e-mail info@witthus.de **website** www.witthus.de

Die Gegend von Krummhörn besteht aus insgesamt 19 Dörfern, von denen Greetsiel als einziges direkt am Wasser liegt. Es gibt zwar keinen Strand, aber der 650 Jahre alte Hafen, von Künstlern und Fischern geprägt, strotzt geradezu vor Aktivität. Die Besucher können sich auf zahlreiche Möglichkeiten freuen, die Gegend zu erkunden; neben den vielen Windmühlen sind auch einige Leuchttürme der Öffentlichkeit zugänglich.

Der Empfang im Hotel, das aus einer Ansammlung von drei Gebäuden besteht, zeichnet sich durch eine außergewöhnliche Gastfreundlichkeit aus. Die Atmosphäre ist entspannt und von Liebe zum Detail durchdrungen. Die Zimmer sind im Großen und Ganzen mit Möbeln aus Holz eingerichtet und in Pastelltönen gehalten; nur hier und da blitzen einige gelbe Farbtupfer auf. Der Speiseraum ist zwar recht einfach, doch im sonnigen Gartencafé wird der Nachmittagstee in grazilem, blau-weißem Porzellan serviert. Im Hotel befindet sich auch eine Kunstgalerie, in der das ganze Jahr über Ausstellungen stattfinden. Meist handelt es sich um abstrakte Gemälde deutscher Künstler; als wir das Hotel besuchten, stand jedoch gerade ein argentinischer Künstler im Mittelpunkt der Galerie.

~

Umgebung: Norddeich (18 km); Emden (18 km); von dort aus Fähren zu den Inseln Borkum, Juist und Norderney • **Lage:** 200 m vom Greetsieler Hafen entfernt; Parkplatz • **Mahlzeiten:** Frühstück, Mittagessen, Abendessen • **Preise:** €€-€€€
Zimmer: 16; 12 Doppelzimmer, 4 kleine Suiten, alle auch als Einzelzimmer buchbar, einige davon Nichtraucherzimmer; alle Zimmer mit Dusche, TV, Minibar, Radio, Telefon • **Anlage:** Speiseraum, Galerie, Gartencafé • **Kreditkarten:** MC, V
Kinder: erlaubt • **Behinderte:** keine entsprechenden Einrichtungen; jedoch 2 Zimmer im Erdgeschoss geeignet • **Tiere:** nicht erlaubt • **Geschlossen:** Mitte November bis Mitte Dezember; Restaurant montags und Mitte Oktober bis April
Geschäftsführer: Karsten Eilers

NIEDERSACHSEN

NÖRTEN-HARDENBERG

Burghotel Hardenberg
~ Landhotel ~

37176 Nörten-Hardenberg, Hinterhaus 11a
Tel (05503) 9810 **Fax** (05503) 981666
e-mail info@burghotel-hardenberg.de **website** www.burghotel-hardenberg.de

Aufgrund des Namens müsste dieses Hotel eigentlich eine Burg sein. Aber die romantische, zinnenbekrönte Ruine auf dem Hügel bildet nur den malerischen Hintergrund für das Hotel.

Ansonsten gibt es für den Besucher jedoch kaum etwas Enttäuschendes am *Burghotel Hardenberg*. Das Gebäude, ein langgestreckter, zweistöckiger Fachwerkbau, der weiß und schwarz gestrichen ist und auf drei Seiten einen Innenhof umschließt, war seit etwa 1700 ein Gasthof und bietet jetzt eine befriedigende Kombination von modernem Komfort und traditioneller Atmosphäre. Einige Zimmer sind neu eingerichtet und in hübschen Kontrastfarben dekoriert.

Im Hauptrestaurant »Novalis«, es wurde kürzlich erneuert und nach dem frühromantischen Dichter benannt, serviert man anspruchsvolle, einfallsreiche Küche im modernen Stil, die in der Umgebung sehr angesehen ist, während es im separaten, modern eingerichteten »Burgmühlenrestaurant« (mit elegantem Wintergarten) vorwiegend regionale Gerichte gibt. Ein neuer Besitzer hat das Hardenberg kürzlich übernommen; Berichte sind willkommen.

Umgebung: Burgruine; Northeim (10 km) und Einbeck (20 km) mit Fachwerkhäusern • **Lage:** in einem Waldgebiet am Dorfrand, 11 km n von Göttingen; mit Garten, Garagen und Parkplatz • **Mahlzeiten:** Frühstück, Mittag- und Abendessen, kleine Gerichte • **Preise:** €€-€€€ • **Zimmer:** 44; 37 Doppelzimmer, 7 Einzelzimmer; alle Zimmer mit Bad, TV, Telefon, Minibar, Safe, Fax • **Anlage:** Speiseräume, Bar, Wintergarten, Konferenzraum; Reiten, Golf, Sauna, Solarium
Kreditkarten: AE, DC, MC, V • **Kinder:** willkommen • **Behinderte:** nicht geeignet
Tiere: nur auf den Zimmern erlaubt • **Geschlossen:** 24. Dezember • **Geschäftsführer:** Ralf O. Leidner

Niedersachsen

Salzhausen

Josthof
~ Bauernhaushotel ~

21376 Salzhausen, Am Lindenberg 1
Tel (04172) 90980 **Fax** (04172) 6225
e-mail josthof@romantikhotels.com **website** www.josthof.de

In Deutschland gibt es zahllose Hotels, die in alten Gebäuden untergebracht sind. Aber nur ganz wenige sind so unversehrt erhalten geblieben wie dieses Bauernhaus, ein für die Lüneburger Heide typisches Fachwerkgebäude aus roten Ziegeln und mit niedrigem Strohdach.

Der Name verrät, dass hier einmal Steuern eingetrieben wurden. Aber das bedeutet nicht, dass es sich um ein langweiliges oder nüchternes Amtsgebäude handeln würde. Das massive Gebälk, die roten Fliesenböden und die wuchtigen, soliden antiken Möbel wirken sehr einladend. Das junge, freundliche Personal sorgt für eine zwanglose Atmosphäre.

Die Gästezimmer, die sich auf das Hauptgebäude und einen ebenfalls alten Anbau verteilen, wirken zunächst etwas enttäuschend: Die Besitzer haben in erster Linie Wert auf Komfort gelegt und darüber den Charakter vernachlässigt. Aber die besten sind bemerkenswert geräumig.

Im rustikalen Speiseraum, mit seinem riesigen Kachelofen das Herzstück des Hotels, werden landschaftsgemäß deftige Gerichte in großzügigen Portionen aufgetischt. Die Weinkarte ist überraschend umfangreich; außerdem gibt es eine große Auswahl an Spirituosen.

~

Umgebung: Lüneburger Heide; Lüneburg (20 km) • **Lage:** hinter der Kirche am Rande der Kleinstadt in der Lüneburger Heide, 45 km sö von Hamburg; mit Garten und großem Parkplatz • **Mahlzeiten:** Frühstück, Mittag- und Abendessen, kleine Gerichte • **Preise:** €-€€€ • **Zimmer:** 16; 14 Doppel-, 2 Einzelzimmer; alle Zimmer mit Bad, TV, Telefon, Radio, Fön, Minibar • **Anlage:** Speiseraum, Gaststube; Terrasse • **Kreditkarten:** AE, DC, MC, V • **Kinder:** willkommen
Behinderte: Zugang leicht; einige Parterrezimmer • **Tiere:** erlaubt
Geschlossen: am Weihnachtsabend • **Besitzer:** Jörg Hansen

NIEDERSACHSEN

USLAR

Menzhausen
∾ Stadthotel ∾

37170 Uslar, Lange Str. 12
Tel (05571) 92230 **Fax** (05571) 922330
e-mail hotel@menzhausen.de **website** www.hotelmenzhausen.de

Uslar ist eine alte Stadt, die auf drei Seiten vom Solling-Vogler-Naturschutzgebiet umgeben ist. Das *Menzhausen* ist das erste Hotel und Restaurant am Ort. Das Gebäude mit seiner farbenprächtig verzierten Fachwerkfassade stammt aus dem 16. Jh. In den 30 Jahren, die es sich im Besitz der Familie Körber befand, ist es beträchtlich verändert und erweitert worden. Ein neues Gebäude auf der anderen Straßenseite ist mit dem Hauptbau durch eine überdachte Brücke verbunden.

Dieser Neubau, der weitgehend von Herrn Körber selbst entworfen und erst 1990 eröffnet wurde, ist dem traditionellen Weserrenaissancestil nachempfunden. Er enthält moderne Freizeiteinrichtungen sowie komfortable, geräumige Gästezimmer mit schönen Naturholzmöbeln und eleganten Bädern. Im Speiseraum findet man viel Gebälk und gemütliche Sitzecken.

Der Weinkeller (Weinproben!) ist nicht nur gut bestückt, sondern auch architektonisch interessant. Die Küche ist regionaltypisch; ihre Spezialität sind Wildgerichte. In der Bar gibt es auch kleine Gerichte.

∾

Umgebung: Wandern; Bootsfahrten auf der Weser (10 km) • **Lage:** in einer Fußgängerzone der Altstadt, 35 km nw von Göttingen; mit Garten und Parkplatz
Mahlzeiten: Frühstück, Mittag- und Abendessen • **Preise:** €€-€€€€
Zimmer: 40; 28 Doppel-, 12 Einzelzimmer; alle mit Heizung, Bad oder Dusche, TV, Telefon, Fön, Minibar, einige mit Safe • **Anlage:** Speiseraum, Bar, Weinkeller, Konferenzräume; Terrasse, Hallenbad, Sauna • **Kreditkarten:** AE, DC, MC, V
Kinder: willkommen • **Behinderte:** mehrere Parterrezimmer, Aufzug • **Tiere:** nur wohlerzogene Hunde • **Geschlossen:** nie • **Besitzer:** Herr Hofs

Niedersachsen

Walsrode

Landhaus Walsrode
~ Gästehaus auf dem Land ~

29664 Walsrode, Oskar-Wolff-Str. 1
Tel (05161) 98690 **Fax** (05161) 2352
e-mail landhauswa@aol.com **website** www.landhaus-walsrode.de

Walsrode liegt nur ein paar Kilometer von den wichtigsten Autobahnen in Norddeutschland entfernt. Am Ende einer langen Autofahrt gelangt der müde Reisende über eine von Bäumen gesäumte Zufahrt in ein ruhig gelegenes Hotel, wo er freundlich empfangen wird.

Das 400 Jahre alte ehemalige Bauernhaus mit rotem Ziegeldach steht in einem ausgedehnten Grundstück am Waldrand. Frau Wolff hat mit viel Geschmack ein elegantes Hotel geschaffen, das dennoch behaglich wirkt. Die Gästezimmer sind geräumig und gut eingerichtet; die meisten Möbel sind modern, aber in jedem Zimmer gibt es ein ausgewähltes antikes Stück und einige alte Gemälde oder Stiche.

Eigentlich wird nur Frühstück serviert, aber nach Absprache kann man auch ein kaltes Abendessen bekommen. Frau Wolff sieht es gern, wenn ihre Gäste abends gemeinsam vor dem offenen Kamin im großen Salon sitzen, wo Getränke serviert werden, oder sich in kleineren Gruppen in der Lounge oder im Bridgezimmer versammeln. Für Gäste, die sich lieber zurückziehen möchten, gibt es einen Leseraum mit Regalen voller Bücher, Zeitschriften und Zeitungen.

Umgebung: Vogelpark Walsrode, Freizeitpark, Golfplatz • **Lage:** nahe dem Zentrum einer Kleinstadt, 60 km n von Hannover, 3 km ö von Ausfahrt 27 der E 234 entfernt; mit Garagen und Parkplatz • **Mahlzeiten:** Frühstück, kleine Gerichte **Preise:** €-€€€ • **Zimmer:** 19; 13 Doppelzimmer, 9 mit Bad, 4 mit Dusche; 6 Einzelzimmer, 1 mit Bad, 5 mit Dusche; alle Zimmer mit TV, Telefon, Internetanschluss, Safe • **Anlage:** Frühstückszimmer, Salon, Lounge, Konferenzzimmer, Bibliothek; beheizter Swimmingpool • **Kreditkarten:** AE, MC, V **Kinder:** sehr willkommen • **Behinderte:** Parterrezimmer • **Tiere:** große Hunde im Frühstückszimmer nicht erwünscht • **Geschlossen:** 20. Dez. bis 1. Jan. • **Besitzerin:** Lieselotte Wolff

Niedersachsen

Worpswede

Der Eichenhof
~ Stadthotel ~

27726 Worpswede, Ostendorfer Str. 13
Tel (04792) 2676 **Fax** (04792) 4427
e-mail eichenhof-hotel@t-online.de **website** www.worpswede.de/eichenhof

Die Speisekarte im *Eichenhof* ist ausgesprochen modern und vereinigt Züge der asiatischen, mediterranen und traditionellen deutschen Küche. Sie ändert sich einmal pro Woche, und was ihr an Abwechslung mangelt, macht sie durch die frischen, biologisch angebauten Zutaten mehr als wett. Die Speisen sind ebenso hübsch angerichtet wie köstlich, und der helle, in Rot und Türkis gehaltene Speiseraum wirkt ebenfalls sehr modern. Das Hotel beauftragte junge deutsche Innenarchitekten mit der Ausstattung vieler der makellosen Zimmer; besonders deutlich spürbar ist auch der Einfluss des großartigen Philip Starck. In einem Aufenthaltsraum beispielsweise finden sich weiße, kubisch geformte Stühle vor einer leuchtend roten Wand. Einige Einrichtungsgegenstände erinnern leider etwas an IKEA, andere hingegen – etwa das weiße Leinen und die dunklen Holzböden – zeugen von originellem Geschmack. Der Eichenhof liegt sehr hübsch in Worpswede, einem Städtchen, das für seine Künstlerkolonie berühmt ist. Ganz in der Nähe befindet sich Bernard Hoetgers 1921 erbautes Kreativhaus. Im *Haus Ohlen Busch* finden sich Homöopathie- und ganzheitliche Heilpraktiker. Auch Thomas Rikkes Atelier, in dem außergewöhnliche Schmuckstücke und Tassen ausgestellt sind, ist einen Besuch wert.

~

Umgebung: Bremen (25 km); Worpswede (3 km); Golfplatz (20 km); Tennisplatz (8 km) • **Lage:** an der Hauptstraße; von Hamburg, Osnabrück und Bremerhaven aus gut mit dem Auto zu erreichen; Parkplatz • **Mahlzeiten:** Frühstück, Abendessen • **Preise:** €€-€€€€ • **Zimmer:** 20; 13 Doppel-, 1 Einzelzimmer, 3 Suiten, 3 Selbstversorgerapartments; alle mit Bad oder Dusche, Fön, TV, Minibar, CD-Spieler, Telefon; einige Nichtraucherzimmer • **Anlage:** Speiseraum, Terrasse, Tagungsraum, Sauna, Naturpark, Hallenbad, Fahrräder, Reitmöglichkeit, geführte Wanderungen, Konzerte • **Kreditkarten:** AE, DC, MC, V • **Kinder:** erlaubt **Behinderte:** einige Zimmer im Erdgeschoss geeignet • **Tiere:** Hunde erlaubt (geringe Gebühr) • **Geschlossen:** nie • **Geschäftsführerin:** Dörte Köhnke

NORDRHEIN-WESTFALEN

ÜBERBLICK

Hotels in Nordrhein-Westfalen

Das wichtigste Industriegebiet Deutschlands liegt im dicht besiedelten Ruhrgebiet zwischen Duisburg und Dortmund. Es gibt hier aber auch zahlreiche historische Städte, Burgen und Schlösser. An reizvollen kleinen Hotels besteht ebenfalls kein Mangel.

Köln ist die attraktivste der im Zentrum dieser Region zusammengeballten Industriestädte. Hier sollte man sich merken: das *Altstadt* (Tel. 0221/2577971, Fax 2577867, 30 Zimmer), *Landhaus Gut Keuchhof* (Tel. 02234/946000, Fax 9009958, 50 Zimmer) und das *Spiegel* (Tel. 02203/61046, Fax 695653, 27 Zimmer) nahe dem Flughafen.

Historisch weniger interessant ist die Landeshauptstadt Düsseldorf, das Mode-, Geschäfts- und Verwaltungszentrum am Rande des Ruhrgebiets. Sollte das beschriebene Hotels ausgebucht sein, empfehlen wir: Rheinterrasse (Tel. 0211/996990, Fax 9969999, 42 Zimmer) und *Villa Viktoria* (Tel. 0211/469000, Fax 46900601, 40 Suiten); keines dieser Hotels ist zentral gelegen, alle sind klein und besitzen recht viel Charakter. Im relativ kleinen, historisch wenig bedeutsamen Bonn, ehemals Hauptstadt und Regierungssitz der Bundesrepublik Deutschland, empfehlen wir zusätzlich zu den zwei beschriebenen Hotels das *Jacobs* (Tel. 0228/232822, Fax 350635999, 43 Zimmer).

Weiter nördlich erstreckt sich die flache, grüne Westfälische Bucht mit zahlreichen Burgen, Herrenhäusern und Bauernhöfen. Hier empfehlen wir das *Schmelting* (Tel. 02864/311, Fax 1395, 23 Zimmer) in Reken. Nördlich davon liegt in Hörstel das *Schlosshotel Surenburg* (Tel. 05454/7092, 23 Zimmer), kein Schloss, wie der Name andeutet, sondern ein einladendes, modernes Hotel auf dem Boden einer alten Burg. Auf halbem Weg zwischen Warendorf und Wiedenbrück, Letzteres mit einem Eintrag S. 85 berücksichtigt, befindet sich in Harsewinkel das *Poppenborg* (Tel. 05247/2241, 18 Zimmer), ein elegantes, anspruchsvolles Restaurant mit recht preiswerten Zimmern.

Im bergigen Sauerland östlich des Ruhrgebiets empfehlen wir: *Landhotel Gasthof Schütte* (Tel. 02975/82501, Fax 82522, 58 Zimmer), einen schönen, alten Landgasthof, der etwas zu groß für einen eigenen Eintrag ist, und *Hubertus* (Tel. 02972/5077, Fax 1731, 24 Zimmer), beide in Schmallenberg, sowie *Haus Hilmeke* (Tel. 02723/8171, Fax 80016, 27 Zimmer) in Lennestadt.

NORDRHEIN-WESTFALEN

ATTENDORN

Burghotel Schnellenberg
~ Umgebaute Burg ~

57439 Attendorn
Tel (02722) 6940 **Fax** (02722) 694169
e-mail info@burg-schnellenberg.de **website** www.burg-schnellengburg.de

Die befestigte Burg aus dem 13. Jh., auf einem Hügel oberhalb der Stadt Attendorn gelegen, ist von allen Seiten von Koniferen umgeben und stellt ein Musterbeispiel für Eleganz und Luxus dar. Dennoch ist das Burghotel Schnellenberg keineswegs so steif wie viele vergleichbare Hotels; das Personal ist höflich und freundlich.

Alle Zimmer sind mit Antiquitäten, opulenten Möbeln und glänzenden Bädern ausgestattet; am zauberhaftesten sind allerdings die fünf Turmzimmer, die sich zudem einer atemberaubenden Aussicht erfreuen. Den Blickfang eines der Turmzimmer bildet ein riesiges, mit Schnitzereien verziertes Bett, das mit frischem weißem Leinen bezogen ist und diagonal im Raum steht. Die großen Fenster zu beiden Seiten des Bettes sind mit pastellgelben Vorhängen ausgestattet. Das Burghotel eignet sich nicht nur hervorragend für Hochzeitsreisen und andere romantische Urlaube, man kann darin auch die Hochzeit selbst feiern: Es gibt sowohl eine kleine Kapelle als auch einen Bereich, der der standesamtlichen Zeremonie vorbehalten ist. Darüber hinaus kann man hier auch jede Menge sportliche Aktivitäten unternehmen. Die Sauna, die 2003 fertig gestellt werden soll, sorgt für die nötige Entspannung und den richtigen Appetit auf die üppigen Speisen im Restaurant des Hotels. Uns gefällt das Burghotel Schnellenberg sehr gut, und wir sind auf Ihre Meinung gespannt.

~

Umgebung: Olpe (18 km); Siegen (20 km) • **Lage:** in einem Wald, 15 Min. von der A45 entfernt; Ausfahrt Olpe nehmen und der Beschilderung nach Attendorn folgen; Parkplatz • **Mahlzeiten:** Frühstück, Mittagessen, Abendessen, Snacks
Preise: €€€-€€€€ • **Zimmer:** 42; 32 Doppel-, 3 Einzelzimmer, 2 Suiten, 5 Turmzimmer; alle Zimmer mit Bad oder Dusche, TV, Minibar, Telefon • **Anlage:** Speiseräume, Aufenthaltsraum, Bar, Garten Terrasse, hoteleigene Angelmöglichkeit, Sauna (ab 2003) • **Kreditkarten:** AE, DC, MC, V • **Kinder:** erlaubt • **Behinderte:** keine entsprechenden Einrichtungen • **Tiere:** erlaubt (geringe Gebühr)
Geschlossen: Weihnachten bis Mitte Januar • **Geschäftsführer:** Herr Bilsing

NORDRHEIN-WESTFALEN

BAD LAASPHE-GLASHÜTTE

Jagdhof Glashütte
Landhotel

57334 Bad Laasphe-Glashütte, Glashütter Str. 20
Tel (02754) 3990 **Fax** (02754) 399222
e-mail info@jagdhof-glashuette.de **website** www.jagdhof-glashuette.de

Der ehemaligen Jagdhütte fehlt es kaum an luxuriösen Angeboten – zu den unten aufgeführten gesellen sich noch Hubschrauberausflüge, bei denen man die dicht bewaldete Landschaft um das Hotel herum bewundern kann.

Das Hotel verfügt über zwei Restaurants; eines, das »Ars Vivendi«, wird sogar als Gourmetrestaurant angepriesen. Die Speisekarte ist zweifelsohne ungewöhnlich und sehr vielfältig. Darin steht ihr die Einrichtung des Restaurants in nichts nach: Sie erinnert an ein Kreuzfahrtschiff, und die Säulen, um die sich steinernes Weinlaub rankt, werden von Magnolienblüten bekrönt. Der Brunnen in der Mitte des Raumes, in dem echtes Obst und dekorative Pflanzen drapiert sind, wirkt etwas theatralisch. Denjenigen, denen das »Ars Vivendi« nicht zusagt, bietet sich die gemütliche »Rotisserie Jagdhofstuben« als Alternative an. Dort findet man Möbel im Landhausstil, einen offenen Kamin und warme Holztöne. Die Pianobar mit ihrer sanften Beleuchtung, den dunkelroten und grünen Polstern sowie der niedrigen kirschholzgetäfelten Decke ist ganz besonders einladend.

Umgebung: Bad Berleburg (20 km); Ziegen mit Rubensmuseum (30 km) • **Lage:** in der Gegend der Flüsse Lahn, Sieg und Eder • **Mahlzeiten:** Frühstück, Mittagessen, Abendessen • **Preise:** €€€-€€€€ • **Zimmer:** 29; 16 Doppel-, 3 Einzelzimmer, 10 Suiten; alle mit Bad oder Dusche, TV, Minibar, Radio, Telefon, Fön
Anlage: 2 Restaurants, Bar, Café, Hallenbad, Massage, Solarium, Sauna, Schönheitssalon • **Kreditkarten:** AE, DC, MC, V • **Kinder:** erlaubt • **Behinderte:** keine entsprechenden Einrichtungen • **Tiere:** erlaubt • **Geschlossen:** Restaurant »Ars Vivendi« 3 Wochen im August und 1 Woche Ende Januar • **Besitzer:** Edmund Dornhöfer

NORDRHEIN-WESTFALEN

BERGISCH GLADBACH

Schlosshotel Lerbach
Landhaushotel

51465 Bergisch Gladbach, Lerbacher Weg
Tel (02202) 2040 **Fax** (02202) 204940
e-mail inf@schlosshotel-lerbach.com **website** www.schlosshotel-lerbach.com

Ausschließlich Lobeshymnen erreichten uns von den Gästen dieses neu vorzustellenden Hotels: »Das Haus verströmt eine kultivierte und entspannende Atmosphäre.« An Stelle einer mittelalterlichen Burg steht nun das efeubewachsene Herrenhaus aus dem späten 19. Jh. mit seinem massiven Turm und den verstreuten Nebengebäuden inmitten ausgedehnter Ländereien mit eigenen Wäldern, einem See, worin Sie fischen können, und Tennisplätzen. Die Ställe beherbergen jetzt die Räume zur Schönheitspflege und das Schwimmbecken.

Der kurvenreiche Zufahrtsweg sowie der nüchterne Empfangsraum mit dem großen offenen Kamin, den Steinsäulen und den ausgestellten Jagdtrophäen stehen im Kontrast zum Luxus und der Bequemlichkeit der Schlafräume, der Freundlichkeit des Personals und der Qualität der Küche, die unter ihrem Chef Dieter Müller zwei Sterne im Guide Michelin erhielt. Etwas weniger formell und preiswerter ist das andere Restaurant des Hotels, die »Schloßschänke«, die »klassische Küche im Landhausstil« anbietet. Wenn es das Wetter erlaubt, können Speisen und Getränke auf der wunderschönen Terrasse eingenommen werden.

Umgebung: Wanderwege im Wald, Golf • **Lage:** ö von Bergisch Gladbach, 17 km ö von Köln auf eigenem Gelände; großer Parkplatz • **Mahlzeiten:** Frühstück, Mittag- und Abendessen • **Preise:** €€€€ • **Zimmer:** 54; 44 Doppelzimmer, 3 Einzelzimmer, 7 Suiten; alle mit Bad, Telefon, Fax, Fön, TV, Radio, CD-Spieler, Minibar • **Anlage:** Aufenthaltsraum, 2 Speisezimmer, Bar, Konferenzräume, Terrasse; Tennis, Beautycenter • **Kreditkarten:** AE, DC, MC, V • **Kinder:** erlaubt • **Behinderte:** keine besonderen Einrichtungen • **Tiere:** erlaubt • **Geschlossen:** nie • **Besitzer:** Kurt Wagner

Nordrhein-Westfalen

Bergisch Gladbach

Waldhotel Mangold
~ Landhotel ~

51429 Bergisch Gladbach, Am Milchbornbach 39-43
Tel (02204) 95550 **Fax** (02204) 955560
e-mail mangold@waldhotel.de **website** www.waldhotel.de

Das *Waldhotel Mangold* ist ein Familienbetrieb. Der Vater des gegenwärtigen Besitzers erbaute 1927 im friedlichen Milchborntal am Waldrand das Ausflugslokal »Hänsel & Gretel«, ein beliebtes Wanderziel für Köln und Umgebung. Hans Mangold wurde dort geboren. Er übernahm den Betrieb 1966 nach dem Tode seines Vaters und hat ihn seitdem in ein aufwändiges Hotel mit Restaurant umgewandelt. Er plant jedoch die Übergabe an eines seiner Kinder.

Das ruhig gelegene Hauptgebäude wirkt von außen nicht besonders attraktiv, aber das Innere überrascht den Besucher. Rezeption und Salon (mit altem Gebälk, schönen, alten Eichenholzmöbeln, offenem Kamin und einer Treppe mit Holzgeländer) befinden sich im ältesten Teil des Hauses. In den großen Restauranträumen kann man eine Toreinfahrt aus dem Jahre 1821, speziell angefertigte Jugendstil-Bleiglasfenster und eine ungewöhnliche handgetriebene Messingdecke bewundern. Die sieben Gästezimmer im Hauptgebäude sind kürzlich renoviert worden: Betten für gesundes Schlafen und moderne Bäder vermitteln einen Hauch von Luxus. Die übrigen Zimmer befinden sich in einem separaten Gästehaus; sie sind nicht so aufwändig, aber gemütlich und tadellos sauber.

Umgebung: Waldspaziergänge, Golf • **Lage:** in einem waldreichen Vorort zwischen Bergisch Gladbach und Bensberg, 17 km ö von Köln; in einem Park mit großem Parkplatz • **Mahlzeiten:** Frühstück, Abendessen, kleine Gerichte • **Preise:** €€-€€€ **Zimmer:** 21; 18 Doppel- (6 mit Einzelbetten), 3 Einzelzimmer; alle Zimmer mit bad, TV, Telefon, die meisten mit Fön und Minibar **Anlage:** Speisesäle, Tagungsräume, Bar Gaststube, Terrasse • **Kreditkarten:** AE, MC, V • **Kinder:** willkommen **Behinderte:** einige Parterrezimmer • **Tiere:** nicht erlaubt • **Geschlossen:** Restaurant So abends, Mo • **Besitzer:** Hans Mangold

Nordrhein-Westfalen

Bergneustadt

Rengser Mühle
~ Landgasthof ~

51702 Bergneustadt, Niederrengse 4
Tel (02763) 91450 **Fax** (02763) 914520
e-mail info@rengser-muehle.de **website** www.rengser-muehle.de

Das bezauberndste Merkmal der Zimmer in dieser umgebauten Fachwerkmühle ist die helle Holztäfelung, die sich durch das ganze Zimmer zieht, bevor sie in das Kopfende der Betten mündet, das mit geschnitzten Herzen verziert ist. Die blassvioletten Vorhänge – sie werden von dunkleren Samtbändern zusammengehalten, die auf die gepolsterten Stühle abgestimmt sind – wirken allerdings nicht auf jeden Besucher ansprechend. Die Zimmer als solche mit ihren riesigen Betten und blitzsauberen Bädern sind jedoch recht komfortabel. Hinter dem Haus korrespondieren die gelben Fensterrrahmen der Rengser Mühle mit den Blumen, die vor die Fenster im ersten Stock gepflanzt sind, sowie den butterblumengelben Sonnenschirmen des Gartencafés.

Das Hotel liegt in einem dicht bewaldeten Tal, und so überrascht es auch nicht, dass nicht nur die Zimmer, sondern auch die drei Speiseräume mit hellen Holzmöbeln eingerichtet sind. Im Jägerzimmer bestehen auch die Bar, die Wände und die Decke aus Kiefernholz. Wenn Sie etwas Abwechslung brauchen, sollten Sie es mit dem Bauernzimmer versuchen: Dort stützen originale Fachwerkbalken die weiß getünchte Decke, und blassrosa Tischdecken, cremefarbene Vorhänge sowie weiße Lampenschirme sorgen für eine helle, freundliche Atmosphäre.

Umgebung: Bunte Kerke in Lieberhausen (2 km); Aggersperre (5 km); Museum von Bergneustadt (7 km); Schloss Homburg (17 km); Golfplätze (15 km) • **Lage:** in einem Tal, umgeben von einem Wald; Zufahrt über die A45 und die A4; Parkplatz **Mahlzeiten:** Frühstück, Mittagessen, Abendessen • **Preise:** € • **Zimmer:** 4 Doppelzimmer, alle mit Dusche, TV, Minibar, Radio, Telefon, Modemanschluss (ab 2003); durchgehend Nichtraucherzimmer • **Anlage:** Speiseräume, Gartencafé, Bar **Kreditkarten:** MC, V • **Kinder:** erlaubt • **Behinderte:** keine entsprechenden Einrichtungen • **Tiere:** nicht erlaubt • **Geschlossen:** Restaurant montags und dienstags • **Besitzer:** Maik Vormstein

NORDRHEIN-WESTFALEN

BILLERBECK

Domschenke
~ Stadthotel ~

48727 Billerbeck, Markt 6
Tel (02543) 93200 **Fax** (02543) 932030
e-mail domschenke@t-online.de **website** www.domschenke-billerbeck.de

Billerbeck ist eine der vielen Kleinstädte, die in keinem Reiseführer auftauchen, aber dennoch besitzt es einen ruhigen alten Stadtkern, der heute ausschließlich Fußgängern vorbehalten ist. Die *Domschenke* trägt ihren Namen zu Recht: Durch die Vordertür gelangt man direkt zum Dom, dessen beide Türme weithin zu sehen sind.

Das im 17. Jh. errichtete Haus wurde in den letzten Jahren so gründlich restauriert und erweitert, dass es innen und außen viel von seinem alten Charme verloren hat. Eine Ausnahme bildet die Gaststube, die teilweise noch über altes Gebälk verfügt. Bei den Gästezimmern liegt die Betonung mehr auf Komfort als auf Charakter; sie sind zurückhaltend dekoriert und mit neuen, aber traditionell wirkenden Möbeln eingerichtet. Ein ungewöhnlicher Schnitt (wie etwa ein Alkoven, in dem ein Doppelbett untergebracht ist) verleiht einigen Zimmern einen eigenen Reiz.

Das Hotel befindet sich seit mehr als 130 Jahren im Besitz der sehr entgegenkommenden Familie Groll. Frank, der Sohn, kümmert sich um die Küche und das junge Personal; neben westfälischen Spezialitäten bietet er auch moderne Gerichte.

~

Umgebung: Schloss Darfeld (10 km); Merfelder Bruch (10 km) • **Lage:** gegenüber dem Dom in der Fußgängerzone, 32 km ö von Münster; mit Garagen und Privatparkplatz • **Mahlzeiten:** Frühstück, Mittag- und Abendessen • **Preise:** €–€€
Zimmer: 25; 18 Doppel- (5 mit Einzelbetten), 5 Einzelzimmer, 2 Suiten; alle Zimmer mit Bad, Telefon, TV, die meisten mit Radio • **Anlage:** Speiseraum, Restaurant, Gaststube, Fernsehzimmer • **Kreditkarten:** AE, DC, MC, V
Kinder: willkommen • **Behinderte:** keine speziellen Einrichtungen • **Tiere:** geduldet • **Geschlossen:** nie • **Besitzer:** Josef Groll

NORDRHEIN-WESTFALEN

BOCHOLT-BARLO

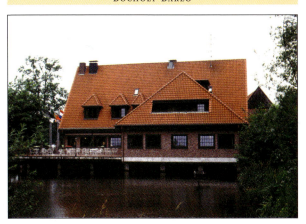

Schloss Diepenbrock
~ Landhotel ~

46397 Bocholt-Barlo, Schlossallee 5
Tel (02871) 21740 **Fax** (02871) 217433
e-mail info@schloss-diepenbrock.de **website** www.schloss-diepenbrock.de

Nähert man sich *Schloss Diepenbrock* auf einer von Bäumen gesäumten Landstraße, so sieht man als erstes die gelbe Fassade und die beiden Türmchen des 1326 errichteten Gebäudes. Deshalb ist man auch etwas enttäuscht, wenn man entdeckt, dass das Restaurant und die meisten Gästezimmer in einem modernen Gebäude am zum Anwesen gehörenden See untergebracht sind. Im ersten Stockwerk der von einem Graben umgebenen Burg gibt es zwar vier schöne Gästezimmer, aber da sie immer noch in erster Linie das Heim des Besitzers ist, werden Gäste dort nur nach Absprache zugelassen.

Wer jedoch unbedingt innerhalb der Burgmauern übernachten möchte, dem steht immer noch das Schlosszimmer offen: ein rundes Doppelzimmer mit dicken Wänden und kleinen Fenstern im Untergeschoss einer der beiden Türme. Die Zimmer im modernen Anbau sind komfortabel und bieten einen schönen Blick auf den See und das Grundstück, aber es mangelt ihnen an Charakter. Das mit Holztäfelung und Fliesenboden rustikal eingerichtete Restaurant genießt einen guten Ruf.

Das junge Personal sowie natürlich der Freiherr und seine Frau heißen die Gäste freundlich willkommen.

~

Umgebung: Rathaus; Xanten (20 km) mit Dom und Archäologiepark • **Lage:** 15 km nö der A 3 (Autobahn Essen-Arnhem) und 5 km n von Bocholt; mit großem Parkplatz • **Mahlzeiten:** Frühstück, Mittag- und Abendessen, kleine Gerichte
Preise: €€-€€€ • **Zimmer:** 16; 12 Doppel-, 2 Einzel-, 1 Dreibettzimmer,
1 Schlosszimmer; alle Zimmer mit Bad oder Dusche, TV, Telefon, Radio, Minibar
Anlage: Speiseraum, Frühstückszimmer, Salon, Konferenzzimmer; Terrassen, Angeln, Minigolf, Reiten • **Kreditkarten:** AE, DC, MC, V • **Kinder:** sehr willkommen
Behinderte: Parterrezimmer • **Tiere:** nicht erlaubt • **Geschlossen:** nie
Besitzer: Freiherr Wilhelm von Graes

Nordrhein-Westfalen

Bonn

Domicil
~ Stadthotel ~

53111 Bonn, Thomas-Mann-Str. 24
Tel (0228) 729090 **Fax** (0228) 691207
e-mail info@privathotel-domicil.de **website** www.privathotel-domicil.de

Auf den Gedanken, dass das *Domicil* zu einer Hotelkette gehört, würde man nie kommen. Trotz seiner Zugehörigkeit zur Best-Western-Gruppe findet sich keine Spur von Uniformität. Das *Domicil* wurde von Thomas van Valentyn entworfen und hält sich – ungeachtet seiner 43 Zimmer – für ein eher kleines Hotel. Eigentlich entspricht es aufgrund seiner Größe nicht unserem Auswahlkriterium eines kleinen Hotels; es hat jedoch genug Charme, um dennoch in diesen Führer aufgenommen zu werden.

Jedes Detail zeugt von außerordentlich gutem Geschmack. Die Einrichtung ist zwar modern, aber eher klassisch als kühl. Die Bar beispielsweise mit ihrer roten Theke, den Lederhockern und den Reihen von Flaschen, die sich in ihrer Rückseite spiegeln, erinnert stark an die 1920er Jahre. Das Restaurant ist nicht ganz so individuell eingerichtet, enttäuscht aber trotzdem nicht. Die eleganten Zimmer sind individuell, jedoch alle sehr gemütlich eingerichtet: Einfache Bettbezüge, helle Wände, frische Blumen und gerahmte Drucke vermeiden jeden Eindruck von Gleichförmigkeit. Das *Domicil* stellt eine Oase der Ruhe in dieser geschäftigen Stadt dar, in der 1770 Beethoven geboren wurde.

Umgebung: Bahnhof (500 m); Beethovenhaus; Köln (28 km) • **Lage:** im Stadtzentrum in der Nähe des Berliner Platzes und der Kennedy-Brücke; Parkplatz
Mahlzeiten: Frühstück, Mittagessen, Abendessen • **Preise:** €€€-€€€€ • **Zimmer:** 43; 23 Doppel-, 16 Einzelzimmer, 4 kleine Suiten; alle Zimmer mit Bad oder Dusche, TV, Videorekorder, Minibar, Radio, Telefon, Fön • **Anlage:** Frühstückspavillon, Pianobar, Wintergarten, Billardzimmer, Tagungsraum, Whirlpool, Sauna, Coffee Bar, Modeboutique • **Kreditkarten:** AE, DC, MC, V • **Kinder:** erlaubt
Behinderte: keine entsprechenden Einrichtungen • **Tiere:** erlaubt • **Geschlossen:** Weihnachten und Neujahr • **Geschäftsführerin:** Martina Schein

NORDRHEIN-WESTFALEN

BONN

Schlosshotel Kommende Ramersdorf
~ Umgebaute Schlossstallungen ~

53227 Bonn, Oberkasseler Str. 10
Tel (0228) 440734 **Fax** (0228) 444400

Die *Kommende Ramersdorf* ist ein Bilderbuchschloss mit zahllosen Türmchen und Turmspitzen. Doch das Hotel selbst befindet sich in den umgebauten Stallungsgebäuden, die sich um einen kleinen Innenhof gruppieren. Aber das ist kein Grund zur Enttäuschung: Es passt gut zu einem kleinen Hotel mit gefälligen Ausmaßen und persönlicher Atmosphäre. Das Hauptgebäude dient heute als Museum und beherbergt auch Herrn Bartels eindrucksvolle Sammlung restaurierter Antiquitäten (im Prinzip zu kaufen). Einige Stücke davon schmücken das Hotel, das von seiner Frau Barbara unaufdringlich, aber hilfsbereit geleitet wird.

Die harmonisch gestalteten, komfortablen Gästezimmer liegen im ersten Stock. Die Korridore werden von Balken überspannt. Im Erdgeschoss liegt eine winzige Bar mit Hockern und alten englischen Sitzbänken, die nur Hotelgästen offen steht. Das Restaurant (eines der besten italienischen Restaurants in Deutschland) betritt man durch ein großes Scheunentor, doch im Inneren wirkt es äußerst elegant mit seinem Marmorboden, den vergoldeten Dekorelementen, den Stühlen mit den hohen Lehnen und den vielen frischen Blumen.

~

Umgebung: Beethovenhaus, Kunsthalle • **Lage:** im Vorort Beuel am ö Rheinufer, Ausfahrt Niederholtorf von der A 59; auf einem Grundstück mit großem Parkplatz
Mahlzeiten: Frühstück, Mittag- und Abendessen • **Preise:** €–€€ • **Zimmer:** 28; 20 Doppel- (2 mit Einzelbetten), 8 Einzelzimmer; alle Zimmer mit Bad, TV, Telefon, Radio • **Anlage:** Frühstückszimmer, Fernsehzimmer, Bar, Speiseraum; Terrasse
Kreditkarten: AE, DC, MC, V • **Kinder:** sehr willkommen • **Behinderte:** keine speziellen Einrichtungen • **Tiere:** erlaubt • **Geschlossen:** 4 Wochen im Juli/August, 2 Wochen zu Weihnachten • **Besitzerin:** Konstanze und Christian Bartel

Nordrhein-Westfalen

Borken/Rhedebrügge

Grüneklee
~ Dorfgasthof ~

46325 Borken-Rhedebrügge, Rhedebrügger Str. 16
Tel (02872) 1818 **Fax** (02872) 2716
e-mail info@landhaus-grueneklee.de **website** www.landhaus-grueneklee.de

In diesem einfachen und ländlichen Hotel, das inmitten von Weißdornbüschen und Getreidefeldern liegt, kann man sich fast wie zu Hause fühlen. Es verfügt lediglich über fünf Zimmer und wirkt deshalb auch nie überfüllt; das Personal ist ausgesprochen freundlich.

Jedes Zimmer ist individuell eingerichtet; sie sind zwar nicht extravagant, aber kunstvoll und komfortabel ausgestattet. Es herrscht eine ländliche Atmosphäre vor: massive Doppelbetten aus hellem Holz und Nachttische mit Lampen, die ein warmes, gelbes Licht geben. Die Aussicht beschränkt sich größtenteils auf die flache Landschaft der Umgebung.

Für ein solch kleines Hotel gibt es eine erstaunliche Anzahl von Speisemöglichkeiten: das aus dem Jahr 1810 stammende Bauernzimmer, ein gemütliches Restaurant und ein sonnendurchflutetes Gartencafé. In Letzterem stehen Tische zwischen großen Blumenkübeln, schweren Gartenbänken und schmiedeeisernen Stühlen voller Kissen. Sie alle sind um einen still gelegten Skulpturenbrunnen herum angeordnet.

~

Umgebung: Borken (6 km); Bocholt (14 km); holländische Grenze (25 km) • **Lage:** 20 km von der A3 entfernt; von Borken in Richtung Bocholt fahren, links abbiegen; Hotel nach 300 m rechts; Parkplatz • **Mahlzeiten:** Frühstück, Mittagessen (nur sonntags), Abendessen • **Preise:** €-€€ • **Zimmer:** 5; alle Zimmer mit Bad oder Dusche, Telefon, TV, Balkon • **Anlage:** Speiseraum, Garten, Bar, Fahrräder **Kreditkarten:** AE, MC, V • **Kinder:** erlaubt • **Behinderte:** keine entsprechenden Einrichtungen • **Tiere:** erlaubt • **Geschlossen:** Restaurant montags und dienstags **Besitzerin:** Tatiana Grüneklee

Nordrhein-Westfalen

Dorsten-Lembeck

Schlosshotel Lembeck
~ Landhotel ~

46286 Dorsten-Lembeck
Tel (023) 697213 **Fax** (023) 6977370
e-mail info@schlosshotel-lembeck.de **website** www.schlosshotel-lembeck.de

Lembeck ist nicht nur ein Hotel, sondern auch eine Anlaufstelle für Touristen. Man kommt hierher, um ein wenig Landluft in dieser Oase der Ruhe am nördlichen Rand des Ruhrgebiets zu schnuppern. Das wohlproportionierte, längliche Gebäude mit den Zwiebeltürmchen über den beiden Flügeln liegt in einem großen Park. Die meisten Touristen besuchen das Museum des Schlosses, in dem man sehen kann, wie das Leben im 18. und 19. Jh. hier ausgesehen haben muss, und essen danach zu Mittag.

Das Innere des Hauses ähnelt einer Residenz eines schottischen Klanoberhaupts: Es ist mit seiner dunklen Holztäfelung, den massiven Wänden und den gewölbten Decken nicht gerade ein Schloss, aber auch kein Haus. In den beiden Restaurants (eins davon ein Bankettsaal mit Platz für 150 Gäste) wird saisonale und traditionell deutsche Kost serviert. Von den Restaurants abgesehen gibt es keine Gemeinschaftsräume. Die Zimmer haben uns besonders gefallen: Sie sind alle unterschiedlich und einfallsreich bis unkonventionell eingerichtet. Die größten sind sehr geräumig und im Landhausstil mit schönen Stoffen, funktionalen Antiquitäten und orientalischen Teppichen ausgestattet. Die kleineren Zimmer sind etwas einfacher, aber nicht minder bezaubernd und gemütlich. Eines verfügt über eine wunderschöne gewölbte Decke.

Umgebung: Essen, Köln, Düsseldorf • **Lage:** auf dem Land in der Nähe des Ruhrgebiets; Parkplatz • **Mahlzeiten:** Frühstück, Mittagessen, Abendessen • **Preise:** Zimmer €-€€ (mit Frühstück); Mahlzeiten ab € 20 • **Zimmer:** 21; 17 Doppel- bzw. Einzelzimmer, 2 Familienzimmer, 2 Suiten; alle Zimmer mit Bad oder Dusche, Telefon, TV, Radio • **Anlage:** 2 Restaurants, Park • **Kreditkarten:** AE, DC, MC, V **Kinder:** erlaubt • **Behinderte:** kein Aufzug • **Tiere:** erlaubt • **Geschlossen:** werktags im Januar; Restaurant Montagmittag und freitags • **Besitzer:** Josef Selting

NORDRHEIN-WESTFALEN

DUISBURG-RHEINHAUSEN

Mühlenberger Hof
~ Stadthotel ~

47229 Duisburg-Rheinhausen, Hohenbudberger Str. 88
Tel (02065) 41565 **Fax** (02065) 41342
e-mail info@muehlenbergerhof.de **website** www.muehlenbergerhof.de

Dieses hübsche kleine Neun-Zimmer-Hotel liegt zentral ganz in der Nähe von Duisburg. Von außen wirkt es eher unauffällig: eine symmetrische, farblich unterteilte Fassade, ein dunkelgraues Dach, das erste Geschoss aus rotem Backstein, das Erdgeschoss weiß mit gelben Blumen vor den Fenstern.

Dieses wohlgeordnete Äußere lässt jedoch keineswegs auf das Innere des Gebäudes schließen. Der Speiseraum mit seinen dunklen ockerfarbenen und braunen Bodenfliesen mutet eher seltsam an. Überall stehen merkwürdige Dekorationsstücke herum, darunter auch einige Kaffeemühlen aus Holz, die auf einem Deckenbalken aufgereiht sind, und ein altmodischer Kinderwagen voller Puppen in Matrosenanzügen. Der Kamin aus Stein, an dem Messingtöpfe und Pfannen hängen, ist dagegen recht anheimelnd. Die Zimmer sind weniger vollgestopft, und die auffallend gemusterten Vorhangstoffe werden durch große Doppelbetten mit Holzgestellen, weiße Bettbezüge und einfache Lampen ausgeglichen.

Duisburg ist eine interessante Stadt. Sie verfügt über den größten Binnenhafen Europas, zahlreiche Museen – darunter auch eines, das die Werke des Bildhauers Wilhelm Lehmbruck würdigt – und einen Zoo. In den Niederrhein-Thermen laden Schwimmbad, Sauna und Solarium zum Entspannen ein.

Umgebung: Duisburg (8 km); Moers (7,5 km); Xanten (35 km); Oberhausen (20 km)
Lage: westlich von Duisburg, an der A 57 bzw. A 40; Parkplatz • **Mahlzeiten:** Frühstück, Mittagessen, Abendessen • **Preise:** €-€€ • **Zimmer:** 9; 4 Doppel-, 5 Einzelzimmer; alle Zimmer mit Dusche, Telefon, TV, Minibar • **Anlage:** Restaurant, Biergarten, Tagungsraum • **Kreditkarten:** MC • **Kinder:** erlaubt
Behinderte: keine entsprechenden Einrichtungen • **Tiere:** nicht erlaubt
Geschlossen: 24. Dezember; Restaurant montags • **Besitzerin:** Gisela Lorenz-Schulte

NORDRHEIN-WESTFALEN

DÜSSELDORF

Hotel Fischerhaus
∽ Stadthotel ∽

40547 Düsseldorf / Lörick, Bonifatiusstr. 35
Tel (0211) 597979 **Fax** (0211) 5979759 **e-mail** fischerhaus@aol.com
website www.varta-guide.de/duesseldorf/fischerhaus

Dieses einladende Hotel liegt im Stadtteil Lörick, ganz in der Nähe der Theodor-Heuss-Brücke. Mit seinen 40 Zimmern kann man es zwar nicht gerade als klein bezeichnen, es unterscheidet sich jedoch enorm von den vielen großen, gesichtslosen Hotels, die man in Städten wie Düsseldorf leider oft findet.

Das *Fischerhaus* liegt direkt am Rhein und ist trotz seiner Lage eher ruhig – vielleicht aufgrund der zahlreichen begrünten Parks in der Nähe. Die Zimmer hingegen sind zwar sauber und komfortabel, alles in allem jedoch recht neutral; auch die weißen Marmorbäder sind unaufdringlich und blitzsauber.

Wenn Sie im Hotel zu Abend essen wollen, bietet sich die »Hummer-Stuben« an; das Essen ist gut, und auf der beeindruckenden Weinkarte stehen über 400 verschiedene edle Tropfen. Der Speiseraum mit seinen dunkelblauen Teppichen, den hellblauen Rattanmöbeln und den hübschen weißen Tischdecken ist eher formal gehalten. In einigen Bereichen des Hotels sind die cremefarbenen Wände mit Fresken verziert.

∽

Umgebung: Rhein (500 m); Handelskammer (1,5 km); Altstadt (3 km); Königsallee (3 km) • **Lage:** über die Theodor-Heuss-Brücke nach Lörick fahren, rechts abbiegen und der Beschilderung folgen • **Mahlzeiten:** Frühstück, Abendessen • **Preise:** €€-€€€ • **Zimmer:** 40; 30 Doppel-, 10 Einzelzimmer; alle Zimmer mit Bad oder Dusche, TV, Minibar, Radio, Telefon • **Anlage:** Restaurant, Aufenthaltsraum, Garten **Kreditkarten:** AE, DC, MC, V • **Kinder:** erlaubt • **Behinderte:** keine entsprechenden Einrichtungen • **Tiere:** erlaubt • **Geschlossen:** Restaurant sonntags, 3 Wochen im August und über Neujahr • **Geschäftsführerin:** Ute Will

NORDRHEIN-WESTFALEN

ESSEN-KETTWIG

Schloss Hugenpoet
~ Umgebautes Schloss ~

45219 Essen-Kettwig, August-Thyssen-Str. 51
Tel (02054) 12040 **Fax** (02054) 120450
e-mail info@hugenpoet.de **website** www.hugenpoet.de

Dieses einfühlsam restaurierte Schloss liegt in einem bewaldeten Park im Ruhrtal und wird seit dem Jahr 2000 von Michael Lübbert geführt, dessen innenarchitektonische Philosophie es ist, »Traditionen zu respektieren und das Neue willkommen zu heißen«. Das Schloss befindet sich seit 1831 im Besitz der Familie Fürstenberg und hat seit seiner Erbauung im Jahre 778 viele Wandlungen erfahren. 1647 ist es von Grund auf umgebaut worden, doch die erstaunlichen Hochrenaissance-Kamine aus Bamberger Sandstein haben seit 1577 jeden Umbau überlebt.

Die meisten der Doppelzimmer sind groß genug, um als kleine Suiten durchgehen zu können, doch die Juniorsuiten mit ihren tadellosen Polstermöbeln haben noch einmal ihren ganz eigenen Charme. Dort harmonieren die zitronengelben Stühle ausgezeichnet mit den schweren, gelb-blau karierten Vorhängen und dem Sofa. An den taubenblauen Wänden hängen Ölgemälde, und ein extravaganter, aber nicht überkandidelter Lüster rundet die Suite ab. Natürlich sind die Turmzimmer noch etwas luxuriöser und allein aufgrund ihrer Aussicht ihren Preis wert.

Umgebung: Essen (15 km); Düsseldorf (25 km); Heiligenhaus (10 km); Golfplatz (3 km) • **Lage:** auf der A 52 die Abfahrt Ratengen nehmen, der B 227 in Richtung Velbert und anschließend der Beschilderung nach Kettwig folgen; Parkplatz
Mahlzeiten: Frühstück, Mittagessen, Abendessen • **Preise:** €€-€€€€ • **Zimmer:** 24; 13 Doppel-, 6 Einzelzimmer, 4 kleine Suiten, 1 Turmsuite; alle Zimmer mit Bad oder Dusche, TV, Videorekorder, Telefon, Minibar, Safe, Fön, Radio • **Anlage:** Aufenthaltsraum, Terrasse, Park, Tennisplatz, 5 Tagungsräume • **Kreditkarten:** AE, DC, MC, V • **Kinder:** erlaubt • **Behinderte:** 1 Zimmer geeignet • **Tiere:** erlaubt
Geschlossen: nie • **Geschäftsführer:** Michael Lübbert

NORDRHEIN-WESTFALEN

ESSEN-KETTWIG

Résidence
~ Stadthotel ~

45219 Essen-Kettwig, Auf der Forst 1
Tel (02054) 95590 **Fax** (02054) 82501
e-mail info@hotel-residence.de **website** www.hotel-residence.de

Normalerweise legen wir keinen gesteigerten Wert auf Hotelklassifizierungen, doch in diesem Fall konnten wir kaum ignorieren, wie hoch das *Résidence* in den offiziellen Listen eingestuft wird. Seine beiden Sterne stellen sicher, dass das Hotel über »sehr schönes Mobiliar« verfügt, und die beiden Kronen klassifizieren es als »ausgezeichnet«. Last, but not least zeugen die drei Kochmützen von »erstklassiger Küche«.

Trotz der eher langweiligen Zimmer verdient das Résidence all diese Prädikate. Die Gemeinschaftsbereiche sind hübsch eingerichtet, und das flutlichtüberströmte weiß getünchte Gebäude ist auf seinem sanft abfallenden Hügel nachts weithin sichtbar.

Im Gourmetrestaurant »Résidence« herrscht der französische Küchenchef Henri Bach. Die gehobene Küche ist natürlich auch nicht gerade billig, wenn Sie also eine etwas informellere, familienfreundlichere und preiswertere Alternative suchen, sollten Sie sich für das »Püree« entscheiden. Bei besonderen Anlässen ist das »Résidence« jedoch durchaus sein Geld wert. Wenn Sie sich im Freien vergnügen wollen, bietet sich die hübsche Gartenterrasse mit ihren verzierten schmiedeeisernen Tischen und Korbstühlen an.

~

Umgebung: Essen (10 km); Düsseldorf (15 km) • **Lage:** im Ruhrtal zwischen Essen und Düsseldorf; Parkplatz • **Mahlzeiten:** Frühstück, Abendessen • **Preise:** €€-€€€€ • **Zimmer:** 18; 12 Doppel-, 4 Einzelzimmer, 2 Suiten; alle Zimmer mit Bad oder Dusche, Telefon, TV, Minibar, Safe, Fön • **Anlage:** 2 Restaurants, Terrasse **Kreditkarten:** AE, DC, MC, V • **Kinder:** erlaubt • **Behinderte:** keine entsprechenden Einrichtungen • **Tiere:** erlaubt • **Geschlossen:** 3 Wochen im Sommer, 1 Woche nach Neujahr; »Résidence« sonntags und montags, »Püree« samstags, sonntags und montags • **Besitzer:** Berthold Bühler

NORDRHEIN-WESTFALEN

HAMMINKELN-MARIENTHAL

Haus Elmer
~ Landhotel ~

46499 Hamminkeln-Marienthal, An der Klosterkirche 12
Tel (02856) 9110 **Fax** (02856) 91170
e-mail haus-elmer@romantik.de

Das aus mehreren Backsteingebäuden bestehende Anwesen ist seit langem im Familienbesitz. Zugunsten eines klaren Stils und einer komfortablen Ausstattung wurden bei der Modernisierung und Erweiterung des Hotels viele Altersfalten zwar geglättet, dennoch herrscht ein traditioneller Dekorationsstil vor.

Das *Haus Elmer* ist ein in jeder Hinsicht vorzüglich geführtes Hotel. Das Essen in dem überaus beliebten Restaurant ist reichhaltig, hinzu kommt ein ausgezeichneter Weinkeller. Im Hotel gibt es mehrere gemütliche Sitzecken. Die Gästezimmer machen durch Komfort wett, was ihnen vielleicht an Charme fehlt. Die besten sind die kürzlich in einem der alten Gebäude neu eingerichteten Räume, in denen modernes Mobiliar mit freiliegendem Gebälk kombiniert ist. Hinter dem hübschen Backsteingebäude liegt ein gepflegter Blumengarten.

Dieses nahe der niederländischen Grenze gelegene Gebiet ist vor allem für flachlandliebende Radfahrer interessant; und das Hotel stellt Fahrräder für seine Gäste zur Verfügung.

Umgebung: Rad fahren, Golf; Xanten (10 km) mit römischer Bürgerstadt Colonia Ulpia Traiana und Archäologischem Park • **Lage:** in einem kleinen Dorf 15 km n von Wesel; mit Garten und großem Parkplatz • **Mahlzeiten:** Frühstück, Mittag- und Abendessen, kleine Gerichte • **Preise:** €€ • **Zimmer:** 31; 20 Doppelzimmer, 5 Einzelzimmer, 6 Apartments; alle Zimmer mit Bad, Telefon, TV, Radio • **Anlage:** Aufenthaltsraum, 3 Speiseräume, Bar, Terrasse, Kegelbahn, Fahrräder • **Kreditkarten:** DC, MC, V • **Kinder:** willkommen • **Behinderte:** ein Parterrezimmer **Tiere:** nur in den Gesellschaftsräumen erlaubt • **Geschlossen:** nie
Besitzer: Karl-Heinz Elmer

NORDRHEIN-WESTFALEN

HEILIGENHAUS

Waldhotel
~ Landhotel ~

42579 Heiligenhaus, Parkstr. 38
Tel (02056) 5970 **Fax** (02056) 597260
e-mail welcome@wald-hotel.de **website** www.wald-hotel.de

Das *Waldhotel* übersteigt unser Größenauswahlkriterium bei weitem; wir haben es dennoch in unseren Führer aufgenommen, weil es über außerordentlich viel Charme verfügt. Das Hotel ist auf allen Seiten von Bäumen umgeben und auch heute noch als Abkömmling des ursprünglichen, aus dem Jahr 1926 stammenden Herrenhauses erkennbar. Seit damals hat es viele Erweiterungen erfahren, der letzte Umbau fand erst im Jahr 2000 statt. Das üppig bewaldete Anwesen mit seinen Gebäuden, die sich über drei Seiten eines Hofes erstrecken, war ursprünglich viel bescheidener, doch die zusätzlichen Flügel sind sehr umsichtig und harmonisch an den Originalbau angefügt worden.

Es gibt zwei beeindruckende Wintergärten. Uns hat besonders der mit den weißen, konisch geformten Glaslampen gefallen, die über grünen Tischen und Rattanstühlen angebracht sind. Der andere Wintergarten ist konservativer, aber auch etwas gemütlicher. Beide dienen auch als Speiseraum.

~

Umgebung: Düsseldorf (20 km); Essen (20 km); Hallenbad (2 km); 6 Golfplätze
Lage: in abgeschirmtem Bereich, 1 km vom Stadtzentrum und von Heiligenhaus entfernt; Parkplatz • **Mahlzeiten:** Frühstück, Mittagessen, Abendessen • **Preise:** €€-€€€€ • **Zimmer:** 78; 50 Doppel-, 19 Einzelzimmer, 3 Suiten, 6 Apartments; alle Zimmer mit Bad oder Dusche, TV, Radio, Telefon und Fax, Minibar, Fön, Klimaanlage, Safe • **Anlage:** Restaurant, Bar, Tagungsräume, Terrasse, Park, Wintergarten, Sauna, Solarium, Massage, Wäschereiservice, Fahrräder, Tennisplätze
Kreditkarten: AE, DC, MC, V • **Kinder:** erlaubt • **Behinderte:** keine entsprechenden Einrichtungen • **Tiere:** erlaubt • **Geschlossen:** nie • **Geschäftsführer:** Rainer Schult

Nordrhein-Westfalen

Hilchenbach

Siebelnhof
～ Landhotel ～

57271 Hilchenbach, Vormwalder Str. 54
Tel (02733) 89430 **Fax** (02733) 7006
e-mail info@steubers-siebelnhof.de **website** www.steubers-sibelnhof.de

Erich Steuber hat hart dafür gearbeitet, um aus dem Gebäude ein außerordentlich beliebtes 20-Zimmer-Hotel zu machen. Der Bau stammt aus dem Jahr 1556 und war ursprünglich ein Rasthaus für Reisende. Bis zum Jahr 2000 gab es hier nur zwei Zimmer, danach kamen 18 neue hinzu. Die Zimmer sind groß und geschmackvoll mit wunderbar gemusterten und polierten Holzfußböden ausgestattet. Das Mobiliar ist im italienischen Stil gehalten. Die Farben sind überwiegend gedämpft, die dominierenden Weiß- und Cremetöne erwecken den Eindruck von Sauberkeit und Frische.

Der Besitzer des Hotels ist durch ein regional im Fernsehen ausgestrahltes Kochprogramm, das »Kochstudio«, berühmt geworden; deshalb verwundert es auch nicht, dass das Essen in den beiden Restaurants »Chesa« und »Ginsburg Stube« ganz hervorragend ist. Auch das Angebot an Weinen ist gut durchdacht.

Der äußerst luxuriöse Badebereich ist mit einem Swimmingpool, einer Sauna und einem Dampfbad ausgestattet. In den Wäldern um das Hotel herum kann man sehr schöne Spaziergänge unternehmen, und ganz in der Nähe befinden sich drei Golfplätze.

Umgebung: Siegen (11 km); Bad Berleburg (20 km); Köln (80 km); Golfplatz (12 km) • **Lage:** am Fuß des Rothaargebirges, 1 km von Hilchenbach entfernt; Parkplatz • **Mahlzeiten:** Frühstück, Mittagessen, Abendessen • **Preise:** €€€-€€€€ • **Zimmer:** 20; 16 Doppel-, 4 Einzelzimmer; alle Zimmer mit Bad oder Dusche, TV, Telefon, Minibar, Balkon • **Anlage:** Dampfbad, Swimmingpool, Sauna, Schönheitssalon, Tagungsräume, Garten, Terrasse, 2 Restaurants • **Kreditkarten:** AE, DC, MC, V • **Kinder:** erlaubt • **Behinderte:** Zimmer im Erdgeschoss geeignet, **Tiere:** erlaubt • **Geschlossen:** 1. Januarwoche • **Besitzer:** Erich W. Steuber

Nordrhein-Westfalen

Isselburg

Wasserburg Anholt
~ Restaurierte Burg ~

46419 Isselburg, Klever Str. 2
Tel (02874) 4590 **Fax** (02874) 4035
e-mail wasserburg-anholt@t-online.de **website** www.burg-hotel-anholt.com

Anholt gehört zu den imposantesten, architektonisch interessantesten Wasserburgen in Westdeutschland: ein großer, eher streng wirkender roter Ziegelbau mit Türmchen und Erkern, der unter anderem eine bedeutende Gemäldesammlung beherbergt und somit als Museum zugänglich ist.

Das etwas unpersönliche Hotel ist in einem separaten Flügel untergebracht. Unter den komfortablen Zimmern ragt die Turmhochzeitssuite heraus.

Die Gesellschaftsräume sind sehr attraktiv. Besonders reizvoll ist das Café im Untergeschoss, durch das man auf eine Holzterrasse gelangt, die ins Wasser hinausragt. Im Obergeschoss befindet sich der vornehme, mit dunklem Holz getäfelte Speisesaal, in dem raffinierte Gerichte serviert werden. Neben der Rezeption liegt ein Salon mit Blick auf den Wassergraben. In der rustikalen, mit Holz verkleideten Bar, die im ehemaligen Pferdestall untergebracht ist, werden Snacks gereicht.

~

Umgebung: »Schweizer Park«, Kirche St. Pankratius, Windmühle in Werth • **Lage:** in offener Landschaft, 15 km w von Bocholt; mit Grundstück, Garagen und großem Parkplatz • **Mahlzeiten:** Frühstück, Mittag- und Abendessen, kleine Gerichte **Preise:** €€–€€€ • **Zimmer:** 30; 21 Doppelzimmer (2 mit Einzelbetten), 12 mit Bad, 9 mit Dusche; 6 Einzelzimmer, 2 mit Bad, 4 mit Dusche; 3 Suiten mit Bad; alle Zimmer mit TV, Telefon, Radio, die meisten mit Fön, Minibar • **Anlage:** Speiseraum, Frühstückszimmer/Café, Bar; Salon, Terrassen, Golfplatz, Fahrräder • **Kreditkarten:** AE, DC, MC, V • **Kinder:** willkommen • **Behinderte:** 1 Parterrezimmer • **Tiere:** auf den Zimmern erlaubt • **Geschlossen:** 2. bis 24. Jan. • **Besitzer:** Peter Brune

Nordrhein-Westfalen

LÜDINGHAUSEN

Hotel Borgmann
~ Stadtrestaurant mit Gästezimmern ~

59348 Lüdinghausen, Münsterstr. 17
Tel (02591) 91810 **Fax** (02591) 918130
e-mail bigborgman@aol.com

Lüdinghausen ist eine unscheinbare Kleinstadt zwischen dem Ruhrgebiet und Münster, in einer Region, die hauptsächlich für ihre von Wassergräben umgebenen Burgen und Schlösser berühmt ist. In der reizvollen Altstadt befindet sich das *Hotel Borgmann*, ein sehr kleines Haus mit nur sieben Gästezimmern und einer Bar. Deshalb haben wir es hier als Restaurant mit Gästezimmern eingestuft.

Es handelt sich um ein Hotel mit einfachem Mobiliar und Fliesenböden, das aber mit großer Sorgfalt (und auch Stil) von der vierten Generation der Familie Borgmann geführt wird. Das Gebäude selbst ist ein hohes Stadthaus mit skulptiertem Giebel, das aus dem späten 19. Jh. stammt. Im Inneren findet man offenes Gebälk und andere alte Dekorelemente. Es gibt eine schattige, recht kleine, aber sehr hübsche Terrasse mit Blick auf das alte Nachbarhaus. Der Stil der Gästezimmer reicht von reizvoll altmodisch bis sehr modern. Die Küche bietet reichhaltige Gerichte und spezielle Kinderteller.

Umgebung: Burg Vischering; Münster (25 km) mit Kirchen und Freilichtmuseum Mühlenhof • **Lage:** mitten in der Altstadt, 28 km sw von Münster; mit Parkplatz **Mahlzeiten:** Frühstück, Mittag- und Abendessen • **Preise:** €–€€ • **Zimmer:** 14 Doppelzimmer mit Bad oder Dusche; alle mit TV, Telefon, Minibar • **Anlage:** Speiseraum, Frühstückszimmer, Bar, Terrasse • **Kreditkarten:** AE, DC, MC, V **Kinder:** willkommen • **Behinderte:** nicht geeignet • **Tiere:** erlaubt **Geschlossen:** Ostern; So, Mo bis 18 h • **Besitzer:** Gitta und Werner Borgmann

Nordrhein-Westfalen

Monschau

Hotel Vecqueray
~ Stadtpension ~

52156 Monschau, Kirchstr. 5
Tel (02472) 3179 **Fax** (02472) 4320
e-mail info@vecqueray.de **website** www.vecqueray.de

Diese Pension, die in noch keinem anderen Führer erwähnt ist, liegt abseits der Touristenrouten in dem idyllischen Städtchen Monschau. Wie die übrigen Gebäude, die hier von den Touristen besichtigt werden, ist es ein altes Fachwerkgebäude, 1716 erbaut, während der Hochblüte der Monschauer Tuchmanufaktur. Gisela Vecqueray, die ihre Pension seit 1977 betreibt, ist ebenso nett und freundlich wie das Haus.

Die Gästezimmer, die man über eine schmale Wendeltreppe erreicht, sind rustikal und einladend: mit hübschen Vorhängen, schönen antiken Möbeln und Teppichen auf den Holzböden sowie Blick über die Dächer von Monschau. Viel Einfallsreichtum hat man auch beim Einbau der Duschen bewiesen. Dennoch sind einige der Zimmer etwas eng für zwei Personen, sodass man sich möglichst vor dem Buchen vergewissern sollte, was einen erwartet.

Hinter der Eingangshalle befindet sich eine winzige Sitzecke mit offenem Kamin. Das herzhafte Frühstück wird in einem gemütlichen, kleinen Zimmer mit einfachen Holzstühlen und altmodischen Tapeten sowie farbenfrohen Teppichen auf dem Holzboden serviert.

Vor kurzem wurde die Pension durch drei Doppelzimmer mit zwei Bädern, einer Küche und einem Wohnzimmer ergänzt.

~

Umgebung: Fachwerkhäuser; Wandern, Skilanglauf; belgische Grenze • **Lage:** in einer kopfsteingepflasterten Gasse nahe der Kirche, in einem kleinen Ort 60 km sw von Bonn; öffentlicher Parkplatz in der Nähe • **Mahlzeiten:** Frühstück
Preise: € • **Zimmer:** 13; 10 Doppelzimmer (3 mit Einzelbetten), 2 Einzel-, 1 Familienzimmer, alle mit Dusche; seit kurzem ergänzt durch 3 Doppelzimmer mit 2 Bädern, Küche, Wohnzimmer • **Anlage:** Frühstückszimmer, Salon • **Kreditkarten:** DC, MC, V • **Kinder:** willkommen • **Behinderte:** nicht geeignet • **Tiere:** erlaubt
Geschlossen: nie • **Besitzerin:** Gisela Vecqueray

Nordrhein-Westfalen

Münster

Schloss Wilkinghege
~ Landhaushotel ~

48159 Münster, Steinfurter Str. 374
Tel (0251) 213045 Fax (0251) 212898
e-mail schloss_wilkinghege@t-online.de website www.schloss-wilkinghege.de

Wilkinghege, ein großes Wasserschloss aus dem 18. Jh., ist schon seit drei Generationen im Besitz der Familie Winnecken. Wenn man die hohe Eingangshalle betritt, spürt man sofort die Atmosphäre vergangener Zeiten: Der Speisesaal mit seinen alten Möbeln, schweren Kronleuchtern, Wandteppichen, Ölgemälden und großen, vergoldeten Spiegeln wirkt wie ein Museum.

Das Hotel direkt vor den Toren der historischen Altstadt von Münster liegt nahe der Hauptstraße, der Verkehrslärm ist jedoch kaum zu hören. Die klassizistische Ziegelfassade blickt auf einen kleinen Garten, der eine Privatkapelle enthält. Von den Fenstern auf der Rückseite des Gebäudes hat man eine schöne Aussicht auf den Wassergraben und die umliegende Landschaft. Die Gästezimmer im Hauptgebäude sind geräumig und mit schweren Vorhängen, Kronleuchtern und einer Mischung aus soliden, alten Möbeln und modernen Messing- und Glasstücken ausgestattet. Die Zimmer in den ehemaligen Stallungen und im Fasanenhaus gehen eher in Richtung moderner Komfort, einige sind sogar auffallend modern gestylt. In dem ballsaalartigen Speisesaal wird von freundlichem Personal ein Menü zu angemessenem Preis serviert.

Umgebung: Dom und Domschatz, Stadtmauer, Kirchen, Freizeitpark • **Lage:** am nw Rand der Altstadt; mit Garten und großem Parkplatz • **Mahlzeiten:** Frühstück, Mittag- und Abendessen, kleine Gerichte • **Preise:** €€–€€€€ • **Zimmer:** 34; 12 Doppelzimmer, 7 mit Bad, 5 mit Dusche; 9 Einzelzimmer, 3 mit Bad, 6 mit Dusche; 13 Suiten mit Bad; alle Zimmer mit TV, Telefon, Radio, Fön, Minibar **Anlage:** Salon, 3 Speiseräume, Konferenzzimmer; Terrasse, Tennisplatz, 18-Loch-Golfplatz • **Kreditkarten:** AE, DC, MC, V • **Kinder:** erlaubt • **Behinderte:** keine speziellen Einrichtungen • **Tiere:** kleine Tiere auf den Zimmern erlaubt **Geschlossen:** 24./25. Dezember; Restaurant montags • **Besitzer:** L. Winnecken

NORDRHEIN-WESTFALEN

MÜNSTER-HANDORF

Hof zur Linde
∼ Bauernhaushotel ∼

48175 Münster-Handorf, Am Handorfer Werseufer 1
Tel (0251) 32750 **Fax** (0251) 328209
e-mail rezeption@hof-zur-linde.de **website** www.hof-zur-linde.de

Seinen Namen verdankt das Hotel der alten Linde, die neben dem Haupteingang steht. Weitere alte Bäume stehen im Park, der nahe der Werse liegt. Das Gebäude ist ein altes Bauernhaus aus roten Ziegelsteinen mit Fachwerk. Einige der massiven Balken stammen aus dem Jahre 1648; auch eine kaum noch lesbare Inschrift am steinernen Torhaus zeugt von der jahrhundertealten Geschichte.

Otto Löfken, dessen Familie das Hotel schon seit mehreren Generationen führt, ist Hotelier mit Leib und Seele. Außerdem ist er ein begeisterter Jäger. Die Wände der Jagdstube schmücken Trophäen und Bilder mit Jagdszenen. So manches Wild, das man auf der Speisekarte findet, wurde vom Hausherrn selbst erlegt. Das Restaurant, das zahlreiche rustikale Sammlerstücke enthält, besitzt viel Atmosphäre. Die Küche hingegen ist keineswegs ländlich: Wunderschön präsentierte Gerichte werden von erfahrenen Kellnern serviert. Die Gästezimmer sind verschieden groß und jeweils in einem anderen Stil gehalten, von ländlich über Chippendale und viktorianisch bis modern.

∼

Umgebung: Münster (7 km) mit Dom und ehemaligem fürstbischöflichem Residenzschloss • **Lage:** in einem kleinen Dorf, 7 km ö von Münster; mit Garagen und großem Parkplatz • **Mahlzeiten:** Frühstück, Mittag- und Abendessen, kleine Gerichte • **Preise:** €€–€€€ • **Zimmer:** 56; 24 Doppelzimmer (1 mit Einzelbetten), 7 mit Bad, 17 mit Dusche, 10 Juniorsuiten, 1 mit Bad, 9 mit Dusche, 9 Suiten mit Bad, einige mit offenem Kamin; alle Zimmer mit TV, Telefon, Radio, Minibar **Anlage:** Speiseräume, Bar; Terrasse • **Kreditkarten:** AE, DC, MC, V • **Kinder:** sehr willkommen • **Behinderte:** Zugang leicht; mehrere Parterrezimmer • **Tiere:** nicht erlaubt • **Geschlossen:** nie • **Besitzer:** Otto Löfken

NORDRHEIN-WESTFALEN

PETERSHAGEN

Schloss Petershagen
Umgebaute Burg

32469 Petershagen, Schlossstr. 5–7
Tel (05707) 346 **Fax** (05707) 2373 **e-mail** schloss-petershagen
@romantikhotels.com **website** www.romantikhotels.com/petershagen/

Die aus dem 14. Jh. stammende Burg, die direkt an der Weser liegt, befindet sich seit der Zeit um 1900 im Besitz der Familie Hestermann und wird seit 25 Jahren als Hotel und Restaurant geführt.

Obwohl das Gebäude früher eine Festung war, wirkt es heute mit seinen hellen Steinmauern, roten Ziegeldächern und bunten Fensterläden überhaupt nicht mehr einschüchternd. Die Innenräume sind elegant und einladend zugleich. Das Hauptrestaurant, das vorwiegend in Rosa gehalten ist, schließt eine ehemalige Terrasse mit ein und bietet eine beruhigende Aussicht auf den Fluss. Ein junger Küchenchef, dessen Kochkunst sehr geschätzt wird, ist für die einfallsreichen, modernen Kreationen und traditionellen Gerichte verantwortlich. Der Sankt-Gorgonius-Keller ist hingegen – was die Ausstattung und das Essen betrifft – mittelalterlich. Das kleine, ruhige Kaminzimmer ist ein etwas düsterer Raum mit schweren Möbeln.

Die Zimmer wurden umgestaltet und haben jetzt einen Standard, der an Eleganz den übrigen Räumen entspricht. Der wunderschöne Park hält völlig den Verkehrslärm von der nahen Hauptstraße ab.

Umgebung: Minden (15 km), Bückeburg (20 km) mit Schloss • **Lage:** inmitten von Wiesen am Weserufer; auf einem Grundstück mit großem Parkplatz • **Mahlzeiten:** Frühstück, Mittag- und Abendessen • **Preise:** €€ • **Zimmer:** 12; 8 Doppelzimmer, 5 mit Bad, 3 mit Dusche; 3 Einzelzimmer, 1 mit Bad, 2 mit Dusche; 1 Familienzimmer mit Bad; alle Zimmer mit TV, Telefon, Fön, Minibar • **Anlage:** Kaminzimmer, Wintergarten/Restaurant, Terrasse, Swimmingpool, Tennisplatz **Kreditkarten:** DC, MC, V • **Kinder:** willkommen • **Behinderte:** nicht geeignet **Tiere:** nur wohlerzogene Hunde • **Geschlossen:** 3 Wochen im Jan. • **Besitzer:** Rosemarie und Klaus Hestermann

NORDRHEIN-WESTFALEN

SCHIEDER-SCHWALENBERG

Burghotel Schwalenberg
~ Umgebaute Burg ~

32816 Schieder-Schwalenberg
Tel (05284) 98000 **Fax** (05284) 980027
e-mail burg@schwalenburg.de

Eine Nacht im Burghotel ist schon ein Erlebnis. Man befindet sich hier nämlich in einer echten alten Raubritterburg mit knarrenden Dielen und staubigen Winkeln, Ritterrüstungen, abgenutzten Antiquitäten und vielen exzentrischen Details. Die Lage auf einem Hügel mit herrlichem Rundblick ist typisch für eine Burg aus dem 13. Jh. Das Restaurant, ein moderner Anbau, der jedoch passend zum Stil des Gebäudes eingerichtet ist, besitzt große Panoramafenster.

Ein Blick auf die umfangreiche Speisekarte verrät viel über die Herkunft der Besitzer. Olga Saul zog 1971 von Stuttgart hierher, um das Hotel vor dem Niedergang zu bewahren. Inzwischen kümmert sich ihr Sohn um die Küche, die auf schwäbische Gerichte spezialisiert ist.

Das Hotel ist nichts für Stilpuristen. In den großen Korridoren findet man ein buntes Sammelsurium von alten Stücken: vergoldete, lebensgroße Bischofsstatuen, Ölgemälde und Wildschweinköpfe an der Wand sowie ein riesiges, ziemlich abgenutztes Sofa. Die geräumigen Gästezimmer enthalten eine Mischung aus Antiquitäten (wie z. B. einen hölzernen Alkoven von 1605) und einfachen, altmodischen Möbeln.

~

Umgebung: Blomberg (5 km) mit Schloss; Detmold (30 km) • **Lage:** auf einem bewaldeten Hügel über der Stadt, 30 km ö von Detmold; mit Gärten, Garagen und großem Parkplatz • **Mahlzeiten:** Frühstück, Mittag- und Abendessen, kleine Gerichte • **Preise:** €€-€€€ • **Zimmer:** 24; 17 Doppel- (2 mit Einzelbetten), 3 Einzel- und 4 Familienzimmer; alle Zimmer mit Dusche, TV, Telefon, Radio, Minibar • **Anlage:** Speiseraum, Café, Bar, Konferenzzimmer • **Kreditkarten:** DC, MC, V • **Kinder:** sehr willkommen • **Behinderte:** keine speziellen Einrichtungen **Tiere:** erlaubt • **Geschlossen:** Jan. und Febr. • **Besitzer:** Familie Saul

Nordrhein-Westfalen

Schmallenberg

Störmann
~ Stadthotel ~

57392 Schmallenberg
Tel (02972) 9990 **Fax** (02972) 999124
e-mail info@hotel-stoermann.de **website** www.hotel-stoermann.de

Im Hotel *Störmann* werden bereits seit über 230 Jahren Gäste empfangen. Es macht in Schmallenberg durch ein auffälliges Schwarz-Weiß-Schild auf sich aufmerksam und ist in dieser ohnehin schon hübschen Stadt etwas ganz Besonderes.

Wenn Sie Ihre Ruhe haben wollen, ist das Hotel genau das richtige für Sie. Beinahe alle Zimmer verfügen über eine großartige Aussicht auf das Rothaargebirge und sind in ruhigen, neutralen Farben gehalten. Das Mobiliar besteht entweder aus hellem Kiefern- oder dunklerem Holz. Die Suite mit ihrer modernen Version eines Himmelbetts lohnt den Aufpreis.

Das *Störmann* liegt im Sauerland, einer der landschaftlich reizvollsten Gegenden von ganz Nordrhein-Westfalen. Es ist vor allem bei Gästen aus Düsseldorf oder Köln beliebt, die hier ausspannen wollen. Es werden Höhlenexkursionen, Ausflüge in malerische Städtchen und Wintersport auf dem Kahlen Asten angeboten; im Sommer gibt es zudem unzählige Wander-, Radfahr- und Schwimmmöglichkeiten. Antonius Störmann steht seinen Gästen als unerschöpfliche Informationsquelle zur Verfügung.

Umgebung: Siegen (50 km); Marburg (75 km); Köln (110 km); Golfplatz in Schmallenberg-Winkhausen (5 km) • **Lage:** im Zentrum von Schmallenberg; Parkplatz **Mahlzeiten:** Frühstück, Mittagessen, Abendessen, Snacks • **Preise:** €€ • **Zimmer:** 36; 18 Doppel-, 17 Einzelzimmer, 1 Suite; alle Zimmer mit Bad oder Dusche, Telefon, TV • **Anlage:** Aufenthaltsraum, Garten, Restaurant, Hallenbad, Fahrräder, Sauna, Bar • **Kreditkarten:** AE, DC, MC, V • **Kinder:** erlaubt • **Behinderte:** keine entsprechenden Einrichtungen • **Tiere:** erlaubt (geringe Gebühr) • **Geschlossen:** 2 Wochen im Dezember und 4 Wochen im März und April • **Besitzer:** Antonius Störmann

NORDRHEIN-WESTFALEN

STOLBERG

Altes Brauhaus Burgkeller
Stadthotel

52222 Stolberg, Klatterstr. 8-12
Tel (02402) 27272 **Fax** (02402) 27270

Stolberg besitzt neben einer mittelalterlichen Burgruine eine liebevoll restaurierte Altstadt, deren ältestes Haus (1594 errichtet) einen Teil dieses Hotels bildet. Es besteht aus mehreren miteinander verbundenen Gebäuden und ist zwar teilweise gründlich modernisiert worden, hat aber noch viel von seinem alten Reiz behalten, insbesondere in der schönen, von einer Balkendecke überspannten Ratsstube (dem ältesten Teil des Hauses), die als zweiter Speiseraum dient. Der Hauptspeisesaal dagegen ist plüschig möbliert und reizlos. Die Kellerbar ist in einer geschmackvollen Mischung moderner und traditioneller Stilelemente eingerichtet. Vor dem Haus liegt die »Terrasse am Vichtbach«: Das einzige Geräusch, das man in den Zimmern hört, ist das Plätschern des Wassers. Bei den Gästezimmern handelt es sich um modern eingerichtete, aber sehr gemütliche Zwei-Zimmer-Apartments.

Trotz des Hotelnamens interessiert sich der Besitzer vor allem für Wein, den er auch kistenweise verkauft. Die Küche bietet frische, moderne Gerichte zu vernünftigen Preisen. Der *Burgkeller* wird gemeinsam mit dem etwa 5 Gehminuten entfernten modernen »Parkhotel am Hammerberg« (mit Hallenbad und Sauna) geführt; bei der Buchung sollten Sie also angeben, wo Sie übernachten wollen.

Umgebung: Altstadt; Aachen (10 km) mit Münster • **Lage:** in einer Fußgängerstraße am Vichtbach, am Fuße der Stolberger Burgruine; mit öffentlichem Parkplatz in der Nähe • **Mahlzeiten:** Frühstück, Mittag- und Abendessen • **Preise:** €€-€€€ • **Zimmer:** 29; 22 Doppelzimmer, 6 mit Bad, 16 mit Dusche; 7 Einzelzimmer, 5 mit Dusche, 2 mit Waschbecken; alle Zimmer mit TV, Telefon, Minibar, die meisten mit Fön • **Anlage:** Frühstückszimmer, Halle, Kellerbar, Restaurant
Kreditkarten: AE, DC, MC, V • **Kinder:** willkommen • **Behinderte:** nicht geeignet
Tiere: erlaubt nach Vereinbarung • **Geschlossen:** 21. bis 27. Dezember • **Besitzer:** Marlis und Klaus Mann

Nordrhein-Westfalen

Werne

Baumhove
∼ Stadtgasthof ∼

59368 Werne, Markt 2
Tel (02389) 989590 **Fax** (02389) 98959120
e-mail hotelammarkt@baumhove.de **website** www.baumhove.de

Dieses hohe, malerische Fachwerkhaus im Herzen der Altstadt von Werne befindet sich angeblich seit mehr als 500 Jahren im Besitz der Familie Baumhove. Tatsache ist, dass das Gebäude selbst unbestreitbar außergewöhnlich alt ist, dass die mittelalterliche Atmosphäre wunderbar bewahrt wurde und dass die Besitzer dies offensichtlich auch in Zukunft nicht ändern wollen.

Der größte Teil des Erdgeschosses (mit niedriger Balkendecke, Ziegelwänden und Stein- oder Fliesenboden) dient als Speiseraum und Gaststube und ist in zahlreiche gemütliche Sitzecken unterteilt; die einfachen Holzmöbel und das rustikale Dekor passen gut dazu. Eine Treppe führt zu einer etwas eleganteren Galerie hinauf. Die Gästezimmer, die man über ziemlich düstere Korridore erreicht, sind überwiegend modern und recht stilvoll eingerichtet. Von einigen hat man einen schönen Blick auf den für den Autoverkehr gesperrten Marktplatz.

Die Küche bietet preiswerte traditionelle, deftige Kost.

∼

Umgebung: Schloss Cappenberg mit Wildgehege; Bockum Hövel mit Burg. **Lage:** in der Fußgängerzone mitten in der Altstadt, 12 km w von Hamm; mit 3 Garagen • **Mahlzeiten:** Frühstück, Mittag- und Abendessen • **Preise:** €–€€€ **Zimmer:** 18; 10 Doppelzimmer mit Dusche, 7 Einzelzimmer, 4 mit Dusche; alle Zimmer mit Telefon, TV • **Anlage:** Frühstückszimmer, Speiseraum, Gaststube **Kreditkarten:** AE, DC, MC, V • **Kinder:** willkommen • **Behinderte:** Aufzug • **Tiere:** nicht erlaubt • **Geschlossen:** Mitte Juli bis früher August • **Besitzer:** Familie Baumhove

Nordrhein-Westfalen

Westfeld-Ohlenbach

Waldhaus
∽ Landhotel ∽

57392 Westfeld-Ohlenbach
Tel (02975) 840 **Fax** (02975) 8448
e-mail waldhaus-ohlenbach@t-online.de **website** www.waldhaus-ohlenbach.de

Das 1999 erstmals in unseren Führer aufgenommene Hotel *Waldhaus* ist besonders ruhig gelegen und erholsam. Es befindet sich in den Bergen des Sauerlands zwischen Kassel und Düsseldorf am Hang eines dicht bewaldeten Hügels.

Vor seinem Ausbau zum Hotel 1962 war das *Waldhaus*, wie es der Name suggeriert, lediglich ein kleines, von Bäumen abgeschottetes Holzgebäude. Heute ist es bedeutend größer, hat jedoch seinen chaletartigen Charakter behalten. Die Gemeinschaftsräume sind auf sympathische Art altmodisch gehalten und mit antiken Möbelstücken, Ledersofas, alten Fotografien, Spitzentischdecken und Topfpflanzen dekoriert.

Die einzelnen Hotelzimmer sind mit Kiefernmöbeln und geblümten Stoffen geradliniger konzipiert als die öffentlichen Räume. Die anerkannt gute Küche benutzt frische, einheimische Zutaten; bei gutem Wetter kann man das ausgezeichnete Frühstück auf der Terrasse mit Blick über Wälder und Wiesen einnehmen. Das Hotel bietet einen Pool, Sauna und Solarium, man kann Mountainbikes leihen und bei genügend Schnee im Winter von der Haustüre weg langlaufen.

∽

Umgebung: Schmallenberg (20 km), Marburg (60 km) • **Lage:** relativ abgeschieden, 3 km nö von Westfeld, 20 km nö von Schmallenberg • **Mahlzeiten:** Frühstück, Mittag- und Abendessen • **Preise:** €€ • **Zimmer:** 50; 40 Doppelzimmer, 8 Einzelzimmer, 2 Suiten; alle mit Bad, Telefon, Fön, TV, Minibar • **Anlage:** 2 Speisezimmer, Bibliothek; Terrasse, Garten; Sauna, Solarium, Tennis, Mountainbikes
Kreditkarten: AE, DC, MC, V • **Kinder:** willkommen • **Behinderte:** Zimmer im Erdgeschoss, Aufzug • **Tiere:** nicht erlaubt • **Geschlossen:** 8. Nov. bis 11. Dez.
Besitzer: Familie Schneider

NORDRHEIN-WESTFALEN

WIEDENBRÜCK

Ratskeller Wiedenbrück
~ Stadthotel ~

33378 Rheda-Wiedenbrück, Lange Straße am Marktplatz
Tel (05242) 9210 **Fax** (05242) 921100
e-mail ratskeller@romantikhotels.com **website** www.ratskeller-wiedenbrueck.de

Rheda-Wiedenbrück sieht von der E 34, die den Ort durchschneidet, nicht besonders reizvoll aus, aber im Fußgängerbereich der Altstadt von Wiedenbrück findet man noch Kopfsteinpflaster und alte Ackerbürgerhäuser in Fachwerkbauweise. Zu diesen gehört auch der 1560 errichtete, wunderschön restaurierte Ratskeller. Die mit reliefartigen Darstellungen geschmückte, kürzlich ebenfalls restaurierte Fassade blickt auf den Marktplatz. Das Hotel befindet sich bereits seit fünf Generationen im Besitz der Familie des freundlichen Herrn Surmann und ist sein ganzer Stolz.

Der Haupteingang liegt zur Langen Straße hin. Dieser Teil des Hauses wurde 1970 neu erbaut, ist aber den historischen Häusern in der Stadt stilgetreu nachempfunden. Im Inneren ziehen natürlich die älteren Teile die Aufmerksamkeit der Besucher an: der von einer niedrigen Balkendecke überspannte Speiseraum und die holzgetäfelte Gaststube. Das moderne Frühstückszimmer wirkt ebenfalls hell und gefällig. Die Gästezimmer sind relativ schlicht dekoriert, doch die Möbel – eine Mischung aus antiken und hellen Stücken, einige bemalt – geben ihnen Charakter. Im Obergeschoss befindet sich eine gemütliche Sitzecke.

~

Umgebung: Schloss; Flora Westfalica, Teutoburger Wald • **Lage:** im Zentrum der historischen Altstadt Wiedenbrücks, 4 km von der E 34 entfernt, 36 km nw von Paderborn; mit großem Parkplatz • **Mahlzeiten:** Frühstück, Mittag- und Abendessen, kleine Gerichte • **Preise:** €€–€€€ • **Zimmer:** 34, 20 Doppelzimmer, 14 mit Bad, 6 mit Dusche; 12 Einzelzimmer mit Dusche; 2 Apartments mit Bad; alle Zimmer mit TV, Telefon, Fön, Minibar • **Anlage:** Speiseraum, Frühstücksraum, Gaststube; Sauna, Whirlwanne, Dachterrasse • **Kreditkarten:** AE, DC, MC, V **Kinder:** willkommen • **Behinderte:** Aufzug • **Tiere:** erlaubt • **Geschlossen:** 23. bis 25. Dez. • **Geschäftsführer:** Peter Surmann

RHEINLAND-PFALZ

ÜBERBLICK

Hotels in Rheinland-Pfalz

Bei der Erwähnung des Namens Rheinland-Pfalz horcht jeder Weinkenner auf, denn hier werden die meisten und auch einige der besten deutschen Weine erzeugt. In dieser fruchtbaren Gegend mit ihren malerischen Weinbergen ist das Rheintal am breitesten. Die Deutsche Weinstraße beginnt bei Schweigen an der französischen Grenze und reicht bis Bockenheim westlich von Worms.

Der Kurort Bergzabern liegt in der bergigen Haardt, dem östlichen Teil des Pfälzer Waldes, ungefähr in der Mitte der Weinstraße. Zu üppiges Schlemmen kann man mit einer Massage im *Petronella* ausgleichen (Tel. 06343/70010, Fax 700111, 48 Zimmer).

Weiter nördlich, in Neustadt an der Weinstraße, liegt in einem Park mit herrlichem Blick auf das Naturschutzgebiet Pfälzer Wald (über 1600 km² groß, wunderbar geeignet für Wanderungen) das Hotel garni *Tenner* (Tel. 06321/9660, Fax 966100, 38 Zimmer).

Bergfreunde zieht es in die Eifel. Übernachten Sie hier im reizvollen *Handelshof* (Tel. 06781/93370, Fax 933750, 15 Zimmer), am besten in einem Zimmer auf der Rückseite des Gebäudes, oder fahren Sie weiter Richtung Norden nach Kirn, wo das *Parkhotel* (Tel. 06752/95090, Fax 950911, 18 Zimmer), eine alte Villa auf einem hübschen Grundstück, modernen Komfort bietet. Wer Abgeschiedenheit sucht, ist am besten im modernen *Forellenhof Reinhartsmühle* (Tel. 06544/373, Fax 1989, 30 Zimmer) aufgehoben, der in einem bewaldeten Tal an einem großen See liegt. In Guldental befindet sich das *Val d'Or*, eines der berühmtesten Restaurants von Deutschland; es verfügt zwar über keine Gästezimmer, aber der nebenan liegende *Kaiserhof* (Tel. 06707/8746, 7 Zimmer), ebenfalls ein Restaurant, besitzt preiswerte Zimmer. Die beiden Häuser werden von verschiedenen Zweigen der gleichen Familie geführt.

Nördlich von Trier, immer noch in der Eifel, liegt die alte Brauereistadt Bitburg. Unter der Aufsicht einer Gesellschaft für Denkmalschutz ist die alte Brauerei *Simonbräu* (Tel. 06561/3333, Fax 3373, 7 Zimmer) in ein kleines, schlichtes Hotel mit guter Küche umgewandelt worden.

Am Ostrand der Region befindet sich die Landeshauptstadt Mainz, der größte Umschlagplatz für den Weinhandel in Deutschland. Wir empfehlen hier: *Am Lerchenberg* (Tel. 06131/934300, Fax 93433099, 54 Zimmer), einen ruhig gelegenen Familienbetrieb mit weitem Blick über die Stadt, und *Favorite Parkhotel* (Tel. 06131/80150, Fax 8015420, 46 Zimmer) mit schöner Terrasse, im Stadtpark gelegen.

RHEINLAND-PFALZ

BACHARACH

Altkölnischer Hof
~ Stadtgasthof ~

55422 Bacharach, Blücherstr. 2, Ecke Marktplatz
Tel (06743) 1339 **Fax** (06743) 2793
e-mail altkoelnischer-hof@t-online.de **website** www.hotel-bacharach-rhein.de

Umgeben von alten Kopfsteinpflasterstraßen liegt der *Altkölnische Hof* direkt am Hauptplatz im Zentrum der Stadt Bacharach am Rhein. Das viergeschossige Fachwerkhaus sieht sehr imposant aus, viele Details verleihen ihm einen gemütlichen Charme. Auf einige der weißen Tafeln an der Fassade beispielsweise sind Sprichwörter von Hand in gotischen Buchstaben gemalt; einen Eckeingang zieren kleine Wappen. Leider sind die bunten Lampen, die im ersten Stock angebracht sind, weniger ansprechend.

Vor den Fenstern im Obergeschoss sind, ebenso wie in den Holzkübeln im Erdgeschoss, rosafarbene und rote Blumen gepflanzt. Sie grenzen an die caféartigen Stühle an der Seite des Gebäudes, wo die Gäste des Hotels den Wein der Gegend verkosten können. Die Gästezimmer sind mit hellen Möbeln funktional eingerichtet.

Bacharach mit seiner erhabenen Lage oberhalb des Rheins hat schon viele große Geister der europäischen Literatur inspiriert, darunter auch die Dichter Clemens von Brentano und Heinrich Heine sowie den Romancier Victor Hugo. Hier gibt es viel historisch Interessantes zu sehen, beispielsweise die Kirche St. Peter und die Burg Stahleck, die sich über Stadt und Fluss erhebt. Nach Vereinbarung werden Weinverkostungen, Wanderungen und Bootsfahrten organisiert.

Umgebung: Boppard (28 km); Bad Kreuznach (30 km); Mainz (46 km); Koblenz (48 km); Schlösser in Trechtingshausen (14 km) und St. Goar (14 km) • **Lage:** im Stadtzentrum in der Nähe des Marktplatzes; Parkplatz • **Mahlzeiten:** Frühstück, Mittagessen, Abendessen, Snacks • **Preise:** €€-€€€ • **Zimmer:** 23; 17 Doppel-, 1 Einzelzimmer, 1 Suite, ab Mai 2003 4 Apartments in separatem Gästehaus; alle Zimmer mit Bad oder Dusche, TV, Telefon; einige mit Minibar • **Anlage:** Speiseraum, Terrasse • **Kreditkarten:** DC, MC, V • **Kinder:** erlaubt • **Behinderte:** keine entsprechenden Einrichtungen • **Tiere:** nur Hunde erlaubt • **Geschlossen:** November bis März • **Besitzer:** Gernot Scherschlicht

RHEINLAND-PFALZ

BAD NEUENAHR-HEPPINGEN

Zur Alten Post
~ Restaurant mit Gästezimmern ~

53474 Bad Neuenahr-Heppingen, Landskronerstr. 110
Tel (02641) 94860 **Fax** (02641) 948610

In früheren Ausgaben unseres Führers beschrieben wir das Haus von Hans-Stefan und Gabi Steinheuer in Heppingen mit dem Urteil »Seligkeit pur!« In zwei verbundenen Gebäuden stehen Ihnen zwei Restaurants zur Auswahl. Die weniger förmliche Poststube bietet regionale Gerichte mit einem kreativen Pfiff. Steinheuers Restaurant ist formeller und eleganter eingerichtet; dort erwartet Sie seine nuancenreiche neue deutsche Küche und eine Karte mit mehr als 400 verschiedenen Weinen. Einen überraschenden Kontrast bilden die sechs Schlafzimmer des Hotels, die allesamt mit sehr modernen Möbeln und anderen Accessoires eine Vorliebe für klare Linien und gerundete Formen erkennen lassen, sowie die beeindruckenden, auf den neuesten Stand der Technik gebrachten Badezimmer. 1998 erwarben die Steinheuers ein Gebäude auf der anderen Straßenseite, in dem vier neue Suiten und ein Frühstücksraum untergebracht sind.

Die *Alte Post* hat sich mit einigen weiteren Restaurants und Hotels der Region zusammengeschlossen, zu denen Sie unbeschwert zu Fuß spazieren können und wo Sie Ihr Gepäck bereits erwartet.

~

Umgebung: Römische Villa; Bonn (30 km).• **Lage:** an der B266, 1 km w von Bad Neuenahr • **Mahlzeiten:** Frühstück, Mittagessen, Abendessen • **Preise:** €€-€€€€ **Zimmer:** 10; 6 Doppelzimmer, 4 Suiten; alle mit Bad, Telefon, Fön, TV, Minibar; die Suiten mit Fax • **Anlage:** Aufenthaltsraum, Frühstückraum • **Kreditkarten:** AE, DC, MC, V • **Kinder:** willkommen • **Behinderte:** Aufzug zu den Suiten • **Tiere:** keine **Geschlossen:** Restaurant Di, Mi Mittag • **Besitzer:** Hans-Stefan Steinheuer

Rheinland-Pfalz

Balduinstein

Zum Bären
~ Restaurant am Fluss mit Gästezimmern ~

65558 Balduinstein an der Lahn
Tel (06432) 800780 **Fax** (06432) 8007820
e-mail info@landhotel-zum-baeren.de **website** www.landhotel-zum-baeren.de

Die Familie Buggle lebt hier schon seit 1827, und in den Zeiten der Pferdekutschen war das *Zum Bären* eine bekannte Raststation. Aus diesem Grund scheuen Walter und seine Frau Margit auch weder Kosten noch Mühen, um die alten Traditionen im Führungsstil des Hauses aufrechtzuerhalten – während das Innere des Gebäudes durchaus modernem Komfort angepasst ist. Die Zimmer sind sehr gemütlich und individuell eingerichtet. Die Farben in den Doppelzimmern sind warm, die Polster sind in Terrakottatönen gehalten, die Fußböden bestehen aus Kiefernholz und die Beleuchtung ist sanft. Im Turmzimmer gibt es hellblaue Wände und ein rotes Plüschsofa voller Kissen; insgesamt zeugen alle Zimmer von außerordentlich gutem Geschmack.

Walter Buggle hat sich das Kochen selbst beigebracht; sein Restaurant spiegelt seine Liebe zu feinen Zutaten und experimentellen Rezepten wider. Im Restaurant »Kachelofen«, in dem die an die mediterrane Küche angelehnten Gerichte in einem echten Kachelofen zubereitet werden, gibt es solche Köstlichkeiten wie gefüllten Hase auf Waldpilzrisotto. Der Speiseraum selbst erinnert mit seinen steinfarbenen Wänden, dem geschnitzten Kiefernholz und den ziemlich niedrig hängenden Glaslampen an eine Landhausküche. Das andere Restaurant befindet sich in der ehemaligen Bücherei; es ist etwas intimer und erinnert ebenfalls an eine Villa auf dem Land.

~

Umgebung: See in Holzappel (5 km); Limburg (50 km) • **Lage:** in der Nähe des Bahnhofs an der Hauptstraße; Parkplatz • **Mahlzeiten:** Frühstück, Mittagessen, Abendessen • **Preise:** €€-€€€€ • **Zimmer:** 10; 8 Doppel-, 2 Einzelzimmer; alle Zimmer mit Bad oder Dusche, Minibar, Safe, Telefon, TV • **Anlage:** Garten, Aufenthaltsbereiche, 2 Restaurants • **Kreditkarten:** AE, MC, V • **Kinder:** erlaubt **Behinderte:** keine entsprechenden Einrichtungen • **Tiere:** erlaubt • **Geschlossen:** 4 Wochen im März; Restaurant dienstags • **Besitzer:** Walter und Margit Buggle

Rheinland-Pfalz

Bernkastel-Kues

Doctor-Weinstuben
Stadthotel mit Weinlokal

54470 Bernkastel-Kues, Hebegasse 5
Tel (06531) 96650 **Fax** (06531) 6296
e-mail doctor-hotel@t-online.de **website** www.doctor-weinstuben.de

Bernkastel-Kues ist von Weinbergen umgeben, die sich bis an das ehemalige Stadttor, das Graacher Tor, erstrecken – es stellt also einen idealen Ort für ein Weinlokal mit Hotelbetrieb dar. Die Stadt liegt an einer Biegung der Mosel ganz in der Nähe des Tiefenbachtals. Das Gebäude, in dem die *Doctor-Weinstuben* untergebracht ist, stammt aus dem Jahr 1668 und wurde von Caspar von der Leyen, dem Herzog von Trier, erbaut. Dort musste die Bauerngemeinde dem Herzog ihre Abgaben entrichten. Das Hotel ist auf sein Erbe sichtlich stolz: Die Geschichte des Hauses ist in sepiafarbener Schrift an der Wand unterhalb der Treppe, die zum ersten Stock hinaufführt, dargestellt.

Die riesigen Keller unter dem Haus beherbergen auch heute noch eine wundervolle Weinsammlung; einige davon stammen aus dem nahe gelegenen Doctor-Weinberg. Man kann sie in dem gemütlichen Restaurant mit seinem steinernen Kamin, den lebhaften roten Tischdecken und den traditionellen Schnitzereien verkosten. Auch im Garten kann man großartig essen; von dort aus hat man eine wunderbare Aussicht auf einen riesigen Fliederbusch, der sich um einen weißen Turm auf der Rückseite des Gebäudes rankt. Uns gefällt dieses traditionelle Hotel besonders gut; weitere Berichte sind uns jedoch herzlich willkommen.

Umgebung: Golfplatz (25 km); Trier (50 km); Luxembourg (80 km) • **Lage:** 15 km ö der A1; in der Hebegasse in der Altstadt von Bernkastell; öffentlicher Parkplatz in der Nähe • **Mahlzeiten:** Frühstück, Abendessen, Snacks • **Preise:** €€ • **Zimmer:** 29; 24 Doppel-, 2 Dreibett-, 2 Einzel-, 1 Familienzimmer; alle Zimmer mit Bad oder Dusche, Telefon, TV, Minibar • **Anlage:** 2 Restaurants, Garten, Tanzbar, Schwimmbad, Reitmöglichkeit, Fahrradvermietung (3 km) • **Kreditkarten:** AE, DC, MC, V • **Kinder:** erlaubt • **Behinderte:** keine entsprechenden Einrichtungen **Tiere:** nur Hunde erlaubt (geringe Gebühr) • **Geschlossen:** Restaurant am 24. Dez. **Geschäftsführer:** Manfred Nau

RHEINLAND-PFALZ

BERNKASTEL-KUES

Zur Post
~ Stadthotel ~

54470 Bernkastel-Kues, Gestade 17
Tel (06531) 96700 **Fax** (06531) 967050 **e-mail** info@hotel-zur-post-bernkastel.de **website** www.hotel-zur-post-bernkastel.de

Bernkastel gehört zu den bekanntesten Fremdenverkehrsorten an der Mosel. Es gibt zwar keine herausragenden Hotels, aber die *Post* ist eines der schönsten und angenehmsten. Es handelt sich dabei um ein bescheidenes Gebäude aus dem 19. Jh., das an der Hauptstraße steht.

Im Inneren sorgt Frau Rössling für einen professionellen, aber warmherzigen Empfang. Die Möbel passen zum Alter und Stil des Hauses. Die vor kurzem renovierten Gästezimmer wirken modern, wenn auch etwas unpersönlich. Diesen kleinen Mangel gleicht jedoch die freundliche Atmosphäre in dem hellen, holzgetäfelten »Post-Stüberle« aus. Den ganzen Tag und auch Abend über herrscht reger Betrieb; man fühlt sich hier wohler als im Hauptrestaurant, wo die Gäste sitzen, wenn kein Platz im Post-Stüberle ist. Für Familien dürfte interessant sein, dass es im Anbau neben dem Hotel einige apartmentähnliche Zimmer gibt.

Unser Prüfer war etwas irritiert, dass er in seinem Bett einen Weinkorken fand. Das änderte jedoch nichts an seiner positiven Einstellung gegenüber der Post, was für die grundsätzliche Attraktivität des Hotels spricht.

Umgebung: Marktplatz (17. Jh.); Burgruine Landshut (3 km) • **Lage:** an der Hauptstraße am Fluss; mit großem Parkplatz • **Mahlzeiten:** Frühstück, Mittag- und Abendessen • **Preise:** €-€€ • **Zimmer:** 43; 42 Doppelzimmer, 8 mit Bad, 34 mit Dusche; 1 Familienzimmer mit Bad; alle Zimmer mit TV, Telefon, Minibar; Fön auf Anfrage • **Anlage:** Speiseraum, Bar; Sauna, Solarium • **Kreditkarten:** AE, DC, MC, V • **Kinder:** sehr willkommen • **Behinderte:** Zugang leicht • **Tiere:** erlaubt **Geschlossen:** Jan. • **Besitzer:** Familie Rössling

RHEINLAND-PFALZ

COCHEM

Alte Thorschenke
~ Stadthotel ~

56812 Cochem, Brückenstr. 3 (am Enderttor)
Tel (02671) 7059 **Fax** (02671) 4202
e-mail alte-thorschenke@t-online.de **website** www.castle-thorschenke.com

Die meisten Besucher Cochems fotografieren als Erstes diesen alten Gasthof, der direkt neben dem Hauptparkplatz steht. Die aus dem 14. Jh. stammende Fassade wirkt mit ihren Giebeln und Türmen ebenso malerisch wie die mittelalterliche Stadtmauer.

Das Innere der *Alten Thorschenke* besitzt eine wohnliche Atmosphäre. Wenn man das Glück hat, sich eines der wenigen Zimmer im vorderen Teil des Hauses zu sichern, steigt man von der Rezeption (mit clubähnlicher Lounge) eine wunderschöne hölzerne Wendeltreppe hinauf. Über einen Korridor mit knarrenden Dielen gelangt man in so herrliche Zimmer wie beispielsweise die Napoleon-Suite mit einem riesigen Himmelbett und anderen antiken Stücken. Weitere Gästezimmer befinden sich im Rückgebäude, das neuer und weniger interessant ist; sie sind aber ebenfalls gemütlich und mit Antiquitäten möbliert.

Die auf Pergamentpapier gedruckte Karte im Speiseraum, der von einer hohen Decke überspannt wird, bietet zahlreiche regionale Fisch- und Wildgerichte sowie Moselweine aus der Umgebung. Das Frühstück besteht aus einem eindrucksvollen Büfett.

~

Umgebung: Reichsburg Cochem; Burg Eltz (15 km) • **Lage:** an der Brücke im Stadtzentrum; mit 7 Garagen und großem öffentlichem Parkplatz • **Mahlzeiten:** Frühstück, Mittag- und Abendessen, kleine Gerichte • **Preise:** €-€€€
Zimmer: 43; 38 Doppelzimmer, 20 mit Bad, 18 mit Dusche/WC; 5 Einzelzimmer, 3 mit Bad; alle Zimmer mit Telefon, Radio, TV, Fön, Minibar • **Anlage:** Speiseraum, Weinstube, Rezeption; Terrasse • **Kreditkarten:** AE, DC, MC, V • **Kinder:** willkommen • **Behinderte:** Lift • **Tiere:** nur auf den Zimmern erlaubt • **Geschlossen:** 5. Jan. bis 15. März; Restaurant Mi (ab Nov.) • **Besitzer:** Weingut Freiherr von Landenberg

RHEINLAND-PFALZ

COCHEM

Weißmühle
~ Chalet-Hotel ~

56812 Cochem, Enderttal
Tel (02671) 8955 **Fax** (02671) 8207
e-mail info@hotel-weissmuehle.de **website** www.weissmuehle.de

Besucher des Mosel- und des Rheintals kommen an unzähligen Hotels vorbei. Wer jedoch ein wirklich ruhiges Quartier sucht, ist in der *Weißmühle* am richtigen Ort. Während man auf dem kleinen Sträßchen zur *Weißmühle* gelangt, unterbricht nur das Plätschern des Endertbachs, an dessen Ufern einst 24 Mühlen klapperten, die Stille. Am Ziel angekommen, ist man ganz von Wäldern umgeben.

Das an ein Alpenchalet erinnernde Gebäude passt wunderbar in diese Umgebung. Die Gästezimmer sind zweckmäßig eingerichtet; die meisten besitzen einen Balkon, von dem aus man das Tal hinunter nach Cochem schauen kann. Die Weißmühle ist in dieser Gegend für ihre Forellenspezialitäten bekannt (man kann sich seine eigene Forelle in einem Teich hinter dem Hotel fangen). Die Mahlzeiten werden im wunderschön möblierten Restaurant oder auf der zauberhaft gelegenen Terrasse serviert.

Als Aufenthaltsort, um sich nach einem anstrengenden Tag voller Burgbesichtigungen und Weinproben zu erholen, ist die Weißmühle nicht zu überbieten.

Umgebung: Reichsburg Cochem; Burg Eltz (15 km); Nürburgring • **Lage:** in einem stillen, bewaldeten Tal, 2 km nw von Cochem; mit Grundstück, großem Parkplatz und 5 Garagen • **Mahlzeiten:** Frühstück, Mittag- und Abendessen, kleine Gerichte **Preise:** €–€€ • **Zimmer:** 36; 30 Doppelzimmer mit Einzelbetten, 6 Einzelzimmer; alle Zimmer mit Dusche, Telefon, TV, Minibar • **Anlage:** Speiseraum, Salon, Café, Bar; Bowlingbahn, Terrasse, Sauna, Solarium • **Kreditkarten:** DC, MC, V • **Kinder:** willkommen • **Behinderte:** nicht geeignet • **Tiere:** erlaubt • **Geschlossen:** nie **Besitzer:** Familie Gerhartz und Familie Zimmer

RHEINLAND-PFALZ

Darscheid

Kucher's Landhotel
~ Modernes Chalet-Hotel ~

54552 Darscheid/Eifel, Karl-Kaufmann-Str. 2
Tel (06592) 629 **Fax** (06592) 3677
e-mail info@kucherslandhotel.de **website** www.kucherslandhotel.de

Das bezaubernde junge Paar Martin und Heidi Kucher liebt sein Hotel; sie tun alles, damit sich ihre Gäste bei ihnen wohl fühlen. Das Essen im Restaurant ist ausgezeichnet, die Einrichtung des Speiseraums hingegen lässt etwas zu wünschen übrig: Spitzendeckchen, Chintz und rege gemusterte Teppiche, auf denen noch unruhigere Läufer liegen, ganz zu schweigen von der in Rosa und Apricot gehaltenenen Tischdekoration.

Das Hotel liegt in der Nähe der Eifel und stellt somit einen idealen Ausgangspunkt für Ausflüge in diese Gegend dar. Zimmer Nr. 52 mit seinen traditionell bemalten Möbeln im skandinavischen Stil ist besonders hübsch. Es ist mit einem Himmelbett, einer Kommode, einem Schreibtisch und einem Stuhl eingerichtet, die alle mit kunstvollen Schnitzereien verziert und mit Blumen bemalt sind. Zimmer Nr. 54 ist ähnlich eingerichtet, doch hier sind die Möbel gebeizt, nicht bemalt, und wirken in dem länglichen Raum etwas langweilig. Alles in allem wiegen die besseren Zimmer, das ausgezeichnete Essen und der gut gefüllte Weinkeller die Nachteile des liebevoll geführten Hotels durchaus auf; dennoch sind uns weitere Berichte herzlich willkommen.

~

Umgebung: Nürburgring (25 km); Mosel (30 km); Trier (50 km); Koblenz (50 km)
Lage: im Zentrum der kleinen Stadt Darscheid; Parkplatz • **Mahlzeiten:** Frühstück, Mittagessen, Abendessen • **Preise:** €€ • **Zimmer:** 14; 11 Doppel-, 3 Einzelzimmer; alle Zimmer mit Bad, Dusche, WC, Fön, TV, Radio, Telefon • **Anlage:** 2 Restaurants, Garten, großer Weinkeller • **Kreditkarten:** AE, DC, MC, V • **Kinder:** willkommen
Behinderte: keine entsprechenden Einrichtungen • **Tiere:** erlaubt • **Geschlossen:** Januar; Restaurant montags • **Besitzer:** Martin und Heidi Kucher

RHEINLAND-PFALZ

DAUN

Kurfürstliches Amtshaus
~ Schlosshotel ~

54550 Daun, Auf dem Burgberg
Tel (06592) 9250 **Fax** (06592) 925255
e-mail kurfuerstliches.amtshaus@t-online.de **website** www.castle-hotel-daun.com

Obwohl das Hotel Anschluss an das »Gast im Schloss«-Konsortium hat, erinnert der erste Eindruck mehr an ein Rathaus als an ein Schloss – kein Wunder angesichts des Namens. Es erhebt sich an der Stelle einer alten Festung auf einem Vulkankegel und bietet eine weite Aussicht (die man von der Terrasse aus genießen kann). Die Gesellschaftsräume sind mit zahlreichen Antiquitäten und einer Sammlung alter Uhren eingerichtet.

Günter Probst liebt Publicity. In einem seiner zahlreichen Spezialprospekte preist er sein bestes Stück an: das »berühmteste Bett Deutschlands«, in dem 52 Staatsoberhäupter geschlafen haben, als es noch im Gästehaus der Bundesregierung in Bonn stand. Doch weder das Bett noch das Zimmer, in dem es steht, sind so attraktiv wie einige der mit Antiquitäten (teilweise Himmelbetten oder historische Schlafmöbel) eingerichteten Zimmer – auch wenn in den meisten Gästezimmer sehr viel Wert auf modernen Komfort gelegt wird.

Das Gourmet-Restaurant »Graf Leopold« bildet einen stilvollen Rahmen für die »neue deutsche Küche mit italienischem Einschlag«, die von einer exzellenten Weinkarte ergänzt wird. Im Haus gibt es zudem ein aus dem Vulkangestein gehauenes Hallenbad.

Umgebung: Maar-Wanderungen mit alten Kraterseen in der Eifel, Hirsch- und Saupark Daun, Adler- und Wolfspark Kasselburg • **Lage:** auf einem Hügel im Zentrum; mit Garten und großem Parkplatz • **Mahlzeiten:** Frühstück, Mittag- und Abendessen, kleine Gerichte • **Preise:** €€-€€€€ • **Zimmer:** 42; 25 Doppelzimmer, 8 mit Bad, 17 mit Dusche; 17 Einzelzimmer, 4 mit Bad, 13 mit Dusche; alle Zimmer mit TV, Telefon, Radio, Fön, Minibar • **Anlage:** Gourmet-Restaurant, Aufenthaltsraum; Felsenschwimmhalle, Sauna, Dampfbad, Terrasse • **Kreditkarten:** DC, MC, V **Kinder:** sehr willkommen • **Behinderte:** Zugang leicht; Aufzug • **Tiere:** erlaubt **Geschlossen:** die ersten beiden Wochen im Jan. • **Besitzer:** Günter und Christa Probst

RHEINLAND-PFALZ

DEIDESHEIM

Deidesheimer Hof
~ Gasthof der Luxusklasse ~

67146 Deidesheim, Am Marktplatz
Tel (06326) 96870 **Fax** (06326) 7685
e-mail info@deidesheimerhof.de **website** www.deidesheimerhof.de

Vor der verlorenen Wahl vom September 1998 pflegte Bundeskanzler Kohl wichtige Staatsgäste gerne in diesen gediegenen und traditiosreichen Gasthof zu laden, der im Herzen des hübschen Orts Deidesheim an der Weinstraße liegt. Aber auch für weniger illustre Zeitgenossen wird gesorgt, hauptsächlich auf der blumengeschmückten Terrasse, die auf den Marktplatz blickt, und in der holzgetäfelten Weinstube. Das Relais & Château-Hotel war einst der Wohnsitz des Bischofs und gehört heute neben einer Kette von Weinrestaurants zum Besitz der Familie Hahn, die auch eigenen Wein produziert. Auf der umfangreichen Weinkarte empfehlen sich die lokalen Spezialitäten Gerümpel und Goldbächel.

Wie nicht anders zu erwarten, herrschen im *Deidesheimer Hof* Sauberkeit und Ordnung vor, nur der Service ist manchmal etwas langsam. Die Schlafzimmer sind hübsch, traditionell eingerichtet, ziemlich geräumig und durch und durch gemütlich. Neben der zwanglosen »Weinstube St. Urban«, wo ausgezeichnete regionale Speisen, darunter auch Ex-Kanzler Kohls Lieblingsgericht Saumagen, serviert werden, gibt es noch ein konventionelleres Gourmetrestaurant, den »Schwarzen Hahn«.

Umgebung: Bad Dürkheim, Naturpark Pfälzer Wald (8 km) • **Lage:** im Ortszentrum, 23 km sw von Mannheim; Parkplatz • **Mahlzeiten:** Frühstück, Mittagessen **Preise:** €€-€€€€ • **Zimmer:** 20; 18 Doppelzimmer, 2 Suiten; alle mit Bad, Telefon, Föhn, TV, Radio, Minibar • **Anlage:** Aufenthaltsraum, Speisezimmer, Frühstücksraum, Terrasse • **Kreditkarten:** AE, DC, MC, V • **Kinder:** erlaubt • **Behinderte:** keine besonderen Einrichtungen • **Tiere:** nach Vereinbarung • **Geschlossen:** erste Januarwoche • **Besitzerin:** Anita Hahn

RHEINLAND-PFALZ

DREIS

Waldhotel Sonnora
~ Chalet-Hotel ~

54518 Dreis
Tel (06578) 406 **Fax** (06578) 1402
e-mail info@hotel-sonnora.de **website** www.hotel-sonnora.de

Das wegen seines 2-Sterne-Restaurants bekannte Hotel *Sonnora* bietet dem Gast eine gemütliche und freundliche Herberge zu – bedenkt man die hohen Kosten für die Speisen – überraschend moderaten Preisen. Vater Vinzenz und Sohn Helmut Thieltges betreiben das Hotel gemeinsam, Letzterer führt das Regiment über die Töpfe und Pfannen. Das Frühstück wird in einem hübschen Raum mit Balkendecke eingenommen. Das Restaurant ist mit Brokatstühlen, weißem Tischtuch aus Leinen, Kristalllüstern und seinen großen Fenstern, die auf den Garten hinausgehen, eher klassisch gehalten. Der Garten ist offensichtlich der ganze Stolz von Familie Thieltges und wird sorgsam gepflegt, wenngleich die verspielten Statuen, die Brücke, Sitzbänke, Laternenpfähle, Bögen und Lauben gerade vor dem Hintergrund unverfälschter Landschaft mit Wiesen und bewaldeten Hügeln rund um das Anwesen nicht jedermanns Geschmack treffen dürften.

Die Schlafzimmer sind geradliniger gestaltet: helle Wände, farbige Bilder, weiße Bettwäsche, einfaches Mobiliar aus Holz, eigene Balkonabschnitte. Es gibt auch zwei prächtige Suiten, die ihren Preis wert sind.

~

Umgebung: die Berge der Eifel; Wittlich (8 km); Trier (30 km) • **Lage:** auf eigenem Gelände zwischen Salmtal und Dreis, 8 km sw von Wittlich; großer Parkplatz
Mahlzeiten: Frühstück, Mittag- und Abendessen • **Preise:** €€-€€€€
Zimmer: 20; 16 Doppelzimmer, 2 Einzelzimmer, 2 Suiten; alle mit Bad, Telefon, Fön, TV • **Anlage:** Aufenthaltsraum, Speisezimmer, Frühstückraum, Terrasse
Kreditkarten: AE, DC, MC, V • **Kinder:** willkommen • **Behinderte:** keine besonderen Einrichtungen • **Tiere:** erlaubt • **Geschlossen:** Mo, Di • **Besitzer:** Familie Thieltges

RHEINLAND-PFALZ

DUDELDORF

Zum alten Brauhaus
~ Landhotel ~

54647 Dudeldorf, Herrengasse 2
Tel (06565) 9275-0 **Fax** (06565) 9275-550
e-mail rhdudel@t-online.de **website** www.brauhausdudeldorf.de

Der Ort Dudeldorf liegt nördlich der historischen Altstadt von Trier ganz in der Nähe des fruchtbaren Moseltals. Seine Lage ist beneidenswert, denn es gibt sehr viel zu sehen: wunderschöne Klöster, alte Burgen und eine atemberaubende Landschaft.

Dudeldorf liegt in der Nähe der französischen Grenze, und so kommt es, dass das *Brauhaus* sowohl außen als auch innen ein deutlich französisches Flair hat. Eine Seite des Gebäudes ist von Weinlaub überwuchert. Es ist bereits seit mehr als 200 Jahren ein Hotel und befindet sich seit sieben Generationen im Besitz der Familie Servatius. Margit, der jüngste Spross der Familie, führt das *Brauhaus* mit viel Elan.

Die weiß getünchte Fassade des Gebäudes mit den pfirsichfarbenen Fensterrahmen aus Stuck wirkt elegant und einladend. Auf der Rückseite des Hauses tritt der französische Einfluss noch deutlicher zutage: Das zweite Geschoss ist durchgehend mit Fensterläden und Balkons versehen. Aus den Zimmern im zweiten Stock – zweifelsohne die besten und ruhigsten – blickt man direkt in den Garten. Sie sind einfach eingerichtet und sehr sauber.

Umgebung: französische, belgische und luxemburgische Grenzen (12–30 km); Trier (29 km) • **Lage:** im Stadtzentrum in der Nähe der Kirche; Dudeldorf liegt zwischen Bitburg und Wittlich an der B 50 • **Mahlzeiten:** Frühstück, Mittagessen (nur sonntags und an Feiertagen), Abendessen • **Preise:** €€-€€€ • **Zimmer:** 16; 10 Doppel-, 5 Einzelzimmer, 1 Apartment; alle Zimmer mit Bad oder Dusche, Fön, Radio, Internetzugang, Telefon, TV • **Anlage:** Restaurant, Weinbar, Frühstücksraum, Tagungsraum, Garten mit Terrasse • **Kreditkarten:** AE, DC, MC, V • **Kinder:** erlaubt **Behinderte:** keine entsprechenden Einrichtungen • **Tiere:** erlaubt • **Geschlossen:** mittwochs, Januar, Mitte Juli bis Mitte August • **Geschäftsführerin:** Margit Servatius

RHEINLAND-PFALZ

HAMM/SIEG

Romantikhotel Alte Vogtei
~ Landgasthof ~

57577 Hamm/Sieg, Lindenallee 3
Tel (02682) 259 **Fax** (02682) 8956
e-mail alte-vogtei@romantikhotels.com **website** www.romantikhotels.com/hamm

Das historische Fachwerkgebäude, das um die Mitte des 17. Jh. errichtet wurde, steht in einem kleinen Dorf östlich von Bonn, das von den bewaldeten Tälern, Hügeln und Wasserläufen des Westerwaldes umgeben ist. Holz und andere traditionelle Materialien prägen den Außenbau und das Innere des Hotels. Alte Öfen, Anrichten und Gebrauchsgegenstände sind liebevoll bewahrt worden und zieren heute die Gesellschaftsräume. Die Ausstattung ist schlicht, aber zweckmäßig: helle Wände, dunkle Holzbalken und Möbel, einfache Dekostoffe in warmen Farben. Die älteren Gästezimmer im Haupttrakt des Hotels sind mit alten Bauernmöbeln eingerichtet, während die hellen, modernen Zimmer, die zum Garten hin liegen, etwas unpersönlich wirken, aber trotzdem komfortabel (und auch geräumiger) sind.

Küchenchef ist Markus Wortelkamp, der Sohn des Hauses. Seine hoch geschätzte Küche, die vor allem Produkte aus der Region verwendet, verrät den Einfluss seiner achtjährigen, in Frankreich, England und Deutschland verbrachten Lehrzeit.

Umgebung: Abtei von Marienstatt (25 km); Bonn (60 km); Schloss Brühl (55 km)
Lage: mitten in einem kleinen, von Wald umgebenen Dorf, an der B 265, 60 km ö von Bonn; mit Garten, Garagen und Parkplatz • **Mahlzeiten:** Frühstück, Mittag- und Abendessen • **Preise:** €-€€€ • **Zimmer:** 16; 14 Doppel-, 2 Einzelzimmer; alle mit Bad, Telefon, Fön, TV, Minibar und Radio **Anlage:** Speiseraum, Bar, Terrasse, Biergarten • **Kreditkarten:** AE, DC, MC, V • **Kinder:** willkommen • **Behinderte:** keine speziellen Einrichtungen • **Tiere:** erlaubt • **Geschlossen:** 20. Juli bis 10. Aug.
Besitzer: Familie Wortelkamp

RHEINLAND-PFALZ

HOLZAPPEL

Herrenhaus zum Bären
~ Landhotel ~

53679 Holzappel, Hauptstr. 15
Tel (06439) 91450 **Fax** (06439) 914511
website www.marktplatz-rhein-lahn.de/altes-herrenhaus-zum-baeren

Aus der einstigen Residenz des Grafen von Holzappel – einer vom dankbaren Kaiser am Ende des Dreißigjährigen Krieges geschaffenen Grafschaft – ist ein reizvolles kleines Hotel geworden. Die Fachwerkfassade wirkt sehr rustikal. Auf einer kleinen Terrasse im Schatten gestutzter Bäume stehen schlichte Tische und Stühle. In einem der Speiseräume findet man Bauernmöbel und Jagdtrophäen, aber sie bestimmen nicht die Atmosphäre: Dies hier ist ein Hotel und kein Gasthof.

Die zehn Doppelzimmer im Herrenhaus selbst sind die teuersten. Ihre Einrichtung, eine Mischung verschiedener Stilelemente mit schweren Ledersesseln, eleganten antiken Tischen und weichen Teppichen, ist nichts für Puristen. Aber alle Zimmer sind individuell gestaltet und äußerst komfortabel, die besten auch sehr geräumig. Die eleganten Bäder sind mit Marmor ausgekleidet. Im gesamten Haus gibt es über 200 alte Stiche und Landkarten sowie 50 Ölgemälde. Die billigeren Zimmer im nahe gelegenen Goethehaus sind natürlich schlichter.

Die Küche ist relativ anspruchsvoll und sehr beliebt.

~

Umgebung: Wanderungen, Wassersport, Tennis; Limburg mit Altstadt und Dom (10 km) • **Lage:** mitten im Dorf, 16 km sw von Limburg; mit Garten und Parkplatz **Mahlzeiten:** Frühstück, Mittag- und Abendessen • **Preise:** €€-€€€€ • **Zimmer:** 20; 18 Doppelzimmer (3 mit Einzelbetten), 17 mit Bad, 1 mit Dusche; 2 Einzelzimmer mit Bad; alle Zimmer mit Telefon, Radio, TV, Minibar • **Anlage:** 2 Speiseräume, Konferenzzimmer; Gartenterrasse • **Kreditkarten:** AE, DC, MC, V • **Kinder:** willkommen • **Behinderte:** Zugang leicht • **Tiere:** nur wohlerzogene Hunde **Geschlossen:** Jan. • **Besitzer:** Karl-Heinz und Helga Falk

Rheinland-Pfalz

Horbruch im Hunsrück

Historische Schlossmühle
~ Umgebaute Mühle ~

55483 Horbruch im Hunsrück
Tel (06543) 4041 **Fax** (06543) 3178
e-mail info@historische-schlossmuehle.de

Die reizvolle alte Mühle lohnt die Mühe, die es braucht, um sie in dem landschaftlich schönen Gebiet zwischen Rhein, Mosel und Nahe zu finden. Ein deutscher Reporter bezeichnete die Atmosphäre als ausgesprochen friedlich, angenehm und freundlich. Die dicken Mauern, das Mühlrad und der Bach erinnern Besucher an die Geschichte des Gebäudes: Es wurde 1804 erbaut und diente fast eineinhalb Jahrhunderte lang als Getreidemühle. Aber sein Umbau vor circa 30 Jahren und die 1990 durchgeführte Renovierung mit der Erneuerung der Innenausstattung war ein voller Erfolg.

Das Haus strahlt eine sehr persönliche Atmosphäre aus: Bilder, Skulpturen und Nippes überall. Im Salon findet man zahlreiche Bücher. Zur Freude der Kinder gibt es auf dem Anwesen eine Vielzahl von Tieren. Die Gästezimmer sind individuell eingerichtet, die Badezimmer umsichtig ausgestattet.

Unser weit gereister Tester stuft die Küche als »exzellent in jeder Beziehung, vergleichbar mit vielen der besten französischen Restaurants« ein. Der Vergleich ist kein Zufall: Rüdiger Lillers auf der regionalen Küche basierende Gerichte zeigen deutlich französischen Einfluss.

~

Umgebung: Bernkastel-Kues (15 km) – Weinproben, Marktplatz • **Lage:** in einem Wiesental, 1 km vom Dorf Horbruch entfernt, an der K 74, 12 km sw von Morbach; mit Garten und großem Parkplatz • **Mahlzeiten:** Frühstück und Abendessen
Preise: €€-€€€€ • **Zimmer:** 10; 9 Doppelzimmer, 1 Suite; alle mit Bad, Telefon, TV, Minibar, Radio • **Anlage:** Speiseraum, Frühstücksraum, Salon, Bar; Terrasse
Kreditkarten: AE, MC, V • **Kinder:** willkommen • **Behinderte:** Zugang schwierig
Tiere: nicht erlaubt • **Geschlossen:** Restaurant Mo; Di–Fr mittags • **Besitzer:** Anneliese und Rüdiger Liller

Rheinland-Pfalz

Kallstadt

Weinkastell »Zum Weißen Ross«
Ländliches Hotel

67169 Kallstadt, An der Weinstr. 80-82
Tel (06322) 5033 **Fax** (06322) 66091

Reisenden, die die Deutsche Weinstraße entlangfahren, fällt bestimmt sofort der ältere Teil dieses an der Straße gelegenen verschachtelten Hotels auf: Die oberen Stockwerke des Fachwerkbaus kragen über das Untergeschoss aus hellem Sandstein hinaus.

Das Innere ist nicht ganz so extravagant. Trotz der kürzlichen Renovierung ist der Charakter eines alten Hauses erhalten geblieben. Das Kreuzgewölbe des Restaurants ruht auf massiven Sandsteinsäulen. In der Gutsherren-Stube, in der morgens das Frühstück und abends Getränke serviert werden, sind die Wände und die Decke mit Fichte getäfelt. Die Gästezimmer wirken im Vergleich dazu schlicht, obwohl die Möbel recht hübsch sind. Im Flitterwochenzimmer steht ein großes Himmelbett. Für weniger romantische Anlässe gibt es das Alkovenzimmer, wo man Fuß an Fuß schläft, durch Vorhänge voneinander getrennt.

Die Küche von Norbert Kohnke ist manchmal etwas zu anspruchsvoll, aber immer von überdurchschnittlicher Qualität. Seine freundliche Frau Jutta kümmert sich um den Hotelbetrieb.

Umgebung: Weinproben, riesiges Weinfass; Mannheim mit Schloss (26 km); Speyer mit Dom (30 km), Pfälzer Wald • **Lage:** mitten im Dorf, 26 km w von Mannheim; mit öffentlichem Parkplatz in der Nähe • **Mahlzeiten:** Frühstück, Mittag- und Abendessen • **Preise:** €€ • **Zimmer:** 13 Doppelzimmer, 3 mit Bad, 7 mit Dusche; alle Zimmer mit TV, Telefon, Radio • **Anlage:** Restaurant, Gutsherren-Stube • **Kreditkarten:** AE, MC • **Kinder:** willkommen • **Behinderte:** keine speziellen Einrichtungen • **Tiere:** willkommen • **Geschlossen:** Restaurant montags und dienstags • **Besitzer:** Jutta und Norbert Kohnke

Rheinland-Pfalz

Kaiserslautern-Hohenecken

Burgschänke
∽ Landhotel und -gasthof ∽

67661 Kaiserslautern-Hohenecken, Schlossstr. 1
Tel (0631) 56041 **Fax** (0631) 56301
e-mail info@burgschaenke-kl.de **website** www.burgschaenke-kl.de

Die *Burgschänke* liegt im Schatten der 800 Jahre alten Ruinen der Burg Hohenecken; sie wurde 1813 erbaut und und ist seit mehr als 160 Jahren ein Hotel. Seit 1988 liegt die Geschäftsführung in der Hand der Familie Sievers; 1985 ist das Gebäude grundlegend renoviert und um ein Restaurant erweitert worden. Seine Spezialität sind frische Fischgerichte, am üppigen Büfett dominieren köstlicher Schwarzwaldschinken und kalorienreiche Blutwurst. Das im Landhausstil gehaltene Restaurant ist sehr gemütlich; in einer Ecke befindet sich ein offener Kamin, der von großen, erdfarbenen Steinen eingerahmt ist, in die Lehnen der Stühle sind Herzen geschnitzt und an der Wand hängt hier und da ein Hufeisen.

Die Zimmer sind in zwei Gebäuden untergebracht: Im »alten Haus« gibt es insgesamt 35 Zimmer, im separaten »Gästehaus« soll es ab 2003 sieben neue Luxuszimmer geben. Die Zimmer im Dachgeschoss des Hauptgebäudes sind recht elegant und trotzdem preiswert und verfügen zudem über die beste Aussicht auf die umgebende Landschaft. Von außen wirkt das Haus sehr einfach: ein rotes Ziegeldach, ein weiß getünchtes Gebäude und taubenblaue Fensterläden, deren Farbe sich im Schriftzug des Hotelnamens in der Mitte der Fassade wiederholt.

∽

Umgebung: Golfplatz; Tennisplatz; Schwimmbad (5 km) • **Lage:** 5 km vom Stadtzentrum von Kaiserslautern entfernt; Parkplatz • **Mahlzeiten:** Frühstück, Mittagessen, Abendessen, Snacks • **Preise:** €€ • **Zimmer:** 35; 29 Doppel-, 5 Einzelzimmer, 1 Suite; alle Zimmer mit Bad oder Dusche, WC, Radio, TV, Telefon; einige mit Modemanschluss • **Anlage:** Bar, Restaurant, Biergarten, Fahrräder **Kreditkarten:** AE, DC, MC, V • **Kinder:** erlaubt • **Behinderte:** einige Zimmer im Erdgeschoss geeignet • **Tiere:** erlaubt • **Geschlossen:** nie • **Besitzer:** Manfred und Helen Sievers

Rheinland-Pfalz

Koblenz

Hotel Brenner
~ Stadthotel ~

56068 Koblenz, Rizzastr. 20–22
Tel (0261) 915780 **Fax** (0261) 36278
e-mail go@hotel-brenner.de **website** www.hotel-brenner.de

In Koblenz treffen sich nicht nur Mosel und Rhein, es stellt auch das kulturelle Zentrum von Rheinland-Pfalz dar. Das *Brenner* liegt auf der Halbinsel, die die beiden Flüsse voneinander trennt; hier befindet sich auch das berühmte »Deutsche Eck«. Es ist sehr friedlich hier; ganz in der Nähe führt die Pfaffendorfer Brücke über den Rhein, und auch zum monumentalen klassizistischen Kurfürstlichen Schloss ist es nicht weit.

Obwohl das *Brenner* über kein Restaurant verfügt, ist es doch ein ganz besonderes Hotel; das Personal kann Ihnen zudem viele gute Speisemöglichkeiten in Koblenz empfehlen. Die Zimmer sind sehr sorgfältig eingerichtet worden; es dominiert ein weiß-goldenes Farbschema, das in den Möbeln, Wänden und Betten auftaucht. Die Betten sind mit gestärktem weißem Leinen bezogen und mit jeder Menge Kissen ausgestattet. An den Wänden, die mit handgemalten floralen Motiven verziert sind, hängen kristalline elektrische Kerzenleuchter. Im Frühstücksraum steht jeden Morgen ein großzügiges Büfett bereit; dort wird das dekorative Schema der Zimmer fortgeführt. Bei schönem Wetter kann das Frühstück auch im Garten eingenommen werden.

~

Umgebung: Koblenzer Bahnhof (500 m); Schloss Marksburg (5 km); Limburg (50 km); Trier (100 km); Köln (108 km) • **Lage:** im Zentrum von Koblenz; gebührenpflichtiger Parkplatz (80 m) • **Mahlzeiten:** Frühstück • **Preise:** €€-€€€ **Zimmer:** 24; 16 Doppel-, 8 Einzelzimmer; alle Zimmer mit Bad oder Dusche, Telefon, Minibar, TV • **Anlage:** Bar, Garten • **Kreditkarten:** AE, DC, MC, V • **Kinder:** erlaubt • **Behinderte:** keine entsprechenden Einrichtungen • **Tiere:** nur Hunde erlaubt (geringe Gebühr) • **Geschlossen:** 1 Woche zwischen Weihnachten und Neujahr • **Besitzerin:** Michaela Dietz

Rheinland-Pfalz

Oberwesel

Römerkrug
~ Stadtgasthof ~

55430 Oberwesel, Marktplatz 1
Tel (06744) 8176 **Fax** (06744) 1677
website www.hotel-roemerkrug.rhinecastles.com

Im Rheintal herrscht kein Mangel an hübschen alten Gasthäusern, doch allzu oft ist das, was sich hinter der Fassade verbirgt, enttäuschend. Hier, im Städtchen Oberwesel, trifft man allerdings auf eine Ausnahme.

Dieser bezaubernde Gasthof (der aus dem 15. Jh. stammt) befindet sich auf dem kleinen Marktplatz, umgeben von ebenfalls wunderschönen alten Fachwerkgebäuden und mit den Weinbergen am Rhein im Hintergrund. Vor dem Eingang liegt eine kleine Terrasse. Auch im Inneren spürt man, dass das Haus bereits 500 Jahre alt ist. Vieles ist unverändert geblieben; alle Renovierungs- und Modernisierungsarbeiten sind mit großer Sorgfalt durchgeführt worden. Es gibt auch erfrischend wenig überflüssiges Dekor. Die Gästezimmer, der Speiseraum und die Marktstube sind einladend und schlicht, aber gemütlich. Das Essen ist in der Regel reichhaltig.

Das Hotel ist für deutsche Verhältnisse sehr klein; allen Versuchungen, es zu vergrößern, hat man dankenswerterweise bisher widerstanden. Hoffentlich führt der Anschluss an das »Gast im Schloss-Konsortium« zu keinem Sinneswandel bei den Matzners.

Umgebung: Bootsfahrten auf dem Rhein, Weinproben • **Lage:** auf einem kleinen kopfsteingepflasterten Platz im Herzen des Städtchens, an der B 9, 21 km n von Bingen; mit großem Parkplatz • **Mahlzeiten:** Frühstück, Mittag- und Abendessen **Preise:** €-€€ • **Zimmer:** 7 Doppelzimmer (mit Einzelbetten), 4 mit Bad, 3 mit Dusche; alle Zimmer mit TV, Telefon, Fön • **Anlage:** Speiseraum, Gaststube; Straßenterrasse • **Kreditkarten:** AE, MC, V • **Kinder:** willkommen • **Behinderte:** keine speziellen Einrichtungen • **Tiere:** erlaubt • **Geschlossen:** Januar; Restaurant mittwochs • **Besitzer:** Familie Matzner

Rheinland-Pfalz

Oberwesel

Burghotel Auf Schönburg
~ Umgebaute Burg ~

55430 Oberwesel
Tel (06744) 93930 **Fax** (06744) 1613
e-mail huettl@hotel-schoenburg.com **website** www.burghotel-schoenburg.com

Die *Schönburg* thront wie ein Märchenschloss auf einem steil abfallenden, bewaldeten Felsvorsprung hoch über dem Rhein. Und man fühlt sich in dem vor 1000 Jahren errichteten Gebäude auch heute noch wie verzaubert. Der Hauptteil des Hotels ist in einem rot angestrichenen gotischen Bau zwischen den Türmen untergebracht.

Glücklicherweise enttäuscht auch das Innere keineswegs: Es ist eine gelungene Mischung aus modernem Komfort und Romantik. In den Gästezimmern ist nichts mehr von mittelalterlicher Düsternis zu spüren; sie sind geschmackvoll mit wunderschönen antiken Stücken ausgestattet. Jedes Zimmer ist anders eingerichtet: Einige sind winzig, andere groß, wieder andere (in einem der alten Türme) rund. Von einigen hat man einen atemberaubenden Blick auf den Rhein, von anderen blickt man auf die Hügel. Die Speiseräume, in denen man bei Kerzenlicht speist, sind klein; in jedem stehen nur sechs oder sieben Tische, die mit frischen Blumen geschmückt sind. Bei der Küche, die sich an regionalen Gerichten orientiert, liegt das Hauptgewicht auf frischen Zutaten.

~

Umgebung: Stadtmauer, Stiftskirche Unserer Lieben Frau (14. Jh.), Weinproben, Fahrten auf dem Rhein; Lorelei-Felsen (5 km) • **Lage:** auf einem Hügel über dem Rhein, 2 km von Oberwesel entfernt; mit öffentlichem Parkplatz • **Mahlzeiten:** Frühstück, Mittag- und Abendessen, kleine Gerichte • **Preise:** €€-€€€€ **Zimmer:** 23; 18 Doppelzimmer (9 mit Einzelbetten), 11 mit Bad, 7 mit Dusche; 3 Einzelzimmer mit Dusche; 2 Suiten mit Bad; alle Zimmer mit Telefon, Fön, TV, Minibar, Radio • **Anlage:** 3 Speiseräume, kleine Bibliothek, Kaminzimmer; Hof, Terrasse • **Kreditkarten:** MC, V • **Kinder:** willkommen • **Behinderte:** keine speziellen Einrichtungen • **Tiere:** nicht erlaubt • **Geschlossen:** Jan. bis März; Restaurant Mo • **Besitzer:** Wolfgang und Barbara Hüttl

RHEINLAND-PFALZ

STROMBERG

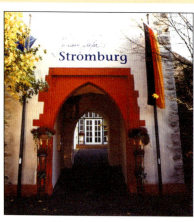

Stromburg
~ Schlosshotel ~

55442 Stromberg
Tel (06724) 93100 **Fax** (06724) 931090
e-mail stromburghotel@johannlafer.de **website** www.johannlafer.de

In Stromberg im Herzen des Nahe-Weinbaugebietes nahe dem Rhein steht Schloss *Stromburg*, ein luxuriöses Hotel unter der Ägide von Johann Lafer. Das heutige Gebäude ist – mit Ausnahme des überproportionierten Turms, der wie ein gestrandeter Leuchtturm wirkt – ein vielfach restaurierter, wenig glanzvoller Nachbau der 1689 zerstörten Burg aus dem 11. Jh., der aus dem 19. Jh. stammt.

Die Küche ist hier die *raison d'être*. Sie haben die Wahl zwischen dem gediegenen Ambiente des Restaurants »Val d'Or«, worin nichts an ein Schloss erinnert, Herr Lafer und sein Team jedoch neben einem reichhaltigen Angebot an ausgesuchten Weinen exquisite und ausgesprochen teure *cuisine à la mode* servieren, und der eher rustikalen »Turmstube«, wo herzhafte regionale Gerichte gereicht werden.

Entsprechend der Ausstattung der allgemein zugänglichen Räume sind auch die Schlafräume luxuriös und ruhig, wenn auch etwas anonym gestaltet. Wie auch die Badezimmer sind sie geräumig und mit allem Nötigen eingerichtet. Die beste Wahl ist die Suite ganz oben im Turm – für den, der sie sich leisten kann.

~

Umgebung: Koblenz (50 km); Worms (50 km) • **Lage:** in Stromberg, gleich an der A 61; großer Parkplatz • **Mahlzeiten:** Frühstück, Mittag- und Abendessen
Preise: €€-€€€€ • **Zimmer:** 14; 10 Doppelzimmer, 3 Einzelzimmer, 1 Suite; alle mit Bad, Telefon, Fön, TV, Radio, CD-Spieler, Minibar • **Anlage:** Aufenthaltsraum, Speisezimmer, Bar • **Kreditkarten:** AE, DC, MC, V • **Kinder:** willkommen
Behinderte: keine besonderen Einrichtungen • **Tiere:** erlaubt • **Geschlossen:** 24. und 25. Dezember • **Besitzer:** Johann und Silvia Lafer

Saarland

> ÜBERBLICK

Hotels im Saarland

Man ist leicht versucht, das Saarland zu übergehen, das südwestlich von Rheinland-Pfalz an der französischen Grenze liegt. Dieses kleine Bundesland ist reich an Kohlevorkommen und wird deshalb – zumindest im Becken um die Landeshauptstadt Saarbrücken – durch Industrie geprägt. In Saarbrücken gibt es keine wirklich bekannten Hotels und auch keine bemerkenswerten kleinen und reizvollen Häuser. Das beste in der Stadt ist wahrscheinlich *Bauer Rodenhof* (Tel. 0681/41020, Fax 43785, 110 Zimmer), etwas außerhalb des Zentrums gelegen. Das von uns empfohlene Hotel in Saarlouis liegt nur ein paar Kilometer saarabwärts. In der gleichen Richtung stößt man auf Schwalbach, wo wir das *Mühlental* (Tel. 06834/5017, 25 Zimmer) empfehlen.

Nordwestlich von Saarbrücken, in Neunkirchen, befindet sich eines der fünf bemerkenswerten Restaurants des Saarlands, *Hostellerie Bacher* (Tel. 06821/31314, 4 Zimmer), wo Margarethe Bacher eine ausgezeichnete Küche und Gästezimmer zu vernünftigen Preisen bietet.

Leserkommentare

Unsere Hotelführer profitieren von den Zuschriften unserer Leser. Teilen Sie uns deshalb bitte Ihre Erfahrungen mit kleinen Hotels, Pensionen oder Gasthäusern mit, ob gut oder schlecht, auch wenn diese nicht im Buch erwähnt sind. Neben Deutschland sind wir auch an kleinen Hotels in Großbritannien und Irland, Italien, Frankreich, Spanien, Portugal, Österreich und der Schweiz interessiert. Besonders konstruktive Zuschriften werden mit einem Freiexemplar der nächsten Ausgabe des betreffenden Hotelführers honoriert. Wir sind außerdem immer auf der Suche nach neuen Hoteltestern. Die Mitglieder unseres Teams unternehmen entweder ihre Reisen speziell, um Hotels zu inspizieren, oder verbinden ihre Arbeit mit einem Urlaub.

SAARLAND

SAARLOUIS

Altes Pfarrhaus Beaumarais
~ Landhotel ~

66740 Saarlouis, Haupstr. 2-4
Tel (06831) 6383 **Fax** (06831) 62898
e-mail info@altespfarrhaus.de **website** www.altespfarrhaus.de

Das ehemalige Pfarrhaus wurde zu einem aparten Hotel umfunktioniert, eine – zumindest in Deutschland – recht originelle Art der Unterkunft.

Bevor das Gebäude als Pfarrhaus genutzt wurde, diente es als Sommerresidenz eines Adligen. Die Besitzer beschreiben es als spätbarock, aber nirgendwo findet man die für diesen Stil typischen üppigen Dekorelemente. Im Gegenteil: Das 1985 in ein Hotel umgewandelte Haus wirkt eher schlicht mit seinen cremefarbenen Mauern und weißen Fensterläden. Im Inneren dominieren cremefarbene Wände und Dekostoffe und sparsame Möblierung. Dies gilt besonders für die geräumigen Gästezimmer, doch auch hier verraten sparsame und gekonnte Farbakzente, dass diese Dekoration ganz bewusst gewählt wurde. Die Gesellschaftsräume sind weniger zurückhaltend. An den Speiseraum schließt sich ein kleiner, moderner Wintergarten an.

~

Umgebung: Saarlouis mit Altstadt und Rathaus (Gobelinzimmer); Merzig (10 km) mit Dampfeisenbahn • **Lage:** in einem Vorort 3 km w von Saarlouis (der Wallerfanger Straße folgend); mit Parkplatz • **Mahlzeiten:** Frühstück, Mittag- und Abendessen • **Preise:** €€ • **Zimmer:** 36; 27 Doppelzimmer, 24 mit Bad, 3 mit Dusche; 7 Einzelzimmer, 3 mit Bad, 4 mit Dusche; 2 Familienzimmer mit Bad; alle Zimmer mit TV, Telefon, Radio, Minibar • **Anlage:** Frühstückszimmer, Speiseraum; Wintergarten, Biergarten, terrasse • **Kreditkarten:** AE, DC, MC, V
Kinder: sehr willkommen • **Behinderte:** Zugang leicht, 7 Parterrezimmer
Tiere: erlaubt • **Geschlossen:** nie • **Besitzerin:** Eva Krause

SAARLAND

WALLERFANGEN

Villa Fayence
~ Restaurant mit Gästezimmern ~

66798 Wallerfangen, Hauptstr. 12
Tel (06831) 96410 **Fax** (06831) 62068
e-mail info@villafayence.de **website** www.villafayence.de

Auch wenn der Hauptgrund für einen Besuch dieser sehr eleganten, rosa getünchten Villa ihr Restaurant ist, sollte man sich nicht die Gelegenheit entgehen lassen, eine Nacht in einem der luxuriösen Gästezimmer zu verbringen. Alle sind von Suzanne und Bernhard Michael Bettler geschmackvoll eingerichtet worden; die besten davon sind äußerst geräumig.

Die Gäste können im barocken Salon oder im Wintergarten (mit Blick auf den Park) einen Aperitif nehmen, während sie in Ruhe die Speisekarte studieren. Auch die Panoramafenster des Wintergarten-Restaurants bieten einen schönen Blick auf die Parklandschaft.

Nachdem sich Bernhard Michael Bettler zeitweise aus der Küche zurückgezogen hatte, um sich uneingeschränkt um das Wohl der Hotelgäste kümmern zu können, hat er sie jetzt erneut übernommen. Die Anregungen für seine Spezialitäten holt er sich vorwiegend aus dem nahen Frankreich. Die Weinkarte entspricht dem anspruchsvollen Menü. Natürlich haben diese Delikatessen auch ihren Preis, doch werden Sie in der *Villa Fayence* sicher gern etwas tiefer in die Tasche greifen.

~

Umgebung: Rehlingen (5 km) mit Höhlen und Burgruine • **Lage:** im Dorf, 4 km w von Saarlouis; mit großem Grundstück und großem Parkplatz • **Mahlzeiten:** Frühstück, Mittag- und Abendessen • **Preise:** €€-€€€ • **Zimmer:** 4 Doppelzimmer (3 mit Einzelbetten), 1 mit Bad, 3 mit Dusche; alle Zimmer mit TV, Telefon, Fön **Anlage:** Restaurant und Bistro, Lounge • **Kreditkarten:** AE, DC, MC, V **Kinder:** willkommen • **Behinderte:** nicht geeignet • **Tiere:** nicht erlaubt **Geschlossen:** Restaurant So abends, Mo • **Besitzer:** Bernhard Michael Bettler

Hessen

Überblick

Hotels in Hessen

Das Bundesland Hessen besitzt einige wunderschöne alte Städte und Natursehenswürdigkeiten wie beispielsweise das Waldeck im Nordosten. Die Gebrüder Grimm wurden in Hanau, östlich von Frankfurt am Main, geboren; damit zusammenhängend hat sich eine blühende Märchenindustrie entwickelt. Die Deutsche Märchenstraße zieht sich bis nach Niedersachsen hinauf und verläuft über Hameln (»Rattenfänger von Hameln«) nach Bremen.

Frankfurt am Main, die Finanzmetropole von Deutschland, ist eine der dynamischsten deutschen Städte und weist natürlich auch viele große, elegante Hotels auf, die vor allem auf Geschäftsleute ausgerichtet sind. Neben den beiden ausführlich beschriebenen Häusern gibt es noch einige erwähnenswerte Alternativen. Einige Kilometer südöstlich von Frankfurt, in Mühlheim, liegt das schicke, sehr komfortable *Landhaus Waitz* (Tel. 06108/6060, Fax 606488, 75 Zimmer), das trotz seiner Größe eine persönliche Atmosphäre und eine hervorragende Küche bietet.

Östlich von Frankfurt befindet sich in Gelnhausen die einfachere *Burg-Mühle* (Tel. 0651/82052, 33 Zimmer).

Das nördlich von Frankfurt gelegene Marburg ist mit der Elisabethkirche, der ersten rein gotischen Kirche Deutschlands, eine der interessantesten Städte Hessens. Wir empfehlen hier zwei Hotels, von denen die Stadt leicht zu erreichen ist: die *Fasanerie* (Tel. 06421/97410, Fax 974177, 35 Zimmer) in Gisselberg und die *Dammühle* (Tel. 06544/373, Fax 1989, 20 Zimmer), einen hübschen Familienbetrieb in Wehrshausen.

Kassel im äußersten Norden hat zwar einige interessante Sehenswürdigkeiten, aber keine erwähnenswerten Hotels. Nördlich von Kassel liegt das reizvoll gelegene *Schlosshotel Wilhelmsthal* (Tel. 0561/30880, Fax 3088428) in Calden, das einen hübschen Park besitzt und nicht mit dem nur wenige Kilometer entfernten echten Schloss gleichen Namens verwechselt werden darf. Westlich von Kassel, an der Grenze zu Nordrhein-Westfalen, befindet sich die kleine Stadt Korbach mit dem *Rathaus* (Tel. 05631/50090, Fax 500959).

HESSEN

BAD HERSFELD

Zum Stern
~ Stadthotel ~

36251 Bad Hersfeld, Linggplatz 11
Tel (06621) 1890 **Fax** (06621) 189260
e-mail info@zumsternhersfeld.de **website** www.zumsternhersfeld.de

Am Rand des Waldecker Lands, einer der schönsten Touristengegenden in ganz Deutschland, liegt das kleine Kurstädtchen Bad Hersfeld. Das attraktive Gebäude des Hotels *Zum Stern* stammt aus dem 15. Jh. und liegt direkt am Marktplatz. Von außen wirkt es recht klein, es verfügt jedoch überraschenderweise über 45 Zimmer; einige befinden sich in einem separaten Gästehaus auf der anderen Seite des Hofes. Die Gäste, die knarzende Böden und freigelegte Deckenbalken mögen, werden sich hier wohl fühlen. Jedes der bezaubernden Zimmer ist individuell eingerichtet: Tapeten mit Fliedermotiv, große Himmelbetten aus Eichenholz oder sandfarbene Wände.

Die Gemeinschaftsbereiche sind gleichermaßen einladend und strahlen eine warme Gastfreundlichkeit aus. Die Speiseräume sind einfach eingerichtet und mit wunderschönen getäfelten Wänden ausgestattet; die ausgezeichnete Hausmannskost trägt noch zum Charme der Räumlichkeiten bei. Auch die Bar mit ihrem Terrakottaboden, der Täfelung, der sanften Beleuchtung und den unverputzten Wänden ist sehr hübsch. Darüber hinaus gibt es einen 1000 Jahre alten Weinkeller, auf den die Hotelbesitzer natürlich besonders stolz sind; ab und zu werden hier auch Weinverkostungen abgehalten.

Umgebung: Fulda (40 km); Eisenach (50 km); Kassel (60 km); Golfplatz (20 km) **Lage:** am Marktplatz in der Fußgängerzone; Parkplatz mit Garagen • **Mahlzeiten:** Frühstück, Mittagessen, Abendessen, Snacks • **Preise:** €€-€€€ • **Zimmer:** 45; 37 Doppel-, 8 Einzelzimmer; alle Zimmer mit Bad oder Dusche, Telefon, Radio, TV, Fön, Minibar, Modemanschluss • **Anlage:** Bar, Aufenthaltsraum, Terrasse, Hallenbad, Sauna, Dampfbad, Aromabad, Massagen, Fahrräder; Weinverkostungen und organisierte Wanderungen nach Vereinbarung • **Kreditkarten:** AE, DC, MC, V **Kinder:** erlaubt • **Behinderte:** 1 Zimmer geeignet • **Tiere:** nach Vereinbarung **Geschlossen:** nie • **Besitzer:** Familie Kniese

HESSEN

BAD KARLSHAFEN

Parkhotel Haus Schöneck
~ Stadtvilla ~

34385 Bad Karlshafen, C.-D.-Stunz-Weg 10
Tel (05672) 925010 **Fax** (05672) 925011
e-mail parkhotel-schoeneck@gmx.de **website** www.parkhotel-schoeneck.de

Bad Karlshafen ist zwar erst seit 1977 ein Kurort, macht sich jedoch sehr gut als Oase der Ruhe und Entspannung. Die Stadt selbst stammt aus dem 18. Jh. und ist aufgrund ihrer einzigartigen Architektur berühmt; sie diente den Hugenotten als Zufluchtsort, deren Geschichte in dem gut durchdachten Museum im Zentrum der Stadt sehr anschaulich erzählt wird.

Das Parkhotel *Haus Schöneck* besitzt seinen ganz eigenen Zauber; im ausgedehnten Parkgelände liegen kleine Grotten und künstliche Pilze mit Elfenfiguren verstreut. Das mag zunächst etwas seltsam anmuten, verwundert jedoch nicht weiter, wenn man sich vor Augen führt, dass die Gegend die Gebrüder Grimm zu ihren Märchen inspiriert hat. Kindern wird das Hotelgelände mit seinen vielen Ecken und Nischen besonders gefallen.

Im Inneren des wunderschönen, im Barockstil gehaltenen weißen Hauses befinden sich einfache Zimmer mit einfachen Möbeln aus Holz und weißen oder pastellgetönten Wänden. Auch der Speiseraum ist einfach, aber dennoch attraktiv und mit einem Holzfußboden, dunklen Holzstühlen und weißer Tischdekoration ausgestattet. Der einladende Swimmingpool im Keller des Hotels ist von getäfelten Wänden und einer getäfelten Decke umgeben.

~

Umgebung: Höxter (23 km); Paderborn (67 km); Kassel (47 km); Göttingen (52 km) **Lage:** 400 m vom historischen Hafen entfernt, in eigenem Park; Parkplatz **Mahlzeiten:** Frühstück, Mittagessen, Abendessen • **Preise:** €-€€ • **Zimmer:** 16; 11 Doppel-, 1 Einzelzimmer, 4 Apartments; alle Zimmer mit Bad oder Dusche, Telefon, Radio, TV, Minibar • **Anlage:** Hallenbad, Restaurant, Café, Park, Garten **Kreditkarten:** MC, V • **Kinder:** erlaubt • **Behinderte:** 1 Apartment mit entsprechenden Einrichtungen • **Tiere:** erlaubt • **Geschlossen:** Restaurant November bis März • **Besitzer:** Helmuth von Campe

Hessen

Eltville-Hattenheim

Kronen-Schlösschen
~ Herrschaftliches Gästehaus ~

65347 Eltville-Hattenheim, Rheinallee
Tel (06723) 640 **Fax** (06723) 7663
e-mail info@kronenschloesschen.de **website** www.kronenschloesschen.de

Seine Nähe zum Flughafen und zum Stadtzentrum Frankfurts sowie den Städten Wiesbaden und Mainz macht das *Kronen-Schlösschen* zu einem bestens geeigneten Standort und Ruhequartier für Geschäftsreisende. Der Unterschied zu unserer anderen Empfehlung im kopfsteingepflasterten Winzerort Hattenheim könnte kaum größer sein: Während die Weinstube *Zum Krug* zwar voller Atmosphäre, aber schlicht gehalten ist, wird das *Kronen-Schlösschen* von Verzierungen, Dekorationen, Marmor und Samtstoffen sowie von drei festlichen Räumen geprägt. Sowohl seine Architektur als auch die Inneneinrichtung haben ihre speziellen Eigenarten.

Alle Suiten und Zimmer sind unterschiedlich gestaltet, manche licht und modern, andere eher altertümlich in kräftigen Rot- und Blautönen; alle sind mit antiken Möbeln und vornehmen Marmorbädern ausgestattet. Sein Äußeres wirkt eher schrullig: weiß gestrichene Wände, graue Schieferdächer, Türme mit zwiebelförmigen Kuppeln und abgestufte Giebel. Das Gebäude wird von einem schönen Garten mit schattiger Terrasse umgeben. Beide Restaurants des Hotels, ein einfaches Bistro und eines für Gourmets, erhielten positive Kritiken.

~

Umgebung: Weinproben, Spaziergänge, Bootsausflüge auf dem Rhein • **Lage:** zwischen Wiesbaden und Rüdesheim, w von Eltville, auf eigenem Gelände; großer Parkplatz • **Mahlzeiten:** Frühstück, Mittagessen, Abendessen • **Preise:** €€€–€€€€ **Zimmer:** 18; 13 Doppel-, 1 Einzelzimmer, 4 Suiten; alle mit Bad, Telefon, TV, Radio, CD-Spieler, Minibar, Fön • **Anlage:** Speisezimmer, Aufenthaltsraum, Bar, Sitzungssäle, Terrasse • **Kreditkarten:** AE, DC, MC, V • **Kinder:** willkommen • **Behinderte:** keine besonderen Einrichtungen • **Tiere:** erlaubt • **Geschlossen:** nie • **Besitzer:** Familie Ullrich

Hessen

Eltville-Hattenheim

Zum Krug
~ Gasthof in einem Weinort ~

65347 Eltville-Hattenheim, Hauptstr. 34
Tel (06723) 99680 **Fax** (06723) 996825
e-mail weinkrug.hattenheim@t-online.de **website** www.rheingau.de

Diese hübsche Weinstube mit Gästezimmern liegt im Herzen der landschaftlich schönen Weinbauregion des Rheingaus. Das 1720 errichtete, aber 1986 sorgfältig renovierte Gebäude ist von Straßen mit Kopfsteinpflaster umgeben. Auffällig sind die dunkelgrüne, blumengeschmückte Fassade und die Schmiedeeisengitter, aber das Innere ist ebenso reizvoll: ein holzvertäfelter Speiseraum und ein wuchtiger, grüner Kachelofen sowie Bleiglasfenster mit bunten Glasmalereien, die natürlich den Weingenuss darstellen.

Da man sich hier in einem guten Weinlokal befindet, gibt es ein spezielles Feinschmeckermenü. Zu jedem der vier Gänge gehört dabei ein dazu passendes Glas Sekt oder Wein aus der Region; den Abschluss bildet ein Glas Jahrgangsportwein. In einem Haus, in dem sich alles um den Wein dreht, sind das Essen ebenso wie die Gästezimmer von untergeordneter Bedeutung. Aber sie sind recht ansprechend: gemütlich, einfach eingerichtet mit bequemen, traditionellen Möbeln und hübschen Dekostoffen mit Blumenmustern. Auch hier spürt man die ruhige Atmosphäre, die das ganze Hotel und seine Umgebung prägt.

~

Umgebung: Weinproben, Wandern, Fahrten auf dem Rhein • **Lage:** im Zentrum von Eltville, 14 km sö von Wiesbaden; mit Parkplatz • **Mahlzeiten:** Frühstück, Mittag- und Abendessen, kleine Gerichte • **Preise:** €€-€€€ • **Zimmer:** 10; 9 Doppel-, 1 Einzelzimmer; alle mit Dusche, Telefon, TV, Radio • **Anlage:** Speiseraum, Fernsehzimmer • **Kreditkarten:** AE, DC, MC, V • **Kinder:** willkommen **Behinderte:** Zugang schwierig • **Tiere:** erlaubt • **Geschlossen:** 3 Wochen im Jan. und 2 Wochen im Juli; Restaurant So Abend und Mo • **Besitzer:** Josef Laufer

Hessen

Fischbachtal-Lichtenberg

Landhaus Baur
~ Landhaushotel ~

64405 Fischbachtal-Lichtenberg, Lippmannweg 15
Tel (06166) 8313 **Fax** (06166) 8841
e-mail info@landhausbaur.de **website** www.landhaus-baur.de

Fischbachtal-Lichtenberg liegt im Städtedreieck Darmstadt, Heimat des Hessischen Landesmuseums, Lorsch, Heimat der karolingischen Lorscher Torhalle, die zum UNESCO-Welterbe gezählt wird, und Michelstadt, dessen Rathaus aus dem Jahr 1484 nur einen seiner architektonischen Schätze darstellt.

Das Landhaus ist 1981 eröffnet worden; 1994 kamen fünf neue Zimmer im ersten Stock dazu, im Juli 2003 zwei weitere Zimmer im ehemaligen Gärtnerhaus. Die bereits bestehenden Zimmer im Hauptgebäude mit ihren blumengemusterten Tagesdecken und Rüschenvorhängen sind zwar etwas altmodisch, aber sauber und freundlich.

Einer der Hauptvorzüge des Hotels ist sein Essen. Beinahe schon zur Eröffnung des Hotels wurde das Restaurant unter den 100 besten in ganz Deutschland geführt. Auf der Speisekarte stehen so köstliche Gerichte wie gegrilltes Reh mit Schwarzwurzelgemüse. Wenn Ihnen die Küche zusagt, können Sie hier auch einen Kochkurs buchen, der vom Küchenchef höchstpersönlich geleitet wird.

Umgebung: Schloss Lichtenberg (500 m); Golfplatz (7 km); Darmstadt (19 km); Frankfurt (45 km) • **Lage:** inmitten eines großen Gartens gegenüber von Schloss Lichtenberg; Parkplatz • **Mahlzeiten:** Frühstück, Mittagessen (nur sonntags), Abendessen, Snacks • **Preise:** €€-€€€€ • **Zimmer:** 12; alle Zimmer können als Doppel- oder Einzelzimmer genutzt werden und verfügen über Bad oder Dusche, Telefon, Radio, TV, Fön; einige mit Wintergarten • **Anlage:** Bar, Restaurant, Terrasse, Garten • **Kreditkarten:** AE, MC, V • **Kinder:** erlaubt • **Behinderte:** keine entsprechenden Einrichtungen • **Tiere:** erlaubt • **Geschlossen:** montags und dienstags; 2 Wochen im Oktober; 24. und 31. Dezember; 2 Wochen im Januar
Besitzer: Brigitte und Albert Baur

Hessen

Frankfurt am Main

Hotel Westend
~ Stadthotel ~

60325 Frankfurt am Main, Westendstr. 15
Tel (069) 746702 **Fax** (069) 745396
e-mail westend.frankfurt@deutsche-staedte.de

Dieses kleine Hotel im Schatten der Wolkenkratzer des Bankenviertels, zwischen Hauptbahnhof und Messe im Westendviertel gelegen, ist altmodisch im besten Sinne des Wortes: Alle Räume des im frühen 20. Jh. entstandenen Gebäudes sind im Gegensatz zu den modernen Hotelbauten antik mit eleganten Möbeln in unterschiedlichen Stilen eingerichtet. Die Gästezimmer sind komfortabel, die Aufenthaltsräume recht intim.

Anstelle eines Frühstücksbüfetts wird ein altmodisches opulentes deutsches Frühstück serviert, das man im Sommer auch auf der Terrasse oder im relativ großen Garten einnehmen kann. Abends kann man kleine kalte Gerichte bestellen.

Die Gäste sind so international wie das Personal und schreiben oft, wie gut es ihnen hier gefallen hat. Wir erhielten kürzlich allerdings auch einen negativen Bericht und würden uns über weitere Kommentare freuen.

~

Umgebung: Goethehaus; Senckenberg-Museum (Naturkunde) • **Lage:** in einer Wohngegend, 5 Minuten zu Fuß vom Hauptbahnhof entfernt; mit Garten und privatem Parkplatz • **Mahlzeiten:** Frühstück, kleine kalte Gerichte am Abend • **Preise:** €€€ • **Zimmer:** 20; 9 Doppelzimmer, 1 mit Bad, 1 mit Dusche, 7 mit Waschbecken; 11 Einzelzimmer, 4 mit Bad, 7 mit Waschbecken; alle Zimmer mit TV, die meisten mit Minibar • **Anlage:** 3 Salons; Terrasse • **Kreditkarten:** AE, DC, MC, V **Kinder:** erlaubt • **Behinderte:** nicht geeignet • **Tiere:** erlaubt • **Geschlossen:** Weihnachten bis Neujahr • **Besitzer:** E. und C. L. Mayer

Hessen

Frankfurt am Main

Hotel Palmenhof
~ Stadthotel ~

60325 Frankfurt am Main, Bockenheimer Landstr. 89-91
Tel (069) 7530060 **Fax** (069) 75300666
e-mail info@palmenhof.com **website** www.palmenhof.com

Wir übernachten hier jedes Jahr zur Frankfurter Buchmesse. In einer Stadt, die für ihre Reizlosigkeit berüchtigt ist, stellt das Palmenhof eine heroische Ausnahme dar. Das Hotel ist klein, und im Rezeptionsbereich herrscht geschäftiger Betrieb. Es liegt in der Nähe der U-Bahn-Station Westend in einer recht grünen Wohngegend gegenüber des Eingangs zum Palmengarten. Die sechs gebührenfreien Parkplätze vor dem Hotel sind kein geringer Vorzug. Das *Palmenhof* ist in den frühen 1990er Jahren neu eingerichtet worden, und die mäßig großen Standarzimmer sind hübsch, aber nicht besonders aufregend. Die Teppiche sind mit Palmenmotiven verziert, und überall herrscht goldfarbener Chrom vor. Die Betten sind komfortabel. Im angenehmen Frühstücksraum, der von aufmerksamem Personal betreut wird, hat man eine große Auswahl am Büfett. Im Gebäude nebenan, das ebenfalls zum Hotel gehört, befindet sich ein Restaurant.

Das *Palmenhof* hat zwei Nachteile: Die Vorhänge in den Zimmern sind so dünn, dass sie das Licht von der Straße durchlassen, und in einigen Zimmern hat sich leider ein unangenehmer Zigarettengeruch festgesetzt. Dennoch bietet das Palmenhof im Gegensatz zu anderen Frankfurter Hotels ein faires Preis-Leistungs-Verhältnis an: Zu Buchmessenzeiten werden die Preise nicht so drastisch erhöht wie in den meisten Hotels.

~

Umgebung: Alte Oper und Messe (10 Min. zu Fuß) • **Lage:** in der Nähe der U-Bahn-Station Westend; hoteleigener Parkplatz • **Mahlzeiten:** Frühstück, Mittagessen, Abendessen • **Preise:** €€-€€€€ • **Zimmer:** 46; alle Zimmer mit Bad oder Dusche, Telefon, Fön, TV, Minibar, Klimaanlage • **Anlage:** Rezeption **Kreditkarten:** AE, DC, MC, V • **Kinder:** willkommen • **Behinderte:** keine entsprechenden Einrichtungen • **Tiere:** erlaubt • **Geschlossen:** Ende Dezember bis Januar **Besitzerin:** Frau Schmitt

Hessen

Hanau

Hotel Birkenhof
~ Vorstadtvilla ~

63456 Hanau-Steinheim, Von-Eiff-Str. 37-41
Tel (06181) 64880 **Fax** (06181) 648839
e-mail info@hotelbirkenhof.de **website** www.hotelbirkenhof.de

Im *Birkenhof* haben Sie allenthalben die Wahl: Sie können zwischen Standard-, Geschäfts-, Komfort- und Deluxezimmern wählen und sich sogar aussuchen, in welchem Gebäude Sie übernachten möchten. Zur Verfügung stehen das Haupthaus, der Bungalow im Garten des Hotels und das »Gästehaus Mellensee«, das etwa einen Kilometer vom Hauptgebäude entfernt liegt. Darin befindet sich neben einigen Zimmern auch eine »Fitnesssuite«. Die Geschäftsführerin kann Ihnen auch zwei Selbstversorgerapartments in der Nähe vermitteln.

Das Hauptgebäude wird stolz als englisches Landhaus beschrieben; es wurde 1951 vom Generaldirektor der Firma Dunlop erbaut, der sich so sehr um Originalität bemühte, dass er einen Architekten aus Birmingham engagierte. Das große weiße Haus mit seinem abfallenden, rot geziegelten Dach würde in der Tat gut nach England passen; der ausgedehnte Garten um das Haus trägt zusätzlich zur Ruhe und Friedlichkeit des Ortes bei.

Umgebung: Hanau (4 km); Offenbach (15 km); Frankfurt (27 km); Aschaffenburg (30 km) • **Lage:** im südlichen Teil von Steinheim, einem Vorort von Hanau, am Main, nahe von B 43a (0,7 km), A 3 (6,5 km), A 45 und A 66 (7 km); Parkplatz **Mahlzeiten:** Frühstück, Abendessen • **Preise:** €€–€€€ • **Zimmer:** 46; 20 Zweibett-, 20 Einzelzimmer, 3 Suiten, 3 Apartments; alle Zimmer mit Bad oder Dusche, Telefon, TV, Modemanschluss, Minibar, Fön, Wäschereiservice • **Anlage:** Aufenthaltsraum, Restaurant, Garten, Fitnesscentre, Fahrräder, Bar und Biergarten (ab 2003) • **Kreditkarten:** AE, MC, V • **Kinder:** erlaubt • **Behinderte:** keine entsprechenden Einrichtungen • **Tiere:** erlaubt • **Geschlossen:** 24. bis 31. Dezember; Restaurant freitags bis sonntags • **Geschäftsführerin:** Margit Fichtner

Hessen

Herleshausen

Hotel Hohenhaus
Landhotel

37293 Herleshausen
Tel (05654) 9870 **Fax** (05654) 1303
website www.hohenhaus.de

Die deutschen Reise- und Feinschmeckermagazine führen das *Hohenhaus* in der Liste der besten Hotels fast immer unter den ersten zwanzig. Deshalb ist es nicht überraschend, dass das Hotel das ganze Jahr über zu 95 Prozent ausgebucht ist.

Das Hotel besitzt eine reizvolle, ruhige Lage in einem hügeligen Waldgebiet nahe der ehemaligen innerdeutschen Grenze. Da auch die E 40 in der Nähe vorbeiführt, bietet es sich als ideale Zwischenstation auf der Reise nach oder von Osten an. Das Gebäude wurde im Frühjahr 2001 renoviert und zeigt eine durchdachte Konzeption: klare Linienführung, natürliche Baumaterialien und verschiedene regionale Muster, die stilvoll kombiniert sind. Die reichliche Verwendung von Glas sorgt dafür, dass die Gäste viel von der umgebenden Landschaft sehen. Der Speiseraum hingegen ist in einem traditionellen Stil gehalten. Es gibt einige wunderbar geräumige Gästezimmer, die nicht so auffällig modern wirken.

Achim Schwekendiek wurde für seine Küche mehrfach ausgezeichnet.

Umgebung: Wandern; Eisenach (15 km) mit Geburtshaus von Johann Sebastian Bach und Wartburg • **Lage:** in offener Landschaft, 2 km n von der A 4 (Ausfahrt Wommen), 15 km nw von Eisenach; auf einem Grundstück mit großem Parkplatz
Mahlzeiten: Frühstück, Mittag- und Abendessen, kleine Gerichte • **Preise:** €€€-€€€€ • **Zimmer:** 26; 17 Doppelzimmer, 12 mit Bad, 5 mit Dusche; 9 Einzelzimmer mit Dusche; alle Zimmer mit TV, Telefon, Radio, Fön • **Anlage:** Salon, 2 Speiseräume, Bar, Konferenzzimmer; Schwimmhalle, Sauna, Tennis, Reiten
Kreditkarten: AE, EC, DC, V • **Kinder:** erlaubt • **Behinderte:** 1 Parterrezimmer
Tiere: nur auf den Zimmern erlaubt • **Geschlossen:** 6. Januar bis Mai (außer an den Wochenenden) • **Geschäftsführer:** Hannes Horsch

Hessen

Hofgeismar

Dornröschenschloss Sababurg
~ Umgebaute Burg ~

34369 Hofgeismar, Hofgeismar-Sababurg
Tel (05671) 8080 **Fax** (05671) 808200 **e-mail** dornroeschenschloss@sababurg.de
website www.dornroeschenschloss-sababurg.de

Seit dem Ende des 19. Jah. schmückt sich die romantische *Sababurg* aus dem 14. Jh. mit dem Namen »Dornröschenschloss«. Ob sie Vorbild für das Märchen der Gebrüder Grimm war, sei dahingestellt, sie wurde jedenfalls von der »Märchenindustrie« vereinnahmt. Nach einer Fahrt auf der Deutschen Märchenstraße wird man hier von Dornröschen empfangen, man kann sich in einem Laden mit entsprechenden Souvenirs eindecken oder den ungewöhnlichen Tierpark besuchen.

Im anderen Teil des alten Schlosses hat die Familie Koseck ein schönes, geschmackvoll ausgestattetes Hotel eingerichtet, das sie mit Liebe und Sorgfalt führt. Die Gästezimmer (seit dem 16. Jh. nach Tieren benannt) sind stilvoll möbliert und mit hübschen Dekostoffen ausgestattet; besonders romantisch sind dabei die Turmzimmer, die teilweise Himmelbetten besitzen. Von dort und von einigen Tischen in den Speiseräumen hat man einen herrlichen Blick über den Tierpark und den Reinhardswald (28 000 ha). Die Küche ist leicht und frisch; der Schwerpunkt liegt auf Produkten aus der Region.

Umgebung: Münden (30 km); Kassel (35 km); Fürstenberg (35 km) • **Lage:** in einem Waldgebiet, 10 km n von Hannoversch Münden, ö von Hofgeismar; mit Park, großem Garten und großem Parkplatz • **Mahlzeiten:** Frühstück, Mittag- und Abendessen, kleine Gerichte • **Preise:** €€€-€€€€ • **Zimmer:** 18; 17 Doppel-, 1 Einzelzimmer; alle mit Bad oder Dusche, Telefon, Radio, Fön • **Anlage:** Salon, Speiseraum; Landgrafenzimmer (Konzerte), Ruine des Palas (Theateraufführungen), Dachterrasse; Reiten; Tierpark • **Kreditkarten:** AE, DC, MC, V • **Kinder:** sehr willkommen • **Behinderte:** nicht geeignet • **Tiere:** willkommen • **Geschlossen:** montags und dienstags; Februar • **Besitzer:** Familie Koseck

Hessen

Kelkheim

Schlosshotel Rettershof
Landhaushotel

65779 Kelkheim
Tel (06174) 29090 **Fax** (06174) 25352
e-mail info@schlosshotel-rettershof.de **website** www.schlosshotel-rettershof.de

Der quadratische Steinbau, der wie ein viktorianisches Landhaus aussieht, könnte ebenso gut im schottischen Hochland wie hier im Taunus stehen. Er erhebt sich auf einem alten Anwesen, dessen Ursprünge auf ein Kloster aus dem 12. Jh. zurückgehen. Hätte der Stadtrat nicht eingegriffen und den Besitz aufgekauft, wäre er 1980 aufgeteilt und veräußert worden.

Die Salons sind gefällig und gemütlich; der Speiseraum mit rosa Vorhängen und heller Holzvertäfelung wirkt elegant und ruhig. Die Küche produziert erstaunliche Ergebnisse. Einige Gästezimmer befinden sich im Hauptgebäude und sind elegant in einem traditionellen Stil, während sich die anderen Zimmer in einem hochmodernen Anbau befinden und mit ihren Einbaumöbeln eher anonym wirken. Alle Zimmer sind jedoch geräumig und komfortabel. Durch den im englischen Stil angelegten Garten gelangt man zu anderen Gebäuden des Anwesens, u. a. zu den Reitställen und zum Café-Restaurant »Zum Fröhlichen Landmann«.

Umgebung: Kreuzgang, Rathaus; Königstein (5 km); Bad Soden (5 km) • **Lage:** in einer waldreichen Landschaft an der B 455, 5 km nö von Kelkheim, 19 km nw von Frankfurt a. M.; auf einem Grundstück mit großem Parkplatz • **Mahlzeiten:** Frühstück, Mittag- und Abendessen, kleine Gerichte • **Preise:** €€€-€€€ • **Zimmer:** 35; 34 Doppelzimmer, 3 mit Bad, 31 mit Dusche; 1 Einzelzimmer mit Dusche; alle Zimmer mit TV, Telefon, Radio, Minibar • **Anlage:** 3 Speiseräume, Salon; Terrasse, Sauna, Solarium, Whirlpool, Bowlingbahn, Reiten • **Kreditkarten:** AE, DC, MC, V
Kinder: willkommen • **Behinderte:** 1 Zimmer im Erdgeschoss • **Tiere:** erlaubt
Geschlossen: Restaurant sonntags • **Besitzer:** Hans Baumann

HESSEN

KRONBERG

Schlosshotel Kronberg
~ Landhaushotel ~

61476 Kronberg, Hainstr. 25
Tel (06173) 70101 **Fax** (06173) 701267
e-mail info@schlosshotel-kronberg.de **website** www.schlosshotel-kronberg.de

Möglicherweise gibt es ältere Schlosshotels, aber wenige, die eindrucksvoller sind. Das imposante Herrenhaus aus Stein und Schiefer mit spitzen Türmen und Giebeln wurde Ende des 19. Jh. errichtet.

Ein solches Gebäude kann leicht düster und einschüchternd wirken, aber das gilt nicht für *Kronberg*. Trotz der hohen Decken, goldenen Bilderrahmen, prächtigen Kronleuchter und antiken Möbel fühlt man sich hier wie in einem komfortablen, einladenden Privathaus. Dies liegt teilweise daran, dass man die meisten Möbelstücke im Hinblick auf Behaglichkeit und nicht wegen ihres Alters oder ihres Aussehens ausgewählt hat. Außerdem ist das Dekor außer in den Prunkräumen hell und modisch.

Das Gebäude steht in einem herrlichen Park, der alte und exotische Bäume sowie einen Golfplatz und einen Rosengarten aufweist.

Natürlich ist dies kein billiges Hotel, aber das Preis-Leistungs-Verhältnis stimmt. Die Küche ist so anspruchsvoll und beeindruckend wie die Antiquitäten.

~

Umgebung: mittelalterliche Altstadt; Großer Feldberg (10 km) mit Panoramablick; Königstein (16 km) mit Burgruine aus dem 16. Jh. • **Lage:** am Nordrand einer Kleinstadt, 17 km n von Frankfurt a. M.; auf eigenem Grundstück mit Parkplatz **Mahlzeiten:** Frühstück, Mittag- und Abendessen, kleine Gerichte • **Preise:** €€€€ **Zimmer:** 58; 27 Doppel- (3 mit Einzelbetten), 24 Einzelzimmer, 7 Suiten, mit Bad; alle mit TV, Telefon, Radio, Fön, Minibar • **Anlage:** Restaurant, Bar, 7 Salons (Salon mit offenem Kamin, Bibliothek, Konferenzzimmer); italienischer Garten, 18-Loch-Golfplatz • **Kreditkarten:** AE, DC, MC, V • **Kinder:** willkommen • **Behinderte:** keine speziellen Einrichtungen • **Tiere:** erlaubt • **Geschlossen:** nie • **Geschäftsführer:** Gerhard Köhler

Hessen

Limburg an der Lahn

Hotel Zimmermann
~ Stadthotel ~

65549 Limburg an der Lahn, Blumenröder Str. 1
Tel (06431) 4611 **Fax** (06431) 41314 **e-mail** zimmermann@romantikhotels.com
website www.romantik-hotel-zimmermann.de

Das Äußere dieses Hotels lässt die Opulenz im Inneren kaum vermuten. Ob Einzelzimmer, Doppelzimmer oder Apartment – alle Räume sind üppigst eingerichtet. Unser Lieblingszimmer verfügt über luxuriöse schwere, hellgelbe Satinvorhänge, die mit grünen Bändern zusammengehalten werden. Dieses Farbschema wiederholt sich in den Ölgemälden, dem antiken goldgerahmten Spiegel und den in Töpfen angepflanzten gelben Rosen. Die Gemeinschaftsräume atmen ein ähnliches Flair; im geschmackvollen Empfangsbereich steht ein hübscher großer Rezeptionstisch aus Mahagoni auf einem polierten schwarzen Marmorfußboden. Das Hotel ist das kleinste der Stadt, und da die meisten Zimmer Einzelzimmer sind, empfiehlt sich ein frühzeitiges Buchen.

Die freundlichen Zimmermanns können viel über die schöne Stadt Limburg erzählen und zahlreiche Sehenswürdigkeiten empfehlen. Hier gibt es eine geführte Stadtbesichtigung mit Besuch des wunderschönen Doms, der die Stadt und die Lahn überragt, und Bootsausflüge.

~

Umgebung: Westerburg (26 km); Bad Ems (35 km); Bad Homburg (48 km) • **Lage:** im südlichen Teil von Limburg, 400 m von der Altstadt entfernt; nahe der A 3 (1,5 km); Parkplatz • **Mahlzeiten:** Frühstück, Abendessen • **Preise:** €€-€€€€ **Zimmer:** 20; 5 Doppel-, 10 Einzelzimmer, 5 Apartments; alle Zimmer mit Bad oder Dusche, Safe, Telefon, Minibar, TV, Radio, Fax • **Anlage:** Restaurant, Aufenthaltsbereich, Fahrräder • **Kreditkarten:** AE, MC, V • **Kinder:** erlaubt • **Behinderte:** keine entsprechenden Einrichtungen • **Tiere:** nach Vereinbarung • **Geschlossen:** 1 Woche Ende Dezember/Anfang Januar • **Besitzer:** Dieter und Ralf Zimmermann

Hessen

Morschen

Poststation Zum Alten Forstamt
Landhotel

34326 Morschen, Nürnberger Landstraße 13
Tel (05664) 93930 **Fax** (05664) 939852
E-mail poststation-raabe@online.de **Website** www.poststaion-raabe.de

Das historische Gebäude, erbaut 1765, war einst ein regionales Zollamt, später eine Kutschenstation an der alten Straße von Nürnberg nach Antwerpen und ist heute ein wirklich charmantes Hotel. Das 2003 von der Familie Raabe wiedereröffnete, imposante dreistöckige Haus ist eine komfortable Basisstation, wenn man in den Bergen und Wäldern Nordhessens wandern oder radfahren will. Auch Flussfahrten sind in der Nähe möglich; und Kulturbeflissene kommen genauso auf ihre Kosten (Kloster Haydau) wie Urlauber, die einfach mal ihre Ruhe wollen.

Das Haus war schon immer darauf ausgerichtet, Gästen einen bequemen Aufenthalt zu ermöglichen, und die Raabes haben es ganz in diesem Sinn renoviert: der alte Charme blieb erhalten, die großen Zimmer bieten jeden Komfort und einzelne, wohlgesetzte antike Akzente. Zur Zeit der Drucklegung gab es drei- oder viergängige Menüs (mit diversen Wahlmöglichkeiten) für 22 oder 25,50 Euro. Die Weinkarte listet hauptsächlich deutsche Kreszenzen zu moderaten Preisen.

Umgebung: Rothenburg, Melsungen, Kassel • **Lage:** von der A7, Ausfahrt Melsungen, Richtung Rothenburg und Morschen; Parkplatz • **Mahlzeiten:** Frühstück, Mittag- und Abendessen • **Preise:** €–€€ • **Zimmer:** 13; 12 Doppel-, 1 Einzelzimmer; alle mit Bad oder Dusche • **Anlage:** Speiseraum, aufenthaltsraum, tennis, Mietfahrräder • **Kreditkarten:** MC, V • **Kinder:** willkommen • **Behinderte:** ein speziell eingerichtetes Zimmer • **Tiere:** nach Absprache • **Geschlossen:** So • **Besitzer:** Familie Raabe

Hessen

Spangenberg

Schloss Spangenberg
~ Umgebautes Schloss ~

34286 Spangenberg, Schloss 1
Tel (05663) 866 **Fax** (05663) 7567 **e-mail** hotel.schloss.spangenberg@t-online.de
website www.schloss-spangenberg.de

In diesem Komplex aus dem 13. Jh. findet man all seine romantischen Vorstellungen von einer alten Burganlage wieder, vom Burggraben bis zur hölzernen Zugbrücke und dem mit Zinnen bewehrten Torhaus. Und doch ist es kein verstaubtes Denkmal, sondern ein lebendiges Hotel, das mit Stil in die ehrwürdige Umgebung integriert wurde.

Doch die Hauptattraktion von *Spangenberg* sind wie bei so vielen Schlosshotels die Lage, die Stille und die herrliche Aussicht. Den besten Ausblick hat man von der Caféterrasse, die die Morgen- und die Abendsonne einfängt, sowie von einigen Zimmern. Die Gästezimmer sind geräumig, charaktervoll und individuell gestaltet. Die schönsten, eines mit Himmelbett und eines auf zwei Ebenen, befinden sich im alten Torhaus.

Das alte dicke Gemäuer, die Kirschbaumholzmöbel und die Vorhänge mit Blumenmuster geben dem renovierten Speiseraum Atmosphäre, und durch die Fenster hat man einen herrlichen Blick in die umliegende Hügellandschaft. Wildgerichte sind hier eine Spezialität – im Teig, mit Pilzen, Preiselbeeren oder Spargel. Es gibt auch ein »Schloss Spangenberg-Fünf-Gänge-Menü«.

~

Umgebung: Klosterstraße; Melsungen (10 km) mit Rathaus • **Lage:** auf einem Hügel über dem Ort, 36 km sö von Kassel; mit Terrasse und Parkplatz
Mahlzeiten: Frühstück, Mittag- und Abendessen • **Preise:** €€ • **Zimmer:** 27; 24 Doppelzimmer (mit Einzelbetten), 4 mit Bad, 20 mit Dusche; 2 Einzelzimmer mit Dusche; 1 Familienzimmer mit Dusche; alle Zimmer mit Telefon, Radio, Fön, die meisten mit TV • **Anlage:** Speiseraum, Sitzecken, Konferenzräume, Weinbar, Hof • **Kreditkarten:** AE, DC, MC, V • **Kinder:** willkommen • **Behinderte:** keine speziellen Einrichtungen • **Tiere:** erlaubt • **Geschlossen:** Jan., 2 Wochen im Sommer; Restaurant So abends • **Manager:** Wilfried Wichmann

Ostdeutschland

Einleitung

Die Hotels in Ostdeutschland

Das große Ereignis in der deutschen Hotelszene in den vergangenen Jahren war das Aufblühen kleiner Hotels mit Charme im Osten. Wir spiegeln diese Entwicklung in dieser Ausgabe wider, indem wir unsere Hotelempfehlungen von 24 auf 44 erhöhen. Abgesehen von unseren kleinen Hotels mit Charme gibt es natürlich auch konventionellere, größere Hotels in historischen Gebäuden wie z.B. das ehemalige Taschenbergpalais in Dresden, das einfühlsam restauriert und mit der originalen Fassade als *Grand Hotel Kempinski* (Tel. 0351/49120, Fax 4912812) wiedereröffnet wurde. Mit seinen 213 Zimmern trägt es enorm zur Entspannung des chronischen Hotelmangels in der Stadt bei.

In Berlin, schon so lange die Oase der Eleganz im Osten Deutschlands, gibt es immer noch überwiegend hübsche, große und moderne Hotels. Abgesehen von den Einträgen auf den folgenden Seiten gehört zu den etwas persönlicheren Hotels auch das *Belvedere*, eine kleine Villa in Grunewald (Tel 030/8260010, 19 Zimmer).

Von unseren Experten in der Gegend wurden uns ebenfalls viele interessante Hotelvorschläge gemacht. Leider hatten wir in dieser Ausgabe nicht genügend Platz, um sie alle zu berücksichtigen.

In Brandenburg können wir zusätzlich das *Hotel Landgasthof* (Tel 035472/6620) in Schlepzig sowie das *Hotel Vierseithof* (Tel. 03371/62680) in Lückenwalde empfehlen.

In Mecklenburg-Vorpommern, in Spyker auf Rügen, haben unsere ostdeutschen Partner uns das *Schlosshotel Spyker* (Tel. 038302/770) ans Herz gelegt; in Binz, ebenfalls auf Rügen, das *Strandhotel Lissek* (Tel 038393/3810) und das *Villa Schwanebeck* (Tel. 038393/2013). In Rostock-Bentwisch das *Landguthotel Hermann* (Tel. 0381/6667666); in Krakow am See das *Hotel Haus am See* (Tel. 038457/23273); in Klink das *Schlosshotel Klink* (Tel. 03991/7470); in Heringsdorf das *Hotel Forsthaus Damerow* (Tel. 038375/560); in Neustrelitz das *Hotel Schlossgarten* (Tel. 03981/24500); in Güstrow das *Hotel am Schloss* (Tel. 03843/7670); und in Warnemünde das *Hotel Am Leuchtturm* (Tel. 038154/370) sowie das *Hotel Fischerhus* (Tel 0381/548310).

In Sachsen-Anhalt empfehlen sich in Stolberg der *Stolberger Hof* (Tel. 034654/320) und in Wernigerode das *Parkhotel Fischer* (Tel. 03943/691350).

In Sachsen, in Bärenfels, das *Hotel Felsenberg* (Tel. 035052/20450); in Bertsdorf das *Hotel Bahnhof Bertsdorf* (Tel. 03583/69800); im Kurort Rathen das *Ettrich's* (Tel. 035021/68524) sowie das *Erbgericht* (Tel. 035024/7730); in Oberwiesenthal das *Apartmenthotel Jens Weissflog* (Tel. 037348/100) und in Radebeul das *Hotel Sorgenfrei* (Tel. 0351/8933330).

In Thüringen, in Sünna bei Vacha, das *Keltenhotel Goldene Aue* (Tel. 036962/2670) und in Weimar das *Hotel Russischer Hof* (Tel. 03643/7740).

Schließlich noch ein Hinweis: Der Standard der ostdeutschen Hotels und Restaurants liegt leider immer noch ein wenig unter dem, den man im restlichen Deutschland erwarten kann. Auch speziell ausgewiesene Raucherbereiche gibt es selten.

Mecklenburg-Vorpommern

Bad Doberan

Kurhotel
~ Stadthotel ~

18208 Bad Doberan, Am Kamp
Tel (038203) 63036 **Fax** (038203) 62126

Das *Kurhotel* mit seinen 60 Zimmern sieht zwar aus wie eine weiße Kaserne, aber es hat etwas, was vielen Häusern in Ostdeutschland heute noch abgeht – Stil. Das Gebäude, 1793 erbaut, war ursprünglich Gästehaus des Herzogs Friedrich Franz von Mecklenburg. Durch umfangreiche Renovierungsarbeiten im Jahr 1992 ist nun ein repräsentatives Kurhotel entstanden, das sich auch nach internationalem Stand sehen lassen kann.

Die Ausstattung im Laura-Ashley-Stil mit entsprechenden Stoffen in Pastellfarben findet gewiss viele Liebhaber; die Zimmer sind reizend eingerichtet, besonders eindrucksvoll präsentieren sich die Räume im Dachgeschoss, wo die Schrägen durch Streifentapeten noch unterstrichen werden. Jedenfalls hat man hier das Geld gut angelegt. Biedermeiermöbel zieren die Galsträume im Erdgeschoss und unterstreichen den angenehm freundlichen Charakter des Hauses. Auf kulinarischem Gebiet gibt es allerdings noch einiges dazuzulernen. Die Küche bietet vorwiegend schwere regionale Gerichte.

Umgebung: Molli-Eisenbahn; Ahrenshoop (25 km), die Malerkolonie • **Lage:** im Stadtzentrum gegenüber vom Park; 10 km von Rostock; genügend öffentliche Parkplätze • **Mahlzeiten:** Frühstück, Mittag- und Abendessen, Imbisse
Preise: €€–€€€ • **Zimmer:** 60; 50 Doppelzimmer (10 mit Einzelbetten), 10 Einzelzimmer, alle mit Bad, Telefon, Fön, TV, Radio, die meisten mit Minibar • **Anlage:** Speiseraum, Restaurant, Bar; Terrasse, Sauna, Solarium • **Kreditkarten:** AE, MC, V
Kinder: willkommen • **Behinderte:** keine speziellen Einrichtungen • **Tiere:** nur kleinere Hunde • **Geschlossen:** nie • **Besitzer:** Horst Werner Metz

Mecklenburg-Vorpommern

Gross Nemerow

Bornmühle
~ Hotel am See ~

17094 Groß Nemerow, Bornmühle 35
Tel (039605) 600 **Fax** (039605) 603
e-mail info@bornmuehle.com **website** www.bornmuehle.de

Von den Terrassentischen des *Bornmühle* aus blickt man über eine Koppel voller Pferde zu dem in spekatulärem Blau funkelnden Tollensesee. Das Hotel, das erst vor kurzem in die in der Eiszeit entstandene Landschaft gebaut wurde, ähnelt den örtlichen Bauernhäusern und erhebt sich über den östlichen Teil des großen Sees. Die Zimmer mit Seeblick sind ihr Extrageld wert, vor allem die im dritten Stock mit den Erkerfenstern, von denen aus man auf die bewaldeten Hügel am Westufer in drei Kilometer Entfernung sehen kann. Das *Bornmühle* liegt recht isoliert westlich von Groß-Nemerow; die Zimmer auf der anderen Seite des Hauses gehen auf den Wald hinaus. Alle Zimmer – einige sind relativ groß – sind geschmackvoll in gedämpften Farben eingerichtet.

Auf der modernen Speisekarte des Restaurants erscheinen Tollensesee-Fischsuppe, Hase, Lamm, Wildschwein und Pilze. Neben dem guten Essen tragen auch die sagenhafte Ruhe, der See, das fähige Personal sowie die zahlreichen Wellnesseinrichtungen erheblich zur entspannten und entspannenden Atmosphäre des Hauses bei.

Umgebung: die mittelalterlichen Tore und Befestigungen der Altstadt von Neubrandenburg (13 km) • **Lage:** in einem Park am Ufer des Tollensesees, westlich von Groß-Nemerow, von der B 96 (Neubrandenburg–Berlin) in Richtung Nonnenhof/Tellenscheim abfahren; Parkplatz • **Mahlzeiten:** Frühstück, Mittagessen, Abendessen, Snacks • **Preise:** €€-€€€ • **Zimmer:** 64; 50 Doppelzimmer, 49 mit Dusche, 1 mit Bad, 12 Einzelzimmer mit Dusche, 2 Apartments; alle Zimmer mit Telefon, TV, Radiowecker, Fön, Minibar • **Anlage:** Aufenthaltsraum mit Kinderspielecke, Bar, Restaurant, 2 Veranstaltungs-/Konferenzräume, Jacuzzi, Sauna, Solarium, Dampfbad, Fitnessraum, Massage- und Schönheitssalons, Hallenbad, Terrasse, Garten, Drivingrange (Golf), Fahrräder • **Kreditkarten:** AE, DC, MC, V • **Kinder:** willkommen • **Behinderte:** Aufzug • **Tiere:** kleinere Tiere erlaubt (geringe Gebühr) **Geschlossen:** die ersten beiden Januarwochen • **Besitzer:** Richard Wiegart und Britta Budes-Wiegart

Mecklenburg-Vorpommern

Frauenmark

Schloss Frauenmark
~ Schlosshotel ~

19374 Frauenmark
Tel (038723) 80171 **Fax** (038723) 80172
e-mail info@schloss-frauenmark.de **website** www.schloss-frauenmark.de

Dieses Hotel hat schon etwas Kurioses: Das große und harmonische Landhaus aus dem 19. Jh. wirkt von außen nicht besonders imposant, weist im Inneren jedoch eine geradezu fürstliche Eleganz auf. Uns gefiel besonders der Eckkamin in der Eingangshalle, der das ganze Jahr über in Betrieb ist. Die Dinnersuite jedoch (für zwei bis vier Gäste), eine Symphonie in Rot und Gold, erweckt den Eindruck einer Filmkulisse. Der einfachere Speise- bzw. Frühstücksraum (»Claude Monet«) befindet sich mit seinen bemalten Holzstühlen am anderen Ende der Skala und ist in anheimelnden Blau- und Gelbtönen gehalten. Der Teesalon mit seinen orientalischen Einflüssen und den wunderschönen Antiquitäten verbindet erfolgreich mehrere Stilrichtungen miteinander. Im oberen Teil des Hauses befinden sich neun geräumige, aber meist etwas übertrieben wirkende Zimmer und Suiten. Dennoch macht es Spaß, hier zu logieren. Einrichtungsgegenstände wie z. B. eine originale Badewanne aus dem 19. Jh. und ein frei stehendes Waschbasin aus Marmor haben uns besonders gut gefallen.

Die Rothenbergs haben das Hotel 1996 übernommen und ihm ihren freundlichen und individuellen Stempel aufgedrückt. (Außerdem benutzen sie die *Kleinen Hotels mit Charme* auf Reisen …) Jeder Gast fühlt sich hier zuvorkommend behandelt, auch Hochzeitsfeiern und zwanglose Tagungen werden im Schloss Frauenmark ausgerichtet. Zudem gibt es attraktive Preisangebote.

Umgebung: Pachim, Schwerin; Güstrow, Ludwigslust • **Lage:** am Ende einer Auffahrt; großer Parkplatz • **Mahlzeiten:** Frühstück, Mittagessen, Abendessen
Preise: €-€€€ • **Zimmer:** 9; 6 Doppelzimmer, 4 mit Bad, 2 mit Dusche, 3 Suiten, mit Bad; alle Zimmer mit Radio, TV • **Anlage:** 2 Speiseräume, Bar, Bibliothek, Teezimmer, Teeladen, Bankettsaal, 3 Terrassen, Park • **Kreditkarten:** V
Kinder: willkommen • **Behinderte:** keine entsprechenden Einrichtungen • **Tiere:** erlaubt • **Geschlossen:** 24. Dezember • **Besitzer:** Petra und Ingo Rothenberg

Mecklenburg-Vorpommern

Krakow am See

Das Reetgedeckte Haus
~ Selbstversorger-Ferienhaus ~

18292 Krakow am See, Jörnbergweg 23
Tel (03845) 723842 **Fax** (03845) 723843
E-mail info@landwind.de **website** www.landwind.de

Das Reetgedeckte Haus gehört zu einer Gruppe von drei Selbstversorger-Unterkünften, die in einer wunderschönen Landschaft direkt am Ufer des Krakower Sees liegen. Das Haus verfügt über sechs Apartments; sein Nachbarbungalow, das *Lütt Hüsung*, über zwei Apartments und ein Gästezimmer. Das dritte Haus, *Dat Mowhüs*, ebenfalls mit zwei Apartments und einem Gästezimmer ausgestattet, liegt drei Minuten zu Fuß vom See entfernt.

Normalerweise sind wir etwas skeptisch bei Selbstversorger-Apartments, doch dieses gefällt unseren ostdeutschen Testern besonders gut. Jedes komfortable Apartment verfügt über eine eigene Küche und Terrasse sowie einen Sessel. Auch für genügend Zerstreuung ist gesorgt: Es gibt Boote und Mietfahrräder, und man kann ausgedehnte, wunderschöne Spaziergänge machen. Der See ist Teil eines Nationalparks; hier leben viele seltene Wasservögel. Tee und Kaffee müssen Sie sich zum Frühstück schon selbst machen, doch eine Tüte mit frischen Brötchen hängt jeden Morgen wie von Zauberhand vor der Tür – und ist im Preis inbegriffen. Darüber hinaus – und das ist für die Gegend wirklich ungewöhnlich – gibt es ein Restaurant, das mit einem Michelinstern ausgezeichnet ist: das »Ich weiß ein Haus am See«, das sich ganz in der Nähe, in Krakow am See, befindet.

~

Umgebung: Naturpark Nossentiner-Schwinzer Heide; Güstrow; Stavenhagen; Schwerin • **Lage:** an einem See; Parkplatz • **Mahlzeiten:** Selbstversorgung
Preise: €€ • **Zimmer:** 10 Apartments, 2 Gästezimmer; alle Zimmer mit Bad oder Dusche • **Anlage:** Terrassen, Molen (nur im Reetgedeckten Haus), Sauna
Kreditkarten: keine • **Kinder:** willkommen • **Behinderte:** nicht geeignet • **Tiere:** nicht erlaubt • **Geschlossen:** nie **Besitzer:** Jochen Hornung

Mecklenburg-Vorpommern

Kühlungsborn

Apartmenthotel Röntgen
~ Ferienhotel am Meer ~

18225 Kühlungsborn, Strandstr. 30a
Tel (038293) 7810 **Fax** (038293) 78199
e-mail info@classic-hotel.de **website** www.classic-hotel.de

Der Duft nach frischem Brot ist nur einer der Vorzüge dieses innovativen Hotels mit Apartments, die man auch tageweise buchen kann. Die Familie Röntgen, der das anschließende Café-Restaurant gehört, hat eine Bäckerei im Haus und liefert Gästen, die sich ihr Frühstück selbst machen wollen, frische Brötchen. Man kann aber auch bis 14 Uhr im Café frühstücken. Die Apartments sind zeitlos, ganz in Weiß gehalten und mit geblümten Sofas und Sesseln sowie gemusterten Teppichen auf Holzböden ausgestattet. Der Essplatz ist mit einem soliden Holztisch und Polsterstühlen möbliert. Die Bäder glänzen makellos weiß.

Alles wurde gründlich durchdacht, seit die Besitzer beschlossen, ihr Haus von 1908 zu renovieren und auszubauen; Eröffnung war 1994. Hier sollen sich die Gäste auch im Urlaub wie zu Hause fühlen. Für Kinder gibt es kostenlos Spiele für drinnen und draußen. Die Verkaufsfläche der Bäckerei ist ein Schauraum mit roten Wänden und dem Monogramm des Hauses in Gold; in der Theke stehen köstliche Kuchen und Torten. Das Rot tritt auch in der Möblierung des Cafés auf, etwa in den schönen Tischplatten; es gibt einen gemütlichen Ofen und eine sonnige Terrasse.

~

Umgebung: Rostock (26 km) mit Schifffahrtsmuseum; Dom von Bad Doberan
Lage: unmittelbar am Stadtwald, zu Fuß 4 Minuten zum Strand, 1 Minute ins Stadtzentrum; Parkplatz gleich beim Hotel • **Mahlzeiten:** den ganzen Tag im Café-Restaurant • **Preise:** €€€–€€€€ • **Zimmer:** 17 Apartments, 3 Einzimmer-, 12 Zweizimmer-, 2 Dreizimmerwohnungen; alle mit eingerichteter Küche, Bad, Telefon, Faxanschluss, TV, Radio • **Anlage:** Essplatz, Schreibtisch, komfortable Sitzecke; Küche mit Kühlschrank, Geschirrspüler, Herd • **Kreditkarten:** AE, MC, V
Kinder: sehr willkommen • **Behinderte:** keine besonderen Einrichtungen; im Café ein WC • **Tiere:** willkommen • **Geschlossen:** nie Besitzer: Familie Röntgen

MECKLENBURG-VORPOMMERN

KÜHLUNGSBORN

Hotel-Residenz Waldkrone
~ Ferienhotel ~

1822 5 Ostseebad Kühlungsborn, Tannenstraße 4
Tel (038293) 4000 **Fax** (038293) 40011
e-mail hr@waldkrone.de **website** www.waldkrone.de

Kühlungsborn mit seinem 4 Kilometer langen Sandstrand und den Kiefernwäldern ist einer der beliebtesten Ferienorte an der Ostseeküste zwischen Wismar und Rostock. Es wurde im frühen 20. Jh. gegründet und beherbergt zahlreiche schöne Jugendstilvillen, darunter auch der ältere Teil der *Residenz Waldkrone*.

Das Hotel liegt an einer ruhigen Straße nur 100 Meter vom Strand entfernt. Im Inneren ist es geräumig und hell; die großen Pflanzen, die sanfte Beleuchtung und die Kerzenhalter lassen die Atmosphäre der Zeit um 1900 wiederaufersteheh. Damals hat das Waldkrone auch seinen Besitzer gewechselt, der ein neues Gebäude neben dem alten errichten ließ. Der neue Teil verfügt über ähnliche Zimmer wie der alte – z. B. Balkonzimmer oder Turmsuiten –, der Einrichtungsstil variiert jedoch. Im neuen Flügel gibt es eine Sauna und einen Schönheitssalon, vor dem alten Gebäude eine Caféterrasse. Somit könnte man das Waldkrone beinahe als zwei Hotels bezeichnen. Auch beim Restaurant hat der Gast die Wahl zwischen einem zurückhaltenden, im Stil der Zeit um 1900 gehaltenen und einem hellen, zeitgenössischen im italienischen Stil.

~

Umgebung: die mittelalterlichen Stadttore, Kirchen und Kaufmannshäuser von Rostock (26 km) • **Lage:** im Westen von Kühlungsborn, in einer Straße ganz in der Nähe des Meeres im westlichen Teil des Piers, 35 km von der A 20 bzw. E 22 entfernt, Ausfahrt Kröpelin/Kühlungsborn; Parkplatz • **Mahlzeiten:** Frühstück, Mittagessen, Abendessen, Snacks • **Preise:** €€–€€€ • **Zimmer:** 13 Doppelzimmer, 4 mit Dusche, 9 mit Bad, 2 Einzelzimmer mit Dusche, 29 Suiten; alle Zimmer mit Telefon, TV, Radiowecker, Fön, Minibar; 2 mit PC-Anschluss • **Anlage:** 2 Aufenthaltsräume, 2 Bars, 2 Restaurants, Frühstücksraum, Sauna, Schönheits- und Massagesalons, Terrasse, Garten, Biergarten • **Kreditkarten:** AE, MC, V • **Kinder:** willkommen • **Behinderte:** 2 Apartments geeignet (bitte nachfragen), Aufzug
Tiere: kleinere Tiere erlaubt (geringe Gebühr) • **Geschlossen:** November
Geschäftsführerin: Petra Müller

Mecklenburg-Vorpommern

Moraas

Heidehof Moraas
~ Landhotel ~

19230 Moraas, Hauptstraße 15
Tel (03883) 722140 **Fax** (03883) 729118
e-mail hotel-heidehof@m-vp.de **website** www.hotel-heidehof.m-vp.de

Die beiden nebeneinander liegenden, 150 Jahre alten Gebäude, die zusammen den Heidehof bilden, sind unter ihren schweren Reetdächern nur halb sichtbar. Vom Hotel aus blickt man direkt auf den Ententeich des Dorfes Moraas. Die Dächer halten sogar den schneereichen Wintern der Mecklenburgischen Seenplatte stand. Die beiden Gebäude sind feinfühlig restauriert und umgebaut worden – das eine in ein Hotel, das andere in ein Restaurant, mit ländlichem freigelegtem Mauerwerk und Deckenbalken. Zwei Zimmer verfügen über französische Fenster mit Holzbalkons, von denen aus man auf den Garten hinter dem Hotel blickt. Alle Zimmer sind in Pastelltönen gehalten und mit den traditionellen geschnitzten Betten und Schränken ausgestattet.

Restaurant und Café sind besonders im Winter gemütlich und einladend, die original Mecklenburger Gerichte wärmen und sättigen. Im Sommer stehen Tische auf der Terrasse; dort kann man sich bei Kaffee und Kuchen, Drinks und abendlichen Grillvergnügen erholen. Gästen, die tagsüber Angelausflüge, Wanderungen oder Radtouren machen möchten, bereitet der Hotelbesitzer Christof Rassmann gerne einen Picknickkorb.

Umgebung: Schwerin mit seinen Seen, dem Schloss, dem Dom und dem mittelalterlichen Stadtzentrum (26 km) • **Lage:** in Moraas, an der B 321, 9 km südwestlich von Hagenow, 15 km von der A 24 Hamburg – Berlin entfernt, Ausfahrt Hagenow; Parkplatz • **Mahlzeiten:** Frühstück, Mittagessen, Abendessen, Snacks • **Preise:** €–€€ • **Zimmer:** 9 Doppelzimmer, 2 Einzelzimmer, 1 Dreierzimmer; alle Zimmer mit Dusche, Telefon, TV, Radiowecker • **Anlage:** Restaurant/Stube, Garten mit Caféterrasse, Veranstaltungs-/Konferenzraum, Biergarten • **Kreditkarten:** DC, MC, V • **Kinder:** willkommen • **Behinderte:** keine entsprechenden Einrichtungen **Tiere:** erlaubt (geringe Gebühr) • **Geschlossen:** nie • **Besitzer:** Christof Rassmann

MECKLENBURG-VORPOMMERN

NAKENSTORF BEI NEUKLOSTER

Seehotel
~ Hotel am See ~

23992 Nakenstorf bei Neukloster, Seestr. 1
Tel (038422) 25445 **Fax** (038422) 25445
e-mail seehotel@nalbach-architekten.de **website** www.seehotel-neuklostersee.de

Der kleine Ort Neukloster liegt südlich der alten Hansestädte Rostock und Wismar; etwas außerhalb des Ortes am ruhigen Neuklosterer See befindet sich das *Seehotel*. Das ursprüngliche Hauptgebäude war um das Jahr 1900 herum in dem für Mecklenburg charakteristischen roten Backstein errichtet worden. Nach der Wiedervereinigung verwandelten es ein paar Berliner Architekten in ein gemütliches Hotel, indem sie das Originalhaus restaurierten und eine Terrasse aus Holzplanken mit Aussicht über Obstgarten und See anfügten.

Sowohl der luftige Speisesaal als auch die Schlafzimmer sind von dem Leitgedanken einer modernen Schlichtheit geprägt. Die hellen Holzmöbel und die vereinzelten Antiquitäten passen bestens zu den manchmal begrenzten Räumlichkeiten. Die Betten sind komfortabel, die Beleuchtung einfach genial. Die Fernsehgeräte sind hinter einer kleinen blauen Tür in der Garderobe versteckt.

Das Frühstück besteht aus einem gesundheitsorientierten Büfett, die Hauptmahlzeiten konzentrieren sich auf leichte Speisen wie Suppen, Salate und Fischgerichte zu sehr vernünftigen Preisen.

Umgebung: Segeln, Reiten; Wismar (20 km) • **Lage:** außerhalb des Orts am Neuklosterer See, 20 km so von Wismar; Parkplatz • **Mahlzeiten:** Frühstück, Mittag- und Abendessen • **Preise:** €€€ • **Zimmer:** 16; 12 Doppelzimmer, 3 Appartements für bis zu 4, 1 Suite für bis zu 8 Personen; alle mit Bad oder Dusche, Telefon, Fax, TV, Radio, Fön • **Anlage:** Speisezimmer, Aufenthaltsraum, Multifunktionsraum, Terrasse • **Kreditkarten:** MC • **Kinder:** willkommen **Behinderte:** Zugang beschwerlich • **Tiere:** erlaubt • **Geschlossen:** Weihnachten, Jan. bis Mitte März • **Besitzer:** Gernot Nalbach

Mecklenburg-Vorpommern

Rügen, Jasmund-Nationalpark

Baumhaus Hagen
~ Umgebautes Holzfällerhaus ~

18546 Sassnitz auf Rügen, Stubbenkammer
Tel (038392) 22310 **Fax** (038392) 66869
e-mail baumhaus.hagen@t-online.de

Die nordöstliche Halbinsel von Rügen ist von einer spektakulären, naturbelassenen Küstenlandschaft geprägt. Vom Hafenstädtchen Sassnitz aus, wo die Ostseefähren nach Schweden ablegen, erstrecken sich Buchenwälder bis ins Innere des Landes. 1990 wurde aus der Halbinsel der Jasmund-Nationalpark, und zwei Jahre später wurde das *Baumhaus Hagen* als einziges Hotel der Halbinsel eröffnet. Der Name passt sehr gut zu der 200 Jahre alten Waldhütte, die zwischen Bäumen am südlichen Rand des Parks versteckt liegt. Das reetgedeckte Gebäude mit seiner holzgetäfelten Stube ist ausgesprochen gemütlich. Die Wände des Restaurants zieren Waldszenen, und von den einfachen, weiß gestrichenen Zimmern aus, die von Frau Oberhardt picobello sauber gehalten werden, blickt man direkt auf den Wald. So erscheint der große Garten beinahe als überflüssig, doch im Sommer wird daraus flugs ein Biergarten mit Sonnenschirmen und kleinen Tischchen.

Das Baumhaus zieht Spaziergänger, Vogelinteressierte, Pflanzenliebhaber, Radfahrer und Erholungssuchende an. Der Küchenchef Lugge kümmert sich mit bodenständigem und gesundem Essen um das leibliche Wohl der Gäste. Die Speisekarte verrät ausgeprägte skandinavische Einflüsse: Matjes, Lachs und Ostseefischgerichte.

~

Umgebung: Jasmund Nationalpark; Putbus (30 km); landschaftlich schöne Eisenbahnstrecke nach Gohren • **Lage:** auf der Ostseite der Insel Rügen, an der Straße von Sassnitz nach Hagen, 3 km östlich von Hagen, 10 km nördlich von Sassnitz; Parkplatz • **Mahlzeiten:** Frühstück, Mittagessen, Abendessen, Snacks
Preise: €€ • **Zimmer:** 10; 5 Doppelzimmer, 5 Apartments; alle Zimmer mit Dusche, Telefon, TV, Radio, Fön, Minibar • **Anlage:** Restaurant/Stube, Terrasse, Garten, Biergarten, Kinderspielplatz • **Kreditkarten:** keine • **Kinder:** willkommen
Behinderte: keine entsprechenden Einrichtungen • **Tiere:** erlaubt (geringe Gebühr)
Geschlossen: Mitte November bis Mitte Dezember • **Besitzer:** Christian und Ingeborg Oberhardt

Mecklenburg-Vorpommern

Schwerin

Niederländischer Hof
~ Stadthotel ~

19055 Schwerin, Karl-Marx-Straße 12–13
Tel (0385) 591100 **Fax** (0385) 59110999
e-mail hotel@niederlaendischer-hof.de **website** www.niederlaendischer-hof.de

Das elegante Haus hat königliche Beziehungen: Es wurde von einem Freund des Herzogs von Mecklenburg-Vorpommern und der Königin Wilhelmina der Niederlande als privates Hotel erbaut. Er errichtete es im Jahr 1901 im Andenken an ihre Hochzeit. 1994 wurde es hinter seiner Fassade vollständig umgebaut, doch auch das neue Innere blieb dem originalen Stil so treu, dass es ein anderer Hotelführer als elegantestes Hotel der Stadt bezeichnete.

Schwerin, die bezaubernde Hauptstadt Mecklenburg-Vorpommerns, liegt in der Nähe vieler Seen. Das Hotel *Niederländischer Hof* befindet sich direkt gegenüber des etwas kleineren Pfaffenteichs. Die Hälfte der Zimmer hat eine Aussicht auf den See, die andere Hälfte blickt auf den kleinen Innenhof. Alle Zimmer sind geräumig und individuell im Stil der Zeit um 1900 und in warmen Farben eingerichtet. Die Gäste können sich jedoch auch in der großzügigen Lounge / Bibliothek erholen, die mit Antiquitäten und alten Gemälden ausgestattet ist. Im Sommer lädt die Terrasse zu Tee oder Kaffee ein.

Das Hotel ist besonders bei Skandinaviern beliebt; auch Polen, Ungarn, Österreicher und Franzosen stehen häufig auf der Gästeliste. Gourmets sollten sich Dirk Schröters Neue Mecklenburger Küche nicht entgehen lassen, die Michelinstern-verdächtig ist.

Umgebung: Bootsausflüge zum Fernsehturm von Schwerin (Panoramablick)
Lage: an der westlichen Seite des Pfaffenteichs nördlich der Altstadt, 20 km von der A 24 bzw. E 26 Hamburg – Berlin entfernt, über die B 106 erreichbar; Parkplatz
Mahlzeiten: Frühstück, Mittagessen, Abendessen, Snacks • **Preise:** €€–€€€
Zimmer: 31; 24 Doppelzimmer mit Dusche, Bad, Telefon, PC-Anschluss, TV, Radio, Fön, Safe; 9 Apartments und Maisonetten im Nebengebäude • **Anlage:** Aufenthaltsraum, Restaurant mit Bar, Veranstaltungsraum, Terrasse, Garten • **Kreditkarten:** AE, MC, V • **Kinder:** willkommen • **Behinderte:** Aufzug • **Tiere:** erlaubt (geringe Gebühr) • **Geschlossen:** nie • **Geschäftsführer:** Jürgen Wilkens

Mecklenburg-Vorpommern

Usedom, Heringsdorf

Residenz Bleichröder
~ Ferienhotel ~

17424 Seebad Heringsdorf, Strandpromenade
Tel (038378) 3620 **Fax** (038378) 36220
e-mail residenzbleichroeder@freenet.de **website** www.residenz-bleichroeder.com

Viele der schönen Villen, die im 19. Jh. zur Blütezeit des Seebads Heringsdorf an der Strandpromenade gebaut wurden, sind mittlerweile elegante Hotels. Die *Residenz Bleichröder* wurde in den 1890er Jahren von Gerson von Bleichröder, Bismarcks Finanzberater, errichtet und ist heute ein recht elegantes Hotel garni. 1990 ist die Villa renoviert worden, und die rosafarbene neobarocke Sandsteinfassade sowie das romantische Interieur erstrahlen nun in neuem Glanz. In dem großartigen Salon hängen die Kronleuchter von hohen Decken, und von der Sonnenterrasse aus blickt man über formal gestaltete Gärten bis zum Meer. Hinter den eleganten Steinbalkons in den oberen Geschossen verbergen sich mit Antiquitäten ausgestattete Suiten. Die Doppelzimmer sind zwar immer noch recht elegant und verfügen auch fast alle über Balkons, sie sind jedoch viel einfacher und befinden sich in einem ausgesprochen modernen Nebengebäude.

Viele Gäste buchen so genannte Entspannungstage und Schönheitswochenenden (Details im Internet), bei denen die Aufenthalte in Sauna und Swimmingpool von Manikuren, Pediküren und Massagen unterbrochen werden. Dem Tester, der das Hotel vor kurzem für uns besuchte, hat es jedoch besonders gefallen, sich nach einem ausgiebigen Frühstück im sonnenüberfluteten, wunderschönen alten Rosengarten treiben zu lassen.

Umgebung: Ahlbeck (2 km); Bansin (3 km); Peenemünde (40 km) • **Lage:** auf eigenem Anwesen nahe der Heringsdorfer Strandpromenade, 35 km von Wolgast auf dem Festland entfernt, über die B 111 erreichbar; Parkplätze und gebührenpflichtige Tiefgarage • **Mahlzeiten:** Frühstück • **Preise:** €–€€ • **Zimmer:** 15; 11 Doppelzimmer, 4 Suiten; alle Zimmer mit Doppelbett, Dusche, TV, Minibar • **Anlage:** Salon, Frühstücksraum, Kinderspielplatz, Sauna, Swimmingpool, Terrasse, Garten **Kreditkarten:** V • **Kinder:** willkommen • **Behinderte:** nicht geeignet • **Tiere:** erlaubt (geringe Gebühr) • **Geschlossen:** nie • **Geschäftsführerin:** Petra Drenkmann

Mecklenburg-Vorpommern

Usedom, Heringsdorf

Residenz Neuhof
～ Ferienhotel ～

17424 Heringsdorf, Kanalstraße 1
Tel (038378) 32000 **Fax** (038378) 22943
e-mail residenz_neuhof@t-online.de **website** www.usedom.com/urlaub

Der Ort Heringsdorf liegt an der Ostseeküste der Insel Usedom und teilt sich die Strandpromenade mit seinem Schwesterferienort Bansin. Die *Residenz Neuhof* wiederum liegt auf der Bansiner Seite von Heringsdorf. Man kann der Strandpromenade bis nach Ahlbeck folgen, dem dritten Ort im Bunde, der fünf Kilometer weiter südöstlich liegt. Von dort aus gelangt man nach Wollin, dem Ostteil von Usedom, der bereits zu Polen gehört.

Das *Neuhof* ist eine sommerlich weiße Villa, die an einer ruhigen Straße südlich des Strandes und nördlich des großen Godensees erbaut wurde. 1993 wurde das Gebäude im gleichen Stil, aber mit mehr Zimmern in einem Nebengebäude zu einem Ferienhotel umgebaut. Als Familienhotel hat es große Vorteile: Es liegt nur einige Minuten zu Fuß vom Strand und vom See entfernt, hat einen Babysitterservice und ein gut ausgestattetes Spielzimmer. Eltern können sich auf der Terrasse bei einem Kaffee oder in Sauna, Dampfbad und Solarium erholen. Das Restaurant bietet eine regionale Speisekarte mit frischem Fisch aus der Ostsee sowie spezielle Gerichte für Kinder. Das Restaurant, die Bar/Lounge und die Zimmer sind hell und geräumig. Die beiden Zimmer im vorderen Turm sind größer und teurer, aber auch etwas lauter als die anderen.

～

Umgebung: Naturreservat Usedom – Oderhaff mit seiner Küstenlandschaft und seinen Binnenseen • **Lage:** nordöstliche Ecke der Insel Usedom, an der B 111, 4 km südöstlich von Bansin; Parkplatz • **Mahlzeiten:** Frühstück, Mittagessen, Abendessen, Snacks • **Preise:** €–€€€ • **Zimmer:** 66; 33 Doppelzimmer mit Bad und Dusche, 5 Einzelzimmer mit Dusche, 6 Dreibettzimmer, 22 Suiten/Apartments; alle Zimmer mit Telefon, TV • **Anlage:** Aufenthaltsraum, Bar, Restaurant, Sauna, Dampfbad, Solarium, Massagesalon, Spielzimmer für Kinder, Terrasse • **Kreditkarten:** AE, MC • **Kinder:** willkommen • **Behinderte:** keine entsprechenden Einrichtungen • **Tiere:** erlaubt (geringe Gebühr) • **Geschlossen:** Anfang November bis Ende März • **Geschäftsführer:** Thomas Schmid

Mecklenburg-Vorpommern

Waren

Ingeborg
～ Stadthotel am See ～

17192 Waren, Rosenthalstraße 5
Tel (03991) 61300 **Fax** (03991) 613030
e-mail hotel-ingeborg@t-online.de **website** www.hotel-ingeborg-waren.m-vp.de

Das *Ingeborg*, ein Hotel garni, ist in einer hübschen weißen Stadtvilla aus den 1990er Jahren untergebracht. Es liegt in der Nähe des Müritz-Nationalparks nur fünf Minuten zu Fuß vom Hafen entfernt. Es bietet sich besonders für Ausflüge auf den Müritzsee an, der mit seinen 100 Quadratkilometern Deutschlands zweitgrößter See ist und zusammen mit über 1000 anderen die Mecklenburger Seenplatte bildet. Nach einem ausgiebigen Frühstück in dem freundlichen Frühstücksraum oder auf der kleinen Sonnenterrasse kann man den Tag ganz nach Belieben mit Segeln, Kanu- oder Kajakfahren, Rudern, Schwimmen, Radfahren, Reiten oder Spazierengehen verbringen und die Natur rund um den See erkunden und beobachten.

Das hübsche Hotel wird von der freundlichen Familie Grüneklee geführt, die es mit viel Geschmack eingerichtet hat. Die Gemeinschaftsräume sind hell, blitzsauber und folgen einem schönen Farbschema. Die hellen Zimmer sind überwiegend in Blau und Weiß (»die Farben des Müritzsees«, erklärt uns Herr Grüneklee) sowie mit hübschen Holzmöbeln eingerichtet. Das Hotel liegt in einem Gewirr ruhiger Straßen hinter dem Hafen, hat also keinen Seeblick. 15 Zimmer haben jedoch eine Aussicht auf den Hotelgarten mit seinen alten Obstbäumen.

～

Umgebung: Vogelbeobachten und Spaziergänge im Müritz-Nationalpark (10 Min. zu Fuß) • **Lage:** in einer ruhigen Straße im östlichen Teil von Waren, 300 m vom Hafen entfernt, 250 m südlich der B 192 nach Neubrandenburg; Parkplatz **Mahlzeiten:** Frühstück • **Preise:** €–€€ • **Zimmer:** 28; 20 Doppelzimmer, 7 Einzelzimmer, 1 Suite; alle Zimmer mit Dusche, Telefon, PC-Anschluss, TV, Radiowecker, Fön, Minibar • **Anlage:** Frühstücksraum, Terrasse, kleiner Garten • **Kreditkarten:** DC, MC, V • **Kinder:** willkommen • **Behinderte:** keine entsprechenden Einrichtungen • **Tiere:** nicht erlaubt • **Geschlossen:** 1 Woche über Weihnachten **Besitzer:** Jürgen Grüneklee

Mecklenburg-Vorpommern

Warnemünde

Landhotel Immenbarg
~ Ländliches Hotel ~

18119 Warnemünde/Diedrichshagen, Groß-Kleiner-Weg 19
Tel (0381) 776930 **Fax** (0381) 7769355
e-mail landhotel-immenbarg@t-online.de **website** www.landhotel-immenbarg.de

Im *Landhotel Immenbarg*, das 1995 eröffnet wurde, wurden keine Kosten und Mühen gescheut, damit die Gäste sich hier wohl fühlen. Das Hotel eignet sich mit seinen zahlreichen Spielmöglichkeiten für Kinder vor allem für Familien. Doch auch entspannen kann man sich hier: Zwischen den Bäumen im weitläufigen Garten des Hotels gibt es Rasenflächen und Sonnenterrassen mit Liegestühlen und Kaffeetischen, an denen man frischen Rhabarberkuchen genießen kann. Ganz in der Nähe befindet sich ein Sandstrand, an dem ein vom Hotel angeheuerter Experte geologische Wanderungen anbietet. Auch zahlreiche Fahrradwege führen am Hotel vorbei; lassen Sie sich vom Personal beraten, wo Sie am günstigsten Fahrräder mieten können. Darüber hinaus gibt es ein kombiniertes Fitness- und Wellnessprogramm mit Ernährungsberatung, Workout und Massage.

Doch das Attraktivste am *Immenbarg* ist wohl sein Restaurant. Es erscheint in letzter Zeit ganz oben auf der Rangliste des »Feinschmeckers« und serviert marktfrisches Gemüse der Saison sowie fangfrischen Fisch. Der Speiseraum ist recht konventionell gehalten, aber hell und luftig. Die Zimmer sind standardisiert, aber in unaufdringlichem, ländlichem Stil eingerichtet. Ein weiterer Pluspunkt des Hotels ist sein freundliches Personal; es bemüht sich wirklich, Ihnen den Aufenthalt so angenehm wie möglich zu machen.

Umgebung: Warnemünde; Strand • **Lage:** an einer ruhigen Straße außerhalb von Warnemünde, 1,5 km vom Strand entfernt • **Mahlzeiten:** Frühstück, Abendessen **Preise:** €-€€ • **Zimmer:** 24; 8 Doppel-, 1 Einzelzimmer, 15 Apartments; alle Zimmer mit Bad oder Dusche, Telefon, TV • **Anlage:** Sauna, Restaurant, Café, Kinderspielplatz, Garten, Terrasse • **Kreditkarten:** AE, V • **Kinder:** willkommen **Behinderte:** Aufzug • **Tiere:** Hunde erlaubt • **Geschlossen:** Januar • **Besitzer:** Ulrich Groß

MECKLENBURG-VORPOMMERN

WISMAR

Alter Speicher
~ Stadthotel ~

23966 Wismar, Bohrstraße 12/12a
Tel (03841) 211746 **Fax** (03841) 211747
e-mail info-wismar@hotel-alter-speicher.de **website** www.hotel-alter-speicher.de

Wismar wurde mit seinen mittelalterlichen hübschen Giebelhäusern aus der Zeit der Hanse, des Zusammenschlusses norddeutscher Handelsstädte, zum Weltkulturerbe der UNESCO erklärt. Insgesamt gehören zu dem Hotelkomplex fünf Gebäude, vier alte und ein neues. Hinter den rot-weißen Giebelhäusern der Hanse verbergen sich noch ein umgebautes Lagerhaus und die ehemaligen Stallungen.

Insgesamt verfügt das Hotel über 75 Zimmer und ist damit eigentlich zu groß für unseren Führer – hätte nicht jedes Haus seinen ganz eigenen Charakter. Einige Gäste bevorzugen die Gebäude mit den Giebeln, da man von hier aus auf die gegenüberliegenden Giebelhäuser blickt; die Zimmer in den hinteren Häusern sind jedoch ruhiger. Der Umbau in den 1990er Jahren resultierte in geräumigen, eleganten Zimmern mit dunklem Holz, hellen Wänden und zeitgenössischen Möbeln. Das Restaurant (im weißen Gebäude) besteht aus einer interessanten Mischung aus Alt und Neu: unverputzten Steinwänden, freigelegten Deckenbalken, gefliesten Böden und einer Treppe aus Kupfer. Überall herrscht eine entspannte Atmosphäre vor. Die Restaurierung förderte auch einen Keller aus dem 12. Jh. zutage, in dem heute der Weinkeller untergebracht ist.

~

Umgebung: alter Hafen von Wismar; Marktplatz; gotische Kirchen; Renaissanceschloss • **Lage:** im nördlichen Teil der Altstadt, 55 km von der A 103 bzw. E 55 entfernt, über die B 105 nach Rostock erreichbar; gebührenpflichtige Tiefgarage
Mahlzeiten: Frühstück, Mittagessen, Abendessen, Snacks • **Preise:** €–€€€
Zimmer: 75; 60 Doppel-, 15 Einzelzimmer; alle Zimmer mit Dusche, Telefon, TV, Radiowecker, Fön, Minibar, Safe • **Anlage:** Aufenthaltsraum, Restaurant, Veranstaltungsraum, 2 Aufzüge, Sauna, Solarium, Terrasse • **Kreditkarten:** DC, MC, V
Kinder: willkommen • **Behinderte:** keine entsprechenden Einrichtungen • **Tiere:** erlaubt (geringe Gebühr) • **Geschlossen:** Restaurant sonntags und montags im Winter • **Besitzer:** Birgit und Jürgen Lentz

SACHSEN-ANHALT

MAGDEBURG

Residenz Joop
~ Stadtvilla ~

39112 Magdeburg, Jean-Burger-Stra. 16
Tel (0391) 62620 **Fax** (0391) 6262100
e-mail info@residenzjoop.de **website** www.residenzjoop.de

Wir haben inzwischen viele lobende Briefe über dieses Hotel erhalten. Bernd und Ursula Joop haben das prächtige alte Haus, das früher einmal dem schwedischen Konsul, dem Großvater des Besitzers, gehörte, restauriert. Zarte Farben, wie Elfenbein oder Creme, unterstreichen noch die Weite der großzügig bemessenen Zimmer mit großen Fenstern; von den meisten sieht man in das ausgedehnte, üppige Gelände hinunter. Bambusstühle mit blaurosa Blumenkissen und moderne Drucke an den Wänden sorgen für sommerliche Gefühle.

Sonniges Gelb herrscht im hellen Frühstücksraum vor, wo die Kronleuchter an die Konsulatsära erinnern. Eine oben an den Spitzengardinen mit Volants angebrachte Draperie aus hellgelbem Stoff verstärkt den fröhlichen Eindruck noch.

Das reich verzierte Obergeschoss macht das Haus mit der weißen Stuck- und Ziegelfassade gemütlich; alle Zimmer sind gediegen und makellos gepflegt. Sicher gehen die begeisterten Berichte, die wir bekommen haben, auch auf die persönliche Betreuung durch die Joops zurück, die ihr Haus 1993 eröffnet haben.

~

Umgebung: Gotische Kathedrale, Puppentheater; der Harz • **Lage:** in einem ruhigen Wohnviertel des Stadtzentrums; großer Parkplatz auf dem Gelände • **Mahlzeiten:** Frühstück • **Preise:** €€–€€€ • **Zimmer:** 25; 16 Doppelzimmer, 9 Einzelzimmer; alle Zimmer mit Bad oder Dusche, Telefon, Fax, Minibar, Satelliten-TV **Anlage:** Aufenthaltsraum, Konferenzraum, Gartenterrasse • **Kreditkarten:** AE, DC, MC, V • **Kinder:** willkommen • **Behinderte:** keine besonderen Einrichtungen **Tiere:** nicht erlaubt • **Geschlossen:** nie • **Besitzer:** Bernd und Ursula Joop

Sachsen-Anhalt

Quedlinburg

Theophano
~ Stadthotel ~

06484 Quedlinburg, Markt 13/14
Tel (03946) 96300 **Fax** (03946) 963036
e-mail theophano@t-online.de **website** www.hoteltheophano.de

In Quedlinburg stehen so viele Häuser aus dem Mittelalter, dass die ganze Stadt mittlerweile zum UNESCO-Weltkulturerbe erklärt wurde. Nach der Wende 1989 gehörten auch die Vesters zu den vielen Menschen, die Ansprüche auf das Haus ihrer Familien in der ehemaligen DDR geltend machten – in ihrem Fall das Hotel *Theophano*. Es erstreckt sich über einen Komplex von fünf alten Gebäuden auf dem Getreidemarkt. Die Renovierung ist noch nicht ganz abgeschlossen, und alle paar Jahre kommen neue Zimmer dazu. Mit ihren Flügelfenstern, freigelegten Deckenbalken und Wandschrägen erstrahlen sie in farbenprächtigem Glanz. Die Betten und Fenster sind mit geschmackvollen Stoffen geschmückt. Neun Zimmer gehen auf den Marktplatz hinaus, einige auf den hübschen Innenhof, und aus den oberen Zimmern hat man eine Aussicht auf die Stadt. Auch die Gemeinschaftsräume sind geschmackvoll eingerichtet. Aus den alten Kellern ist eine gewölbte Weinbar geworden.

Im eleganten Restaurant serviert Katrin Günther leichte internationale Gerichte aus biologisch angebauten Zutaten. Auch Einflüsse aus dem mittleren Osten sind spürbar; damit will man die byzantinische Prinzessin ehren, der das Hotel seinen Namen verdankt.

Umgebung: Aussichtspunkt Roßtrappe oberhalb des Bodetals im östlichen Harz (20 km) • **Lage:** in Fußgängerzone im Zentrum von Quedlinburg in der Nähe des Getreidemarkts, 50 km von der A 2 bzw. E 30 entfernt; gebührenfreier Parkplatz 30 m vom Hotel entfernt (Entladen vor dem Hotel erlaubt) • **Mahlzeiten:** Frühstück, Mittagessen (nur im Café), Abendessen, Snacks • **Preise:** €€–€€€
Zimmer: 22; 20 Doppelzimmer, 14 mit Dusche, 6 mit Bad, 2 Einzelzimmer mit Dusche; alle Zimmer mit Telefon, TV, Radiowecker, Fön • **Anlage:** Aufenthaltsraum, Weinstube, Café, Veranstaltungsräume, Gartenraum, Innenhof, Terrasse
Kreditkarten: AE, DC, MC, V • **Kinder:** willkommen • **Behinderte:** keine entsprechenden Einrichtungen • **Tiere:** erlaubt (geringe Gebühr) • **Geschlossen:** Restaurant die letzten drei Januarwochen • **Besitzer:** Familie Vester

Sachsen-Anhalt

Quedlinburg

Schlosshotel Zum Markgrafen
∾ Umgebautes Schloss ∾

06484 Quedlinburg, Weingarten 30/Wallstr. 96
Tel (03946) 81140 **Fax** (03946) 811444 **e-mail** info@schlosshotel-zum-markgrafen.de **website** www.schlosshotel-zum-markgrafen.de

Das hübsche Quedlinburg mutet mit seinen vielen mittelalterlichen Fachwerkhäusern wie eine Spielzeugstadt an und gehört inzwischen zum UNESCO-Weltkulturerbe. Das Schloss wurde zu Beginn des 20. Jhs. im neugotischen Stil erbaut, verfiel in den frühen 1990er Jahren jedoch zusehends. 1995 erschienen die Wobst zur Rettung des Hauses und leiteten eine insgesamt sechs Jahre dauernde Restaurierung in die Wege. Herr Wobst, der praktisch veranlagte Besitzer dieses Hotels, bewohnt den größeren Teil des großartigen Gebäudes und vermietet nur zwölf seiner zahlreichen Zimmer.

Das Schloss liegt in einem Park im Zentrum von Quedlinburg; seine eindrucksvoll hohen Räume sind teilweise modern und teilweise mit Antiquitäten eingerichtet. Der Speiseraum ist besonders schön; er verfügt über farbiges Fensterglas und eine großartige gewölbte Decke. Die Zimmer sind geschmackvoll, aber neutral eingerichtet; auch hier findet sich buntes Fensterglas. Das *Markgrafen* wird uns von unseren ostdeutschen Herausgebern wärmstens empfohlen; auch ein britisches Ehepaar schrieb uns neulich begeistert darüber. Letztere merkten an, dass Herr Wobst, der am liebsten alles selbst macht, mit Haus- und Reparaturarbeiten leider nicht immer ganz hinterherkommt. Doch so etwas erschien uns nebensächlich, wenn das Hotel über echten Charme verfügt.

∾

Umgebung: Rathaus; Finkenher; Schuhhof; Marktbereich • **Lage:** im Zentrum von Quedlinburg, in eigenem Anwesen; großer Parkplatz • **Mahlzeiten:** Frühstück, Mittagessen, Abendessen • **Preise:** €€-€€€€ • **Zimmer:** 12; 11 Doppel-, 1 Einzelzimmer, alle mit Bad und Dusche, einige mit Jacuzzi; alle Zimmer mit Telefon, TV, Minibar • **Anlage:** Restaurant, Café, Bar • **Kreditkarten:** MC, V • **Kinder:** erlaubt • **Behinderte:** nicht geeignet • **Tiere:** erlaubt • **Geschlossen:** nie • **Besitzer:** Herr Wobst

SACHSEN-ANHALT

ZEITZ

Gasthaus am Neumarkt
~ Gästehaus in der Stadt ~

06712 Zeitz, Neumarkt 15
Tel (03441) 61660 **Fax** (03441) 616626
e-mail gasthaus.neumarkt@hotel-zeitz.com **website** www.hotel-zeitz.com

Diese auffällige Pension liegt im alten Zentrum von Zeitz im Zeiße-Elster-Tal zwischen Leipzig und Jena. Es bietet sich als Zwischenstopp auf dem Weg von oder zu den Bergen im südlichen Sachsen an. Das *Gasthaus am Neumarkt* gehört zu den ältesten Häusern der Stadt; seine Geschichte lässt sich bis zur Gründung einer Kapelle im 10. Jh. durch einen Mönch aus Regensburg zurückverfolgen. Die Kapelle gibt es immer noch und ist heute Teil der Pension; sie ist für Feierlichkeiten und Mittelalterspiele reserviert. Rainer und Ina Kühn stammen aus Zeitz und können ihrerseits auf eine lange Tradition von Gastwirten zurückblicken. Sie waren 1990 maßgeblich an der Renovierung des Gebäudes beteiligt.

Die Zimmer sind relativ teuer und recht einfach eingerichtet: Man sieht ihnen an, dass sie wirklich alt sind und nicht nur auf Alt getrimmt. Im Erdgeschoss gibt es eine gemütliche Bar und ein kleines Restaurant, das sich zu einer Gartenterrasse hin öffnet, auf der man im Sommer essen kann. Die Küche ist ausgesprochen professionell (und dementsprechend teuer) – Zeitzer Gerichte mit französischem Touch. Vor- und nachmittags kann man an den Tischen auf dem Marktplatz sitzen und die Umgebung auf sich wirken lassen.

~

Umgebung: Leipzig mit Thomaskirche, Bachmuseum, Mendelssohnhaus, Museum der Schönen Künste, Buch- und Literaturmuseum, Gewandhausorchester, Museum der Musikinstrumente, historischen Gebäuden (40 km) • **Lage:** im Zentrum von Zeitz, nordöstlich der Kirche St. Michael, 13 km von der E 51 entfernt, über die B 180 erreichbar; Parkplatz • **Mahlzeiten:** Frühstück, Mittagessen, Abendessen, Snacks • **Preise:** €€-€€€ • **Zimmer:** 10; 7 Doppel-, 3 Einzelzimmer; alle Zimmer mit Dusche, Telefon, TV, Radiowecker • **Anlage:** Restaurant, Bar, Veranstaltungsraum, 2 Terrassen, Garten • **Kreditkarten:** keine • **Kinder:** willkommen
Behinderte: keine entsprechenden Einrichtungen • **Tiere:** nach Vereinbarung
Geschlossen: nie • **Besitzer:** Ina und Rainer Kühn

Brandenburg

Gross Briesen

Parkhotel Juliushof
~ Landgasthof ~

14806 Groß Briesen (Kreis Belzig)
Tel (033846) 90600 **Tel** (033846) 90622
e-mail hotel-juliushof@t-online.de **website** www.hotel-juliushof.de

Der *Juliushof* liegt so romantisch im tiefen Wald, dass man meint, hier müsste Rotkäppchens Großmutter zu Hause gewesen sein. Das frühere DDR-Jagdhaus ist natürlich nichts für Leute, die den strahlenden Glanz der Großstadt lieben, sondern wendet sich eher an Naturliebhaber und sportliche Leute, die gern jagen, schießen und angeln.

Lassen Sie sich nicht vom etwas düsteren Blockhausstil abschrecken, der *Juliushof* ist ein wirklich komfortables Hotel. Es hat acht Suiten, die alle gut ausgestattet sind und aus Wohnraum, Ankleide und relativ großem Bad bestehen. Ein separates Häuschen in der Nähe hat zusätzlich zwei Doppel- und zwei Einzelzimmer. Die Farben der Räume sind gedämpft, die Möbel etwas ungewöhnlich, aber bequem.

Ein verzeihlicher Hang zum Rustikalen wird im Speiseraum deutlich, wo Geweihe und andere Trophäen die Wände schmücken. Die Küche bietet, wie man es hier nicht anders erwartet, Wildspezialitäten und heimische Forellen; doch es gibt auch gute Salate für Vegetarier. Jeder Gast aber wird den kräftig-würzigen Duft des umgebenden Kiefernwaldes genießen, der das besondere Markenzeichen des *Juliushofs* ist.

~

Umgebung: Angeln, Wandern • **Lage:** im Wald, 20 km südlich von Brandenburg nahe der B 102; genügend Parkplätze auf dem Gelände • **Mahlzeiten:** Frühstück, Mittag- und Abendessen • **Preise:** €€–€€€ • **Zimmer:** 12; 2 Doppelzimmer, 2 Einzelzimmer, 8 Suiten, alle mit Bad, Telefon, TV, Minibar • **Anlage:** Speiseraum, Frühstücksraum, Wellnessfarm, Terrasse; Angeln, Schießen • **Kreditkarten:** AE, MC **Kinder:** willkommen • **Behinderte:** Zugang zu Erdgeschosszimmern • **Tiere:** erlaubt • **Geschlossen:** nie • **Besitzer:** W.-J. Stolte

Brandenburg

Kloster Zinna

Romantik Hotel Alte Försterei
~ Ländliches Hotel ~

14913 Kloster Zinna, Markt 7
Tel (03372) 4650 **Fax** (03372) 465222
e-mail alte-foersterei@romantikhotels.com

Die *Alte Försterei* war 1764 als Bestandteil einer auf Befehl von Friedrich dem Großen neu gegründeten Webersiedlung errichtet worden. In den 1960er Jahren wurde das Barockgebäude in ein Wohnhaus umgewandelt, 1991 von den Neubesitzern, zwei Westdeutschen, renoviert und zum Hotel umfunktioniert.

Schwere Eichentüren öffnen sich zur Empfangshalle mit dem restaurierten Steinfußboden. Wärme und Charakter sind die ersten Eindrücke, hervorgerufen durch alte Teppiche und Möbelstücke, Tischlampen, Pflanzen, einen Vogelkäfig und die dazu passende, unaufdringliche Begrüßung. Die Schlafzimmer sind im oberen Stockwerk, in das barocke Walmdach hineingebaut und mit rustikalem Mobiliar und sympathischen Details ausgestattet. Die Badezimmer sind meist klein, weiß gekachelt und absolut sauber.

Von den beiden Restaurants bieten die eleganten »Friedrich Stuben« verfeinerte regionale Küche mit empfehlenswerten Suppen und Saucen. In den alten Stallungen ist die Gaststätte »12 Mönche« untergebracht, wo einfachere Speisen gereicht werden und auch Einheimische verkehren.

~

Umgebung: Jüterbog (4 km); Wittenberg (30 km) • **Lage:** im Dorf, an der B 101 zwischen Luckenwalde und Jüterbog, 64 km s von Berlin • **Mahlzeiten:** Frühstück, Mittag- und Abendessen • **Preise:** €–€€ • **Zimmer:** 20; 15 Doppelzimmer, 3 Einzelzimmer, 2 Suiten; alle mit Bad, Telefon, TV, Minibar
Anlage: 2 Speisezimmer, Frühstückraum, Aufenthaltsraum, Bar, Sitzungssaal
Kreditkarten: V • **Kinder:** willkommen • **Behinderte:** keine besonderen Einrichtungen • **Tiere:** erlaubt • **Geschlossen:** nie • **Besitzer:** Roland Frankfurth

Brandenburg

Leipe

Spreewaldhof
~ Ländliche Pension ~

03226 Leipe, Dorfstraße 2
Tel (03542) 2805 **Fax** (03542) 2890
e-mail info@spreewaldhof-leipe.de **website** www.spreewaldhof-leipe.de

Hier gibt es weder Straßen noch Verkehr. Ein Boot, das auf dem Fluss dahinschippert, und das gelegentliche Quietschen eines schlecht geölten Fahrrads sind die einzigen Transportgeräusche in Leipe, das tief im wasser- und baumreichen Spreewald verborgen liegt. Auf ihrem Weg von Berlin nach Cottbus fließt die Spree durch altes Sumpfland, ihre Zuflüsse mäandern durch Ackerland voller Seen und Kanäle. Es gibt sicher größere, elegantere und viel teurere Hotels als das bescheidene *Spreewaldhof* in diesem kostbaren Biotop, aber keines liegt so nah am Fluss. Herr Buchan stammt aus einer alten ortsansässigen Fischerfamilie; die Pension besteht aus zweien ihrer 200 Jahre alten Häuser. In einem befindet sich Christa Buchans Restaurant; die fangfrischen Fische ihres Ehemanns erscheinen ganz oben auf der ansonsten lokal geprägten Speisekarte. Im oberen Geschoss sind fünf Zimmer untergebracht, fünf weitere im Gebäude nebenan. Alle sind gemütlich, traditionell eingerichtet und ruhig. Die Gäste können auf der Terrasse am Fluss Kaffee trinken, lesen, plaudern oder die Natur bewundern.

Das *Spreewaldhof* ist an den Wochenenden bei Einheimischen sehr beliebt; auf der Gästeliste stehen auch viele Niederländer, Iren und Briten. Man kann Stocherkahn oder Kanu fahren, Boots- oder Radausflüge sowie zahlreiche Spaziergänge unternehmen.

Umgebung: alte sorbische Stadt Lubben; Lehde Museum (20 km) • **Lage:** im Ort, 2,5 km südwestlich von Burg, 8 km von der A 15 bzw. E 36 entfernt, Ausfahrt Vetschau; Parkplatz • **Mahlzeiten:** Frühstück, Mittagessen, Abendessen, Snacks **Preise:** € • **Zimmer:** 10; 8 Doppel-, 2 Einzelzimmer; alle Zimmer mit Dusche, TV, Radiowecker • **Anlage:** Restaurant, Terrasse, Fluss, Boote und Räder zum Mieten **Kreditkarten:** keine • **Kinder:** willkommen • **Behinderte:** 1 Zimmer geeignet **Tiere:** erlaubt (geringe Gebühr) • **Geschlossen:** November, Dezember; von Januar bis März an den Wochenenden, außer nach Vereinbarung • **Besitzerin:** Christa Buchan

BRANDENBURG

LÜBBENAU

Schloss Lübbenau
~ Landhaushotel ~

03222 Lübbenau, Schlossbezirk 6
Tel (035) 428730 **Fax** (035) 42873666
e-mail rezeption@schloss-luebbenau.de **website** www.schloss-luebbenau.de

Die beste Empfehlung dieses Hotels ist seine ausgesprochen ruhige Lage in einem Park im englischen Stil mit wunderschönen Aussichten, mäandernden Wegen, friedvollen Seen, einer Orangerie und Zugang zu den großartigen Wanderwegen im Spreewald. Es wurde uns von unseren ostdeutschen Testern ganz besonders ans Herz gelegt und vor kurzem sogar zu einem der besten Hotels Deutschlands gekürt – vom »Feinschmecker«.

Es befindet sich seit Jahrhunderten im Besitz ein und derselben Familie. Ansonsten entspricht das große und beeindruckende Anwesen (zwei Flügel, zwei Ecktürme, vier Geschosse) mit seinen über 40 Zimmern eigentlich nicht mehr unseren Auswahlkriterien, wie wir mit einiger Besorgnis zugeben müssen. Die Einrichtung in den Gemeinschaftsräumen und in den Zimmern ist zwar hübsch und passt zum Gebäude, überrascht jedoch nicht besonders und entbehrt auch der Art von Individualität, die wir so schätzen. Obwohl jegliche Pompösität und Formalität vermieden werden soll, hat man alles in allem doch nur das Gefühl, in einem Hotel zu sein, und oft trifft man auf Gäste von Tagungen und Hochzeitsgesellschaften. Das *Lübbenau* ist unserer Meinung nach eine nützliche, aber konventionelle Übernachtungsmöglichkeit für ein Wochenende, bei dem man mehr Wert auf Annehmlichkeiten und nicht auf etwas Besonderes legt.

Umgebung: Altstadt von Lübbenau; Cottbus (30 km) • **Lage:** 5 Min. zu Fuß von der Altstadt von Lübbenau entfernt, in eigenem Anwesen; Parkplatz • **Mahlzeiten:** Frühstück, Mittagessen, Abendessen • **Preise:** €€-€€€ • **Zimmer:** 46; 34 Doppel-, 6 Einzelzimmer, 6 Apartments und Suiten; alle Zimmer mit Bad oder Dusche, Telefon, TV, Internetanschluss • **Anlage:** Aufenthaltsräume, Bar, Restaurant, Park, Konferenzraum • **Kreditkarten:** MC, V • **Kinder:** willkommen • **Behinderte:** keine entsprechenden Zimmer, Aufzug • **Tiere:** erlaubt • **Geschlossen:** Januar • **Besitzer:** Rochus Graf zu Lynar

BRANDENBURG

POTSDAM

Schlosshotel Cecilienhof
~ Landhaushotel ~

14469 Potsdam, Neuer Garten
Tel (0331) 37050 **Fax** (0331) 292498
e-mail potsdam.cecilienhof@relexa-hotel.de **website** www.relexa-hotels.de

Träfe man aus Versehen auf das Schloss *Cecilienhof*, geriete man sicherlich ins Staunen ob der in einem englischen Garten liegenden Villa im Tudor-Stil, die man im Herzen Deutschlands wohl kaum erwarten würde. Sie wurde im Ersten Weltkrieg als Residenz für Cecilie, Gattin des deutschen Kaisers Wilhelm II., und deren Sohn erbaut. Das historische Gebäude ist jedoch besser als Sitz der Potsdamer Konferenz von 1945 bekannt, als sich Churchill, Truman und Stalin hier trafen, um über Deutschlands Zukunft zu entscheiden. Die Konferenzräume kann man heute noch besichtigen.

Teilnehmer der jetzigen hochrangigen Tagungen im Schloss übernachten meist in dem Hotel, das in einem angrenzenden Flügel untergebracht ist. Es ist recht elegant; der eindrucksvolle Speiseraum ist mit einer dunklen Holztäfelung ausgestattet. Im Sommer kann man auf der Terrasse im Freien essen und den großartigen Park bewundern. Die internationale Speisekarte ist modern und interessant, aber nicht außergewöhnlich. Die komfortablen Zimmer sind alle ganz unterschiedlich, aber etwas einfallslos eingerichtet; sie haben jedoch eine wunderschöne Aussicht auf die Gärten, den Park und den See.

~

Umgebung: Zentrum von Potsdam mit Schloss Sanssouci • **Lage:** in eigenem Anwesen, in der Nähe des Neuen Gartens, im Nordosten der Stadt am Heiligen See, vom Stadtzentrum aus weiß ausgeschildert, 2 km von der Berliner Autobahn entfernt, Ausfahrt Potsdam/Babelsberg; begrenzte Parkplätze • **Mahlzeiten:** Frühstück, Mittagessen, Abendessen, Snacks • **Preise:** €€€-€€€€ • **Zimmer:** 41; 24 Doppelzimmer, 12 mit Dusche, 12 mit Bad und Dusche, 11 Einzelzimmer, 6 mit Dusche, 5 mit Bad und Dusche, 6 Suiten; alle Zimmer mit Telefon, PC-Anschluss, TV, Radiowecker, Fön, Minibar • **Anlage:** Aufenthaltsraum, Restaurant, Frühstücksraum, Konferenzräume, Terrasse, Garten, Park mit See • **Kreditkarten:** AE, DC, MC, V • **Kinder:** willkommen • **Behinderte:** keine entsprechenden Einrichtungen **Tiere:** kleinere Tiere erlaubt • **Geschlossen:** nie • **Geschäftsführerin:** Christina Aue

BRANDENBURG

STORKOW

Schloss Hubertushöhe
~ Umgebautes Schloss ~

15859 Storkow, Robert-Koch-Straße 1
Tel (033678) 430 **Fax** (033678) 43100
e-mail schloss@hubertushoehe.de **website** www.hubertushoehe.de

Dieses etwas frivol anmutende Schloss wurde im frühen 20. Jh. von einem wohlhabenden Geschäftsmann mit Beziehungen zu Königshäusern im Landhausstil erbaut; in jüngeren Jahren wurde es vor allem von den Reichen und Schönen der Berliner Highsociety besucht. In den 1990er Jahren wurde es restauriert; seitdem ist es ein wunderschönes Landhotel. Es liegt nur 60 Kilometer von Berlin entfernt in einem 5 Hektar großen Park an einem großen See.

Die Zimmer sind relativ groß. Obwohl sie alle unterschiedlich eingerichtet sind, folgen sie einem durchgehenden Farbschema: Die kleineren Zimmer sind in Gelb-, Beige- und Terrakottatönen gehalten, die Zimmer im Norden und Osten in Gelb, Grün und Backsteinrot, die Zimmer im Süden und Westen in Rot und Dunkelgrün. Die etwas teureren Zimmer wie z.B. die aufwendige Turmsuite liegen im Schloss, die Zimmer in der Seeresidenz haben eine Aussicht auf den See und die Zimmer im alten Kutscherhaus sind die preiswertesten. Auf der Gästeliste des *Schloss Hubertushöhe* stehen viele Geschäftsleute und wichtige Gäste der Regierung. Im Restaurant »Windspiel« kocht Thomas Linke, der für seine neue deutsche Küche mit einen Michelinstern geehrt wurde.

Umgebung: Spaziergänge im Park und am See; Schwimmen im See • **Lage:** in eigenem Park, 5 Min. mit dem Auto von Storkow, ab Zentrum Storkow ausgeschildert, eigener Bahnhof 150 m vom Hotel entfernt, 2 km von der E 30 Berlin–Frankfurt/Oder entfernt; Parkplatz • **Mahlzeiten:** Frühstück, Mittagessen, Abendessen, Snacks **Preise:** €€-€€€€ • **Zimmer:** Schloss: 23 Doppel-, 2 Einzelzimmer, 2 Suiten; Seeresidenz: 8 Doppelzimmer, 1 Suite; Kutscherhaus: 4 Doppelzimmer; alle Zimmer mit Dusche, Telefon, einige mit PC-Anschluss, TV, Radio, Fön, Safe, Minibar **Anlage:** Restaurant, Veranstaltungsraum, Sauna, Solarium, Terrasse, Park mit See **Kreditkarten:** AE, DC, MC, V • **Kinder:** willkommen • **Behinderte:** keine entsprechenden Einrichtungen • **Tiere:** erlaubt (geringe Gebühr) • **Geschlossen:** Januar **Geschäftsführer:** Jürgen Steinhauser

BRANDENBURG

BERLIN/CHARLOTTENBURG

Hecker's Hotel
Hotel im Stadtzentrum

10623 Berlin, Grolmanstraße 35
Tel (030) 88900 **Fax** (030) 8890260
e-mail info@heckers-hotel.com **website** www.heckers-hotel.com

Wir halten das *Hecker's* für das schönste Hotel in Berlin und wurden in unserer Meinung durch eine Abstimmung der Gäste bestärkt, die es zur einladendsten Unterkunft der Stadt kürten. Aus diesem Grund haben wir es auch – trotz seiner sechs Geschosse und 69 Zimmer – wieder in diesen Führer aufgenommen.

Die eindrucksvolle verglaste Rezeption und Lobby in der Grolmanstraße kann man nicht übersehen. In den 1990er Jahren wurde das Gebäude umgestaltet und stellt nun von der Rezeption im Erdgeschoss bis zur Bauhaus-Suite im fünften Stock, eine Hommage an die Innenarchitektur des 20. Jh. dar. Die Themensuiten sind zweifelsohne das Highlight: Die Gäste haben die Wahl zwischen Bauhaus-Suite, toskanischer Villa und afrikanischer Safari-Lodge. Das *Hecker's* ist ein teures, luxuriöses Hotel mit wunderschönen geräumigen Zimmern. Alle verfügen über einen Schreibtisch und einen Internetzugang, eine Sitzecke und ein aufwendiges Bad. In der Lobby kann man kleinere Mahlzeiten einnehmen, Mittag- und Abendessen gibt es im Restaurant »Cassambalis« mit seiner griechisch, zypriotisch und italienisch beeinflussten Speisekarte. Doch das beste am *Hecker's* ist die unprätentiöse, entspannte Atmosphäre.

Umgebung: Schloss Charlottenburg und Gärten; Einkaufsstraße Kurfürstendamm **Lage:** nördlich des Savigny-Platzes im westlichen Teil des Stadtzentrums, 5 km von der A 100 bzw. E 26 entfernt, Ausfahrt Kurfürstendamm; Parkplatz und Tiefgarage (gebührenpflichtig) • **Mahlzeiten:** Frühstück, Snacks; Mittag- und Abendessen im Restaurant • **Preise:** €€€-€€€€ • **Zimmer:** 21 Einzelzimmer mit Dusche, 45 Doppelzimmer, 43 mit Bad, 2 mit Dusche und Bad, 3 Suiten; alle Zimmer mit Telefon, PC-Anschluss, TV, Radiowecker, Minibar, Safe, Klimaanlage • **Anlage:** Aufenthaltsraum, Lobbybar und -café, Restaurant, Veranstaltungs- und Konferenzräume, Terrasse, Garten • **Kreditkarten:** AE, DC, MC • **Kinder:** willkommen **Behinderte:** 2 Aufzüge, 1 breiter Aufzug, 1 Zimmer mit Bad geeignet • **Tiere:** erlaubt (geringe Gebühr) • **Geschlossen:** nie • **Geschäftsführerin:** Eva Allers

BERLIN

BERLIN/GRUNEWALD

Forsthaus Paulsborn
~ Landhaushotel ~

14193 Berlin, Hüttenweg 90
Tel (030) 8181910 **Fax** (07621) (030) 81819150
e-mail service@paulsborn.de **website** www.forsthaus-paulsborn.de

Mit seinen Türmen und Erkern, die hier und da zwischen grünen Baumwipfeln hervorblitzen, mutet dieses Waldhotel recht fantastisch an. Es wurde im 19. Jh. als Jagdhütte erbaut und liegt an einem See tief im Grunewald. Der Stadtteil war einst königlicher Jagdwald, und noch heute leben hier Wildschweine und Hirsche. Das Zentrum von Berlin erreicht man mit dem Auto in nur zehn Minuten. Im Sommer steht ein Grill auf der Gartenterrasse, auf der die Gäste inmitten duftender Kiefernwälder kleinere und größere Mahlzeiten einnehmen können. Das elegante Restaurant besteht aus einem großartigen überwölbten Raum mit schmiedeeisernen Kerzenleuchtern. Es ist gewissermaßen das Herz des Hotels, geht auf den Garten hinaus und dient auch als Rezeption. Die Speisekarte ist wenig abenteuerlustig, doch findet sich sicher etwas für jeden Geschmack: Berliner Gemüsesuppe, Steaks, Apfelstrudel und andere nationale Klassiker. Die Ruhe, die nur von Vogelgezwitscher und Blätterrauschen unterbrochen wird, ist einer der Hauptvorteile dieses Waldhotels; aber auch die alten Wälder, in denen man spazieren gehen kann, und die für Berlin preiswerten Zimmer sind ein gutes Argument. Es gibt zwei Zimmer in den Türmen, und Nr. 14 hat eine Aussicht auf den See. Alle anderen gehen zum Wald hinaus, Nr. 18 verfügt zusätzlich über einen Balkon.

Umgebung: Jagdschloss Grunewald, Jagdpavillon von Caspar Theyss, (Jagdmuseum, 500 m); Museum Dahlem • **Lage:** in einem Park am südlichen Ende des Grunewaldsees, nördlich des Huttenwegs, 1 km von der A 115 entfernt, Ausfahrt Hüttenweg; Parkplatz • **Mahlzeiten:** Frühstück, Mittag-, Abendessen, Snacks • **Preise:** €€-€€€ • **Zimmer:** 10; 8 Doppel-, 2 Einzelzimmer; alle Zimmer mit Dusche, Bad, Telefon, PC-Anschluss, TV, Radiowecker, Minibar • **Anlage:** Restaurant, Veranstaltungsräume, Terrasse, Garten, See • **Kreditkarten:** AE, DC, MC, V • **Kinder:** willkommen • **Behinderte:** keine entsprechenden Einrichtungen • **Tiere:** erlaubt **Geschlossen:** nie • **Geschäftsführer und Küchenchef:** Bernd-Peter Heide

BERLIN

BERLIN/ZEHLENDORF

Landhaus Schlachtensee
~ Stadtvilla ~

14163 Berlin, Bogotastr. 9
Tel (030) 809 9470 **Fax** (030) 809 94747 **e-mail** hotel-landhaus-schlachtensee@t-online.de **website** www.hotel-landhaus-schlachtensee.de

Es ist kaum zu glauben, dass diese herrliche, um das Jahr 1900 errichtete Landhausvilla mitten in einer Großstadt steht. Das Haus befindet sich in einer sehr ruhigen Nebenstraße, in der Nähe von mehreren Seen, zu denen auch der gleichnamige Schlachtensee gehört – abseits vom geschäftigen Zentrum Berlins und mit der U-Bahn doch nur einen Katzensprung entfernt.

Die auf drei Stockwerke verteilten Gästezimmer sind dem Landhauscharakter entsprechend recht groß, aber komfortabel und stilvoll eingerichtet: hell und luftig, in ruhigen graublauen Tönen gehalten, mit modernen, eleganten Möbeln und effektvoller Beleuchtung. Drei der Gästezimmer verfügen über einen Balkon; sechs liegen im Erdgeschoss.

Der helle Frühstücksraum erhält durch Bilder zeitgenössischer Berliner Künstler an den weißen Wänden Galeriecharakter. Bei schönem Wetter wird das Frühstück auf der Terrasse serviert. Wie die meisten Berliner Hotels hat das *Landhaus Schlachtensee* keinen Mangel an Gästen, sodass man mindestens einen Monat vorher reservieren sollte.

~

Umgebung: Kurfürstendamm, Checkpoint Charlie; Wannsee, Museum Dahlem, Schloss Charlottenburg • **Lage:** in einem ruhigen Stadtteil (Zehlendorf), 10 km vom Ku'damm entfernt; Parkmöglichkeiten vor dem Haus und auf dem Grundstück
Mahlzeiten: Frühstücksbüfett (7 bis 12 h), kleine Gerichte auf Anfrage
Preise: €€ • **Zimmer:** 19; 16 Doppel-, 2 Einzel-, 1 Familienzimmer; alle mit Bad, Telefon, Fön, TV, Minibar, Radio, Hosenbügler • **Anlage:** Frühstücksraum mit Terrasse; Garten, Fahrräder • **Kreditkarten:** AE, MC, V • **Kinder:** willkommen
Behinderte: nicht geeignet • **Tiere:** erlaubt • **Geschlossen:** nie • **Besitzer:** Herr Nissen

Berlin

Berlin/Wilmersdorf

Pension Wittelsbach
~ Stadtpension ~

10707 Berlin, Wittelsbacherstraße 22
Tel (030) 8649840 **Fax** (030) 8621532 **e-mail** info@
hotel-pension-wittelsbach.de **website** www.hotel-pension-wittelsbach.de

Eine familienfreundliche Pension ist in einer großen Stadt immer gerne gesehen; die Besitzerin, Frau Arzt, hat Teile des *Wittelsbach* in einen Spielbereich für Kinder umfunktioniert. Die Pension teilt sich ein fünfstöckiges Gebäude aus dem Jahre 1912 mit privaten Apartements; die »Wittelsbach«-Seite des ersten Stocks ist das »Familiengeschoss«. Hier findet man Märchenschlösser und Palisadenzäune aus dem Wilden Westen als Standardeinrichtung in den Zimmern. Im Spielzimmer steht ein Puppenhaus; darüber hinaus gibt es Spielzeuge, Brettspiele und Sachen zum Verkleiden. Auch ein Babysitterservice steht den Eltern im *Wittelsbach* zur Verfügung.

Gäste ohne Kinder können sich in den geräumigen und ruhigeren Zimmern in den oberen Geschossen erholen. Die meisten Zimmer haben große Fenster und sind modern eingerichtet. Vier verfügen über Balkone mit Aussicht auf Wilmersdorf, einen sehr grünen Stadtteil von Berlin. In dem ansonsten eher nüchternen Frühstücksraum (es gibt einen Raucher- und einen Nichtraucherbereich) findet sich eine Jugendstilgrotte mit Trompe-l'Œil-Wandgemälden. Im Sommer kann man im Innenhof im Erdgeschoss Kaffee trinken; es überrascht nicht, dass hier eine Schaukel und ein Sandkasten für energiegeladene jüngere Gäste stehen.

Umgebung: Havel mit Wannseestränden; Zoo • **Lage:** in Wilmersdorf im Südwesten von Berlin, 3 Min. zu Fuß von der Konstanzer Straße entfernt, 3 km von der A 110 entfernt, Ausfahrt Hohenzollerndamm; Parkplatz und Tiefgarage (gebührenpflichtig) • **Mahlzeiten:** Frühstück • **Preise:** €-€€€ • **Zimmer:** 31; 23 Doppel-, 5 Einzelzimmer, 3 Suiten; alle Zimmer mit Dusche, Bad, Telefon, TV, Radiowecker, Minibar • **Anlage:** Frühstücksraum, Bar, Veranstaltungsräume, Fitnessraum, Kinderspielzimmer, Innenhofgarten mit Schaukel und Sandkasten; Babysitterservice • **Kreditkarten:** AE, MC, V • **Kinder:** willkommen • **Behinderte:** Aufzug **Tiere:** erlaubt (geringe Gebühr) • **Geschlossen:** Weihnachtswoche • **Besitzerin:** Irmgard Arzt

Berlin

Berlin/Grunewald

Schlosshotel Vier Jahreszeiten
Luxushotel

14193 Berlin, Brahmsstr. 10
Tel (030) 895840 **Fax** (030) 8958400

Das *Vier Jahreszeiten* ist eines der luxuriösesten Hotels der Welt und damit nicht gerade typisch für unsere Auswahl. Seine Geschichte, die relativ eingeschränkte Zahl an Zimmern, die einzigartige Lage im eleganten Wohnbezirk Grunewald und die aufwendige Neugestaltung durch Karl Lagerfeld machen es jedoch unverwechselbar genug für eine Empfehlung – für den, der es sich leisten kann!

Das 1914 erbaute Hotel birgt eine überdimensionierte, renaissanceartige Versammlungshalle, eine Bibliothek mit ausgemalter Decke, eine Galerie und weitere reich ausgestattete Räume. 1994 wurde das Gebäude einer kompletten Restaurierung unterzogen. Alle Schlafräume und Badezimmer sind verschwenderisch eingerichtet und lassen keine Wünsche offen. Hinzu kommen noch zwei Restaurants, »Le Jardin« und das sehr luxuriöse »Vivaldi« für Gourmets, zwei Bars (eine im Freien, eine mit offenem Kamin) und ein klinisch-weiß gehaltenes Gesundheitscenter. Das ganze Haus strahlt ein Flair von Reichtum und Überfluss aus.

Umgebung: Kurfürstendamm, Wannsee, Museum Dahlem, Schloss Charlottenburg **Lage:** in Grunewald, nahe dem Stadtzentrum; großer Parkplatz • **Mahlzeiten:** Frühstück, Mittag- und Abendessen • **Preise:** €€€€ • **Zimmer:** 52; 40 Doppelzimmer, 12 Suiten; alle mit Bad, Telefon, Fax, TV, Video, PC-Anschluss, Klimaanlage, Minibar, Safe • **Anlage:** 2 Speisezimmer, 2 Bars, Terrasse • **Kreditkarten:** AE, DC, MC, V • **Kinder:** willkommen, kostenlos bis 12 Jahre bei Unterbringung bei den Eltern • **Behinderte:** Zugang erleichtert • **Tiere:** erlaubt • **Geschlossen:** nie **Geschäftsführer:** Maik Neuhaus

Thüringen

Eisenach

Auf der Wartburg
～ Stadthotel ～

99817 Eisenach, Wartburg
Tel (03691) 7970 **Fax** (03691) 797100
e-mail info@wartburghotel.de **website** www.wartburghotel.de

Die Wartburg liegt auf einem Hügel oberhalb von Eisenach. Sie beherbergte nicht nur Minnesänger, sondern bot auch Martin Luther Unterkunft, als er das Neue Testament ins Deutsche übersetzte. Heute gehört die Burg zum UNESCO-Weltkulturerbe.

Das Hotel liegt am Fuße, aber innerhalb der Mauern der Wartburg; es wurde 1913 im neugotischen Stil erbaut und vor kurzem tadellos restauriert. Man erreicht es über einen weinlaubbehangenen Außenhof. Die riesigen Fenster des Restaurants »Landgrafenstube« haben eine Aussicht auf den westlichen Teil des Thüringer Walds. Auf der ausgewählten Speisekarte erscheinen viele Thüringische Spezialitäten; leider muss man zwischen den Gängen oft sehr lange warten. Im Hotel gibt es riesige mittelalterliche Räume für Bankette und ein Standesamt. Das elegante, komfortable Haus verfügt über individuell eingerichtete, wunderschöne Zimmer; einige sind klassisch gehalten, andere ausgesprochen farbenprächtig. Alle haben eine Aussicht auf den Wald oder die Altstadt. Mit dem Auto kommt man ohne Behindertenausweis an die Burg nicht heran. Es gibt jedoch einen kostenlosen Minibus, der zwischen Parkplatz und Hotel verkehrt.

～

Umgebung: Eisenach mit Bachhaus und Lutherhaus • **Lage:** unter- und innerhalb der Wartburg, weißer Beschilderung folgen, 2 km von der A 4 bzw. E 40 Giessen-Chemnitz entfernt, Ausfahrt Eisenach; Parkplatz 100 m vom Hotel entfernt, Shuttleservice • **Mahlzeiten:** Frühstück, Mittagessen, Abendessen, Snacks • **Preise:** €€€-€€€€ • **Zimmer:** 35; 26 Doppelzimmer, 8 mit Dusche, 16 mit Bad, 2 mit Bad und Dusche, 9 Einzelzimmer, 1 mit Bad, 8 mit Dusche: alle Zimmer mit Telefon, TV, Radio, Fön, Safe • **Anlage:** Aufenthaltsraum, Restaurant, Frühstücksraum, Veranstaltungsraum, Terrasse, Innenhof • **Kreditkarten:** AE, DC, MC, V • **Kinder:** willkommen • **Behinderte:** keine entsprechenden Einrichtungen • **Tiere:** erlaubt (geringe Gebühr) • **Geschlossen:** 3 Wochen im Januar • **Geschäftsführer:** Hans-Lorenz Beck

Thüringen

Weimar

Alt Weimar
~ Stadthotel ~

99423 Weimar, Prellerstraße 2
Tel (03643) 86190 **Fax** (03643) 861910
e-mail info@alt-weimar.de **website** www.alt-weimar.de

Als Weinbar war dieses Gebäude im frühen 20. Jh. der Lieblingsort vieler Bauhaus-Designer und der kulturellen Szene des aufblühenden Weimar. Die wunderschönen Jugendstilfenster aus Bleikristall, die getäfelten Wände sowie viele andere Originalteile wurden 1995 liebevoll restauriert, als das Gebäude in ein auffällig hübsches Stadthotel umgewandelt wurde.

Der Geist des Bauhaus ist auch heute noch in der Einrichtung der Zimmer spürbar. Kein Wunder also, dass Kunst- und Architekturinteressierte aus allen Teilen der Welt zum *Alt Weimar* strömen; vor allem im September und Oktober ist das Hotel regelmäßig ausgebucht, ruhiger ist es im Juli und August. Das Hotel hat auch heute noch eine Weinbar, in dem ausgezeichnete Jahrgänge deutscher und italienischer Weine angeboten werden. Der italienische Küchenchef lässt sich sowohl von thüringischen als auch von toskanischen Einflüssen inspirieren: Auf der Speisekarte erscheinen Ricotta-Lachs-Roulade, Risotto mit Kalbfleisch, Nudeln mit Prager Schinken, Erbsen und schwarzen Trüffeln in Sahnesauce sowie ein Rhabarbergratin als Nachtisch. Kleinere Mahlzeiten werden im Gartenraum und auf der Terrasse hinter dem Haus serviert. Wir können das Alt Weimar allen empfehlen, die sich für Kunst interessieren.

~

Umgebung: Jugendstilhäuser von Van de Velde; Bauhaus-Museum in Weimar **Lage:** westlich der Goethe- und Liszt-Häuser, 5 km von der A 4 bzw. E 40 entfernt, Ausfahrt Weimar; Parkplatz auf der anderen Straßenseite, Tiefgarage (gebührenpflichtig) • **Mahlzeiten:** Frühstück, Mittagessen, Abendessen, Snacks • **Preise:** €€ **Zimmer:** 17; 16 Doppel-, 1 Einzelzimmer; alle Zimmer mit Dusche, Telefon, PC-Anschluss, TV, Radiowecker, Fön, Minibar • **Anlage:** Weinbar, Restaurant, Bistro, Veranstaltungsraum, Wintergarten, 2 Terrassen • **Kreditkarten:** AE, DC, MC, V **Kinder:** willkommen • **Behinderte:** nicht geeignet • **Tiere:** Hunde erlaubt (geringe Gebühr) • **Geschlossen:** nie • **Geschäftsführer:** Herr Saacke

Thüringen

Weimar

Wolff's Art Hotel
~ Stadthotel ~

99425 Weimar, Freiherr-vom-Stein-Allee 3a/b
Tel (03643) 54060 **Fax** (03643) 540699
e-mail call@wolffs-art-hotel.de **website** www.wolffs-art-hotel-de

Es gibt mehrere Hotels in Deutschland, die moderne Kunst ausstellen. Meist sind diese »Art Hotels« recht groß, doch das *Wolff's* ist bescheiden geblieben und mag deshalb Gäste ansprechen, die eigens nach Weimar reisen, um die Wiege des Bauhaus zu besuchen. Die traditionelle Stadtvilla mit rotem Dach liegt im grünen, südöstlichen Weimar. Sie steht neben vier Gebäuden aus den 1990er Jahren, die einen ähnlichen Stil aufweisen: einem Tagungszentrum, einem Bürogebäude, einem Apartmenthaus und einem Nebengebäude des Hotels. Der Komplex ist das geistige Kind von Dr. Christian W. Wolff, einem Wirtschaftswissenschaftler und Sohn des ehemaligen Hauptarchitekten von Potsdam, der alles entworfen hat. Auf den Rasenflächen vor den Gebäuden stehen zahlreiche Skulpturen. Die Architektur im Inneren ist stolzes 20. Jh.; in den Zimmern finden sich wunderschöne dachgeschossartige Bereiche und hohe, holzgetäfelte Decken. Als Hommage an das Bauhaus wurden die typischen Farben Schwarz, Rot und Weiß verwendet. Im Restaurant sitzt man auf Bauhaus-ähnlichen Stühlen; die Speisekarte ist ausgesprochen gesundheitsbewusst. Es gibt eine Bar, einen Gartenraum und einen Massagesalon (von Frau Wolff geführt). Wer auf Designerhotels steht, wird sich hier sicher wohl fühlen.

~

Umgebung: Bauhaus-Museum (15 Min. zu Fuß) • **Lage:** in einem Skulpturenpark im Südosten von Weimar, westlich des Römischen Hauses und des Ilm-Parks; Parkplatz • **Mahlzeiten:** Frühstück, Abendessen, Snacks; Mittagessen nur für Gruppen • **Preise:** €€€ • **Zimmer:** 35; 32 Doppelzimmer, 3 Suiten; alle Zimmer mit Dusche, Bad, Telefon, 2 mit PC-Anschluss, TV, Fön, Safe, Minibar • **Anlage:** Gartenraum, Bar, Restaurant, Terrasse, Konferenzräume, Sauna, Dampfbad, Solarium, Schönheitssalon, Garten • **Kreditkarten:** AE, DC, MC, V • **Kinder:** willkommen • **Behinderte:** Rollstuhlrampe, 1 breiter Aufzug, 1 Zimmer geeignet **Tiere:** erlaubt (geringe Gebühr) • **Geschlossen:** Weihnachten • **Besitzer und Geschäftsführer:** Dr. Christian W. Wolff

Thüringen

Weimar

Villa Hentzel
~ Stadthotel ~

99423 Weimar, Bauhausstraße 12
Tel (03643) 86580 **Fax** (03643) 865819
e-mail hotel-villa-hentzel@t-online.de **website** www.weimar.de/hentzel

Die *Villa Hentzel* ist ein angenehmes Hotel garni im Süden von Weimar. Es liegt in der Nähe der Sommerresidenz von Franz Liszt und in der Nähe des Parks, der sich entlang des Ilmufers erstreckt. Das Hotel ist eine kleine, aber eindrucksvolle klassizistische Villa aus dem Jahr 1873. Der Begründer der Waldorfschulen und Anthroposophie, Rudolf Steiner hat hier ein Jahr lang gelebt, und auf Wunsch zitiert Frau Hentzel die lange Liste der Berühmtheiten, die auch einmal hier residiert haben. Außerdem ist das komfortable Hotel bei vielen Studenten aus den alten Bundesländern und aus dem Ausland seit seiner Renovierung im Jahr 1996 sehr beliebt.

Im Inneren des Hauses sind zahlreiche original verputzte Decken, Friese und Bögen erhalten geblieben, während die Zimmer einfühlsam modernisiert worden sind. Viele Doppelzimmer sind groß und hoch; alle sind attraktiv eingerichtet. Einige sind in Blau- und Pfirsichtönen gehalten. Zwei verfügen über französische Fenster, die sich auf Balkone hin öffnen, die von klassizistischen Säulen getragen werden und eine Aussicht auf die Straße haben. Andere gehen zum Garten und zur Altstadt von Weimar hinaus.

Leider gibt es in der *Villa Hentzel* weder ein Café noch einen Biergarten, in dem die Gäste sich treffen und plaudern können; dazu dient nur der hübsche Frühstücksraum am Morgen und, bei schönem Wetter, die Terrasse.

Umgebung: Häuser von Goethe und Schiller; Ilm-Park mit dem Römischen Haus
Lage: im Süden von Weimar, westlich des Liszt-Hauses, 5 km von der A 4 bzw. E 40 entfernt, Ausfahrt Weimar; Parkplatz • **Mahlzeiten:** Frühstück • **Preise:** €-€€
Zimmer: 13; 11 Doppel-, 2 Einzel-zimmer; alle Zimmer mit Dusche, Telefon, PC-Anschluss, TV, Radiowecker, Fön, Safe, Minibar • **Anlage:** Frühstücksraum, Café, Terrasse, Garten • **Kreditkarten:** AE, DC, MC, V • **Kinder:** nicht erlaubt
Behinderte: keine entsprechenden Einrichtungen • **Tiere:** erlaubt (geringe Gebühr)
Geschlossen: nie • **Besitzer:** Frau Hentzel

Sachsen

Bad Schandau

Hotel Forsthaus
~ Landhotel ~

01814 Bad Schandau, Kirnitzschtalstr. 5
Tel (035022) 5840 **Fax** (035022) 584188
e-mail forsthaus@weka-touristik.de **website** www.weka-touristik.de

Das Forsthaus bietet sich an, wenn man die Sächsische Schweiz erkunden will, die Gegend südlich von Dresden, die von Bergen, Schluchten und Klippen geprägt ist. Es liegt im Herzen des Naturschutzgebiets, und wenn man ein Boot auf der Kirnitzsch von Dresden oder Pirna aus zum nahe gelegenen Bad Schandau nimmt, ist das zwar recht zeitaufwändig, aber ausgesprochen romantisch. Dennoch empfiehlt das Hotel die Anreise mit dem Auto oder der Dresdener S-Bahn.

Das hübsche Hotelgebäude erinnert an ein Schweizer Chalet. Es wurde vor kurzem sorgfältig renoviert und befindet sich auf einer kleinen Anhöhe, von der aus man einen wunderbaren Blick auf den Wald hat. Es herrscht eine freundliche Atmosphäre. Das Hotel ist besonders stolz auf seine beiden Restaurants, eins davon eher eine informelle Stube, und seine saisonal wechselnde Speisekarte. Die Einrichtung der Zimmer variiert etwas, ist für unseren Geschmack jedoch ein wenig zu neutral und hotelähnlich. Wander- und andere Ausflugsmöglichkeiten gibt es zuhauf; der freundliche Geschäftsführer empfiehlt seinen Gäste gerne etwas.

Umgebung: Dresden (25 km) • **Lage:** in eigenem Anwesen; Parkplatz • **Mahlzeiten:** Frühstück, Mittagessen, Abendessen • **Preise:** €-€€ • **Zimmer:** 29; 25 Doppel-, 3 Einzelzimmer, 1 Suite; alle Zimmer mit Bad, Telefon, TV • **Anlage:** Aufenthaltsraum • **Kreditkarten:** AE, MC, V • **Kinder:** willkommen • **Behinderte:** nicht geeignet (kein Aufzug) • **Tiere:** nach Vereinbarung • **Geschlossen:** nie
Geschäftsführer: Markus Morlock

Sachsen

Bärenfels

Gasthof Bärenfels
~ Chaletbotel ~

01773 Altenberg/Kurort Bärenfels, Alte Böhmische Straße 1
Tel (035052) 2280 **Fax** (035052) 22899
e-mail service@gasthof-baerenfels.de **website** www.gasthof-baerenfels.de

Der östliche Teil des Erzgebirges südlich von Dresden ist zwar nicht so bekannt wie die weiter westlich liegende Sächsische Schweiz, er ist jedoch mit seinen spektakulären Gesteinsformationen ebenso ursprünglich, baumreich und schön.

Das *Bärenfels* liegt an einem Hügel nordwestlich von Altenberg in der Nähe der tschechischen Grenze. Es ist bereits seit 1672 ein Gästehaus und damit in herzlicher Gastfreundschaft geübt. Vor allem in den stark verschneiten Wintern ist es warm und gemütlich. Kaum ein Gericht wärmt den frierenden Einkehrenden so sehr wie der Rehbraten in Biersauce mit Apfelrotkohl und Nudeln. Im Frühling und Sommer wird auch die Speisekarte leichter und internationaler. Anstatt neben dem Kachelofen im ländlichen Restaurant mit seinem Parkettfußboden und der holzgetäfelten Decke zu speisen, kann man das Mittagessen nun im polygonalen Gartenraum mit Panoramablick auf die umliegenden Hügel einnehmen oder sich an einem Grillabend auf der Terrasse erfreuen. An heißen Tagen ist der Biergarten besonders einladend.

Die Familie Kempe schafft eine freundliche Atmosphäre, und ihr Gasthof ist traditionell, aber sehr geschmackvoll eingerichtet. Die Zimmer sind mit ländlichen Holzmöbeln ausgestattet, eines sogar mit einem Himmelbett.

Umgebung: Skigebiet; Schlittenbahn; Wandern; Rad fahren • **Lage:** 8 km nordwestlich von Altenberg, 35 km von der A 4 bzw. E 40 entfernt, über die B 170 erreichbar; Parkplatz • **Mahlzeiten:** Frühstück, Mittagessen, Abendessen, Snacks **Preise:** € • **Zimmer:** 13; 11 Doppel-, 1 Einzelzimmer, 1 Suite; alle Zimmer mit Dusche, Bad, Telefon, TV, Radio; einige mit PC-Anschluss • **Anlage:** Restaurant, Frühstücksraum, Stube, Terrasse mit Café und Grill, Garten, Kinderspielplatz, Biergarten • **Kreditkarten:** MC, V • **Kinder:** willkommen • **Behinderte:** keine entsprechenden Einrichtungen • **Tiere:** erlaubt (geringe Gebühr) • **Geschlossen:** 3 Wochen im November • **Besitzer:** Jan Kempe

Sachsen

Bertsdorf-Hörnitz

Pension Koitsche
Restaurant mit Gästezimmern

02763 Bertsdorf-Hörnitz, Zittauer Straße 27
Tel (03583) 50380 **Fax** (03583) 503819
e-mail koitsche.1@freenet.de **website** www.koitsche.de

Die Zittauer Berge erstrecken sich entlang einer Landzunge im südöstlichen Teil von Sachsen, der besonders bei Kletterern und Wanderern sehr beliebt ist.

Die Pension *Koitsche* liegt auf einem Hügel außerhalb der Stadt Zittau und verfügt über einen eigenen, 375 Meter hoch liegenden Aussichtspunkt, von dem aus man den Olbersdorfer See, die Türme der Stadt und das Gebirge im Süden und Westen sehen kann. Mit seinen vier Zimmern ist das *Koitsche* eigentlich mehr eine Ausflugsgaststätte als eine Pension. Es wurde im 19. Jh. im traditionellen Stil des Ortes erbaut (die oberen Geschosse sind aus Holz). Die Zimmer (zwei davon kleine Apartments) sind hell, geräumig und luftig eingerichtet; zwei haben eine Aussicht auf die Berge. Das Restaurant erstreckt sich beinahe über das gesamte Erdgeschoss; auch hier hat man einen wunderbaren Blick auf die umgebende Landschaft. Eigentlich sollte die isoliert liegende Pension eine wahre Oase der Ruhe sein, doch im Sommer dient die Terrasse auch als Café und Biergarten und ist sehr beliebt. Die Besitzerin, Jeannette Prinke, schafft eine gesellige Atmosphäre; ihr Bruder Marko ist Herrscher über die Küche und überrascht mit ganz eigenen Versionen populärer Gerichte.

Umgebung: Gebäude aus dem 16. Jh. in Zittau; Schmalspureisenbahn von Zittau über die mittelalterliche Stadt Oybin nach Jonsdorf mit seinen traditionellen Weberhäusern • **Lage:** westlich von Hörnitz an der A 40, 2 km südwestlich von Zittau; hoteleigener Parkplatz • **Mahlzeiten:** Frühstück, Mittagessen, Abendessen, Snacks • **Preise:** €–€€ • **Zimmer:** 4; 2 Doppelzimmer, 2 Suiten; alle Zimmer mit Dusche, Telefon, PC-Anschluss, TV, Radiowecker, Fön • **Anlage:** Restaurant, Frühstücksraum, Bar, Terrasse, Garten, Biergarten, Kinderspielplatz • **Kreditkarten:** MC, V • **Kinder:** willkommen • **Behinderte:** nicht geeignet • **Tiere:** erlaubt (geringe Gebühr) • **Geschlossen:** nie • **Besitzerin:** Jeannette Prinke

SACHSEN

COLDITZ

Rüsterhof
~ Ländliche Pension ~

04680 Colditz, Lastau-Dorfstrasse 48
Tel (034381) 41298 **Fax** (034381) 41298
website www.colditz.de/ruesterhof

Die Landschaft um den Fluss Mulde herum ist so grün und friedlich, dass die vielen Burgen der Gegend heute hier fehl am Platze erscheinen. Der *Rüsterhof* liegt in der Nähe der Täler Zwickauer Mulde und Auenbach und nur vier Kilometer vom Schloss Colditz entfernt, das im Zweiten Weltkrieg eine wichtige Rolle gespielt hat. Das Dorf, in dem sich das alte sächsische Fachwerkhaus befindet, ist vor mehr als einem Jahrtausend gegründet worden. Der *Rüsterhof* stellt eine gute Alternative für Besucher der Stadt Leipzig dar, die eine Übernachtung in ländlicher Atmosphäre bevorzugen.

Es ist ein einfaches Hotel, aber die zwölf mit Kiefernholzmöbeln eingerichteten Zimmer sind blitzsauber, einladend und ruhig (es gibt keine Telefone). Alle haben eine Aussicht auf die umgebende Landschaft oder das Dorf. Im Erdgeschoss befindet sich die ausgesprochen gemütliche Gaststätte, in der die Tische zwischen Steinsäulen arrangiert sind, die die gewölbte Decke stützen. Hier kann man Schnitzel und Koteletts essen, Lamm und Forelle, die von Herrn Huth auf sächsische Art zubereitet wird. Er ist auch ein Experte im Kuchenbacken; die köstlichen Resultate kann man bei schönem Wetter in dem großen Garten genießen. Die Besitzer, Günter und Martina Leupold, heißen vor allem auch Familien herzlich willkommen; kleine Kinder können kostenlos bei ihren Eltern übernachten.

Umgebung: Leipzig mit Thomaskirche, Bachmuseum, Mendelssohnhaus, Museum der Schönen Künste und Gewandhausorchester (45 km) • **Lage:** in Lastau, 4 km südöstlich von Colditz an der Straße nach Aitzendorf, 15 km von der Autobahn nach Leipzig entfernt; Parkplatz • **Mahlzeiten:** Frühstück, Mittagessen, Abendessen, Snacks • **Preise:** € • **Zimmer:** 12; 6 Einzel-, 6 Doppelzimmer; alle Zimmer mit Dusche, TV • **Anlage:** Restaurant, Veranstaltungsraum, Terrasse, Garten, Kinderspielplatz • **Kreditkarten:** keine • **Kinder:** willkommen • **Behinderte:** keine entsprechenden Einrichtungen • **Tiere:** nur im Restaurant erlaubt • **Geschlossen:** nie • **Besitzer:** Günter und Martina Leupold

Ostdeutschland

Sachsen

Dresden

Bülow Residenz
~ Stadthotel ~

01097 Dresden, Rähnitzgasse 19
Tel (0351) 80030 **Fax** (0351) 8003100
e-mail info@buelow-residenz.de **website** www.buelow-residenz.de

Dresdens Paläste, Pavillons, Kirchen und Museen tauchen nach und nach aus ihren jahrzehntelangen Restaurierungsprogrammen auf, und immer mehr Besucher kommen, um die Schätze der Stadt zu sehen und ihre großartige Vergangenheit zu würdigen.

Auch die *Bülow Residenz* ist Teil dieser Vergangenheit: Die ehemalige Villa wurde 1730 in der heutigen Altstadt von Dresden erbaut, 1990 von den Von Bülows gekauft und in ein individuelles und elegantes Hotel umgewandelt. Leider entsprechen auch die Preise des Luxushotels durchaus seiner Eleganz und seinem Komfort. Die Zimmer mit ihren dicken Teppichen und den doppelt verglasten Fenstern, aus denen man die barocke Altstadt sehen kann, sind sehr ruhig. Sie sind außerdem sehr groß (vier verfügen über Verbindungstüren) und individuell eingerichtet. Keines hat einen Balkon. Einige gehen auf einen zentralen Innenhof hinaus, mit Tischen unter einer schmiedeeisernen, weinlaubberankten Pergola, an denen man frühstücken, Kaffee trinken oder bei schönem Wetter auch zu Abend essen kann. Im Frühjahr und Herbst empfiehlt sich eine rechtzeitige Buchung. Das Restaurant hat einen Michelinstern.

Umgebung: Altstadt mit Zwinger und Semperoper • **Lage:** in einer verkehrsberuhigten Straße, nordöstlich der Augustusbrücke; Parkplatz (gebührenpflichtig)
Mahlzeiten: Frühstück, Mittagessen, Abendessen, Snacks • **Preise:** €€€-€€€€
Zimmer: 36; 30 Doppelzimmer, 16 mit Bad, 14 mit Dusche, 1 Einzelzimmer mit Dusche, 5 Suiten mit Bad und Dusche; alle Zimmer mit Telefon, PC-Anschluss, TV, Radiowecker, Fön, Safe; einige mit Klimaanlage • **Anlage:** Aufenthaltsraum, Weinbar im Keller, Restaurant, 2 Konferenzräume, Innenhof, Garage
Kreditkarten: AE, DC, MC, V • **Kinder:** willkommen • **Behinderte:** 1 Zimmer mit Bad geeignet, Rollstuhlzugang zu allen Räumen außer der Weinbar im Keller, breiter Aufzug • **Tiere:** erlaubt (geringe Gebühr) • **Geschlossen:** Restaurant sonntags und montags (ab 2004) • **Geschäftsführer:** Ralf Kutzner

Sachsen

Dresden

Pension Altbriesnitz
~ Stadtpension ~

01157 Dresden, Alte Meißner Landstraße 26
Tel (0351) 423900 **Fax** (0351) 4239019
e-mail altbriesnitz@gmx.de **website** www.altbriesnitz.de

Diese hübsche Pension bietet sich vor allem für Dresdenbesucher mit schmalerem Geldbeutel an. Sie heißt und liegt in Altbriesnitz; das ehemalige Dorf Briesnitz ist heute ein grüner Vorort westlich von Dresdens Altstadt. Die Pension liegt in der Nähe der viel befahrenen Meißner Landstraße und der dazugehörigen Eisenbahnlinie, die sich entlang des Südufers der Elbe erstreckt. Sie ist trotzdem ruhig und wird von Lärchen und Birken umstanden. Der umgebaute Bauernhof stammt aus dem frühen 17. Jh.; die heute noch erhaltene Treppe wurde im 18. Jh. erbaut. Die Zimmer – einige im Dachgeschoss und alle mit Blick auf die alten Bäume und Gärten – sind einfach und rustikal mit hellen Holzmöbeln eingerichtet.

Im Sommer werden Tische in den Garten gestellt und um einen alten Brunnen herum angeordnet, der 1755 angelegt worden ist. »10 Meter tief«, erklärt uns Herr Wagner stolz. »Und immer noch in Betrieb.« Die fürsorglichen Gastgeber heißen besonders Familien und Studenten aus dem In- und Ausland herzlich willkommen, aber auch immer mehr Dresdentouristen entdecken das Altbriesnitz für sich. Man kann die Altstadt gut mit dem Auto und auch schnell mit öffentlichen Verkehrsmitteln erreichen. Ein frisches Frühstück steht immer bereit, egal wie spät oder früh man auch aufsteht. Das Haus schließt um 23.30 Uhr; sprechen Sie sich also mit Ihren Gastgebern ab, wenn Sie länger weg bleiben wollen.

Umgebung: Zwinger; Residenz; Frauenkirche und andere Sehenswürdigkeiten in der Altstadt • **Lage:** in Briesnitz, nordwestlich der Altstadt, am Südufer der Elbe, von der B 6 aus ausgeschildert; Parkplatz • **Mahlzeiten:** Frühstück • **Preise:** € **Zimmer:** 8; 4 Doppel-, 2 Einzel-, 1 Dreibett-, 1 Vierbettzimmer; alle Zimmer mit Dusche, Telefon, 1 mit PC-Anschluss, TV, Minibar • **Anlage:** Frühstücksraum, Terrasse, Garten • **Kreditkarten:** keine • **Kinder:** willkommen • **Behinderte:** keine entsprechenden Einrichtungen • **Tiere:** erlaubt (geringe Gebühr) • **Geschlossen:** nie • **Besitzer:** Reinhard Wagner

Sachsen

Görlitz

Romantikhotel Tuchmacher
~ Stadthotel ~

02826 Görlitz, Peterstr. 8
Tel (03581) 47310 **Fax** (03581) 473179
e-mail tuchmacher@aol.com **website** www.tuchmacher.de

Das *Tuchmacher* wird von den eindrucksvollen Zwillingstürmen der gotischen Kirche St. Peter und Paul überragt. Das familiengeführte Hotel liegt im Herzen der mittelalterlichen Altstadt von Görlitz und stammt aus dem Jahr 1528. Die klare Renaissancefassade stellt einen interessanten Kontrast zu den durchbrochenen Kirchtürmen aus dem 13. Jh. nebenan dar. Die Inneneinrichtung des Hotels ist ausgesprochen eklektisch. Das Restaurant »Schneiderstube« ist in zwei Bereiche unterteilt: Der eine ist geschmackvoll und eher formell mit einer dunklen Holztäfelung ausgestattet, der andere stellt eine sanft beleuchtete Nische mit gewölbter Decke dar. Es gibt auch eine hübsche Bar mit gefliestem Boden und hohen Fenstern.

Die Zimmer sind alle unterschiedlich eingerichtet und in unaufdringlichen Pastelltönen gehalten; sie sind alle recht groß und elegant, obwohl einige uns eher zu hotelartig anmuteten, was vor allem an den Vorhangstoffen und den Teppichen lag. Leider sind auch die meisten Gemeinschaftsräume in diesem Stil gehalten; nur freigelegte Deckenbalken hier und da sowie einige Antiquitäten verleihen den Räumen ihren eigenen Charakter. Das *Tuchmacher* wurde uns besonders von unseren ostdeutschen Testern empfohlen.

~

Umgebung: Rathaustreppe; historische Gebäude; Museen • **Lage:** im Zentrum von Görlitz' Altstadt; Parkplatz • **Mahlzeiten:** Frühstück, Mittagessen, Abendessen
Preise: €€-€€€ • **Zimmer:** 42; 30 Doppel-, 12 Einzelzimmer; alle Zimmer mit TV, Minibar, Internetzugang • **Anlage:** Restaurant, Bar, Konferenzraum, Fitnessraum, Sauna, Solarium, Terrasse, Garten, Fahrräder • **Kreditkarten:** AE, DC, MC, V
Kinder: willkommen • **Behinderte:** Aufzug • **Tiere:** Hunde erlaubt • **Geschlossen:** Ende Dezember bis Anfang Januar; Restaurant Montagmittag • **Geschäftsführer:** Erika Vits, Helmut Wilzbach

Sachsen

Grubschütz bei Bautzen

Landhotel Zur guten Einkehr
~ Landhotel ~

02692 Grubschütz, Techritzer Str. 2
Tel (03591) 303931 **Fax** (03591) 303919
E-mail info@landhotel-grubschuetz.de **website** www.landhotel-grubschuetz.de

Dieses Hotel und sein Schwester-Etablissement, das Restaurant Spreetal, kann vor allem aufgrund ihrer volksnahen, traditionellen Atmosphäre, ihrer fairen Preise und der guten Ausflugsmöglichkeiten zu Fuß und mit dem Rad empfohlen. Hotel und Restaurant werden vor allem Familien und Gästen gefallen, die im Urlaub viel unternehmen wollen. Das Hotel eignet sich hervorragend als Ausgangspunkt für Wanderungen im Spreewald, und in nur zwei Kilometern Entfernung befindet sich die historisch interessante Stadt Bautzen. Zudem liegt das Hotel direkt an der Fahrradroute durch den Spreewald. In einem Zoo ganz in der Nähe können Kinder Hirsche, Ponys und Ziegen streicheln.

Die Zimmer sind zwar recht einförmig, aber bequem und modern; das Essen ist gut bürgerlich. Das Hotel bietet ein gutes Preis-Leistungs-Verhältnis. Die Geschichte des Restaurants Spreetal reicht über 150 Jahre zurück: Im Ballsaal, der bis zu 250 Gäste fasst, haben immer schon Tanzveranstaltungen stattgefunden. Heute vergnügt man sich dort – wie im Deutschland der 1920er Jahre – bei Themenabenden. Das Hotel verfügt über acht hübsche Zimmer und ein Apartment. Es gefällt vielleicht nicht allen unseren Lesern, hat jedoch ein gewisses Lokalkolorit zu bieten.

~

Umgebung: Bautzen; Wanderwege im Spreewald (der »Gurkenpfad«) • **Lage:** in eigenem Anwesen; Parkplatz • **Mahlzeiten:** Frühstück, Mittagessen, Abendessen **Preise:** € • **Zimmer:** 9; 8 Doppelzimmer, 1 Apartment • **Anlage:** Restaurant, Schankstube, Terrassen, Spielplatz • **Kreditkarten:** keine • **Kinder:** willkommen **Behinderte:** keine entsprechenden Einrichtungen • **Geschlossen:** nie • **Besitzer:** Familien Mazalla und Haidan

Sachsen

Lichtenhain

Berghof Lichtenhain
~ Gästehaus auf dem Land ~

01855 Lichtenhain, Am Anger 3
Tel (035971) 56512 **Fax** (035971) 56513
e-mail info@berghof.li **website** www.english.berghof.li

Dieses rustikale Gästehaus liegt am nordwestlichen Rand der spektakulären Sächsischen Schweiz, die sich zwischen Dresden und der tschechischen Grenze erstreckt, und aus einigen Zimmern hat man eine Aussicht auf die interessanten Gesteinsformationen der Umgebung. Das *Lichtenhain* wurde im 17. Jh. als Försterhaus erbaut. Im Restaurant werden die hölzernen oberen Geschosse durch Steinbögen gestützt. Das Hotel verfügt über acht große Zimmer im ersten Stock, zwei davon mit Balkon, und einige Dachgeschosszimmer, aus denen man eine Aussicht auf die Berge hat. Das an das Restaurant angrenzende Gartenzimmer geht auf die Wiesen und Wälder der Sächsischen Schweiz hinaus. Die Mahlzeiten werden im Restaurant, im Gartenzimmer (das im Sommer in eine Veranda umgewandelt werden kann) und auf der Terrasse serviert. Das *Lichtenhain* ist ein familiengeführtes und familienfreundliches Hotel; auf der Speisekarte erscheinen neben italienischen und sächsischen Spezialitäten auch viele Gerichte für Kinder. Alle Zutaten werden biologisch angebaut. In den ehemaligen Stallungen sind heute insgesamt 16 Zimmer untergebracht; in einem neueren Nebengebäude in der Nähe weitere drei. Alle sind modern und vor allem bei Kletterern und Wanderern sehr beliebt. Ein nützliches und preiswertes Hotel.

~

Umgebung: Panorama des Schrammsteinemassivs von der Ostrauer Scheibe aus; Bergeisenbahn entlang des Kirnitzsch-Flusstals (beides über Bad Schandau, 10 km) **Lage:** am Rande von Lichtenhain, 10 km östlich von Bad Schandau, an der Straße nach Sebnitz, über die A 4 bzw. E 67, Ausfahrt Burkau; Parkplatz • **Mahlzeiten:** Frühstück, Mittagessen, Abendessen, Snacks • **Preise:** € • **Zimmer:** 27; 1 Einzel-, 18 Doppel-, 3 Dreibett-, 5 Vierbettzimmer; alle Zimmer mit Dusche, Telefon, TV, PC-Anschluss • **Anlage:** Restaurant, Aufenthaltsraum, Bar, Terrasse, Garten mit Kinderspielplatz und Biergarten • **Kreditkarten:** MC, V • **Kinder:** willkommen **Behinderte:** keine entsprechenden Einrichtungen • **Tiere:** erlaubt (geringe Gebühr) **Geschlossen:** Januar • **Besitzer:** Evelyn und Klaus Schäfer

Sachsen

Schneeberg

Hotel Restaurant Büttner
~ Stadthotel ~

08289 Schneeberg, Markt 3
Tel (03772) 3530 **Fax** (03727) 353200 **E-mail** Hotel-Restaurant_Büttner
@t-online.de **Website** www.hotel-buettner.de

Schneeberg liegt mitten im Erzgebirge, dem Bergzug, der Deutschland von der Tschechischen Republik trennt. Das Büttner steht direkt am Marktplatz, einer ruhigen gepflasterten Fußgängerzone, wo an drei Tagen in der Woche die Verkaufsstände fliegernder Händler aufgebaut werden. Eine wirklich charmante Terrasse gibt den Blick auf dieses kleinstädtische Treiben frei, und wenn gutes Wetter ist, herrscht eine schlichtweg perfekte Idylle.

Das Erdgeschoss des Hauses wird fast völlig vom gemütlichen Speisesaal eingenommen, der mit bequemen und für die Region typischen Möbeln ausgestattet ist. Die Decke ziert das Gemälde eines Engels. Der Eigentümer und Küchenchef Uwe Tögel bietet fantasiereiche Gerichte auf der Basis frischer Zutaten an. Die zwölf Gästezimmer sind in einfachem Landhausstil gehalten, bequem und gut ausgestattet. Die Preise sind moderat.

Umgebung: Dresden, Leipzig • **Lage:** im Stadtzentrum; Parkplatz • **Mahlzeiten:** Frühstück, Abendessen, Mittagessen Sa und So • **Preise:** €€ • **Zimmer:** 13; 12 Doppelzimmer, 1 ferienapartment, alle mit Bad oder Dusche, Telefon, TV **Anlage:** Speisesaal, Terrasse • **Kreditkarten:** AE, MC, V • **Kinder:** willkommen **Tiere:** erlaubt • **Behinderte:** keine entsprechenden Einrichtungen • **Geschlossen:** Hotel nie, Restaurant 2 Wochen im Jan. und 3 Wochen im Juli/Aug. • **Besitzer:** Uwe Tögel

Baden-Württemberg

ÜBERBLICK

Hotels in Baden-Württemberg

Das Bundesland Baden-Württemberg weist zahllose Sehenswürdigkeiten auf, angefangen bei Heidelberg im Norden über Weil der Stadt im Südwesten bis Konstanz im Südosten. Der Schwarzwald, berühmt für Kuckucksuhren, strohgedeckte Bauernhäuser und herrliche Fichtenwälder, erstreckt sich über eine Länge von 170 Kilometern. Die Urlauber kommen in erster Linie, um zu wandern oder Ski zu fahren. Als Alternativen zu zahlreichen einfachen Unterkünften, von denen viele mit eigenen Einträgen vorgestellt werden, bieten sich an: *Linde* (Tel. 07636/447, Fax 1632, 12 Zimmer), ein malerisches Landgasthaus im Münstertal, südlich von Freiburg; und das Gourmet-Lokal *Hirschen* in Sulzburg (Tel. 07634/8208, Fax 6717, 7 Zimmer). Auch gibt es das *Kloster Hirsau* (Tel. 07051/96740, Fax 967465, 42 Zimmer) in Calw, zwischen Baden-Baden und Stuttgart; es ist in einem Teil der berühmten ehemaligen Benediktinerabtei untergebracht und bietet eine gute Küche.

Im nahe von Stuttgart, der Landeshauptstadt, gelegenen Plieningen befindet sich die *Traube* (Tel. 0711/458920, Fax 4589220, 22 Zimmer), ein Landgasthof, der für seine gute Küche berühmt ist. Als Alternative bietet sich die ländliche *Gaststätte zum Muckenstüble* (Tel. 0711/865122, 25 Zimmer) an.

Der flachere Ostteil Baden-Württembergs ist weniger mit Hotels gesegnet als der Westen. In Ulm, das für sein Münster berühmt ist, können wir als kleines Hotel lediglich den *Ulmer Spatz* (Tel. 0731/68081, Fax 6021925, 36 Zimmer) empfehlen: zentrale, aber ruhige Lage mit Terrasse und sehr vernünftigen Preisen. Sobald man den Bodensee erreicht, wird nicht nur das Klima milder, sondern auch die Suche nach geeigneten Hotels einfacher. Auf der Insel Reichenau befindet sich beispielsweise das *Hotel Seeschau* (Tel. 07534/ 257, Fax 7894, 23 Zimmer) mit wunderschönem Blick auf den See.

Die alte Universitätsstadt Heidelberg ist im Sommer von Touristen überlaufen. Nördlich der Stadt empfehlen wir in einem schönen, bewaldeten Tal bei Hemsbach den *Watzenhof* (Tel. 06201/70050, Fax 700520, 13 Zimmer).

BADEN-WÜRTTEMBERG

ALBSTADT-EBINGEN

Linde
~ Stadthotel ~

72458 Albstadt-Ebingen, Untere Vorstadt 1
Tel (07431) 134140 **Fax** (07431) 13414300
e-mail info@hotel-linde-albstadt.de **website** www.hotel-linde-albstadt.de

Dieses Stadthaus aus dem Jahr 1640 mit seinem dekorativen Fachwerk, den Fensterläden aus Holz und den Fenstern in den Giebeln ist vor kurzem verkauft worden, und der neue Besitzer hat einen kompletten Umbau vorgenommen; das Hotel verfügt nun über 16 Zimmer mehr. Mit der Zeit wird sich zeigen, ob sich auch die Atmosphäre des Hauses verändert hat.

Die Zimmer sind recht farbenfroh und geschmackvoll mit Kirschholzmöbeln eingerichtet. Einige sind jedoch nur 25 Quadratmeter groß. Die vorderen Zimmer gehen auf den Hügel von Albstadt hinaus, die anderen auf die Altstadt. Alle Fenster sind doppelt verglast, um den Straßenlärm zu dämpfen. Das Restaurant kann man nicht anders als opulent bezeichnen, und das *Linde* nimmt seinen gastronomischen Ruf immer noch sehr ernst. Die Küche ist überwiegend französisch und greift auch auf einheimische Zutaten zurück. Die meisten Gerichte sind relativ teuer; der Küchenchef macht sich Hoffnungen auf einen Michelinstern. An Werktagen ist das Hotel voller Geschäftsleute, die im nahe gelegenen industriellen Teil von Albstadt arbeiten und die Tagungsräume des Linde nutzen. An den Wochenenden herrscht eine internationale Schar von Gästen vor.

Umgebung: Tübingen und Reutlingen (30 km) • **Lage:** im Stadtzentrum, in der verkehrsberuhigten Zone, 5 Min. mit dem Taxi vom Bahnhof entfernt, in der Nähe der A 81 bzw. E 41 Stuttgart-Singen (Ausfahrt Empfingen), 30 km über die B 463; 21 kostenlose Parkplätze • **Mahlzeiten:** Frühstück, Mittagessen, Abendessen, Snacks • **Preise:** €€-€€€ • **Zimmer:** 39; 16 Doppelzimmer mit Bad, 23 Einzelzimmer mit Dusche; alle Zimmer mit Telefon, Modemanschluss, TV, Radiowecker, Fön, Safe • **Anlage:** Rezeption, Aufenthaltsraum, Restaurant, Frühstücksraum, Aufzug • **Kreditkarten:** AE, DC, MC, V • **Kinder:** willkommen • **Behinderte:** 1 Zimmer mit Bad geeignet • **Tiere:** nicht erlaubt • **Geschlossen:** Januar, 4 Wochen im Juli und August • **Besitzerin:** Regine Knopf

Süddeutschland

BADEN-WÜRTTEMBERG

BADENWEILER

Hotel Sonne
Stadthotel

79410 Badenweiler, Moltkestr. 4
Tel (07632) 75080 **Fax** (07632) 75086
e-mail sonne@romantikhotels.com **website** www.zur-sonne.de

Wenn man die Hauptstraße dieses kleinen Kurorts entlanggeht, zieht das *Hotel Sonne* sofort die Blicke auf sich: ein sehr gepflegtes Fachwerkhaus mit blumengeschmückter Gartenterrasse. Würde der Betrachter zudem noch wissen, was für ein freundlicher Empfang ihn im Inneren erwartet, so würde er dort ohne Zögern einkehren. Dies ist noch ein Hotelbetrieb im alten Stil: ein Lächeln hier, ein freundliches Wort dort. Zahlreiche Stammgäste, die immer wieder kommen, fühlen sich hier wohl. Das Personal trägt das Seine dazu bei.

Das Hotel wird mit größter Sorgfalt betrieben: Überall findet man frische Blumen; der Hotelbetrieb hat einen sehr hohen Standard. Die Einrichtung ist überwiegend antik (u.a. ein wertvoller Kachelofen). Die Gesellschaftsräume sind hell und einladend; die Gästezimmer wirken gemütlich und verfügen alle über moderne Bäder bzw. Duschen.

Umgebung: Kurpark Blauen (5 km); Freiburg (35 km) • **Lage:** mitten in dem kleinen Kurort; mit Park und großem Parkplatz sowie Garagen • **Mahlzeiten:** Frühstück, Mittag- und Abendessen • **Preise:** €-€€ • **Zimmer:** 41; 22 Doppelzimmer mit Einzelbetten, 14 mit Bad, 8 mit Dusche; 19 Einzelzimmer, 5 mit Bad, 14 mit Dusche; alle Zimmer mit Zentralheizung, Telefon, die meisten mit TV • **Anlage:** Speiseraum, Salon, Weinstube, Restaurant; Gartenterrasse • **Kreditkarten:** AE, DC, MC, V • **Kinder:** erlaubt • **Behinderte:** nicht geeignet • **Tiere:** nicht erlaubt
Geschlossen: Mitte Nov. bis Mitte Febr. • **Besitzer:** Familie V. Esposito

BADEN-WÜRTTEMBERG

BINZEN

Mühle
~ Landhotel ~

79589 Binzen, Mühlestr. 26
Tel (07621) 9408490 **Fax** (07621) 65808
e-mail Hotel.Muehle.Binzen@t-online.de **website** www.muehle-binzen.de

Vor etwa 20 Jahren haben Gill und Hans Hechler diese alte Mühle im Dreiländereck Deutschland-Frankreich-Schweiz gekauft, die nach einem Feuer wieder aufgebaut worden war. Bewunderer klassischer Interieurs lieben den Salon mit seinen antiken Möbeln, Teppichen und Gemälden; die Zimmer verfügen über gestreifte Tapeten und geblümte Vorhänge aus Chintz. Extremer Minimalismus ist hier nirgends zu finden, auch nicht im Nebengebäude, das mit einem Aufzug und behindertengerechten Einrichtungen ausgestattet ist. Vier der ruhigeren hinteren Zimmer in jedem Gebäude haben jeweils einen Balkon, der zum Garten, dem runden Pool und dem Volleyballplatz hinausgeht.

Es gibt zwei Restaurants: einen traditionellen getäfelten Speiseraum in der Mühle, dessen Wände bunt gestrichen sind, und im Blumengarten das »Pavion«, eine wunderschöne alte Scheune mit riesigen Fenstern, die gleichzeitig als Frühstücksraum und Gartenrestaurant dient. Bei schönem Wetter können die Gäste im Freien speisen und dem Mühlenbächlein lauschen. Die Gäste stammen meist aus der Umgebung, und Küche sowie Weinkeller sind von französischen Einflüssen geprägt.

Umgebung: Rhein (8 km) • **Lage:** in Binzen an der B 316, 10 Min. mit dem Taxi vom Bahnhof Weil und 5 km von der A 98 entfernt (Ausfahrt Kandern); bewachter gebührenfreier Parkplatz • **Mahlzeiten:** Frühstück, Mittagessen, Abendessen **Preise:** €-€€ • **Zimmer:** 22; im Hauptgebäude: 10 Doppelzimmer mit Bad, 1 Einzelzimmer mit Dusche, 1 Zimmer mit Doppelbett; im Nebengebäude: 10 Doppel-; 1 Einzelzimmer, alle mit Dusche; alle Zimmer mit Telefon, Modemanschluss, TV, Radiowecker, Fön, Safe (im Hauptgebäude) • **Anlage:** Aufenthaltsraum, Restaurant, Bar, Aufzug (im Nebengebäude), Garten mit Restaurant, Swimmingpool, Volleyballplatz • **Kreditkarten:** AE, DC, MC, V • **Kinder:** willkommen • **Behinderte:** bei Buchung erfragen • **Tiere:** erlaubt (geringe Gebühr) • **Geschlossen:** Restaurant sonntags • **Besitzer:** Gill und Hansjörg Hechler

Baden-Württemberg

Blaufelden

Gasthof zum Hirschen
∽ Landhotel ∽

74572 Blaufelden, Hauptstraße 15
Tel (07953) 1041 **Fax** (07953) 1043
e-mail info@hirschen-blaufelden.de **website** www.hirschen-blaufelden.de

Von außen betrachtet könnte dieses Hotel ein ruhiger kleiner Dorfgasthof aus dem frühen 16. Jh. sein. Im Gegensatz dazu überrascht das Innere des Gebäudes, das man jedoch auf Anhieb einfach lieben muss. Der ursprüngliche Grundriss ist in Zimmer unterschiedlicher Größe und Form aufgeteilt worden, die alle im zeitgenössischen Stil eingerichtet sind. Hauptverantwortlich dafür zeichnet der inspirierte Hotelbesitzer und Küchenchef Manfred Kurz, der Bauhaus-Einflüsse und Ideen von Le Corbusier verarbeitete. Jedes Zimmer ist anders. Wenn Ihnen der grundsätzliche Stil gefällt, werden Sie die Individualität der Einrichtung bewundern. Wenn nicht, werden Sie das Hotel immerhin konsequent modern und schillernd finden.

Vor allem im Frühjahr und im Herbst empfiehlt sich rechtzeitiges Buchen. Die Gäste kommen sogar aus Frankreich und Italien angereist, um die entspannte Atmosphäre und die ausgezeichnete Küche Manfred Kurz' bei einem Wochenendaufenthalt zu genießen. Sein Restaurant, das als einziges noch Züge des ursprünglichen Gebäudes aufweist, hat sich auf einfallsreiche französische Gerichte spezialisiert, die ihm einen Michelinstern eingebracht haben. Auf der Weinkarte tauchen neben gut ausgewählten regionalen Weinen auch einige exzellente Bordeaux auf.

∽

Umgebung: Altstadt von Schwäbisch-Hall (25 km) • **Lage:** im Zentrum von Blaufelden, an der B 290, 5 Min. mit dem Taxi vom Bahnhof entfernt, in der Nähe der A6 Heilbronn–Nürnberg (Ausfahrt Satteldorf); gebührenfreie Parkplätze
Mahlzeiten: Frühstück, Mittagessen, Abendessen, Snacks • **Preise:** €€-€€€
Zimmer: 12; 6 Doppel-, 4 Einzelzimmer, 2 Suiten; alle Zimmer mit Dusche und Bad, Telefon, TV, Radiowecker, Fön, einige mit Safe • **Anlage:** Aufenthaltsraum, Restaurant, Speiseraum, Café-Terrasse, Spielzimmer für Kinder • **Kreditkarten:** keine • **Kinder:** willkommen • **Behinderte:** 1 Zimmer im Erdgeschoss geeignet
Tiere: erlaubt • **Geschlossen:** 3 Wochen im Januar; Restaurant montags und dienstags • **Besitzer:** Manfred Kurz

BADEN-WÜRTTEMBERG

BÜHL

Wehlauer's Badischer Hof
~ Stadthotel ~

77815 Bühl, Haupstr. 36
Tel (07223) 93350 **Fax** (07223) 933550
e-mail springmannsbadischerhof@t-online.de

Dieses hübsche Gebäude war vor vier Jahrhunderten Teil einer Burg und liegt heute an einer Hauptstraße in Bühl. Nach einem Besitzerwechsel richtete Christa Springmann die Zimmer neu ein; dennoch hat sich im *Badischen Hof* seit unserer letzten Ausgabe nur wenig verändert. Die Einrichtung ist immer noch zurückhaltend und modern. Nur das Restaurant sieht jetzt sehr viel traditioneller aus. Es ist in Bühl nach wie vor für seine badischen Spezialitäten berühmt, die Seite an Seite mit vielen internationalen Gerichten auf der umfangreichen Speisekarte stehen.

Das Frühjahr ist eine gute Zeit, um den Schwarzwald zu besuchen; dann verbringen allerdings auch viele Reisegruppen aus dem kalten Norden ihre Wochenenden hier. Durch den Garten auf der Rückseite des Hotels fließt ein kleiner Fluss, und während der Sommermonate kann man auf der Terrasse kleinere und größere Gerichte zu sich nehmen. Der Garten eignet sich auch hervorragend als Kinderspielplatz. Die neun Zimmer, die zum Garten hinausgehen, haben nicht nur die bessere Aussicht, sie sind auch ruhiger als die Zimmer, die zur Straße hinausgehen.

Defizite scheint es bei den Umgangsformen des Personals zu geben: Einer unserer Tester wurde am Telefon äußerst rüde abgefertigt.

~

Umgebung: Kurort Baden-Baden (19 km) • **Lage:** im Zentrum von Bühl, 20 Min. mit dem Taxi vom Bahnhof Baden-Baden und 4,5 km von der A 5 bzw. E 52 entfernt; öffentlicher Parkplatz • **Mahlzeiten:** Frühstück, Mittagessen, Abendessen, Snacks • **Preise:** €-€€ • **Zimmer:** 26; 4 Einzel-, 7 Doppelzimmer, 13 Einzel- oder Doppelzimmer mit großem Bett, 2 Dreibettzimmer; alle Zimmer mit Dusche, Telefon, TV, Radio, Fön, Safe, Minibar • **Anlage:** Rezeption, Restaurant, Frühstücksraum, Garten, Terrasse • **Kreditkarten:** AE, DC, MC, V • **Kinder:** willkommen
Behinderte: Aufzug; Zugang mit Hilfe möglich • **Tiere:** erlaubt (geringe Gebühr)
Geschlossen: zum Karneval im März • **Besitzerin:** Christa Springmann

Baden-Württemberg

Bühl

Die Grüne Bettlad
~ Restaurant mit Gästezimmern ~

77815 Bühl, Blumenstraße 4
Tel (07223) 93130 **Fax** (07223) 931310
e-mail info@gruenebettlad.de **website** www.gruenebettlad.de

Dieses gemütliche kleine Hotel in der Altstadt von Bühl ist schon seit seiner Erbauung im Jahr 1600 ein Gasthof. Sabine und Peter Günther haben es 1980 gekauft, in ein Restaurant mit Gästezimmern umgewandelt und ihm seinen ungewöhnlichen Namen verliehen. Er bezieht sich auf eine haarsträubende Geschichte über die außerehelichen Abenteuer der wunderschönen Frau eines früheren Gastwirtes.

Die *Grüne Bettlad* ist in erster Linie ein Restaurant. Peter Günthers Küche, in vielen Reiseführern lobend erwähnt, hat es auf diese Weise zu internationalem Ruhm gebracht. Sie besteht überwiegend aus Schwarzwald-Gerichten mit starkem französischem Einfluss. Die Zutaten bezieht er aus Frankreich und von den Bauern der Umgebung; auf der Weinliste prominieren die leichten Weißweine der Region Baden. Das Restaurant mit Keramikofen ist mit Leinen, Kerzen und Blumen dekoriert. Im Sommer werden Tische auf dem Innenhof gedeckt. Die kleinen Zimmer wirken anheimelnd und sind sehr ruhig, da das Hotel in einer Seitenstraße liegt. Das kleinste befindet sich direkt unterhalb der Storchenfiguren auf dem Dach und hat eine wunderschöne Aussicht über den Schwarzwald.

~

Umgebung: Weinberge der Region Ortenau, vor allem Affental • **Lage:** in der Nähe der Hauptstraße von Bühl, an der ersten Ampel links abbiegen, dritte Straße auf der linken Seite, 20 Min. mit dem Taxi vom Bahnhof von Baden-Baden entfernt, 4,5 km von der A 5 bzw. E 52 Karlsruhe–Basel (Ausfahrt Bühl) entfernt; kleiner gebührenfreier Parkplatz • **Mahlzeiten:** Frühstück, Mittagessen, Abendessen **Preise:** €€ • **Zimmer:** 6; 5 Doppelzimmer, 2 mit Dusche, 3 mit Bad, 1 Suite; alle Zimmer mit Telefon, TV, Radiowecker, Fön, Safe, Minibar • **Anlage:** Rezeption, Restaurant, Innenhof • **Kreditkarten:** MC, V • **Kinder:** willkommen • **Behinderte:** nur Zugang zum Restaurant möglich • **Tiere:** erlaubt (geringe Gebühr) **Geschlossen:** 22. Dezember bis Mitte Januar, Mitte bis Ende Juli; Restaurant sonntags und montags • **Besitzer:** Familie Günther

BADEN-WÜRTTEMBERG

DURBACH

Hotel Ritter
~ Stadthotel ~

77770 Durbach, Talstr. 1
Tel (0781) 93230 **Fax** (0781) 9323100
e-mail ritter-durbach@t-online.de **website** www.badenpage.de/ritter

Das Weinstädtchen Durbach ist nicht sehr malerisch und würde wohl nicht viele Besucher anziehen, wenn es nicht dieses außergewöhnlich reizvolle Hotel gäbe. Nach der vor kurzem erfolgten Erweiterung überschreitet es eigentlich unser Größenlimit, aber glücklicherweise hat es die intime Atmosphäre eines kleinen Hotels bewahrt.

Das alte Fachwerkgebäude ist 400 Jahre alt und wird seit der Zeit um 1900 von der Familie Brunner als Hotel geführt. Ihr Verständnis von Luxus scheint mit dem rustikalen Stil des Hauses vereinbar. In allen Gesellschaftsräumen (mit Ausnahme des Ritter-Kellers mit seinen kahlen Steinwänden) ist man von poliertem Holz und harmonisch darauf abgestimmten traditionellen Dekostoffen umgeben. Die Gästezimmer im Hauptgebäude sind ebenfalls im traditionellen Stil eingerichtet, aber viele Gäste ziehen die vor kurzem hinzugekommenen geräumigen Apartments vor, die über eigene Sonnenterrassen verfügen.

Eine weitere Attraktion ist die Küche. Wilhelm Brunner ist für seine reichhaltigen, traditionell zubereiteten, aber modern präsentierten Gerichte mit einem Michelin-Stern ausgezeichnet worden.

~

Umgebung: Wandern, Langlauf; Baden-Baden (25 km) • **Lage:** mitten in einer Kleinstadt; mit Garagen und großem Parkplatz • **Mahlzeiten:** Frühstück, Mittag- und Abendessen, kleine Gerichte • **Preise:** €–€€ **Zimmer:** 62; 48 Doppelzimmer mit Einzelbetten und Bad; 14 Einzelzimmer mit Dusche; alle Zimmer mit Zentralheizung, Telefon, die meisten mit TV, Radio, Fön, Minibar, einige mit Klimaanlage **Anlage:** Speiseraum, Bar, Kellerbar; überdachter Swimmingpool, Sauna • **Kreditkarten:** AE, DC, MC, V • **Kinder:** willkommen • **Behinderte:** spezielle Einrichtungen • **Tiere:** erlaubt • **Geschlossen:** nie • **Besitzer:** Familie Brunner

BADEN-WÜRTTEMBERG

FELDBERG-BÄRENTAL

Adler Bärental
~ Chalet-Hotel auf dem Land ~

79868 Feldberg/Schwarzwald, Bärental, Feldbergstraße 4
Tel (07655) 1242 **Fax** (07655) 930521
e-mail info@adler-feldberg.de **website** www.adler-feldberg.de

Dieses Hotel entspricht genau unseren Vorstellungen. Das kleine Chalet-Hotel ist sehr attraktiv eingerichtet, tadellos gepflegt und hat eine angenehme Atmosphäre. Als Familienhotel werden sich vor allem Kinder hier sehr wohl fühlen. Familien machen in der Tat den größten Teil der Stammkundschaft aus, ein frühzeitiges Buchen empfiehlt sich also besonders in den Sommerferien.

Das kleine Dorf Bärental liegt östlich des Feldbergs, des größten Bergs im Schwarzwald. Es ist in eine spektakuläre Landschaft – grün im Sommer und verschneit im Winter – eingebettet. Das 160 Jahre alte Chalet, um das sich vor allem Herr Wimmer und seine Tochter kümmern, ist wunderschön im ländlichen Stil eingerichtet, ohne dabei kitschig zu wirken: Holztäfelung im Restaurant, hübsche bemalte Möbel in einigen Zimmern und strahlend weiße Bettbezüge in anderen. Frau Wimmer ist zusammen mit ihrem Sohn für die Küche zuständig; neben den Spezialitäten aus dem Schwarzwald – Wildhase, Reh und Waldpilze – werden auch internationale Gerichte serviert. Als ob die atemberaubende Aussicht über das hübsche Tal, die man von den Balkons aus hat, noch nicht genug wäre, verfügt das Chalet auch noch über eine vordere und eine hintere Gartenterrasse, auf denen sich die Gäste bei schönem Wetter unter Sonnenschirmen entspannen können.

~

Umgebung: Feldbergmassiv (Wandern, Klettern, Wintersport) • **Lage:** im Zentrum des Dorfes Bärental an der B 317, 2 Min. mit dem Taxi vom Bahnhof und 40 km von der A 5 bzw. E 35 Karlsruhe–Basel (Ausfahrt Freiburg Mitte) entfernt; Parkplatz • **Mahlzeiten:** Frühstück, Mittagessen, Abendessen, Snacks • **Preise:** €-€€
Zimmer: 16; 8 Doppelzimmer, 1 mit Bad, 7 mit Dusche, 1 Einzelzimmer mit Dusche, 4 Maisonettes, 3 Apartments; alle Zimmer mit Zweierbetten, Telefon, TV, Radio, Fön • **Anlage:** Rezeption, Restaurant, Terrasse, Garten, Garage
Kreditkarten: MC, V • **Kinder:** willkommen • **Behinderte:** nicht geeignet
Tiere: erlaubt (geringe Gebühr) • **Geschlossen:** nie • **Besitzer:** Familie Wimmer

Baden-Württemberg

Freiburg im Breisgau

Oberkirchs
~ Stadthotel ~

79098 Freiburg im Breisgau, Münsterplatz 22
Tel (0761) 2026868 **Fax** (0761) 2026869
e-mail info@hotel-oberkirch.de **website** www.hotel-oberkirch.de

Was seit dem frühen 18. Jh. bis in die 1990er Jahre hinein eine Weinstube mit ein paar Zimmern war, ist heute ein größeres Hotel mit einer historischen Weinstube. Hotel *Oberkirchs* wunderschöne »Weinstuben« mit ihrer dunklen Holztäfelung und dem Kachelofen ist heute fast noch so wie damals. Auch die Klassiker der Speisekarte – beispielsweise Badische Schneckenrahmsuppe – gibt es heute noch, auch wenn mittlerweile auch Terrinen, Parfaits und Entenbrust serviert werden. Dazu gibt es eine beeindruckende Auswahl an Weinen und verschiedenen Biersorten zu akzeptablen Preisen. Die Weinstuben erstreckt sich bis auf den für Autos gesperrten Münsterplatz, auf dem man bei schönem Wetter sitzen kann.

Im Gegensatz zur Weinstuben ist im Hotel die Zeit nicht stehen geblieben. Die Zimmer sind zeitgenössisch im traditionellen Stil mit blumengemusterten Tapeten eingerichtet. Von den Zimmern auf der Vorderseite aus hat man einen schönen Blick auf den Marktplatz und das Münster (Achtung: Glockenläuten jede halbe Stunde!). Nicht weit entfernt gibt es ein zweites Restaurant, die »Traube«, das sich auf Gerichte mit französischem Einfluss spezialisiert und dafür einen Michelinstern erhalten hat. Im angrenzenden Gästehaus aus den 1950er Jahren sind die Zimmer ruhiger, kleiner und moderner.

Umgebung: Berg Schauinsland mit atemberaubender Aussicht (12 km) • **Lage:** im Zentrum der Stadt, am Domplatz, 5 Min. mit dem Taxi vom Bahnhof entfernt; begrenzter Parkplatz, öffentliches Parkhaus • **Mahlzeiten:** Frühstück, Mittagessen, Abendessen, Snacks • **Preise:** €€-€€€ • **Zimmer:** 11; 10 Doppelzimmer, 5 mit Bad, 5 mit Dusche, 1 Juniorsuite mit Bad; alle Zimmer mit Telefon, TV, einige mit Modemanschluss, Safe • **Anlage:** Hauptgebäude mit Rezeption, Aufenthaltsraum, Restaurant, 2 Veranstaltungsräumen, Terrasse; Nebengebäude mit Aufzug, Innenhof • **Kreditkarten:** AE, V • **Kinder:** willkommen • **Behinderte:** keine entsprechenden Einrichtungen • **Tiere:** erlaubt • **Geschlossen:** 1. Januarwoche
Besitzerinnen: Doris Hunn und Gudrun Johner

Baden-Württemberg

Freiburg im Breisgau

Zum Roten Bären
~ Stadthotel ~

79098 Freiburg im Breisgau, Oberlinden 12
Tel (0761) 387870 **Fax** (0761) 3878717
e-mail info@roter-baeren.de **website** www.roter-baeren.de

Das Gebäude stammt aus dem Jahr 1120, dem Gründungsjahr der Stadt Freiburg, und es erhebt Anspruch darauf, das älteste Hotel Deutschlands zu sein. Man kann heute noch die alten Kellergewölbe besichtigen, in denen im 12. Jh. das Bier und der Wein gelagert wurden. Ein Umbau im 18. Jh. verhalf dem Hotel zu seiner barocken Fassade, die mit den Zunftzeichen der Gastwirte verziert ist. Von der Terrasse an der Straße aus kann man die mittelalterliche Stadtlandschaft des Oberlindenplatzes und des Schwabentors (ehemaliges Stadttor) bewundern.

Die Gemeinschaftsräume im Inneren sind geräumig und modern, jedoch leider etwas einfallslos eingerichtet; das Restaurant dagegen ist etwas hübscher und traditioneller. Die Speisekarte besteht aus einer Mischung aus badischen Gerichten der Saison – geräuchertes Wildschwein mit eingelegten Pflaumen oder Marktsalat mit frischem Kohl – und mediterranen Spezialitäten. Die Zimmer sind eher durchschnittlich und ebenfalls modern, aber dennoch recht geschmackvoll eingerichtet. Die etwas lauteren Zimmer auf der Vorderseite des Hotels blicken auf die Freiburger Altstadt. Die hinteren, mit Balkons versehenen Zimmer gehen auf den Garten hinaus.

Umgebung: die malerischen Straßen und mittelalterlichen Gebäude von Freiburg
Lage: in der Altstadt gegenüber des Schwabentors, 5 Min. mit dem Taxi vom Bahnhof und 5 km von der A 5 bzw. E 52 (Ausfahrt Freiburg Mitte) entfernt; öffentliches Parkhaus • **Mahlzeiten:** Frühstück, Mittagessen, Abendessen, Snacks
Preise: €€€ • **Zimmer:** 26; 17 Doppelzimmer, 3 mit Bad, 14 mit Dusche, 4 mit großem Bett, 8 Einzelzimmer mit Dusche, 1 Suite mit Bad; alle Zimmer mit Telefon, Modemanschluss, TV, Radiowecker, Fön; einige mit Safe • **Anlage:** Rezeption, Aufenthaltsraum, Restaurant, 4 Speiseräume, Aufzug, Terrasse, Garten, Sauna
Kreditkarten: AE, DC, MC, V • **Kinder:** willkommen • **Behinderte:** keine entsprechenden Einrichtungen • **Tiere:** erlaubt (geringe Gebühr) • **Geschlossen:** Restaurant sonntagabends, montags • **Besitzer:** Monika und Peter Hansen

BADEN-WÜRTTEMBERG

FREUDENSTADT

Schwanen
~ Stadthotel ~

72250 Freudenstadt, Forststraße 6
Tel (07441) 91550 **Fax** (07441) 915544
e-mail info@schwanen-freudenstadt.de **website** www.schwanen-freudenstadt.de

Die nette und gastfreundliche Familie Bukenberger führt das *Schwanen* seit etwa einem halben Jahrhundert. Das bescheidene Gebäude im Zentrum der Stadt zwischen Bahnhof und Altstadt wurde nach dem Krieg wieder aufgebaut; es wirkt sauber und frisch. Die hellen, komfortablen Zimmer (uns hat am besten das Eckzimmer Nr. 5 mit seinem Erkerfenster gefallen) sind bestimmt nicht zu teuer. Die schönsten Plätze im Hotel sind das ehrwürdige Restaurant, dessen Wände, Boden, Decke und traditionelle Bar aus sanft glänzendem Holz bestehen, und die bepflanzte Terrasse vor dem Haus, die von einem großen Baum beschattet wird und auf der die Gäste die schönen Sommertage verbringen können. Herrn Bukenbergs Küche ist überwiegend traditionell: Auf der Speisekarte stehen schwäbische Spätzle und andere, jahrhundertealte Schwarzwälder Gerichte, es werden jedoch auch Omeletts, Forellen und Rumpsteaks serviert. Auch im Restaurant herrscht ein gutes Preis-Leistungs-Verhältnis.

Im Sommer empfiehlt sich aufgrund des Andrangs ein frühzeitiges Buchen. Behindertengerecht ist das dreistöckige Gebäude mit Dachgeschoss nicht wirklich; Zimmer Nr. 15 ist jedoch speziell für Menschen mit Hausstauballergie eingerichtet.

~

Umgebung: Schwarzwaldmuseum, Gutach (30 km) • **Lage:** im Zentrum der Stadt, 2 Min. mit dem Taxi vom Bahnhof entfernt, in der Nähe der A 81 bzw. E 41 Stuttgart–Schwenningen (Ausfahrt Horb), 30 km über die B462; Garage • **Mahlzeiten:** Frühstück, Mittagessen, Abendessen, Snacks • **Preise:** €–€€ • **Zimmer:** 17; 12 Doppel-, 4 Einzelzimmer, 1 Suite mit 2 Schlafzimmern; alle Zimmer mit Bad, Dusche, Telefon, TV; einige mit Modemanschluss, Safe • **Anlage:** Rezeption, Speiseraum, Restaurant, Terrasse, Garage • **Kreditkarten:** V • **Kinder:** willkommen **Behinderte:** nicht geeignet • **Tiere:** nicht erlaubt • **Geschlossen:** nie • **Besitzer:** Familie Bukenberger

Baden-Württemberg

Friedrichsruhe

Wald- & Schlosshotel Friedrichsruhe
~ Landhaushotel ~

74639 Friedrichsruhe
Tel (07941) 60870 **Fax** (07941) 61468 **e-mail** waldschloss@relaischateaux.com
website www.relaischateaux.com/waldschloss

Dieses hübsche Landhaus aus dem frühen 18. Jh. gehört nicht unbedingt zu den intimen Hotels; es wirkt mit seiner Eleganz eher steif und ist auch größer als die meisten der hier vorgestellten Häuser. Aber es bietet seinen Gästen viele Annehmlichkeiten.

Die Hauptattraktion ist vermutlich die Küche. Lothar Eiermann gehört zu den besten Köchen Deutschlands. Es ist ihm gelungen, traditionelle Gerichte auf interessante Art modern zu variieren. Seine Kreationen werden in einem vornehmen, reich ausgestatteten Speiseraum serviert, der abends von Kerzenlicht erhellt wird. Die übrigen Räume des Hotelkomplexes sind weniger förmlich. Die Terrasse liegt inmitten von Rasenflächen. Die Jägerstube ist mit Jagdtrophäen geschmückt.

Die in ruhigen Farben gehaltenen Gästezimmer und Suiten im Hauptgebäude und im Jagdschloss sind geräumig; einige von ihnen erinnern im Stil an ein englisches Landhaus.

Friedrichsruhe ist natürlich kein billiges Hotel, doch für den gebotenen Komfort sind die Preise angemessen.

Umgebung: Sindringen (10 km); Langenburg (30 km) mit Burg und Automuseum **Lage:** in offener Landschaft, nö der Kreuzung von A 6 und A 81, 50 km n von Stuttgart; auf einem Grundstück mit großem Parkplatz • **Mahlzeiten:** Frühstück, Mittag- und Abendessen, kleine Gerichte • **Preise:** €€–€€€€ • **Zimmer:** 45; 23 Doppelzimmer, 6 Einzelzimmer, 16 Suiten, alle mit Bad oder Dusche; alle Zimmer mit Telefon, einige mit TV, Fön, Minibar • **Anlage:** Speiseraum, Jägerstube, Wintergarten, Bar; Hallenbad und Swimmingpool im Freien, Tennis, 18-Loch-Golfplatz • **Kreditkarten:** AE, DC, MC, V • **Kinder:** sehr willkommen • **Behinderte:** Aufzug • **Tiere:** erlaubt • **Geschlossen:** nie • **Manager:** Lothar Eiermann

Baden-Württemberg

Gaggenau-Moosbronn

Mönchhof
～ Landhotel ～

76571 Gaggenau-Moosbronn
Tel (07204) 619 **Fax** (07204) 1256
e-mail moenchhof@aol.com **website** www.gestuet-moenchhof.de

Dieses wunderschöne und familienfreundliche Ferienhotel ist ein wahres Paradies für Pferdenarren. Das Fachwerkhaus ist 300 Jahre alt und war einst eine Glasbläserei; überall auf dem Gelände sieht man Islandponies in Ställen oder mit glücklich lächelnden Kindern auf dem Rücken im Kreis herumreiten. Michael Füchtenschneider, der Sohn des Hotelsbesitzers, kümmert sich um die Pferde, gibt Reitstunden und hält in den Sommerferien einwöchige Reitkurse für 9- bis 16-Jährige ab. Aus Sicherheitsgründen gibt er jedoch keine Pferde für Ausritte heraus. Die Familie Füchtenschneider hat enge Kontakte zu Island, dem Herkunftsland der Ponys; auch unter den Gästen befinden sich isländische Familien.

Im ländlichen Restaurant, das den ganzen Tag über geöffnet hat, wird solide deutsche Hausmannskost serviert; es verfügt über einen im Winter sehr gemütlichen Kachelofen und ist über und über mit pferdebezogenen Erinnerungsstücken geschmückt. Die Tische auf der kleinen Terrasse hinter dem Haus sind von Bäumen umgeben. Die mit Fensterläden ausgestatteten, ländlich eingerichteten Zimmer im ersten Stock haben eine Aussicht auf die umgebende bäuerliche Landschaft; die Zimmer im Dachgeschoss mit ihrer Holztäfelung sind zwar recht einfach, aber bezaubernd eingerichtet.

Umgebung: Albtal-Dampfeisenbahn; Bad Herrenalb (13 km) • **Lage:** in eigenem Anwesen im Dorf Moosbronn, 20 Min. mit dem Taxi vom Bahnhof Gaggenau und 15 km von der A 5 bzw. E 52 (Ausfahrt Rastatt-Gaggenau) entfernt; hoteleigener Parkplatz • **Mahlzeiten:** Frühstück, Mittagessen, Abendessen, Snacks • **Preise:** € **Zimmer:** 12; 7 Doppel-, 3 Einzelzimmer, 1 mit großem Bett, 1 mit Etagenbett, 2 Familienapartments; alle Zimmer mit Dusche, Telefon, TV, Radiowecker, Fön **Anlage:** Restaurant mit Rezeption, Speiseraum, Terrasse, Stallungen • **Kreditkarten:** AE, DC, MC, V • **Kinder:** willkommen • **Behinderte:** nicht geeignet • **Tiere:** erlaubt (geringe Gebühr) • **Geschlossen:** 4 Wochen ab 4. Advent; Restaurant montags und dienstags • **Besitzer:** Familie Füchtenschneider

Baden-Württemberg

Glottertal

Gasthaus zum Adler
~ Restaurant mit Gästezimmern ~

79286 Glottertal, Talstr. 11
Tel (07684) 90870 **Fax** (07684) 908766
e-mail adler.glottertal@t-online.de **website** www.adler-glottertal.de

Das Glottertal ist ein grünes, friedliches Tal nordöstlich von Freiburg, inmitten der Berge des südlichen Schwarzwaldes. Es gibt dort eine Reihe von kleinen Hotels und Pensionen.

Die Hauptattraktion dieses Hotels, das direkt an der Straße liegt, ist sein Restaurant. Auf der aus dem üblichen Rahmen fallenden Speisekarte stehen z. B. im Frühling Löwenzahnsalat, gegrillte Langusten, vielfältig zubereitete Spargelgerichte und hausgemachte Blutwurst. Außerdem wird ein spezielles Menü für Kinder angeboten. Das Restaurant ist in traditionellem Stil eingerichtet, ohne überladen zu wirken. Ein weiterer, weniger formeller Speiseraum, die »Schwarzwaldstuben«, strahlt Behaglichkeit aus. Freunde der heimischen Glottertäler Weine kommen hier auf ihre Kosten.

Das *Gasthaus zum Adler* befindet sich seit mehr als 150 Jahren im Privatbesitz. Frau Langenbacher ist stolz auf die ausgesprochen ländliche Atmosphäre ihres Hauses. Die renovierten Gästezimmer sind individuell im Schwarzwälder Stil eingerichtet.

Umgebung: Wandern, Ski fahren; Sehenswürdigkeiten in Freiburg im Breisgau (15 km). • **Lage:** an der Talstraße zwischen Denzlingen und St. Peter, nö von Freiburg; mit Garten und Parkplatz • **Mahlzeiten:** Frühstück, Mittag- und Abendessen, kleine Gerichte • **Preise:** €–€€ • **Zimmer:** 13; 9 Doppelzimmer, 3 mit Bad, 6 mit Dusche, 3 Einzelzimmer mit Dusche, 1 Apartment; alle Zimmer mit Telefon, TV, Minibar • **Anlage:** Konferenzzimmer; Terrasse, Speiseräume • **Kreditkarten:** MC, V • **Kinder:** sehr willkommen • **Behinderte:** Zugang schwierig • **Tiere:** erlaubt (geringe Gebühr) • **Geschlossen:** nie • **Besitzerin:** Stephanie Langenbacher

BADEN-WÜRTTEMBERG

GROSSBOTTWAR

Stadtschänke
~ Stadtgasthof ~

71723 Großbottwar, Hauptstr 30
Tel (07148) 8024 **Fax** (07148) 4977

Die *Stadtschänke* – oder »Stadtschänke, historischer Gasthof Johannespfründe«, wie der vollständige Name des Hauses lautet, liegt am Marktplatz einer Kleinstadt im Herzen des Weinbaugebiets von Württemberg. Enge Straßen mit Kopfsteinpflaster umgeben das Hotel.

In den kleinen Zimmern mit Holzdecke, die schlicht, aber geschmackvoll eingerichtet sind, fühlt man sich noch immer fast wie im Mittelalter. Die Möbel im Erdgeschoss sind rustikal, die rosa Tischdecken stets frisch gestärkt. Die wenigen Gästezimmer sind hübsch möbliert; Trockenblumengestecke und Kerzenleuchter verbreiten eine gemütliche Atmosphäre. Stabile, moderne Betten sorgen dafür, dass man angenehm schläft.

Sybille Könneke hat ihren Beruf aufgegeben, um ihren Mann bei der Führung des Hotels zu unterstützen. Hans Könneke ist Koch aus Leidenschaft. Viele seiner Gerichte, für die er gern frischen Fisch und Produkte aus der Region verwendet, sind von einem längeren Aufenthalt in Schweden geprägt. Auch der Wein spielt eine wichtige Rolle. Gäste, die mehr über die Weine dieser Gegend erfahren möchten, können eine Weinprobe machen und werden gern beraten.

~

Umgebung: Ludwigsburg (10 km); Felsen von Hessigheim (10 km) • **Lage:** auf dem Marktplatz gegenüber dem Rathaus; Abfahrt Mundelsheim von der A 81, n von Stuttgart; mit Parkmöglichkeiten auf dem Platz • **Mahlzeiten:** Frühstück, Mittag- und Abendessen • **Preise:** € • **Zimmer:** 5; 3 Doppelzimmer mit Einzelbetten, 2 Einzelzimmer; alle mit Dusche, TV, 4 mit Telefon • **Anlage:** Speiseraum, Bar, Terrasse • **Kreditkarten:** AE, DC, MC, V • **Kinder:** willkommen • **Behinderte:** nicht geeignet • **Tiere:** erlaubt • **Geschlossen:** erste Septemberwoche • **Besitzer:** Sybille und Hans Könneke

BADEN-WÜRTTEMBERG

HAGNAU AM BODENSEE

Erbguths Villa am See
~ Villenhotel ~

88709 Hagnau am Bodensee, Seepromenade
Tel (07532) 43130 **Fax** (07532) 6997
e-mail erbguth@villa-am-see.de **website** www.villa-am-see.de

Christine und Holger Erbguth sind erfahrene, begabte Hoteliers. Sie verkauften 1995 ihr erstes Haus, *Erbguths Landhaus*, behielten jedoch die Villa auf demselben Grundstück und haben hier ein selbstständiges Hotel geschaffen.

Die Villa ist hübsch und herrlich gelegen – nahe am Ufer des Sees. Im Sommer wird als besondere Attraktion das Frühstück für badende Gäste im Garten serviert. Das Gebäude an sich ist ein gepflegtes Giebelhaus, wie für eine Vorstadtvilla üblich; es ist außen tadellos in Schuss und innen von besonderem Reiz. Die Ausstattung besteht aus einer interessanten Mischung: Pastellfarben (Gelb, Orange und Grün) wiederholen sich in eckigen Mustern auf Teppichen und Bettdecken. Die Wirkung ist klar und modern. Es gibt einige markante Akzente, wie eine exotische Pflanze, die in einem wuchtigen Behälter in einem Badezimmer steht. Einladende Sitzmöbel stehen auf den Veranden, von wo aus man unvergessliche Blicke über den See und in die Alpen genießen kann.

Da es nur sechs Zimmer gibt, ist sichergestellt, dass lhnen die Familie Erbguth einen persönlichen Empfang bereiten wird.

Umgebung: Ski fahren, Wandern, Wassersport • **Lage:** im Zentrum der Stadt am Bodensee; Gärten und Parkplatz • **Mahlzeiten:** Frühstück, Imbisse • **Preise:** €€–€€€€ • **Zimmer:** 6 Doppelzimmer, alle mit Telefon, TV, Radio, Fön, Minibar **Anlage:** Frühstücksraum • **Kreditkarten:** AE, DC, MC, V • **Kinder:** willkommen **Behinderte:** leichter Zugang • **Tiere:** erlaubt • **Geschlossen:** Jan., März • **Besitzer:** Christine und Holger Erbguth

Baden-Württemberg

Hagnau am Bodensee

Der Löwen
Stadthotel

88709 Hagnau am Bodensee, Hansjakobstraße 2
Tel (07532) 433980 **Fax** (07532) 43398300
e-mail loewen-hagnau@t-online.de **website** www.loewen-hagnau.de

Hagnau ist ein altes Fischerdorf am Bodensee, und obwohl dieses abgeschiedene kleine Hotel fünf Minuten vom See entfernt liegt, verfügt es über einen kleinen Strand für die Hotelgäste. Das *Löwen* ist in einem 400 Jahre alten Fachwerkhaus untergebracht; das Restaurant im Erdgeschoss ist mit einer hohen gewölbten Decke mit Bossenwerk ausgestattet. Das Hotel liegt an einem Hügel, der sanft zum Bodensee hin abfällt; von dreien der hellen und zeitgenössisch eingerichteten Zimmer aus hat man eine Aussicht auf den See. Die anderen Zimmer blicken auf die umgebenden Weinberge. Die Zimmer, die zum vorderen Hof hinausgehen, sind etwas weniger ruhig, doch vier überblicken den wunderschönen Garten.

Das *Löwen* lässt Gärtnerherzen höher schlagen. Hinter dem Haus hat Hans Bröcker einen bezaubernden und preisgekrönten japanischen Garten angelegt, mit koi-(Karpfen)Teich und Sommerhaus. Auf der Terrasse werden am Nachmittag Kaffee und Gebäck serviert. Zum Abendessen wird der Garten mit Kerzen beleuchtet; auf der nicht zu teuren Speisekarte stehen Salat aus biologischem Anbau und Pasta sowie Forelle, Hecht und Barsch aus dem Bodensee.

Umgebung: Wassersport; Angeln; Boostausflüge; Wandern; Rad fahren; Weinbergbesichtigungen am und um den Bodensee • **Lage:** 5 Min. zu Fuß vom Bodensee, im Dorf Hagnau, an der B 31 bzw. E 54, 20 km nordwestlich von Friedrichshafen; gebührenfreie Parkplätze • **Mahlzeiten:** Frühstück, Mittagessen (nur sonntags), Abendessen, Snacks (ab 14 Uhr) • **Preise:** € • **Zimmer:** 16; 11 Doppelzimmer mit Dusche, 1 mit Bad, 3 Einzelzimmer, 1 Apartment; alle Zimmer mit Telefon, TV, Radiowecker, Fön, Safe • **Anlage:** Rezeption, Aufenthaltsraum, Restaurant (drinnen und draußen), Terrasse, Garten, hoteleigener Strand, Garage • **Kreditkarten:** V **Kinder:** willkommen • **Behinderte:** keine entsprechenden Einrichtungen • **Tiere:** nicht erlaubt • **Geschlossen:** Ende Oktober bis Mitte März • **Besitzer:** Ursula und Hans Bröcker

BADEN-WÜRTTEMBERG

HÄUSERN

Hotel Adler
∾ Dorfhotel ∾

79837 Häusern, Fridolinstr. 15
Tel (07672) 4170 **Fax** (07672) 417150
e-mail hotel-adler-schwarzwald@t-online.de **website** www.adler-schwarzwald.de

Das Hotel *Adler*, das sich seit etwa 150 Jahren im Besitz der Familie Zumkeller befindet, hat sich im Laufe der Zeit zu einem vornehmen Landgasthaus entwickelt, das trotz seiner eleganten Möbel, der modern eingerichteten Gästezimmer und der anspruchsvollen Küche seine ländlichen Ursprünge nicht verleugnet.

Die Wände und Decken in den Speiseräumen, der Gaststube und den Salons sind mit hellem Holz getäfelt; auf den gefliesten Böden liegen Orientteppiche in kräftigen Farben. Die Möbel sind eine Mischung aus komfortablen traditionellen und schönen antiken Stücken. Bilder, Blumen und anderes Dekor setzen sorgsam gewählte Akzente. Die geräumigen Gästezimmer wirken dagegen etwas nüchtern.

Der junge Winfried Zumkeller hat sich mit seiner einfallsreichen, modernen Küche bereits einen Namen gemacht: Michelin hat sie mit einem Stern ausgezeichnet. Einfachere ländliche Gerichte werden im hübschen »Chämi-Hüsle« (mit offenem Kamin) serviert.

∾

Umgebung: Wandern, Ski fahren; St. Blasien, ehemalige Benediktinerabtei (5 km), Freiburg (58 km) • **Lage:** im Dorf, an der B 500; mit Garten und großem Parkplatz **Mahlzeiten:** Frühstück, Mittag- und Abendessen • **Preise:** €€–€€€ **Zimmer:** 44; 22 Doppelzimmer, 12 mit Bad, 10 mit Dusche; 10 Einzelzimmer, 4 mit Bad, 6 mit Dusche; 12 Suiten; alle Zimmer mit TV, Telefon, Minibar, teils mit Balkon • **Anlage:** Salon, Lobby, Speiseraum, Spielzimmer; Terrasse, Schwimmhalle, Tennis, Sauna **Kreditkarten:** AE, DC, MC, V • **Kinder:** sehr willkommen • **Behinderte:** keine speziellen Einrichtungen • **Tiere:** erlaubt • **Geschlossen:** Mitte Nov. bis Mitte Dez.; Restaurant Mo, Di • **Besitzer:** Familie Zumkeller

Baden-Württemberg

Heidelberg

Hirschgasse
~ Stadthotel ~

69120 Heidelberg, Hirschgasse 3
Tel (06221) 4540 **Fax** (06221) 454111
e-mail info@hirschgasse.de **website** www.hirschgasse.de

Mark Twain könnte auch heute noch aus einem der malerischen kleinen Fenster des Hauses schauen, wo er einmal übernachtete, und den Blick über den vorbeifließenden Neckar genießen. Sein Zimmer würde er allerdings kaum mehr wiedererkennen: Das Hotel wurde 1989 vollständig renoviert, um eine Reihe von herrlichen Suiten zu schaffen. Sie sind alle im Stil von Laura Ashley eingerichtet, aber jede mit einem eigenen Charakter: In der Chinesischen Suite gibt es mit roten Lackintarsien verzierte Wände, Bambustische und chinesische Lampen. Die Rosen-Suite ist mit rosafarbenen Rüschen, Putten und rosaroten Deko-Stoffen ausgeschmückt. In der Heidelbeer-Suite herrscht eine gemütliche Clubatmosphäre.

Bei der Renovierung wurde darauf geachtet, dass moderne Einrichtungsgegenstände wie Fernsehgeräte so in das Mobiliar integriert wurden, dass sie den eleganten Gesamteindruck nicht stören.

Das intime kleine Restaurant trägt den bezeichnenden Namen »Le Gourmet«. Es ist das beste in der Stadt und deshalb sehr beliebt. Hotelgäste werden zwar bevorzugt bedient, aber dennoch ist es ratsam, einen Tisch reservieren zu lassen.

~

Umgebung: Schloss, Philosophenweg, Kurpfälzisches Museum • **Lage:** mit Blick auf die Altstadt, neben der Alten Brücke gegenüber dem Schloss, am Aufgang zum Philosophenweg; mit Parkplatz • **Mahlzeiten:** Frühstück, Abendessen, kleine Gerichte • **Preise:** €€€€ • **Zimmer:** 20 Suiten; alle mit Bad/Whirlpool, Telefon, Fön, TV, Minibar, Radio • **Anlage:** Speiseraum • **Kreditkarten:** AE, DC, MC, V **Kinder:** willkommen • **Behinderte:** keine speziellen Einrichtungen • **Tiere:** nicht erlaubt • **Geschlossen:** nie • **Besitzer:** Ernest Kraft

Baden-Württemberg

Heidelberg

Perkeo
~ Stadthotel ~

69117 Heidelberg, Hauptstraße 75
Tel (06221) 14130 **Fax** (06221) 141337 **e-mail** perkeo@hotels-in-heidelberg.de
website www.hotels-in-heidelberg.de/perkeo

Direkt im Zentrum der Altstadt von Heidelberg und in der Nähe des Neckars gelegen, stellt dieses Hotel eine ideale Ausgangsbasis für die Besichtigung der Sehenswürdigkeiten dar. Es ist aufgrund seiner freundlichen Atmosphäre, des hilfsbereiten Personals und des angemessenen Preis-Leistungs-Verhältnisses sehr beliebt. Das *Perkeo* ist ein echtes Hotel garni – es gibt also nur Frühstück –, da sich das »Seehaus«, das Restaurant im Erdgeschoss, unter separater Leitung befindet. Heidelberg ist eine der touristisch überlaufensten Städte Deutschlands; seien Sie also nicht überrascht, wenn dies auch im Frühstücksraum dieses Hotels zu merken ist.

Im Grunde ist das *Perkeo* ein modernes Hotel in einem Gebäude aus dem 19. Jh. Es befindet sich seit einiger Zeit im Besitz der freundlichen Familie Müller, der drei weitere Hotels in Heidelberg gehören und die als erstes alle Zimmer renovieren ließ. Obwohl diese etwas unpersönlich wirken, sind sie doch geräumig und komfortabel und mit hohen Decken sowie neuen Teppichen und Möbeln in modernen Farben ausgestattet. Die Zimmer im vorderen Teil des Hauses sind heller als die Zimmer, die zur Nebenstraße hinausgehen; sie sind jedoch auch lauter, denn obwohl das Perkeo in einer normalerweise ruhigen Fußgängerzone liegt, ist Durchgangsverkehr zwischen 6 und 10 Uhr vormittags erlaubt.

Umgebung: Schloss und Altstadt von Heidelberg • **Lage:** östlich des Kurpfalzmuseums, 5 Min. mit dem Taxi vom Bahnhof und 5 km von der A5 bzw. E35 Karlsruhe–Basel entfernt; öffentlicher Parkplatz in der Nähe • **Mahlzeiten:** Frühstück • **Preise:** €€-€€€ • **Zimmer:** 24; 2 Einzelzimmer mit Dusche, 18 Doppelzimmer, 2 mit gemeinsamem Bad, 3 mit Bad, 13 mit Dusche, 4 Vierbettzimmer mit Dusche; alle Zimmer mit Telefon, TV, Radiowecker, Minibar; 6 mit Modemanschluss **Anlage:** Rezeption, Frühstücksraum, Speiseraum • **Kreditkarten:** AE, DC, MC, V **Kinder:** willkommen • **Behinderte:** nicht geeignet • **Tiere:** erlaubt (geringe Gebühr) • **Geschlossen:** Weihnachten bis Neujahr • **Besitzer:** Familie Müller

Baden-Württemberg

Heilbronn

Park Villa
~ Stadtvilla ~

74074 Heilbronn, Gutenbergstraße 30
Tel (07131) 95700 **Fax** (07131) 957020
e-mail info@hotel-parkvilla.de **website** www.hotel-parkvilla.de

Zwei benachbarte Jugendstilvillen fügen sich zu diesem eleganten Hotel in einem ruhigen Teil der Stadt zusammen. Nur die Zimmer im Erdgeschoss wie z. B. der Frühstücksraum und der Aufenthaltsraum im Hauptgebäude enthalten noch viele Jugendstilelemente: große Erkerfenster, wunderschöne Parkettböden, die originale Holztäfelung sowie einige antike Möbelstücke. Die Zimmer sind groß, hell, luftig und mit eigenen Bädern ausgestattet. Sieben Zimmer verfügen über Balkons oder gehen auf eine Terrasse hinaus, von der aus man den riesigen gemeinsamen Garten überblicken kann, der üppigst mit Bäumen und Büschen bepflanzt ist. Er ist sogar groß genug für einen Karpfenteich, in dem man auch angeln darf, für einen Kinderspielplatz und einen Tierpark im Miniaturformat, der sich der zweifelhaften Attraktion brüstet, über (eingesperrte) Geparden zu verfügen.

Das *Park Villa* ist ein Hotel garni (d. h. mit Frühstück), doch nur fünf Minuten zu Fuß entfernt befinden sich mehrere Restaurants, und im Frühstücksraum sowie im luftigen Gartenraum werden kleine Snacks serviert. Den Gästen des Hotels steht außerdem ein Fitnessraum in der Nähe zur Verfügung.

~

Umgebung: rathaus; Bad Wimpfen /14 km) • **Lage:** in eigenem Anwesen, 10 Min. zu Fuß östlich des Stadtzentrums, 5 Min. mit dem Taxi vom Bahnhof und 5 km von der A 6 bzw. E 50 entfernt; begrenzter gebührenfreier Parkplatz • **Mahlzeiten:** Frühstück, Snacks • **Preise:** €€-€€€ • **Zimmer:** 28; 5 Doppelzimmer mit Bad, 10 mit Dusche, 11 Zimmer mit großem Bett, 10 Einzelzimmer mit Bad, 5 mit Dusche, 3 Suiten mit Bad und Dusche; alle Zimmer mit Telefon, Modemanschluss, TV, Radiowecker, Fön, Minibar • **Anlage:** Rezeption, Aufenthaltsraum, Speiseraum mit Bar, Garten • **Kreditkarten:** AE, DC, MC, V • **Kinder:** willkommen
Behinderte: keine entsprechenden Einrichtungen • **Tiere:** erlaubt • **Geschlossen:** Weihnachten bis Neujahr • **Besitzer:** Familie Gaupp

BADEN-WÜRTTEMBERG

HEITERSHEIM

Krone
~ Stadtgasthof ~

79423 Heitersheim, Hauptstraße 12
Tel (07634) 51070 **Fax** (07634) 510766
e-mail info@ landhotel-krone.de **website** www.landhotel-krone.de

Das Hotel *Krone* macht von außen einen sehr ehrwürdigen Eindruck. Das Farbschema der warmen Rosa- und Gelbtöne wird im Inneren des Gebäudes wieder aufgenommen. Es bietet sich als nützliche Übernachtungsmöglichkeit auf der Badischen Weinstraße an: Es ist ruhig und verfügt über einen Garten zum Entspannen sowie über ein Restaurant, das sich über fünf Kellerräume erstreckt. Dort werden die Böden mit ihren Steinplatten, die unverputzten Wände und die gewölbten Decken theatralisch von Wandleuchtern angestrahlt. In dieser großartigen Umgebung kann man die regionalen Weine und das Essen genießen, das neben französischen auch schweizerische und italienische Einflüsse aufweist. Im Erdgeschoss gibt es ein weiteres Restaurant, das freitags und samstags geöffnet ist, und eine sonnige Café-Terrasse, die gegenüber eines kleinen Gartens liegt.

Die Zimmer im Obergeschoss sind alle unterschiedlich und alle sehr hübsch eingerichtet: Einige haben schräge Wände, andere Deckenbalken und wieder andere französische Fenster, die sich zu einem Balkon über dem Garten hin öffnen. Weitere Zimmer befinden sich im Turmhaus, etwa 20 Meter vom Gasthof entfernt.

Umgebung: Badische Weinstraße durch Bad Krozingen, Staufen, Sulzburg, Müllheim, Auggen und Bad Bellingen bis Lörrach • **Lage:** in der Altstadt von Heitersheim, zwischen dem Malteser Schloss und der B 3, 6 km von der A 5 bzw. E 52 (Ausfahrt Hartheim-Heitersheim) entfernt; gebührenfreie Garagenparkplätze
Mahlzeiten: Frühstück, Mittagessen, Abendessen, Snacks • **Preise:** €-€€
Zimmer: 30 Doppelzimmer, 20 mit Bad, 10 mit Dusche; alle Zimmer mit Telefon, Modemanschluss, TV, Radiowecker, Fön, Minibar, Safe • **Anlage:** Stammhaus mit Rezeption, Café, Weinbar (freitags und samstags), Restaurant, Terrasse, Garten; Turmhaus mit Apartments, Garten • **Kreditkarten:** MC, V • **Kinder:** willkommen
Behinderte: keine entsprechenden Einrichtungen • **Tiere:** erlaubt (geringe Gebühr)
Geschlossen: Restaurant dienstags • **Besitzer:** Josef und Christel Thoma

BADEN-WÜRTTEMBERG

HINTERZARTEN

Reppert
Landhotel

79856 Hinterzarten, Adlerweg 21–23
Tel (07652) 12080 **Fax** (07652) 120811
e-mail hotel@reppert.de **website** www.reppert.de

Das *Reppert* ist ein Wellnesshotel, das keine Wünsche offen lässt. Da es von der Entschlackung und Entspannung über Sport bis zu Schönheitsanwendungen alles anbietet, verfügt es über mehrere Swimmingpools, Sportmöglichkeiten von Aquafitness bis Nordic Walking, Jacuzzis, Solarien, Anwendungen wie z. B. Massagen und Mineralschlammpackungen sowie kosmetische Behandlungen.

Das Chalet-Hotel liegt in einem ruhigen und anspruchsvollen Ferienort an einem See. Es wird bereits seit drei Generationen von der Familie Reppert geführt. Die Zimmer sind geräumig und komfortabel, mit einer Aussicht über den kleinen See hinter dem Haus und den umgebenden Hügeln. Über die Hälfte der Zimmer hat auch einen Balkon. Die Gemeinschaftsräume sind in einer Art plüschigen Eleganz eingerichtet. Auch das Preis-Leistungs-Verhältnis stimmt, da im Preis neben dem Frühstück auch das Abendessen enthalten ist; darüber hinaus gibt es interessante Wochen- und Wochenendangebote. Die Therme im maurischen Stil und das orientalische Bad mit seinem Tropenregen sind etwas für den besonderen Geschmack.

Umgebung: Hüfingen mit Ruinen eines römischen Bads (30 km) • **Lage:** im Ortszentrum, nördlich der evangelischen Kirche und des Bahnhofs, 30 km (über die B 31) von der A 5 bzw. E 52 (Ausfahrt Freiburg Nord) entfernt; kleiner gebührenfreier Parkplatz, Tiefgarage • **Mahlzeiten:** Frühstück, Mittagessen, Abendessen, Snacks • **Preise:** €€-€€€€ • **Zimmer:** 33; 27 Doppelzimmer, 10 mit Bad und Dusche, 17 mit Dusche, 11 Einzelzimmer, 3 mit Bad, 8 mit Dusche, 5 Suiten mit Bad und Dusche; alle Zimmer mit Telefon, Modemanschluss, TV, Radio, Fön, Safe, Minibar • **Anlage:** Bar, 3 Speiseräume, Restaurant, Kinderspielzimmer, Hallenbad, 2 Jacuzzis, Sauna, Solarium, Café-Terrasse, Süß- und Salzwasserpool, Laden Kreditkarten: AE, DC, MC, V • **Kinder:** willkommen • **Behinderte:** Aufzug **Tiere:** erlaubt (geringe Gebühr) • **Geschlossen:** Anfang November bis Anfang Dezember • **Besitzer:** Thomas und Volker Reppert

Baden-Württemberg

Hinterzarten

Sassenhof
~ Dorfhotel ~

79856 Hinterzarten, Adlerweg 17
Tel (07652) 918190 **Fax** (07652) 9181999
e-mail sassenhof@t-online.de **website** www.hotel-sassenhof.de

Hinterzarten ist ein angenehmer Kurort, der von den Touristenströmen zum nahen Titisee verschont bleibt. Der große Dorfanger im englischen Stil ist für einen Ort im Schwarzwald eher ungewöhnlich. Um ihn herum sind mehrere Hotels angesiedelt, darunter auch dieses Hotel garni – ein recht unscheinbares Haus, aber im Inneren außergewöhnlich einladend.

Die Innenräume sind in einem eleganten, altmodischen Stil eingerichtet, der sich deutlich von dem rustikalen, für den Schwarzwald typischen Stil unterscheidet. Die Gästezimmer sind unterschiedlich groß: Einige wirken wie Apartments (insbesondere die unter dem Dach), andere sind eher klein.

Es gibt zwar kein Restaurant, aber da der *Sassenhof* mitten in Hinterzarten liegt, besteht kein Mangel an Gasthäusern. Außerdem ist die Atmosphäre im *Sassenhof* so zwanglos, dass Gäste sich nicht genieren, sich Speisen auf ihr Zimmer zu nehmen, wenn sie Hunger verspüren. Das Frühstück, das in einem reizvollen Rahmen (mit klassischer Musik im Hintergrund) serviert wird, ist sehr reichhaltig. Die Gastgeber freuen sich, wenn man einen gesunden Appetit mitbringt.

~

Umgebung: Ski fahren, Wandern; Schauinsland; Titisee (5 km) • **Lage:** am Dorfanger mitten im Kurort; mit Garten und großem Parkplatz • **Mahlzeiten:** Frühstück • **Preise:** €€ • **Zimmer:** 26; 5 Doppelzimmer, 4 mit Bad, 1 mit Dusche/WC; 11 Einzelzimmer mit Bad; 6 Suiten mit Dusche; 4 Apartments; alle Zimmer mit TV, Telefon, Fön; Radio auf Wunsch • **Anlage:** Frühstücksräume, Salon, Stube; Swimmingpool im Haus, Sauna • **Kreditkarten:** keine • **Kinder:** willkommen • **Behinderte:** nicht geeignet • **Tiere:** erlaubt • **Geschlossen:** 24. Oktober bis 28. November • **Besitzer:** Familie Lück

BADEN-WÜRTTEMBERG

JAGSTHAUSEN

Burghotel Götzenburg
~ Umgebaute Burg ~

74249 Jagsthausen
Tel (07943) 2222 **Fax** (07943) 8200
e-mail info@burghotel-goetzenburg.de **website** www.burghotel-goetzenburg.de

Das Emblem dieses Burghotels ist die Eiserne Faust des Ritters Götz von Berlichingen, der 1480 hier oberhalb der Jagst geboren wurde. Seine Nachfahren leben heute noch hier, und im Burgmuseum ist eine eiserne Hand mit beweglichen Fingern ausgestellt. Die Burg selbst ist stark renoviert, doch im Inneren herrschen immer noch geschnitzte Holzsäulen, dunkle Deckenbalken, unverputzte Steinwände und verzierte Möbel vor, die eine ausgesprochen gotische Atmosphäre verbreiten. Das Hotel hat zwar nur 18 Zimmer, wirkt aber viel größer; die riesigen Himmelbetten und die massiven Holzkommoden scheinen den Raum kaum zu füllen. Jedes Zimmer ist anders; doch alle sind recht einfach (eines hat kein eigenes Bad), traditionell eingerichtet, mit Antiquitäten ausgestattet und mit herrlicher Aussicht aus beinahe allen Fenstern. Als Zugeständnis an moderne Zeiten gibt es auch Schönheitssalons.

Auch die Küche des Hotels ist überwiegend traditionell und bezieht ihre Zutaten von den umliegenden Bauernhöfen. In den Sommermonaten Juni bis August ist das Burghotel fast immer ausgebucht – dann wird Goethes »Götz von Berlichingen« im Burghof aufgeführt. Rechtzeitiges Buchen empfiehlt sich.

~

Umgebung: Wanderungen und Fahrten im urwüchsigen Jagsttal • **Lage:** in einem Park im östlichen Teil von Jagsthausen an der B 19, 10 Min. mit dem Taxi vom Bahnhof Möckmühl und 6 km von der A 81 bzw. E 41 (Ausfahrt Möckmühl) entfernt; gebührenfreier Parkplatz • **Mahlzeiten:** Frühstück, Mittagessen, Abendessen, Snacks • **Preise:** €–€€€ • **Zimmer:** 18 Doppelzimmer, 17 mit Dusche, 2 mit großem Bett; alle Zimmer mit Telefon, Fön, Minibar; einige mit TV • **Anlage:** Restaurant mit Rezeption, Restaurant, Aufenthaltsraum, Schönheitssalons, Veranstaltungsräume, Innenhof, Terrasse am Fluss, Park • **Kreditkarten:** AE, MC, V • **Kinder:** willkommen • **Behinderte:** nicht geeignet • **Tiere:** erlaubt (geringe Gebühr) **Geschlossen:** November bis Mitte März • **Besitzer:** Familie von Berlichingen

BADEN-WÜRTTEMBERG

KAISERSBACH

Schassberger Ebnisee
Landhotel

73667 Kaiserbach, Winnender Str. 10
Tel (07184) 2920 **Fax** (07184) 292204
e-mail info@schassbergers.de **website** www.schassbergers.de

Das in einem Waldgebiet gelegene Landhotel, das früher als das *Landhaus Hirsch* bekannt war, ist seit 1748 im Familienbesitz und hat sich zu einem Komplex aus chaletartigen Gebäuden gemausert.

Das Interieur mag Innenarchitekten abschrecken. So ist der Salon zwar äußerst bequem, doch trist eingerichtet. Die komfortablen Gästezimmer haben dagegen mehr Stil. Neben dem Hotelrestaurant gibt es noch zwei weitere Speiseräume: Im Gourmet-Restaurant »Hirschstube« werden einfallsreiche klassische Gerichte serviert, während man in der »Flößerstube« schwäbische Spezialitäten genießen kann.

Auch in der Umgebung des Hotels kann man viel unternehmen. Die Schassbergers geben ihren Gästen gern Tipps zur Freizeitgestaltung: Sie verteilen einen richtigen Führer, der darüber informiert, welche Routen es für Wanderungen gibt und wie man auf Nebenstraßen die Region mit dem Auto erkunden kann.

Umgebung: Skilanglauf, Wandern, Angeln, Bootfahren, Rad fahren; Welzheim (5 km) mit Freizeitpark • **Lage:** in bewaldeter Landschaft am See, 40 km nö von Stuttgart; mit Garten, Garagen und Parkplatz • **Mahlzeiten:** Frühstück, Mittag- und Abendessen, kleine Gerichte • **Preise:** Zimmer €€–€€€ • **Zimmer:** 49; 29 Doppelzimmer, 14 mit Bad, 15 mit Dusche; 17 Einzelzimmer mit Dusche; 3 Maisonettes mit Bad; alle Zimmer mit TV, Telefon, Fön, Minibar, z. T. mit Balkon, Whirlpool • **Anlage:** Bar, Salon; Terrasse, Hallenbad, Tennishalle und -plätze, Squash, Sauna • **Kreditkarten:** AE, MC, V • **Kinder:** sehr willkommen
Behinderte: Zugang leicht; Rollstuhl, Parterrezimmer • **Tiere:** nur auf den Zimmern • **Geschlossen:** nie • **Besitzer:** Ernst und Ulrich Schassberger

Baden-Württemberg

Konstanz

Seehotel Siber
~ Villa am See ~

78464 Konstanz, Seestr. 25
Tel (07531) 9966990 **Fax** (07531) 99669933
e-mail seehotel.siber@t-online.de **website** www.seehotel-siber.de

Man weiß gar nicht, wo man bei der Beschreibung dieses erst seit 1984 bestehenden Hotels zuerst anfangen soll. Viele Besucher kommen in erster Linie wegen Bertold Sibers Haute Cuisine, die von allen Gourmet-Führern hohes Lob erntet und für das, was sie bietet, nicht zu teuer ist.

Aber auch das Haus selbst ist ein kleines Juwel: eine Ende des 19. Jh. errichtete Jugendstilvilla, die sich in herrlicher Lage über dem Bodensee erhebt. Die wunderschöne Aussicht kann man am besten von der erhöhten Speiseterrasse aus genießen. Direkt neben dem Hotel befindet sich das Spielkasino; das Stadtzentrum von Konstanz liegt nur wenige Gehminuten entfernt.

Die Innenräume sind mit großer Liebe zum Detail geschickt renoviert worden. So kommen beispielsweise die verzierten Schauvitrinen vor der dunklen Holztäfelung des Speiseraums besonders gut zur Geltung. Die Gästezimmer wirken etwas schlicht, sind aber harmonisch und elegant eingerichtet. Die besten bieten einen schönen Seeblick. Der aufmerksame, nette Service ist der Atmosphäre des Hauses angepasst.

~

Umgebung: Insel Reichenau; Insel Mainau; Fähre nach Meersburg; Wassersport
Lage: an der Uferpromenade mitten in der Stadt, nahe dem Spielkasino; mit Garten und großem Parkplatz • **Mahlzeiten:** Frühstück, Mittag- und Abendessen, kleine Gerichte • **Preise:** Zimmer €€€–€€€€ • **Zimmer:** 11 Doppelzimmer, 10 mit Bad, 1 mit Dusche; alle Zimmer mit Klimaanlage, TV, Telefon, Radio, Fön, Minibar, Safe • **Anlage:** Restaurant, Bar; Seeterrasse, Dachterrasse • **Kreditkarten:** AE, DC, MC, V • **Kinder:** erlaubt • **Behinderte:** keine speziellen Einrichtungen • **Tiere:** Hunde erlaubt • **Geschlossen:** 2 Wochen im Febr. • **Besitzer:** Bertold Siber

Baden-Württemberg

Lahr-Reichenbach

Adler
~ Dorfgasthof ~

77933 Lahr-Reichenbach, Hauptstraße 18
Tel (07821) 906390 **Fax** (07821) 9063933
e-mail adler@adler-lahr.de **website** www.adler-lahr.de

Otto Fehrenbacher, Mitglied der renommierten »Jeunes Restaurateurs d'Europe«, hat einen unauffälligen Gasthof, den sein Großvater Jahre zuvor gekauft hatte, in ein Restaurant und Hotel mit Prestige umgewandelt. Das *Adler* liegt am Rande des Ortes Lahr-Reichenbach, der sich an sanft abfallende Hügel schmiegt. Die geräumigen Zimmer sind modern, auffallend bunt und individuell eingerichtet. Besonders gut hat uns die Suite in dem runden Turm gefallen, von der aus man eine schöne Aussicht auf den Garten hat.

Das Restaurant im Erdgeschoss vergrößert sich im Sommer durch eine hübsche bepflanzte Gartenterrasse, die zur Hälfte überdacht ist. Dafür, dass das Restaurant einen Michelinstern hat, sind die Gerichte recht preiswert. Sie reichen von einfach international (z. B. ein Gourmetsalat oder ein Wiener Schnitzel mit Pommes frites und Salat) über regionale Gerichte der Saison (z. B. Wildschweinmedaillons mit Pilzen und Rotkohl) bis hin zu ehrgeizigen Feinschmeckermenüs. Auf der Weinkarte finden sich exzellente Weine der Region. Den entsprechenden Appetit kann man sich auf dem nahe gelegenen Golfplatz oder zu Pferde holen.

~

Umgebung: Naturpark Taubergießen entlang des Rheins (27 km) • **Lage:** auf dem Land, nördlich des Dorfes Lahr-Reichenbach an der N 18, 10 Min. mit dem Taxi vom Bahnhof Lahr entfernt, in der Nähe der A 5 bzw. E 35 Karlsruhe–Basel (Ausfahrt Lahr); gebührenfreier Parkplatz • **Mahlzeiten:** Frühstück, Mittagessen, Abendessen, Snacks • **Preise:** €€-€€€ • **Zimmer:** 25; 22 Doppelzimmer, 14 mit Bad, 8 mit Dusche, 3 mit großem Bett, 3 Einzelzimmer mit Dusche ; alle Zimmer mit Telefon, TV, Radiowecker, Fön, Safe; einige mit Modemanschluss • **Anlage:** Rezeption, Aufenthaltsraum, Restaurant, Speiseraum, Terrasse, Garten, Garage **Kreditkarten:** AE, MC, V • **Kinder:** willkommen • **Behinderte:** nicht geeignet **Tiere:** kleinere Tiere erlaubt (geringe Gebühr) • **Geschlossen:** 2 Wochen im Februar; Restaurant dienstags und 1 Woche im Februar • **Besitzer:** Otto Fehrenbacher und Familie

BADEN-WÜRTTEMBERG

LAHR-SULZ

Dammenmühle
~ Landhotel ~

77933 Lahr-Sulz, Dammenmühle 1
Tel (07821) 93930 **Fax** (07821) 939393
e-mail dammenmuehle@t-online.de **website** www.hotel-dammenmuehle.de

Auf der am Wasser gelegenen Terrasse dieses Hotels oder in einem Boot am Staudamm des Mühlenbachs kann man mit dem Mittagessen ganze Nachmittage verbringen. Die Ölmühle, die einst von der Kraft des Bachs betrieben wurde, ist vor über einem Jahrhundert durch eine elegante Jugendstilvilla ersetzt worden. Das Innere weist heute allerdings kaum noch eine Spur des originalen Stils auf.

Das Restaurant erstreckt sich über vier Räume im Erdgeschoss; der kleinste und bezauberndste ist das ganz in Glas gehüllte Verandazimmer, das zum Garten hinausgeht. Die Speisekarte reicht von preiswerten Snacks wie z. B. Baguettes, Salaten und Würstchen über Steaks und andere internationale Klassiker bis hin zu köstlichen regionalen Gerichten der Saison. Die Gästezimmer liegen nicht in der Villa selbst, sondern in vier neuen, benachbarten Gästehäusern. Die meisten Doppelzimmer befinden sich in der »Alten Mühle«; das »Hexehäusle« verfügt über ein Familienapartment mit drei Zimmern und Gartenterrasse. Freunde der Innenarchitektur des 21. Jh. werden besonders die Studios im »Haus am See« gefallen, in denen zeitgenössisches deutsches Design ausgestellt ist. Einige Zimmer haben Balkons, von denen aus man den See sehen kann, drei öffnen sich zu einer Terrasse neben dem Swimmingpool.

Umgebung: Europa-Themenpark für Familien (30 km) • **Lage:** in eigenem Anwesen, im Dorf Sulz, 2 km südlich von Lahr-Schwarzwald, 10 Min. mit dem Taxi vom Bahnhof Lahr und 10 km von der A 5 bzw. E 35 (Ausfahrt Lahr) entfernt; gebührenfreier Parkplatz • **Mahlzeiten:** Frühstück, Mittagessen, Abendessen, Snacks **Preise:** €–€€ • **Zimmer:** 18; 17 Doppelzimmer, 12 mit Bad, 5 mit Dusche, 1 Einzelzimmer mit Dusche; alle Zimmer mit Telefon, Modemanschluss, TV, Radiowecker, Fön; einige mit Minibar • **Anlage:** Rezeption, Restaurant, Terrasse am Wasser, Swimmingpool, Garten • **Kreditkarten:** MC, V • **Kinder:** willkommen **Behinderte:** bitte erfragen • **Tiere:** erlaubt (geringe Gebühr) • **Geschlossen:** Restaurant montags, 2 Wochen im Januar • **Besitzer:** Karin und Roger Hilke

Baden-Württemberg

Leonberg-Höfingen

Schloss Höfingen
~ Umgebaute Burg ~

71229 Leonberg-Höfingen, Am Schlossberg 17
Tel (07152) 28141

Von dieser winzigen Burg oberhalb der Glems aus verteidigten die Ritter von Höfingen in den Jahren 1000 bis 1711 ihr Terrain. Die nachfolgenden Generationen konnten sich der Übergriffe der Städte Höfingen, Leonberg und Stuttgart nicht erwehren; heute reichen die Randbezirke Stuttgarts weniger als 20 Kilometer im Osten an das Schloss heran. Es steht zwar immer noch prominent auf seinem Felsen, liegt jedoch an einer Straße und hat eine Hausnummer. Nur der Turm mit seiner Wendeltreppe aus Stein und die massiven Mauern mit den eingelassenen Fenstern erinnern noch an seine einstige Verteidigungsfunktion; ansonsten wurde jegliche mittelalterliche Düsternis durch die Modernisierung verbannt. Die Zimmer sind geräumig und hell, einfach, aber mit dekorativ geschnitzten und bemalten Möbeln eingerichtet; die Zimmer Nr. 6 bis 9 haben eine besonders schöne Aussicht.

Das Restaurant befindet sich im Erdgeschoss; es ist traditionell, einfach und elegant, mit Kassettendecke und Steinfußboden. Ingrid Hauer verwendet nur einheimische Zutaten für ihre ungewöhnlichen Gerichte: Rinder- oder Schweinefilet mit Erbsen in Rahm- und Honigsauce, Karotten mit Butter und Ingwer, Kartoffel-Sauerkraut-Gratin oder Pilz-Gemüse-Eintopf. Besonders stolz ist sie auf ihr Dessert: gefrorenes Nougat mit frischen Früchten.

Umgebung: Schloss Solitude (3 km) • **Lage:** auf einem Hügel, nördlich der Eisenbahnlinie Höfingen–Leonberg, 2 Min. mit dem Taxi vom Bahnhof Höfingen, 5 km von der A 81 bzw. E 41 von Stuttgart und der A 8 bzw. E 52 von Karlsruhe entfernt; Parkplatz (gebührenpflichtig) • **Mahlzeiten:** Frühstück; Mittagessen samstags, sonntags; Abendessen montags bis samstags; Snacks • **Preise:** € • **Zimmer:** 9; 4 Doppel-, 5 Einzelzimmer; alle Zimmer mit Dusche, TV, Fön • **Anlage:** Restaurant, Stube, Aufenthaltsraum, Veranstaltungsraum, kleine Terrasse • **Kreditkarten:** MC, V • **Kinder:** willkommen • **Behinderte:** nicht geeignet • **Tiere:** erlaubt (geringe Gebühr) • **Geschlossen:** nie; Restaurant montags • **Besitzer:** Reiner Klentz

Baden-Württemberg

Lörrach

Villa Elben
~ Stadthotel ~

79539 Lörrach, Hünerbergweg 26
Tel (07621) 2066 **Fax** (07621) 43280
e-mail info@villa-elben.de **website** www.villa-elben.de

Jedes Detail dieser auf einem Hügel gelegenen Villa atmet Jugendstil: die Salonfenster, die dekorativen Schornsteine, die zarten Pflanzenornamente, die in den Gips an den Decken eingearbeitet sind, und die geschwungene, mit Schnitzereien verzierte Treppe. Die schöne Lobby-Lounge mit ihrer Galerie wirkt eher wie eine Bibliothek; im angrenzenden sonnigen Musikzimmer steht ein Flügel. Die französischen Fenster öffnen sich zu einer ländlichen Terrasse, auf der Kaffee und andere Getränke serviert werden. Das ausgesprochen ruhige Hotel liegt inmitten privater Anwesen, auf denen man zwischen wunderschönen alten Bäumen spazieren gehen kann.

Wenn eine Villa zu einem Hotel umgebaut wird, verlieren die Zimmer meist ihre originalen Züge; die Doppelzimmer der *Villa Elben* jedoch sind hell, gut proportioniert und klassisch eingerichtet. Ein oder zwei haben eine Aussicht hinüber zur Schweiz. Durch einen Korridor unauffällig mit der Villa verbunden ist ein neues Gebäude, in dem sich 20 Einzelzimmer und ein Frühstücksraum befinden. Die *Villa Elben* hat als Hotel garni kein Restaurant; es gibt jedoch genügend gute Speisemöglichkeiten in der näheren Umgebung. Da Lörrach touristisch nicht besonders interessant ist, sind auch die Zimmerpreise hier recht niedrig.

Umgebung: B 317 durch den südlichen Schwarzwald • **Lage:** auf einem Hügel in hoteleigenem Park, 5 Min. östlich des Stadtzentrums und des Bahnhofs, 2 Min. mit dem Taxi vom Bahnhof Lörrach und 5 km von der A 98 bzw. E 54 (Ausfahrt Lörrach-Adelhausen) entfernt; gebührenfreier Parkplatz • **Mahlzeiten:** Frühstück • **Preise:** €€ • **Zimmer:** 34; 14 Doppelzimmer mit Zweierbetten, 6 mit Bad, 8 mit Dusche, 20 Einzelzimmer mit Dusche; alle Zimmer mit Telefon, Modemanschluss, TV, Radiowecker, Fön, Minibar • **Anlage:** Hauptgebäude mit Rezeption, Bar, Speiseraum; neues Gebäude mit Frühstücksraum, Garten, Terrasse • **Kreditkarten:** AE, MC, V • **Kinder:** willkommen • **Behinderte:** Zugang zum neuen Gebäude möglich **Tiere:** erlaubt • **Geschlossen:** nie • **Geschäftsführerin:** Corinna Harrer-Elben

BADEN-WÜRTTEMBERG

MAHLSTETTEN

Landgasthof Lippachmühle
~ Umgebaute Mühle ~

78601 Mahlstetten, Im Lippachtal
Tel (07429) 2306 **Fax** (07429) 3592
e-mail lippachmuehle@t-online.de **website** www.lippachmuehle.de

Dieser Landgasthof erinnert ein wenig an das Hexenhäuschen aus Grimms »Hänsel und Gretel«: Er liegt auf einer Waldlichtung versteckt und wirkt durch die umstehenden riesigen Bäume beinahe winzig. Die *Lippachmühle* ist zwar nicht essbar – aber sie steckt voller Überraschungen, und nicht zuletzt sind auch die Zimmerpreise einfach märchenhaft. Seit dem 14. Jh. war dieser Landgasthof eine Getreidemühle; heute verfügt er über sieben einfache, saubere Zimmer. Sie haben keine Extras, keine eigenen Duschen, nicht einmal eine Uhr, aber die Luft ist gefüllt vom Rauschen des Bachs, der sich hinter dem Haus entlangschlängelt, und vom Geruch der Bäume, die das Hotel umgeben. Die Lippachmühle erinnert mit ihren geräumigen Zimmern, den zusätzlichen Schlafmöglichkeiten und dem Spielplatz mit Trampolin an ein Familienhotel. Die Erwachsenen können sich auf der Terrasse am Fluss entspannen und den Blumengarten bewundern.

Der Landgasthof ist nichts für Luxusverwöhnte, aber ideal für Menschen, die Ruhe suchen. Die Besitzerin, Frau Eichel, ist erfreulich unkompliziert, und außer lesen und entspannen kann man hier auch wandern, reiten und gut essen. Es gibt nicht nur leichte internationale Gerichte, sondern auch schwäbische Hausmannskost.

~

Umgebung: die mittelalterliche Stadt Rottweil (40 km) • **Lage:** in einem Wald, 20 Min. mit dem Taxi vom Bahnhof Tüttlingen und 40 km von der A 81 bzw. E 41 Stuttgart-Singen (Ausfahrt Rottweil) entfernt, über die B 14 nach Balgheim und die L 438 nach Dürbheim und Mahlstetten; gebührenfreier Parkplatz • **Mahlzeiten:** Frühstück, Mittagessen, Abendessen • **Preise:** € • **Zimmer:** 7 Doppelzimmer mit separater Dusche, 1 mit großem Bett, 1 Apartment mit Bad und Dusche • **Anlage:** Rezeption, 2 Restaurants, Terrasse, Garten, Spielplatz • **Kreditkarten:** keine **Kinder:** willkommen • **Behinderte:** keine entsprechenden Einrichtungen • **Tiere:** erlaubt • **Geschlossen:** 2 Wochen im Februar, 1 Woche im Oktober • **Besitzer:** Rainer und Nadine Eichel

BADEN-WÜRTTEMBERG

MARKDORF

Bischofschloss
~ Umgebautes Schloss ~

88677 Markdorf, Schlossweg 2
Tel (07544) 50910 **Fax** (07544) 509152
e-mail mail@bischofschloss.de **website** www.bischofschloss.de

Dieser ehemalige Sommersitz der Bischöfe von Konstanz ist heute ein palastartiges Hotel am Rande der winzigen Altstadt von Markdorf. Der Turm verfügt über zwölf Doppelzimmer und eine Aussicht bis in die Schweiz. Die Zimmer sind mit Holzfußböden, schmiedeeisernen Betten und Baldachinen ausgestattet. Das Hotel ist ein wahrer Blickfang, die Zimmer geräumig und hübsch, die Atmosphäre privat. Dennoch, so der Gast, der das Hotel vor kurzem für uns besuchte, fehlt es dem *Bischofschloss* an konsequentem Stil und ein wenig an Wärme.

Der energiegeladene Besitzer, Herr Reutemann, stellt jeden Morgen ein wirklich internationales Frühstück bereit: Bagels und Erdnussbutter für die Amerikaner, orientalische Suppen für die Asiaten und Weißwürste für die Bayern. Auch in puncto Unterhaltung werden weder Kosten noch Mühen gescheut: Frühmorgens gibt es geführte Schlossbesichtigungen, ganz in der Nähe befindet sich ein Hügel, auf dem wilde Affen leben, und auf den Bauernhöfen der Umgebung kann man reiten. Die nötige Entspannung findet der Gast in den Massage- und Schönheitssalons.

Umgebung: ehemalige Bischofsresidenz von Konstanz; Meersburg (6 km) • **Lage:** im Zentrum von Markdorf, 2 Min. mit dem Taxi vom Bahnhof entfernt, über die B 31 nach Ravensburg und die B 30 nach Memmingen; gebührenfreier Parkplatz **Mahlzeiten:** Frühstück, Mittagessen, Abendessen, Snacks • **Preise:** €€-€€€ **Zimmer:** 44; 28 Doppelzimmer, alle mit Bad, 12 Einzelzimmer, 2 mit Dusche, 10 mit Bad, 4 Suiten; alle Zimmer mit Telefon, Modemanschluss, TV, Radiowecker, Fön • **Anlage:** Rezeption, Aufenthaltsraum, Weinbar, Restaurant, Aufzug, Jacuzzi, Sauna, Solarium, Gesundheitsbad, Veranstaltungsraum, Innenhof, Garage, Autovermietung • **Kreditkarten:** AE, MC, V • **Kinder:** willkommen • **Behinderte:** nicht geeignet • **Tiere:** erlaubt (geringe Gebühr) • **Geschlossen:** 24. Dezember bis 6. Januar • **Besitzer:** Bernd Reutemann

BADEN-WÜRTTEMBERG

MEERSBURG

Zum Bären
∽ Städtischer Gasthof ∽

88709 Meersburg, Marktplatz 11
Tel (07532) 43220 **Fax** (07532) 432244
e-mail gasthofzumbaeren@t-online.de **website** www.meersburg.de/baeren

Der Hotel-Gasthof *Zum Bären* befindet sich seit fünf Generationen im Besitz der Familie Michael Gilowskys. Die Geschichte des Gasthofs reicht jedoch noch viel weiter zurück. Über dem Renaissanceportal steht zwar die Jahreszahl 1605, aber das Gebäude wurde bereits um 1250 errichtet. Teile des Erdgeschosses und einer der beiden Keller sind noch aus dieser Zeit erhalten.

Der Gasthof ist genau das, was man in einem bezaubernden, alten Städtchen am Bodensee erwartet. Seine Lage könnte nicht besser sein: direkt am hübschen Marktplatz. Die durch Sgraffito und Malereien verzierte Fassade wird von einem Treppengiebel überragt und besitzt üppigen Blumen- und Kletterpflanzenschmuck (typisch für den Ort). Einige der Zimmer sind recht prächtig, mit Stuckdecken und bemalten Möbeln; andere sind einfacher, aber ebenfalls geschmackvoll möbliert. Michael Gilowsky, der auch im Ausland gekocht hat, bietet den Gästen eine ständig wechselnde Speisekarte, auf der man einfache, aber sättigende Gerichte ebenso findet wie mehrere Menüs zu festen Preisen.

∽

Umgebung: Altes und Neues Schloss, Steigstraße, Marktplatz; Segeln auf dem Bodensee, Wandern • **Lage:** auf dem historischen Marktplatz in der Altstadt; mit Garage (15 Stellplätze) • **Mahlzeiten:** Frühstück, Mittag- und Abendessen
Preise: €–€€ • **Zimmer:** 20; 17 Doppel-, 3 Einzelzimmer; 2 mit Bad, 18 mit Dusche, alle Zimmer mit Telefon und TV • **Anlage:** 2 Speiseräume
Kreditkarten: keine • **Behinderte:** Zugang schwierig • **Tiere:** erlaubt
Geschlossen: Mitte Nov. bis Mitte März; Restaurant Mo, Di sowie 15. März bis 15. Juli • **Besitzer:** Michael Gilowsky

Baden-Württemberg

Meersburg

Weinstube Löwen
~ Stadtgasthof ~

88709 Meersburg am Bodensee, Marktplatz 2
Tel (07532) 43040 **Fax** (07532) 430410 **e-mail** info@hotel-loewen-meersburg.de
website www.hotel-loewen-meersburg.de

Meersburg mit seinen mittelalterlichen Gässchen, Häusern und Burgen, dem barocken Palast und der Uferpromenade am Bodensee sollten Sie im Frühjahr oder Herbst besuchen – wenn die Stadt am wenigsten überlaufen ist. Wenn Sie im Sommer kommen wollen, sollten Sie unbedingt frühzeitig buchen. Die *Weinstube Löwen* ist über 500 Jahre alt. Sie liegt am alten Marktplatz in der Oberstadt und spielte in Meersburgs langer Geschichte eine wichtige Rolle. Das rosafarbene Gebäude mit seinen grünen Fensterläden ist eine der Meersburger Touristenattraktionen. Der romantische alte Gasthof mit seinen schattigen Tischen auf dem Kopfsteinpflaster wirkt ausgesprochen einladend. Das eigentlich Schöne ist jedoch die Atmosphäre im Inneren des Hauses, vor allem in dem gemütlichen getäfelten Restaurant. Der Küchenchef ist im Ort sehr berühmt, deshalb kommen auch viele Einheimische zum Essen hierher. Auf der schwäbischen Speisekarte stehen überwiegend Fisch aus dem Bodensee und Gemüse von der Insel Reichenau. Auch der Wein kommt aus der unmittelbaren Umgebung. Das Hotel liegt etwa 15 Minuten zu Fuß vom Bodensee entfernt. Die recht einfachen Zimmer gehen zur Altstadt hinaus. Keines hat einen Seeblick, und die größten Zimmer befinden sich im ersten Stock.

~

Umgebung: Fähre nach Konstanz • **Lage:** zentral, am Marktplatz, an der Kirchstraße in der Oberstadt, 20 Min. mit dem Taxi vom Bahnhof Friedrichshafen entfernt, über die B 31 nach Ravensburg und die B 30 aus Richtung Ulm; öffentliches Parkhaus in der Nähe • **Mahlzeiten:** Frühstück, Mittagessen, Abendessen • **Preise:** €-€€€ • **Zimmer:** 21; 18 Doppelzimmer, 10 mit Bad, 8 mit Dusche, 3 Einzelzimmer mit Dusche; alle Zimmer mit Telefon, Modemanschluss, TV; einige mit Safe **Anlage:** Rezeption, Restaurant, Speiseraum, Veranstaltungsraum, Terrasse **Kreditkarten:** AE, DC, MC, V • **Kinder:** willkommen • **Behinderte:** keine entsprechenden Einrichtungen • **Tiere:** erlaubt (geringe Gebühr) • **Geschlossen:** nie **Besitzer:** Sigfrid Fischer

BADEN-WÜRTTEMBERG

MÜNSTERTAL

Spielweg
~ Landhotel ~

79244 Münstertal, Spielweg 61
Tel (07636) 7090 **Fax** (07636) 70966
e-mail spielweg@romantikhotels.com **website** www.spielweg.com

Den Kern des Landhotels bildet ein gemütlicher alter Gasthof, schon seit fünf Generationen im Besitz der Familie Fuchs. Im Verlauf der Jahre sind weitere Gästezimmer in drei Nebengebäuden hinzugekommen. Der älteste dieser Bauten – das Stammhaus – bietet ziemlich kleine, aber hübsche und preiswerte Zimmer; modernere und geräumigere Zimmer und Apartments (alle mit Balkon) finden sich im »Haus am Bach« und im »Haus Sonnhalde«. Spielzimmer und Spielplatz für Kinder sind gut ausgestattet; vorhanden sind auch Hallenbad und Pool, Sauna und Solarium.

Passend zu seiner Umgebung aus Wiesen und bewaldeten Hügeln, ist das Hauptgebäude ein zweistöckiges weißes Landhaus mit schwarzen Fensterläden, im Sommer geschmückt mit einem Blumenmeer und den großen weißen Sonnenschirmen auf der Terrasse. Im Innern gelangt man durch die Halle mit einem offenen Kamin in die gemütlichen Gaststuben mit niederen Decken, holzgetäfelten, mit hübscher Keramik und Bildern dekorierten Wänden und leinengedeckten Tischen. Gäste bestätigen, dass die freundliche Familie Fuchs für eine legere und entspannte Atmosphäre sorgt. Man isst gut und ruht sich einfach aus.

Umgebung: Wandern, Rad fahren; Freiburg (27 km) • **Lage:** Obermünstertal, BAB 5, Ausfahrt Bad Krozingen; ausreichende Parkmöglichkeiten • **Mahlzeiten:** Frühstück, Mittagessen, Abendessen • **Preise:** €€–€€€€ • **Zimmer:** 44; 30 Doppel-, 9 Einzelzimmer, 5 Apartments, alle mit Bad; alle Zimmer mit Telefon, TV, Radio, Fön • **Anlage:** Lounge, Gaststuben, Spielzimmer, Konferenzzimmer; 2 Schwimmbäder, Sauna, Solarium • **Kreditkarten:** AE, DC, MC, V • **Kinder:** willkommen **Behinderte:** Rampen, Lift • **Haustiere:** erlaubt (außer in Haus Sonnhalde) **Geschlossen:** nie • **Besitzer:** Hansjörg Fuchs

BADEN-WÜRTTEMBERG

RAMMINGEN

Landgasthof Adler
~ Dorfhotel ~

89192 Rammingen, Riegestraße 15
Tel (07345) 96410 **Fax** (07345) 964110
e-mail adler@romantikhotels.com

Von außen betrachtet wirkt der Gasthof *Adler* trotz seiner von Efeu bewachsenen Fassade wie eines von vielen austauschbaren Hotels. Lassen Sie sich davon nicht irreführen. Seine großen Vorteile sind seine friedvolle Umgebung und sein großer, schattiger Garten, wo man es sich in Liegestühlen bequem machen oder in der Gartenlaube etwas trinken kann. Gleich vor der Haustüre wartet eine abwechslungsreiche Landschaft darauf, erforscht zu werden; Familie Apolloni verleiht Fahrräder und hat viele interessante Routenvorschläge in petto.

Das Innere des Hotels ist in typisch rustikalem Stil gehalten: die niedrigen Zimmerdecken sind aus massiven Balken, und die Wände wurden mit hellem Kiefernfurnier verkleidet. Die strahlend sauberen und sehr geräumigen Badezimmer sind komfortabel eingerichtet und teilweise mit Badewannen aus dem 19. Jahrhundert ausgestattet. In den Gemeinschaftsräumen finden sich zahlreiche antike Möbelstücke, darunter eine prächtige alte Anrichte. Familie Apolloni bewirtschaftet dieses Haus nun schon in der dritten Generation, insgesamt seit über 100 Jahren.

~

Umgebung: Ulm (Münster, Einsteins Geburtshaus) • **Lage:** im Ort auf eigenem Grundstück; Garage und Parkplatz vorhanden • **Mahlzeiten:** Frühstück, Mittagessen, Abendessen • **Preise:** €–€€ • **Zimmer:** 14 Doppelzimmer und Suiten, alle mit Bad, Telefon, Fön • **Anlage:** Speisesaal, Konferenzraum, Terrasse, Garten; Angeln, Reiten • **Kreditkarten:** DC, MC, V • **Kinder:** willkommen • **Behinderte:** einige speziell ausgestattete Zimmer • **Tiere:** Hunde gestattet • **Geschlossen:** nie
Eigentümer: Familie Appoloni

Süddeutschland

BADEN-WÜRTTEMBERG

NECKARWESTHEIM

Schlosshotel Liebenstein
~ Umgebaute Burg ~

74382 Neckarwesthein, Liebenstein 1
Tel (07133) 98990 **Fax** (07133) 6045
e-mail info@liebenstein.com **website** www.liebenstein.com

Das Schlosshotel *Liebenstein* thront auf einem hohen felsigen Berg 5 km östlich des Neckar und es ist längst kein Geheimtipp mehr, einen Tisch auf der Restaurantterrasse zu reservieren und von dort die atemberaubende Aussicht zu genießen. Die einzelnen Gebäude des Hotels – zwischen dem mächtigen Aussichtsturm und der etwas frivol ausgeschmückten Renaissancekapelle, in der Hochzeiten stattfinden – wurden im 16 Jh. erbaut und in den 1980er Jahren stilgerecht renoviert. Sie bieten jetzt einen Komfort, der zu Zeiten der früheren Burgherren undenkbar gewesen wäre.

Eine der Attraktionen des Hotels ist das Gourmetrestaurant »Lazuli« im ersten Stock, mit seinen herrlichen Gewölben und Bögen. Preislich günstiger, aber nicht weniger vornehm ist das »Kurfürst« auf der gleichen Etage, das regionale und internationale Küche bietet. Seine Steinmauern und die Kassettendecke wurden mit weißgoldener Dekoration im Renaissancestil ausgeschmückt. Die Zimmer im zur Hälfte aus Holz errichteten oberen Stock sind geräumig, geschmackvoll eingerichtet und haben eine herrliche Aussicht. Die Zimmer im ersten Stock haben Kassettendecken, sind reichhaltig ausgestattet und etwas größer als die modernen, farbenfroheren Räume ganz oben.

~

Umgebung: Ausflüge und Wanderungen entlang des Neckar (1 km). • **Lage:** an der Burgstraße in Liebenstein, über die B 27 Heilbronn-Kirchheim, 10 Min. im Taxi vom Bahnhof Kirchheim; zur Autobahn A 81 Würzburg-Stuttgart (Ausfahrten Ilsfeld, Mundelsheim) 1 km; kostenloser Parkplatz • **Mahlzeiten:** Frühstück, Mittag-, Abendessen, Imbiss • **Preise:** €€–€€€ • **Zimmer:** 24;15 Zweibett-, 7 Einzelzimmer, 2 Suiten, alle mit Bad, Telefon, PC-Anschluss, TV, Radiowecker, Fön • **Anlage:** Rezeption, Bar, 2 Restaurants,1 mit Terrasse, Fahrstuhl, 2 Veranstaltungsräume, Hof mit Café und Biergarten, Kapelle, Golfplatz. • **Kreditkarten:** AE, DC, MC, V **Kinder:** willkommen • **Behinderte:** Zugang mit Hilfe möglich • **Tiere:** gestattet **Geschlossen:** nie • **Geschäftsführer:** Peter Wagner

Baden-Württemberg

Neckarzimmern

Burg Hornberg
~ Umgebaute Burg ~

74865 Neckarzimmern
Tel (06261) 92460 **Fax** (06261) 924644
e-mail info@burg-hotel-hornberg.de **website** www.burg-hotel-hornberg.de

Die *Burg Hornberg,* eine von vielen Anlagen mit eigenem Burgberg im Tal des Neckars, war einst die Residenz von Götz von Berlichingen. Doch die längste Zeit war sie im Besitz der Barone von Gemmingen; die Vorfahren des heutigen, liebenswürdigen Besitzers kauften die Burg bereits vom Enkel des Ritters.

Das Hotel umfasst die ehemaligen Stallanlagen der Burg und bietet eine Caféterrasse hoch über dem Fluss, einen Innenhof mit Tischen im Freien, geschmackvoll modernisierte Zimmer mit einer Aussicht wie aus einem Adlerhorst (die Zimmer an der Vorderfront werden im Sommer allerdings etwas heiß), eine historische Kapelle und eine romantische Hochzeitssuite (im eigenen Gebäude mit zwei Zimmern). Im geräumigen Restaurant serviert man moderne, saisonale Gerichte, darunter phantasievolle vegetarische Menüs und neu interpretierte regionale Spezialitäten. Daneben gibt es auch das unvermeidliche mittelalterliche Bankett im Götzengrill. Unser Tester berichtet, dass der Lärm manchmal zum Problem werden kann, da ein Teil der Burg als Museum fungiert.

Umgebung: Waldspaziergänge und Weinbergbesichtigungen im Neckartal. • **Lage:** auf eigenem Grundbesitz auf einem Berg an der B 27, 1 km nördlich des Bahnhofs von Neckarzimmern; 25 km von der A 6 nach Heilbronn und der A 81 nach Stuttgart; kostenlose Parkplätze • **Mahlzeiten:** Frühstück, Mittagessen, Abendessen, Imbiss 14-18 Uhr • **Preise:** €€-€€€ • **Zimmer:** 24; 21 Doppelzimmer, 11 mit Bad, 10 mit Dusche, die 3 Doppelzimmer im Gästehaus mit Dusche/WC auf dem Flur; 3 Einzelzimmer mit Dusche, alle Zimmer mit Telefon, TV, Radiowecker, Fön **Anlage:** 5 Gebäude; 1 mit Rezeption und Aufenthaltsraum; 1 mit Restaurant und Küche, 1 mit Hochzeitssuite, 1 mit Veranstaltungsräumen; Kinderspielplätze, Hof, Caféterrasse, Kapelle • **Kreditkarten:** MC, V • **Kinder:** willkommen • **Behinderte:** nicht geeignet • **Tiere:** gestattet (geringe Gebühr) • **Geschlossen:** Mitte Dez.-Ende Jan. • **Besitzer:** Marcus Freiherr von Gemmingen-Hornberg

Baden-Württemberg

Niederstotzingen

Schlosshotel Oberstotzingen
~ Umgebaute Burg ~

89166 Niederstotzingen, Stettener Str. 35-37
Tel (07325) 1030 **Fax** (07325) 10370

Die wunderschön renovierte, 700 Jahre alte Wasserburg – eher ein Herrenhaus als eine Burg – liegt im Flachland in der Nähe der Donaumarschen. Wie die fünf mit jeglichem technischem Komfort ausgestatteten Tagungsräume zeigen, ist es vor allem für Geschäftsleute bestimmt. Aber auch der normale Gast wird sich hier wohl fühlen.

Zu den Hauptattraktionen gehört die reichhaltige und geschmackvolle Einrichtung in den 17 Gästezimmern (für deutsche Verhältnisse nicht viel). Die Möbel sind zwar alle gleichförmig (modern mit traditionellen Stilelementen), aber die warmen Farbkombinationen sorgen für Individualität. Die Zimmer fallen auch in Schnitt und Größe unterschiedlich aus; eines der schönsten liegt im kleinen Rundturm.

Der stilvolle Speiseraum, der mit Kerzen, Leuchten, traditionellen Dekostoffen und Teppichen ausgestattet und von einer Gewölbedecke überspannt ist, trägt den Namen »Restaurant Vogelherd«. Die Küche, die u. a. ein täglich wechselndes Festpreismenü bietet, ist einfallsreich, reichhaltig und regionaltypisch angehaucht. Außerdem gibt es eine ungewöhnlich große Auswahl an offenen Weinen.

~

Umgebung: Golf, Reiten, Höhlen; Dillingen (22 km) • **Lage:** in offener Landschaft, 120 km ö von Stuttgart; auf einem Grundstück mit großem Parkplatz • **Mahlzeiten:** Frühstück, Mittag- und Abendessen • **Preise:** €€€–€€€€ • **Zimmer:** 15; 11 Doppelzimmer (2 mit Einzelbetten), 2 mit Bad, 9 mit Dusche; 2 Einzelzimmer, 1 mit Bad, 1 mit Dusche; 2 Familienzimmer, 1 mit Bad, 1 mit Dusche; alle Zimmer mit TV, Telefon, Radio, Fön, Minibar • **Anlage:** Speiseraum, Salon; Terrasse, Tennis, Sauna, Schlosspark • **Kreditkarten:** AE, DC, MC, V • **Kinder:** willkommen **Behinderte:** keine speziellen Einrichtungen • **Tiere:** nur auf den Zimmern erlaubt **Geschlossen:** nie • **Geschäftsführer:** Lutz Werner

BADEN-WÜRTTEMBERG

OBERKIRCH

Zur Oberen Linde
~ Ländlicher Gasthof ~

77704 Oberkirch, Hauptstraße 25–27
Tel (07802) 8020 **Fax** (07802) 3030 **e-mail** obere-linde@romantikhotels.com
website www.romantikhotels.com/oberkirch

Der Gasthof *Zur Oberen Linde* grenzt an Weinberge, und einige ausgewählte Weine der Ortenau finden sich auch in der Karte des Restaurants oder der im Keller gelegenen Weinstube. Auf der zur Hälfte aus Holz bestehenden Fassade dieser ehemaligen Poststation stehen die Namen sämtlicher Gastwirte seit 1659; im Jahr 2009 werden die heutigen Mitglieder der Familie Dilger das 350. Jahr der Bewirtschaftung des Hauses durch ihre Familie feiern. 1980 bauten sie eine Kopie des alten Posthauses gleich nebenan und verbanden beide Gebäude durch eine Brücke. Restaurant, Bibliothek/Lounge, Weinstube und andere Gemeinschaftsräume befinden sich im alten Gebäude. Der Gasthof strahlt einen altertümlichen Komfort und Gediegenheit aus. Die Badezimmer sind etwas unnötig auf modern getrimmt worden, doch sieben Zimmer verfügen über Himmelbetten, viele über Balkone und alle blicken auf den großen, grünen Garten, wo man seine Mahlzeiten einnehmen kann. Familie Dilger ist zu Recht stolz auf ihr Restaurant, das internationale Gerichte auf der Basis saisonaler lokaler Produkte serviert – etwa Wildbret, Forelle, Fasan, Spargel und Erdbeeren.

Umgebung: Mühlenweg (Lehrpfad mit einer Wassermühle) in Ottenhöfen (8 km). **Lage:** im Stadtzentrum direkt am Marktplatz und der Hauptstraße, 5 Min. mit dem Taxi vom Bahnhof; zur Autobahn A 5/E 35 Karlsruhe-Basel (Ausfahrt Appenweiler) 12 km über die B 22; kostenloser Parkplatz. • **Mahlzeiten:** Frühstück, Mittagessen, Abendessen, Imbiss • **Preise:** €€ • **Zimmer:** altes Gebäude: 4 Einzelzimmer, 2 mit Dusche, 2 mit Bad; 13 Doppelzimmer, 10 mit Dusche, 3 mit Bad; neues Gebäude: 19 Doppelzimmer, 1 Appartement, alle mit Dusche und Bad; 7 Zimmer mit getrennten Betten; alle Zimmer mit Telefon, TV, Radiowecker, Haartrockner • **Anlage:** Bibliothek/Lounge, Weinbar, Speisezimmer, Restaurant, Fahrstuhl, Veranstaltungsraum; Garten, Kinderspielplatz, Garage • **Kreditkarten:** AE, DC, MC, V • **Kinder:** willkommen • **Behinderte:** Zugang nur zum Restaurant möglich • **Tiere:** gestattet (geringe Gebühr) • **Geschlossen:** nie • **Besitzer:** Familie Dilger

Baden-Württemberg

Oberwolfach

Hirschen
~ Ländliches Hotel ~

77709 Oberwolfach-Walke, Schwarzwaldstraße 2-3
Tel (07834) 8370 **Fax** (07834) 6775
e-mail hirschen@landidyll.de **website** www.landidyll.de/hirschen

Dieses hübsche ländliche Hotel mit seinen Balkonen voller Blumen hat den Wettbewerb als »Bestes Gästehaus der Region Ortenau« gewonnen, wozu vor allem die Hilfsbereitschaft und Herzlichkeit der Familie Junghanns ihren Teil beigetragen haben. Der *Hirschen* hat für jeden etwas zu bieten: Spielzeug, Kegeln und Ausreiten für die Kinder, eine Gartenterrasse mit Glasveranda, einen Fitnessraum, Fahrräder, einen Tennisplatz und ein Billardzimmer. Der *Hirschen* existiert als Gasthaus seit 1609 und neben 17 kleinen Gästezimmern liegen auch die meisten Gemeinschaftsräume in dem alten Chalet. Die Zimmer in dem neuen Flügel oder in einem der neuen Gästehäuser im Garten sind ruhiger, alle sind relativ geräumig (es gibt auch große Familienapartments) und bequem eingerichtet, viele davon haben Balkone und eine schöne Aussicht auf den Garten, ihre Gestaltung ist allerdings durchschnittlich. Herr Junghanns ist der Chefkoch des Restaurants und der Stuben, er bereitet sowohl einfache Snacks auf Toast als auch eine Reihe von Steaks, regionale Spezialitäten und vegetarische Gerichte zu. Der Weinkeller bietet eine reizvolle Auswahl von Weinen der Umgebung.

~

Umgebung: Schöne Ausflüge und Wanderungen im Tal der Kinzig (6 km). • **Lage:** im Weiler Oberwolfach-Walke, 6 km nördlich von Wolfach; 10 Min. im Taxi vom Bahnhof; zur Autobahn A 5/E 35 Karlsruhe-Basel (Ausfahrt Offenburg) 40 km über die B 33; kostenlose Parkplätze • **Mahlzeiten:** Frühstück, Mittagessen, Abendessen, Imbiss • **Preise:** € • **Zimmer:** 41, 34 Doppelzimmer, 5 mit Bad, 29 mit Dusche, 7 Einzelzimmer mit Dusche,; alle Zimmer mit Telefon, PC-Anschluss, TV, Radiowecker, Fön, Safe • **Anlage:** Rezeption, Aufenthaltsraum, Bar, 3 Restaurants, Sauna, Solarium, Fitnessraum, Billard- und Tischtenniszimmer, Veranstaltungsraum, Souvenirladen, Terrasse, Garten mit Teich, Kinderspielplatz, Tennisplatz, Kegelbahn, Fahrräder, 2 Garagen • **Kreditkarten:** AE, DC, MC, V • **Kinder:** willkommen • **Behinderte:** Fahrstuhl • **Tiere:** gestattet (geringe Gebühr) • **Geschlossen:** letzte 3 Wochen im Januar • **Eigentümer:** Eberhard Junghanns

Baden-Württemberg

Offenburg

Sonne
~ Stadthotel ~

77652 Offenburg, Hauptstraße 94
Tel (0781) 932160 **Fax** (0781) 9321640
e-mail info@hotel-sonne-offenburg.de **website** www.hotel-sonne-offenburg.de

Das Hotel *Sonne* an Offenburgs Marktplatz wurde 1720 als Gasthaus erbaut und beherbergte einige Jahrzehnte später Kaiser Napoleon – ein Teller, von dem er angeblich gegessen hat, wird stolz präsentiert.

Das Restaurant ist ein eigenständiges Unternehmen innerhalb des Hotels, das zwei Speisesäle besitzt, einen rustikalen mit Holztäfelung und einen im Stil des Empire; beide sind jedoch hell, geräumig und schön. Die Speisen (lokale und internationale Küche) sind etwas teuer, vor allem abends; es gibt jedoch auch günstigere Mittagsmenüs.

Das Hotel gruppiert sich um einen Innenhof. Der vordere und die Seitenflügel sind die historischen Bauteile. Die besten Zimmer liegen im vorderen Flügel; sie sind sehr geräumig, zum Teil mit Möbeln und Accessoires der Biedermannzeit ausgestattet, und sie gehen auf den alten Marktplatz hinaus. Die Größe der Zimmer variiert beträchtlich; die größten sind die beiden Familiensuiten mit 4 Betten. Einige der modernen Zimmer im neuen, rückwärts gelegenen Flügel sind zwar bequem, aber ziemlich langweilig.

~

Umgebung: schöne Eisenbahnfahrt durch den Schwarzwald von Offenburg nach Villingen • **Lage:** Fußgängerzone um den Marktplatz gegenüber dem Rathaus; 5 Min. im Taxi vom Bahnhof; zur Autobahn A 5 (Ausfahrt Offenburg) 5 km; Tiefgarage, geringe Gebühr • **Mahlzeiten:** Frühstück, Mittagessen, Abendessen **Preise:** €€ • **Zimmer:** 34; 17 Doppelzimmer mit Bad, 12 mit Dusche und Bad, 5 mit Waschbecken, 1 mit getrennten Betten, 17 Einzelzimmer, 12 mit Dusche und Bad, 5 mit Waschbecken; alle Zimmer mit Telefon, PC-Anschluss, TV, Radiowecker, Haartrockner, 3 mit Minibar • **Anlage:** Rezeption, Bar, Restaurant, Frühstückszimmer, Fahrstuhl, Hof zum Parken, Tiefgarage • **Kreditkarten:** MC, V • **Kinder:** willkommen • **Behinderte:** Zugang nur zum Restaurant möglich • **Tiere:** gestattet (geringe Gebühr • **Geschlossen:** nur das Restaurant, 3 Wochen im Jan. • **Besitzer:** G. Schimpf-Schöppner

Baden-Württemberg

Pfalzgrafenweiler-Kälberbronn

Waldsägmühle
~ Ländliches Hotel ~

72285 Pfalzgrafenweiler-Kälberbronn
Tel (07445) 85150 **Fax** (07445) 6750
e-mail waldsaegmuehle@t-online.de website www.waldsaegmuehle.de

Die *Waldsägmühle* befindet sich auf einer einsamen Lichtung, die von den dunklen Nadelbäumen des mittleren Schwarzwalds fast eingeschlossen und nur über einen Waldweg zu erreichen ist. Früher stand hier tatsächlich eine alte Sägemühle, das beeindruckend kompakte Hotel allerdings wurde erst vor 40 Jahren von der gastfreundlichen Familie Ziegler errichtet. Im Stil der hiesigen Bauernhäuser hat es ein überhängendes Dach, geräumige Balkone mit Blumen im Sommer und massive Holzbalken im Inneren.

Die Zimmer dagegen sind vorsichtig zeitgemäßer eingerichtet und in warmen, neutralen Farben gehalten. Das Restaurant von Martin Ziegler verdient eine eigene Würdigung, nicht nur wegen seiner gemütlichen traditionellen Einrichtung oder der beeindruckenden Glasterrasse, sondern auch wegen seiner neuen Schwarzwälder Küche mit Gerichten wie Pilzsuppe oder Jägertöpfle (zwei Sorten von Wildbret mit Spätzle und einer Beerensauce). Das Hotel ist ideal für alle, die die Stille lieben; es bietet einen Swimmingpool, ein Solarium und Wanderungen im ruhigen Wald. Nur Hochzeitsgesellschaften an Samstagen können die ruhige Atmosphäre stören.

~

Umgebung: Fahrt auf der B 317 durch den mittleren Schwarzwald • **Lage:** über die B 28 von Kälberbronn bis zum Abzweig, 25 Min. mit dem Taxi vom Bahnhof Freudenstadt; zur Autobahn A 81/E 41 Stuttgart-Schwenningen (Ausfahrt Herrenberg) 30 km; kostenloser Parkplatz • **Mahlzeiten:** Frühstück, Mittagessen, Abendessen, Imbiss • **Preise:** € • **Zimmer:** 37; 30 Doppelzimmer, 26 mit Dusche, 4 mit Bad, 7 Einzelzimmer, 2 mit Dusche, 5 mit Bad; alle Zimmer mit Telefon, TV, Fön, Minibar, Safe • **Anlage:** Rezeption, Aufenthaltsraum, Restaurant, Frühstückszimmer, Fahrstuhl, Veranstaltungsraum, Kinderspielzimmer, Sauna, Solarium, Swimmingpool im Freien, Terrasse, Garten mit Sandkasten • **Kreditkarten:** DC, MC, V • **Kinder:** willkommen • **Behinderte:** einige spezielle Einrichtungen, Auskunft per Telefon • **Tiere:** gestattet (geringe Gebühr) • **Geschlossen:** 5 Wochen ab 8. Jan. • **Besitzer:** Familie Ziegler

Baden-Württemberg

Pfinztal-Söllingen

Villa Hammerschmiede
~ *Ländliches Herrenhaus* ~

76327 Pfinztal-Söllingen, Hauptstr. 162
Tel (07240) 6010 **Fax** (0720) 60160
e-mail info@villa-hammerschmiede.de **website** www.villa-hammerschmiede.de

Eine neue Empfehlung ist dieses luxuriöse Refugium am Nordrand des Schwarzwalds. Die Villa selbst, ein Landhaus aus dem späten 19. Jh. mit einer gestreiften roten Ziegelfassade, ist keine Schönheit, wurde aber von dem Baden-Badener Architekten Elmar Scherzinger gekonnt in ein komfortables Hotel umgewandelt. Der Bau ist umgeben von einem großen Privatpark, in dem man schön spazieren gehen kann.

Geführt wird der effiziente Familienbetrieb (Mitglied von Relais & Château) von Norbert Schwalbe und seiner Frau Barbara samt Tochter und Schwiegersohn. Gäste loben das gewandte, hilfreiche Personal, den luxuriösen Komplex aus Hallenbad, Whirlpool und Sauna und das Restaurant, dessen Chefkoch Markus Nagy einen Michelin-Stern erhalten hat. »Im Grunde könnte man uns als Restaurant mit einer Reihe komfortabler Gästezimmer bezeichnen«, sagen die Eigentümer. Der Speisesaal präsentiert sich als großer Wintergarten mit einer Terrasse für die warme Jahreszeit; dieselbe Speisekarte bietet auch der Weinkeller. Die geräumigen Gästezimmer sind mit luxuriösen Marmorbädern und stilvollen modernen Möbeln aus Italien ausgestattet.

~

Umgebung: Schwarzwald; Karlsruhe (13 km) • **Lage:** am Rand des Dorfes in einem eigenen Park, 13 km ö von Karlsruhe; ausreichende Parkmöglichkeiten
Mahlzeiten: Frühstück, Mittagessen, Abendessen • **Preise:** €€–€€€;
Zimmer: 26; 24 Doppel-, 1 Einzelzimmer, 1 Apartment, alle mit Bad; alle Zimmer mit Telefon, TV, Radio, Minibar, Fön • **Anlage:** Lounge, Bar, Bibliothek, Speisesaal, Terrasse, Pool, Sauna, Solarium, Tennisplatz • **Kreditkarten:** AE, DC, MC, V
Kinder: willkommen • **Behinderte:** Lift • **Haustiere:** erlaubt
Besitzer: Familie Norbert Schwalbe

Baden-Württemberg

Rosenberg

Landgasthof Adler
~ Ländliches Hotel ~

73494 Rosenberg, Ellwanger Str. 15
Tel (07967) 513 **Fax** (07967) 710300

Schon lange bevor man die gotischen Buchstaben entziffert, hat man den Namen dieses ländlichen Hotels anhand seines großen Adlerwappens erraten. Jahrhundertelang hat es Kutschenreisende beherbergt und deren Pferde versorgt, heute lädt es durchreisende Autofahrer zu einer Rast und zum Besuch der altehrwürdigen Städte der Umgebung. Über viele Jahre hinweg hat die Familie Bauer das Gebäude stilgerecht renoviert. Die letzte Veränderung war allerdings radikal: Das 433 Jahre alte Haus wurde abgerissen und neu aufgebaut.

Familie Bauer hat die früher etwas dunklen Zimmer im unteren Stock mit weißen oder hellen Farben aufgewertet, das alte holzgetäfelte Restaurant mit Grün- und Blautönen. Ein zweiter Speisesaal, in dem Herr Bauer seine wunderbar zubereiteten Haute Cuisine-Gerichte serviert, wurde ganz weiß gehalten. Die Zimmer im hinteren Teil blicken auf den Garten (die im zweiten Stock verfügen über einen Balkon), die Zimmer an der Frontseite bieten einen Blick über die Felder. Die Einrichtung der Zimmer ist eher nach dem Geschmack von Fans eines modernen Stils. Es gibt nur wenige Möbel und der Parkettboden kommt gut zur Geltung. Die Wände sind weiß gestrichen, die Holzbalken des Fachwerkhauses in einem sehr hellen Grau gehalten.

~

Umgebung: die mittelalterlichen Städte Schwäbisch Hall und Dinkelsbühl (20 km).
Lage: im Ortszentrum von Rosenberg, 10 Min. im Taxi vom Bahnhof in Ellwangen; zur Autobahn A 7/E 43 Würzburg-Ulm (Ausfahrt Ellwangen) 12 km • **Mahlzeiten:** Frühstück, Mittagessen, Abendessen, Imbiss • **Preise:** €-€€ • **Zimmer:** 15; 9 Doppel-, 3 Einzelzimmer, 3 Suiten; alle Zimmer mit Bad, Telefon, TV, Fön
Anlage: Rezeption, Aufenthaltsraum, Restaurant, Veranstaltungsraum, Garten, Garage • **Kreditkarten:** keine • **Kinder:** willkommen • **Behinderte:** keine speziellen Einrichtungen • **Tiere:** gestattet (geringe Gebühr) • **Geschlossen:** Januar, 3 Wochen im Juli/August; Restaurant Do und Fr • **Besitzer:** Josef Bauer

Baden-Württemberg

Rottweil

Haus zum Sternen
~ Stadthotel ~

78628 Rottweil, Haupstr. 60
Tel (0741) 53300 **Fax** (0741) 533030
e-mail sternen@romantikhotels.com **website** www.romantik-hotels.com/rottweil/

Das mächtige Haus an der Stadtmauer ist eines der ältesten Gebäude von Rottweil, das wiederum zu den ältesten Städten Deutschlands zählt. Das 1339 errichtete Patrizierhaus mit dem großartigen Dachstuhl, einem Musterbeispiel gotischer Zimmermannskunst, und dem tonnengewölbten »Gotischen Stübchen« sowie der Renaissancetür ist original erhalten.

Obwohl das Hotel zeitgerechten Komfort bietet, ist die Atmosphäre des altehrwürdigen Hauses nicht beeinträchtigt worden. Jedes der Gästezimmer, die mit wertvollen Möbeln eingerichtet und auch im Detail stilvoll ausgestattet sind, hat seine eigene Note. Julia Ehrenberger legt Wert darauf, jeden einzelnen Gast mit viel Zeit und Aufmerksamkeit zu umsorgen. Dabei hilft ihr ihr Ehemann und Küchenchef Norman Denkert, der traditionelles schwäbisches Essen in der Weinstube und modernere, leichtere Gerichte im Restaurant serviert. Zusammen führen sie ein angenehm ruhiges Hotel, das sich deutlich vom Durchschnitt abhebt.

Umgebung: historischer Stadtkern mit Kapellenkirche, Hl.-Kreuz-Münster; Dreifaltigkeitsberg (20 km), Burg Hohenzollern (30 km) • **Lage:** in der Altstadt; mit Garagen • **Mahlzeiten:** Frühstück, Mittag- und Abendessen • **Preise:** €–€€€ **Zimmer:** 12; 6 Doppelzimmer (z. T. mit Einzelbetten) mit Bad, 5 Einzelzimmer mit Dusche, 1 Familienzimmer mit Bad; alle Zimmer mit Telefon, Fön, TV, Radio **Anlage:** Speiseraum, Kellerbar, Weinstube; Gartenterrasse • **Kreditkarten:** AE, MC, V • **Kinder:** willkommen • **Behinderte:** nicht geeignet • **Tiere:** im Hotel und in der Weinstube erlaubt • **Geschlossen:** nie • **Besitzerin:** Julia Ehrenburger

BADEN-WÜRTTEMBERG

SCHÖNWALD

Hotel Dorer
~ Dörfliches Hotel ~

78141 Schönwald, Schubertstr. 20
Tel (07722) 95050 **Fax** (07722) 950530
e-mail info@hotel-dorer.de **website** www.hotel-dorer.de

Viele kleine Hotels in Deutschland haben den Ehrgeiz, sich zu vergrößern. Dies gilt jedoch nicht für dieses hübsche Hotel, das sich im Besitz der reizenden Familien Scherer und Cerasola befindet.

Obwohl das *Dorer* im Herzen des Schwarzwalds liegt, dominieren bei der Einrichtung nicht die für diese Region typischen Holzschnitzereien. Stattdessen gibt es in den Zimmern mit schlichten, holzgetäfelten Wänden Antiquitäten und elegante, zurückhaltende Möbel. Die Besucher sind normalerweise von dem außergewöhnlichen alten Grammophon im ersten Stockwerk fasziniert, an dem sie auf dem Weg zu einem der überaus gemütlichen Gästezimmer vorbeikommen. Das Dekor ist traditionell, aber nicht überladen und nutzt geschickt Licht und Raum. Die meisten Gästezimmer verfügen über einen Balkon oder haben Zugang zu einer Gemeinschaftsterrasse, wo man die Umgebung genießen kann.

Die interessanten, guten Mahlzeiten werden vom Hausherrn persönlich zubereitet, der sich ähnlich wie bei der Ausstattung darum bemüht, seine Küche von der traditionellen Speisekarte der Region abzusetzen.

~

Umgebung: Ski fahren, Radtouren; Furtwangen (10 km) mit historischem Uhrenmuseum; Triberg (5 km) mit Wasserfällen; Freiburg (56 km) • **Lage:** in der Nähe der Dorfmitte; mit Garten, Parkplatz und Garagen • **Mahlzeiten:** Frühstück, Mittag- und Abendessen, kleine Gerichte • **Preise:** €–€€ • **Zimmer:** 19; 10 Doppelzimmer, 3 mit Bad, 7 mit Dusche; 5 Einzelzimmer, 2 mit Bad, 3 mit Dusche; 4 Suiten, 1 mit Bad, 3 mit Dusche; alle Zimmer mit TV, Telefon
Anlage: Speiseraum, Salon, Solarium, Schönheitssalon; Swimmingpool im Haus, Garten • **Kreditkarten:** AE, DC, MC, V • **Kinder:** willkommen • **Behinderte:** nicht geeignet • **Tiere:** nur auf den Zimmern gestattet (geringe Gebühr) • **Geschlossen:** nie • **Besitzer:** Familien Scherer und Cerasola

Baden-Württemberg

Schönwald

Hotel zum Ochsen
~ Ländliches Hotel ~

78141 Schönwald, Ludwig-Uhland-Str. 18
Tel (07722) 866480 **Fax** (07722) 866488
e-mail ringhotel@ochsen.com **website** www.ochsen.com

Dieses durchdacht angelegte Hotel – vorwiegend modern, auch wenn es in seinen Ursprüngen bis ins späte 18. Jh. zurückreicht – besitzt eine wunderbare Weiträumigkeit. Selbst in den traditionelleren Räumen des Hauses gibt es Panoramafenster. Der Salon hat ein Glasdach; durch die gläsernen Wände des Swimmingpools blickt man auf die umgebende Natur. Die Gäste kommen vor allem, um die Landschaft zu genießen. Das Grundstück, auf dem das Hotel steht, erstreckt sich bis zu den umliegenden Wiesen und zum Wald, sodass man hier alles findet, was man sich von einem Erholungsurlaub im Schwarzwald erwartet.

Das zugehörige Restaurant, das auch von den Einheimischen häufig besucht wird, genießt einen guten Ruf. Bei der im traditionellen Stil gehaltenen Ausstattung wurde viel Holz verwendet. Die Gästezimmer sind gemütlich, aber nicht besonders auffällig; einige davon sind besonders geräumig und verfügen über Sitzecken.

Das *Hotel zum Ochsen* ist eine gute Alternative zu einigen der belebteren Hotels an den Hauptstraßen oder in den Kurorten der Region.

~

Umgebung: Ski fahren, Golf, Wandern; Furtwangen (10 km) mit historischem Uhrenmuseum; Triberg (17 km) mit Wasserfällen • **Lage:** inmitten von Wiesen außerhalb des Dorfs; auf einem Grundstück mit Parkplatz und Garagen **Mahlzeiten:** Frühstück, Mittag- und Abendessen, kleine Gerichte • **Preise:** € **Zimmer:** 33; 28 Doppel-, 1 Einzel-, 4 Familienzimmer mit Bad; alle Zimmer mit Fön, TV, Telefon, Minibar • **Anlage:** Speiseraum, Salon, Wintergarten; Terrassen, Swimmingpool im Haus, Solarium; Tennis, Angeln, Mountainbikes • **Kreditkarten:** AE, DC, MC, V • **Kinder:** sehr willkommen • **Behinderte:** nicht geeignet • **Tiere:** gut erzogene Hunde nur auf den Zimmern erlaubt • **Geschlossen:** nie • **Besitzer:** Horst A. Martin

Baden-Württemberg

Tiefenbronn

Ochsen Post
~ Ländlicher Gasthof ~

75233 Tiefenbronn, Franz-Josef-Gall-Str. 13
Tel (07234) 95450 **Fax** (07234) 9545145
e-mail info@ochsen-post.de **website** www.ochsen-post.de

Von außen ist es ein klassischer Dorfgasthof: rote und grüne Fensterläden, prächtiger Blumenschmuck und eine Fachwerkfassade, die gut zu der ländlichen Umgebung passt. Auch das Innere der *Ochsen-Post* wirkt traditionell: In den Gesellschaftsräumen hat man viel altes Holz verwendet, teilweise bemalt, bisweilen poliert. Aber das Ganze ist etwas eleganter, als man erwarten würde; die Ausstattung der Räumlichkeiten verrät deutlich die Hand eines Innenarchitekten.

Die *Ochsen-Post* ist kein einfacher Gasthof, sondern ein mit einem Michelin-Stern ausgezeichnetes Restaurant. Es bietet eine moderne, aber sättigende Küche, die sich an regionalen Gerichten orientiert. Im Obergeschoss hat sich der Innenarchitekt im Wesentlichen auf die Ausstattung der opulenten Badezimmer beschränkt. Die Gästezimmer besitzen kahle Böden und Wände (teilweise mit Fachwerk) und sind mit einer Mischung aus echten Antiquitäten und guten Reproduktionen eingerichtet.

Das Dorf liegt inmitten von üppigen Wiesen, aber ganz in der Nähe befinden sich auch Hügel. In der gotischen Basilika kann man mehrere Kunstschätze, u. a. wertvolle Altargemälde (1431), besichtigen.

Umgebung: gotische Pfarrkirche; Pforzheim (15 km); Schwarzwald • **Lage:** mitten im Dorf; mit großem Parkplatz • **Mahlzeiten:** Frühstück, Mittag- und Abendessen
Preise: €€–€€€€ • **Zimmer:** 19; 14 Doppelzimmer, 7 mit Bad, 7 mit Dusche; 5 Einzelzimmer, alle mit Dusche; alle Zimmer mit Telefon, Minibar, Radio, die meisten mit TV • **Anlage:** Speiseraum, Wintergarten • **Kreditkarten:** AE, DC, MC, V
Kinder: willkommen • **Behinderte:** keine speziellen Einrichtungen • **Tiere:** erlaubt
Geschlossen: Restaurant Mo, So • **Besitzerin:** Regine Weis

Baden-Württemberg

Titisee-Neustadt

Adler Post
~ Ehemalige Poststation ~

79822 Titisee-Neustadt, Haupstraße 16
Tel (07651) 5066 **Fax** (07651) 3729
e-mail info@adler-post-titisee.de **website** www.adler-post-titisee.de

Die Familie Ketterer betreibt das Hotel schon seit über 150 Jahren. Damals war es eine Poststation auf der Route zwischen Freiburg, dem Bodensee und der Schweiz, heute liegt es im Ort Neustadt. Auch auf eine andere Weise hat es mit der Post zu tun: Die Einrichtung des Biedermeier-Salons stammt aus dem Jahr 1820, als der Raum das hiesige Postamt beherbergte; die Großmutter des Besitzers kaufte das Mobiliar zu ihrer Hochzeit im Jahr 1850.

Trotz seiner modernen Sauna, dem Solarium, dem Hallenbad und den Behandlungszimmern im ersten Stock (wo ein Arzt Lymphbehandlungen und Rückenmassagen anbietet) verbreitet die *Adler Post* ein altmodisches Flair. Beeindruckende Holzbalken (teilweise aus einem alten Bauernhaus) schmücken die Rezeption, das Restaurant und die traditionell eingerichteten Zimmer. Zehn Zimmer haben einen Balkon und zwei sind Mansardenzimmer. Acht Zimmer liegen im früheren Klostergebäude, das mit dem Hauptgebäude über einen Gang verbunden ist. Die Küche bietet lokale Spezialitäten mit einer französischen Note an, die Weine stammen aus der Region.

Umgebung: Skispringen in Neustadt; Wassersport auf dem Titisee (5 km) • **Lage:** im Ortsteil Neustadt, 8 km westlich von Neustadt - Ausfahrt Neustadt Mitte von der B 31, über die Brücke, an der Ampel rechts, noch 1500 m bis zum Hotel; 12 Min. im Taxi vom Bahnhof Neustadt-Schwarzwald; kostenlose Parkplätze
Mahlzeiten: Frühstück, Mittagessen, Abendessen, Imbiss • **Preise:** € • **Zimmer:** 28; 18 Doppelzimmer, 4 mit Dusche, 14 mit Bad; 1 mit getrennten Betten; 9 Einzelzimmer mit Bad, 1 Vierbettzimmer; alle Zimmer mit Telefon, PC-Anschluss, TV, Haartrockner, Minibar • **Anlage:** Aufenthaltsraum, Bar, 2 Restaurants, 2 Speisesäle, Veranstaltungsraum, Sauna, Solarium, Behandlungszimmer, Hallenbad, Biergarten, Garagen • **Kreditkarten:** DC, MC, V • **Kinder:** willkommen • **Behinderte:** nicht geeignet • **Tiere:** gestattet (geringe Gebühr) • **Geschlossen:** Mitte-Ende November; Restaurant Di • **Geschäftsführer:** Alexandra Rudnik und Jörg Dudy

Baden-Württemberg

Titisee-Neustadt

Zur Traube
~ Ländliches Gästehaus ~

79822 Titisee-Neustadt, Ortsteil Waldau, Sommerbergweg 1
Tel (07669) 2290 **Fax** (07669) 2929
e-mail info@traube-waldau.de **website** www.traube-waldau.de

Das Hotel von Herrn Winterhalter wurde vom Fremdenverkehrsverband Baden-Württemberg für Familienfreundlichkeit, familiengerechte Küche und besonders freundlichen Service ausgezeichnet. Außerdem sind die Räume rollstuhlgerecht eingerichtet.

Das Hotel *Zur Traube* liegt in einem Dorf außerhalb Neustadts und blickt über Berge und Felder. Das hügelige Grundstück umfasst einen schmucken großen Garten mit Kinderspielplatz und einem kleinen Zoo für den Nachwuchs sowie einem Biergarten für die Größeren. Im Inneren des 500 Jahre alten Gebäudes befindet sich ein rustikaler Speisesaal, der früher das Restaurant eines hiesigen Bauern war; es ist das älteste Speiselokal von Titisee-Neustadt. Man kocht vorwiegend regionale Gerichte mit Fleisch von einheimischen Bauern und Fisch aus den nahe liegenden Seen und einem Forellenbach (Angeln ist von Mai bis Oktober möglich). Einige Zimmer liegen im Hauptgebäude, einige im kleinen Gästehaus (man durchquert den Garten, um im Haus oder auf der hübschen Terrasse zu frühstücken). Die Einrichtung ist angenehm modern; die Zimmer sind auffallend hell und freundlich.

~

Umgebung: Winter: Skilift, Skikurse, Skirennen, Langlauf • **Lage:** im Ortsteil Waldau, 2 km nördlich von Neustadt; 15 Min. im Taxi vom Bahnhof Neustadt; kostenlose Parzplätze • **Mahlzeiten:** Frühstück, Mittagessen, Abendessen, Imbiss
Preise: €–€€ • **Zimmer:** Hauptgebäude: 33; 28 Doppelzimmer, 23 mit Dusche, 5 mit Bad, 2 Einzelzimmer mit Dusche, 3 Familiensuiten; Gästehaus: 7 Doppelzimmer • **Anlage:** Rezeption, Aufenthaltsraum, Bar, Speisesaal, Restaurant, Veranstaltungsraum, Sauna, Solarium, Kinderzimmer, 2 Terrassen, Garten
Kreditkarten: MC, V • **Kinder:** willkommen • **Behinderte:** rollstuhlgerechter Zugang, Zimmer und Badezimmer • **Tiere:** gestattet (geringe Gebühr)
Geschlossen: Restaurant Di, Mi (saisonal) • **Besitzer:** Eugen Winterhalter

Baden-Württemberg

Überlingen

Seegarten
~ Hotel am See ~

88662 Überlingen, Seepromenade 7
Tel (07551) 5355 **Fax** (07551) 3981

Das ordentliche kleine Hotel mit dem etwas altmodischen Touch liegt direkt am Ufer des Bodensees. Von der Caféterrasse mit ihren schönen Walnussbäumen kann man die Spaziergänger auf der Seepromenade beobachten oder den Fähren auf dem See hinterherschauen. An einer Seite des Hotels gibt es auch einen Biergarten mit Tischen und Bänken. Da der *Seegarten* in einer Fußgängerzone liegt, kann man nicht direkt am Hotel parken. Wenn man sein Gepäck ausgeladen hat, muss man das Auto zum etwa 100 m entfernten hoteleigenen Parkplatz fahren.

Hinter der modernen Fassade des Hotels verbergen sich hübsche Zimmer, die in einem zeitlosen Stil sparsam eingerichtet sind. Die südlichen Zimmer eröffnen eine Aussicht über den See bis in die Schweiz; zehn davon haben eigene Balkone mit Tischen und Sonnenschirmen. Die Zimmer, die nach Osten und Westen gehen, blicken auf den nordwestlichen Arm des Bodensees und die rotbraunen Dächer der schönen Altstadt von Überlingen. Die Räume im Erdgeschoss – Foyer, Restaurant und Stüble – sind traditioneller ausgestattet, mit Holzböden, holzgetäfelten Wänden und geschnitzten Möbeln. Auch sie kennzeichnet jedoch die freundliche, warmherzige Atmosphäre, die im Seegarten vorherrscht und die die zufriedenen Gäste immer wieder hierher zurückkehren lässt.

Umgebung: Zisterzienser-Klosterkirche Salem und Schloss Salem (12 km) • **Lage:** am Bodensee, 10 Min im Taxi vom Bahnhof Überlingen, 20 km auf der B 33 und B 31 zur B 30 Ulm-Ravensburg; Parkplatz, geringe Gebühr • **Mahlzeiten:** Frühstück, Mittagessen, Abendessen • **Preise:** €–€€€ • **Zimmer:** 21; 11 Doppelzimmer, 3 mit Bad, 8 mit Dusche, 10 Einzelzimmer mit Dusche; alle Zimmer mit Telefon, PC-Anschluss, Fön, Safe • **Anlage:** Rezeption, Aufenthaltsraum, Bar, Restaurant, Frühstückszimmer, Terrasse, Garten • **Kreditkarten:** MC, V • **Kinder:** willkommen **Behinderte:** Fahrstuhl • **Tiere:** gestattet (geringe Gebühr) • **Geschlossen:** Mitte Nov. bis Ende Feb. • **Besitzerin:** Annemarie Waldschütz

BADEN-WÜRTTEMBERG

ÜBERLINGEN-ANDELSHOFEN

Johanniter-Kreuz
~ Dorfgasthof ~

88662 Überlingen-Andelshofen, Johanniterweg 11
Tel (07551) 61091 **Fax** (07551) 67336
e-mail johanniter-kreuz@romantikhotels.com

Ein Paradebeispiel für einen Familienbetrieb, der sich im Laufe der Jahre vergrößert hat, ohne seinen Ursprung zu verleugnen. Das *Johanniter-Kreuz* wurde vom Großvater des gegenwärtigen Besitzers als Pension eröffnet; Egon Liebich übernahm es 1976 von seinem Vater. Heute führt sein Sohn die Hotelküche, während Tochter Sabine den Empfang leitet.

Obwohl neue Gästezimmer hinzugekommen sind (1991 in dem separaten, elegant eingerichteten »Haus Luisenhöhe«), ist die Größe bescheiden und die Atmosphäre familiär geblieben. Das Gebäude selbst ist ein zweistöckiger, schwarz-weißer Fachwerkbau, aber der reizvollsten Zimmer sind Mansardenzimmer unter dem Dach. Die Möbel sind rustikal; die Ausstattung ist einfach, aber recht geschmackvoll. Im Erdgeschoss geben offenes Gebälk und weiß getünchte Wände den Ton an. Hübsch gedeckte Tische verbreiten einen Hauch von Eleganz. Es gibt auch einen offenen Kamin. Flügeltüren führen zum Garten hinaus, wo man bei schönem Wetter auf der sonnigen Terrasse essen kann. Die Küche bietet regionaltypische Gerichte und Fischspezialitäten.

~

Umgebung: Wassersport, Reiten, Golf, Tennis; Münster St. Nikolaus, Befestigungsanlagen • **Lage:** in einem ländlichen Vorort, 3 km vom Bodensee entfernt; mit Garten und großem Parkplatz • **Mahlzeiten:** Frühstück, Mittag- und Abendessen **Preise:** €€–€€€€ • **Zimmer:** 26; 20 Doppelzimmer mit Bad; 5 Einzelzimmer mit Dusche; 1 Familienzimmer mit Dusche; alle Zimmer mit Telefon, TV (im Haus Luisenhöhe mit Minibar und Safe) • **Anlage:** mehrere Speiseräume, Salon, Bar, Spielzimmer; Gartenterrasse • **Kreditkarten:** AE, DC, MC, V • **Kinder:** willkommen **Behinderte:** keine speziellen Einrichtungen • **Tiere:** nach Absprache erlaubt **Geschlossen:** nie • **Besitzer:** Egon und Jutta Liebich

BADEN-WÜRTTEMBERG

UHLDINGEN-MÜHLHOFEN

Fischerhaus
~ Hotel am See ~

88690 Uhldingen-Mühlhofen, Seefelden am Bodensee
Tel (07556) 8563 **Fax** (07556) 6063 **e-mail** birkenmayer@fischerhaus-seefelden.de **website** www.fischerhaus-seefelden.de

Ein rotes Dach, grüne Fensterläden und farbenfrohe Blumenkästen kennzeichnen dieses alte, 25 m vom Bodensee gelegene *Fischerhaus*. Seefelden ist ein Weiler mit einer Kirche und nur acht Häusern, doch die Familie Birkenmayer baut fleißig neue Häuschen auf ihrem Grundstück. Bisher gibt es zwei davon, die ausgesprochen geschmackvoll ausgefallen sind; zu den Mahlzeiten muss man allerdings ins alte Haus gehen. Die Zimmer sind geräumig, sparsam möbliert, haben Bilder an den Wänden, Blumen auf den Fensterbänken, und die meisten haben Balkone. Das bemerkenswerte Restaurant hat eine hohe Decke und eine Glasfront mit Blick auf den Swimmingpool. Daneben gibt es ein weiteres Speisezimmer, das an kalten Tagen gemütlicher ist. Die Küche wird von den Männern des Hauses betrieben und bevorzugt lokale Spezialitäten auf der Basis von Bodenseefischen, Fleisch und Gemüse aus der Umgebung und Obst aus dem Garten des Hotels. Zu den Besonderheiten dieses reizenden ländlichen Hotels gehören ein Sandkasten und eine Puppenstube für die Kinder und Sauna, Solarium sowie Massageraum für die Erwachsenen; es verfügt auch über einen beheizten Swimmingpool und einen Privatstrand am See.

~

Umgebung: Fahrten auf dem Bodensee, Ausflüge ab Überlingen • **Lage:** am Bodensee nördlich von Oberuhldingen, 20 Min. im Taxi vom Bahnhof Überlingen; Ausfahrt Überlingen an der B 31 nach Ravensburg und der B 30; kostenloser Parkplatz • **Mahlzeiten:** Frühstück, Abendessen, Imbiss • **Preise:** €€–€€€ **Zimmer:** 26 Doppelzimmer, alle mit Bad, Telefon, PC-Anschluss, TV, Haartrockner, Safe, Minibar in einigen • **Anlage:** ›Fischerhaus‹ mit Aufenthaltsraum, Restaurant, Stube, Veranstaltungsraum; ›Wiesengrund‹ mit Jacuzzi, Sauna, Solarium, Spa, Behandlungszimmern; ›Frisbad‹ mit geheiztem Swimmingpool; Caféterrasse, Garten mit Kinderspielplatz, Privatstrand am Bodensee • **Kreditkarten:** keine • **Kinder:** willkommen • **Behinderte:** Zugang mit Hilfe möglich • **Tiere:** keine • **Geschlossen:** 1. Nov. bis Ende März • **Besitzer:** Familie Birkenmayer

Baden-Württemberg

Wangen im Allgäu

Alte Post
~ Städtischer Gasthof ~

88239 Wangen im Allgäu, Postplatz 2
Tel (07522) 97560 **Fax** (07522) 22604
e-mail altep-ost@romantikhotels.de **website** www.romantikhotels.com/wangen

Auch kleine Hotels mit Charme können gelegentlich einer finanzstarken Hotelkette gehören; die *Alte Post* ist Teil der europaweiten Gruppe der Romantikhotels. Das gelb angestrichene Postgebäude aus dem 15. Jh. blickt auf einen gepflasterten Platz und passt auch farblich wunderbar in die mittelalterliche Altstadt von Wangen. Diese ist jetzt eine Fußgängerzone und entsprechend ruhig (Autofahrer können zum Entladen bis vors Hotel fahren, müssen aber in der Hotelgarage parken, die etwa 2 Minuten zu Fuß entfernt ist). Die Zimmer besitzen mächtige Holzbalken und schräge Decken und sind mit einfachen Holzmöbeln eingerichtet; einige haben schmiedeeiserne Gardinenstangen an den kleinen Fenstern. Dank der weißen Wände, Bettbezüge und Polsterstoffe sind die Räume erstaunlich hell, auch die beiden Hochzeitszimmer mit ihren Doppelbetten aus Metall mit ebenfalls weißen Baldachinen. Im Erdgeschoss des Hotels befanden sich früher die Ställe, weshalb auch die Speisesäle im ersten Stock liegen. Sie sind farbenfroh, aber traditionell eingerichtet und haben viele schmiedeeiserne Dekorationsstücke an den Wänden. Die *Alte Post* ist ein Hotel garni, das Restaurant wurde geschlossen.

~

Umgebung: das mittelalterliche Ravensburg; Klosterkirche von Weingarten (23 km)
Lage: in der Fußgängerzone der Altstadt, 10 Min. im Taxi vom Bahnhof; 10 Minuten zur Autobahn A 7/E 43 Ulm-Remmingen (Ausfahrt Wangen-Nord) über die B 18 und B 32; Parkgarage, geringe Gebühr • **Mahlzeiten:** Frühstück • **Preise:** €–€€€ • **Zimmer:** 19; 8 Einzel-, 11 Doppelzimmer, 8 mit getrennten Betten; alle Zimmer mit Dusche, Telefon, TV, Radiowecker, Haartrockner, 4 mit Minibar
Anlage: Rezeption, Aufenthaltsraum, Speisesaal, Lounge, Garage • **Kreditkarten:** AE, DC, MC, V • **Kinder:** erlaubt • **Behinderte:** keine besonderen Einrichtungen
Tiere: erlaubt (geringe Gebühr) • **Geschlossen:** nie • **Eigentümer:** Familie Veile

Baden-Württemberg

Weikersheim

Laurentius
~ Stadthotel ~

97990 Weikersheim, Marktplatz 5
Tel (07934) 91080 **Fax** (07934) 910818
e-mail info@hotel-laurentius.de **website** www.hotel-laurentius.de

Der Schwerpunkt dieses kleinen Hotels am Marktplatz von Weikersheim, das man fast ein Restaurant mit Zimmern nennen könnte, liegt zweifellos im kulinarischen Bereich. Der Besitzer und Chef de cuisine Jürgen Koch ist Mitglied der renommierten Jeunes Restaurateurs d'Europe und hat mehrere deutsche und Schweizer Auszeichnungen für seine Fleisch- und Fischgerichte bekommen. Das aufsehenerregende Restaurant befindet sich im gewölbeartigen Keller des 450 Jahre alten Gebäudes und wird durch goldene Lampen und Kerzen erleuchtet. Die Menüs orientieren sich an regionalen Traditionen.

Die Brasserie im Erdgeschoss serviert einfachere Gerichte à la Carte, und am Café mit Pâtisserie kann man einfach nicht vorbeigehen. Auf einer hübschen Hofterrasse kann man auch ungezwungener im Freien essen. Sabine Koch beaufsichtigt den beeindruckenden Weinkeller mit 450 Sorten (80 Prozent stammen aus Deutschland), den Service und fast nebenbei auch noch den Hotelbetrieb. Das Haus, in dem Goethes Mutter einst lebte, wurde in den 1980er Jahren aufpoliert; die Zimmer sind modern, hell und vom Stil her identisch. Die sechs nach Süden gelegenen Zimmer bekommen die Nachmittagssonne ab.

~

Umgebung: Markt und Schloss von Weikersheim an der Tauber • **Lage:** in der Stadtmitte, neben dem Schloss; 2 Min. im Taxi vom Bahnhof; zur Autobahn A 81/E 41 Würzburg-Stuttgart (Ausfahrt Boxberg/Bad Mergentheim) 19 km; kostenloser Parkplatz • **Mahlzeiten:** Frühstück, Mittagessen, Abendessen, Imbiss • **Preise:** €€ **Zimmer:** 11; 1 Einzel-, 10 Doppelzimmer, 2 mit getrennten Betten; alle Zimmer mit Dusche, Bad, Telefon, PC-Anschluss, TV, Radiowecker, Haartrockner • **Anlage:** Rezeption, Aufenthaltsraum, Bar, Restaurant, Brasserie/Café, 2 Terrassen, Garten **Kreditkarten:** AE, DC, MC, V • **Kinder:** willkommen • **Behinderte:** Zugang möglich, Fahrstuhl • **Tiere:** gestattet (geringe Gebühr) • **Geschlossen:** 2 Wochen im Februar, 2 Wochen im August • **Besitzer:** Jürgen und Sabine Koch

BADEN-WÜRTTEMBERG

WEIL AM RHEIN

Gasthaus zur Krone
~ Stadthotel ~

79576 Weil am Rhein, Hauptstr. 58
Tel (07621) 71164 **Fax** (07621 78963) 78963
e-mail hechler@kroneweil.de **website** www.kroneweil.de

Dieser kleine Gasthof ist vermutlich das älteste Hotel in Weil am Rhein. Seine 12 Zimmer sind so günstig im Preis, dass sie sogar Besucher aus dem teuren Basel anlocken, das etwa 20 Minuten mit dem Auto entfernt liegt. Den Weg über die Schweizer oder französische Grenze finden auch viele Gäste, die in Roland Hechlers ausgezeichnetem Restaurant speisen wollen. Berühmt ist Hechlers Wildrücken, der in der Jagdsaison von hiesigen Jägern geliefert wird. Daneben gibt es auch vegetarische Gerichte und Wochen mit italienischen Spezialitäten. Im Sommer stellt man Tische in den Garten, wo die Gäste speisen können.

Die sechs Zimmer im alten Gasthof (einem ehemaligen Bürgermeisterhaus aus dem Jahr 1572) sind kleiner, einfacher eingerichtet und, da er auf die Hauptstraße von Weil hinausgeht, lauter als die sechs Zimmer im benachbarten Gästehaus von 1990, das zurückgesetzt liegt. Am vollsten ist das Gasthaus im November und Dezember (Weihnachtsmarkt); eine Reservierung ist dann unerlässlich.

~

Umgebung: Ruine von Burg Rötteln aus dem 12. Jh. mit Aussicht auf den südlichen Schwarzwald • **Lage:** an der Hauptstraße im Ortskern von Weil am Rhein, 20 Min. im Taxi vom Bahnhof Weil; zur Autobahn A 5/E 52 Karlsruhe–Basel (Ausfahrt Weil am Rhein) 2 km; kostenloser Parkplatz • **Mahlzeiten:** Frühstück, Mittagessen, Abendessen, Imbiss • **Preise:** €–€€ • **Zimmer:** Gasthof: 6 Doppelzimmer mit Dusche, 2 mit getrennten Betten; Gästehaus: 6 Doppelzimmer, 5 mit Dusche, 1 mit behindertengerechtem Zugang und Bad; 2 mit Toilette auf dem Gang; alle Zimmer mit Telefon, TV, Radiowecker, Haartrockner, manche mit Safe **Anlage:** Gasthof: Rezeption, Restaurant, Veranstaltungsraum, großer Garten mit Café/ Restaurantterrasse • **Kreditkarten:** AE, DC, MC, V • **Kinder:** willkommen **Behinderte:** 1 speziell eingerichtetes Zimmer mit Bad im Gästehaus • **Tiere:** erlaubt, geringe Extragebühr • **Geschlossen:** Restaurant Mo abend, Di • **Besitzer:** Familie Hechler

Baden-Württemberg

Weil am Rhein-Haltingen

Gasthaus zum Hirschen
~ Dorfgasthof ~

79576 Weil-Haltingen, Große Gass 1
Tel (07621) 9407860 **Fax** (07621) 9407880
e-mail info@hirschen-online.de **website** www.hirschen-online.de

Weinliebhaber, die der Badischen Weinstraße folgen, nutzen gerne dieses nette kleine Gasthaus mit seinen günstigen Zimmerpreisen für eine Übernachtung. Außerdem dient Haltingen im äußersten Südwesten von Baden-Württemberg als Basis für Ausflüge in die wesentlich teurere Schweiz.

Der *Hirschen* wurde 1747 erbaut und immer als Hotel genutzt; heute führt ihn Angelika Ulfstedt auf sehr effiziente Weise. Seit Generationen gehört er ihrer Familie; die Sorgfalt, mit der das Hotel betrieben wurde, zeigt sich etwa im gut gepflegten Parkett und der Holzverkleidung der stimmungsvollen Stube oder in den blitzsauberen Zimmern mit ihren eleganten dunklen Möbeln vor den weißen Wänden. Die meisten Zimmer sind traditionell gehalten, eine Überraschung stellt dagegen der Biedermeierraum (für besondere Gelegenheiten) dar. Das familiengeführte Restaurant bietet eine Mischung von traditionellen deutschen und internationalen Gerichten, wobei sich das nahe gelegene Frankreich bemerkbar macht. Wohl versteckt hinter der freundlichen gelben Fassade des *Hirschen* liegt der schönste Teil des Hotels, der große Garten mit seinen Rosenbeeten und Blumenrabatten. Im Sommer kann man hier herrlich essen und trinken.

~

Umgebung: nostalgische Dampflokomotivenfahrt Haltingen - Kandern • **Lage:** im Zentrum von Haltingen (3 km nördlich von Weil am Rhein), 20 Min. zu Fuß vom Rathaus nach Norden; 20 Min. im Taxi vom Bahnhof Haltingen; 5 km zu den Autobahnen A 5 und A 98; kostenloser Parkplatz • **Mahlzeiten:** Frühstück, Mittagessen, Abendessen, Imbiss • **Preise:** €€ • **Zimmer:** 4; 3 Doppelzimmer, 1 mit Dusche, 2 mit Bad, 1 Einzelzimmer mit Dusche; alle Zimmer mit Telefon, PC-Anschluss, TV, Haartrockner • **Anlage:** Rezeption, Frühstückszimmer, Restaurant, Terrasse, Garten • **Kreditkarten:** DC, MC, V • **Kinder:** willkommen • **Behinderte:** nicht geeignet • **Tiere:** nicht gestattet • **Geschlossen:** Restaurant an Weihnachten
Eigentümerin: Angelika Ulfstedt

Baden-Württemberg

Weingarten

Walk'sches Haus
∽ Restaurant mit Gästezimmern ∽

76356 Weingarten, Marktplatz 7
Tel (07244) 70370 **Fax** (07244) 703740
e-mail info@walksches-haus.de **website** www.walksches-haus.de

Nach einer Familie Walk, die dem Haus ihren Namen gab, lebte hier eine Familie von Holzschnitzern, die die großartigen Schnitzereien und Holzverkleidungen im Speisesaal des Restaurants zurückließen. Heute setzt hier Chefkoch Bernd Werner seinen Gästen Badische Küche mit modernen französischen Einflüssen vor, die meist aus lokalen Produkten zubereitet wurden. Begleitet werden die Speisen natürlich von Weinen der Gegend.

Neben dem Hotel befindet sich ein kleiner Garten, in dem die Gäste im Sommer ebenfalls essen können. Vor kurzem wurde neben dem alten Gasthof ein Gästehaus errichtet und durch einen Übergang mit ihm verbunden. Während die Zimmer im Gasthof traditionell eingerichtet sind, sind die 12 Zimmer im Gästehaus geräumiger und modern gehalten; vier davon verfügen über einen Balkon. Die meisten Besucher bevorzugen jedoch die Zimmer im alten Gebäude, die Ausblicke über das alte Winzerstädtchen ermöglichen. Tagsüber hört man den Lärm des Ortes, aber nachts ist es ruhig.

Umgebung: barocke Klosterkirche in Weingarten • **Lage:** in der Altstadt am Marktplatz; 5 Min. im Taxi vom Bahnhof; zur Autobahn A 5 Frankfurt-Basel (Ausfahrt Karlsruhe-Durlach oder Bruchsal) 12 km über die B 3 • **Mahlzeiten:** Frühstück, Mittagessen, Abendessen • **Preise:** €€–€€€ • **Zimmer:** altes Haus: 8 Einzelzimmer mit Dusche, 11 Doppelzimmer mit Bad; Gästehaus: 3 Einzelzimmer mit Dusche, 4 Doppelzimmer mit Bad; 14 Zweibettzimmer; alle Zimmer mit Telefon, PC-Anschluss in den Zimmern des Gästehauses, TV, Radiowecker, Haartrockner, Minibar • **Anlage:** Aufenthaltsraum, Bar, Restaurant, Speisesaal; Terrasse • **Kreditkarten:** AE, MC, V • **Kinder:** willkommen • **Behinderte:** keine speziellen Einrichtungen • **Tiere:** gestattet (geringe Gebühr) • **Geschlossen:** 2 Wochen im Jan., 2 Wochen Juli/August; Restaurant Di, Sa Mittag
Besitzerin: Kristina Trautwein

BADEN-WÜRTTEMBERG

WEITENBURG

Schloss Weitenburg
~ Umgebautes Schloss ~

72181 Starzach-Weitenburg
Tel (07457) 9330 **Fax** (07457) 933100
e-mail info@schloss-weitenburg.de **website** www.schloss-weitenburg.de

Dieses elegante Hotel erstreckt sich über zwei Renaissanceflügel und den neoklassizistischen Südflügel eines isoliert auf einem Hügel liegenden Bauwerks, das in seiner tausendjährigen Geschichte peu à peu umgebaut und wiedererrichtet wurde. Es gehört einer der vornehmsten Familien der Region; Baron von Rassler, dessen Vorfahren das Schloß 1720 kauften, ist ständig präsent, beim Empfang der Gäste oder bei der Planung besonderer Festivitäten. Einige Zimmer des Hotels sind modern eingerichtet, was in dieser historischen Umgebung unangemessen erscheint; ansonsten sind die Räume prachtvoll ausgestattet. Die Korridore hängen voller Porträtbilder; Zimmer 104 (das Esszimmer der Vorfahren des Barons) ist holzvertäfelt und elegant möbliert. Der Speisesaal war einst die Küche des Schlosses, was man am großen Rauchfang des Kamins erkennen kann, und von der Terrasse des Restaurants blickt man hinunter auf den Neckar. Durch diese dicken Mauern dringt so gut wie kein Lärm, aber die Kapelle wird gern für Hochzeiten und die Veranstaltungsräume für Partys und Empfänge genutzt.

Umgebung: Weinberge und Burgen im Neckartal • **Lage:** Fahren Sie auf der Autobahn A 81/E 41 bis zur Ausfahrt Rottenburg, dann rechts nach Ergenzingen und auf einer Privatstrasse nach Weitenburg; auf eigenem Grundstück auf einem Hügel; 10 Min. im Taxi vom Bahnhof Eutingen; kostenloser Parkplatz • **Mahlzeiten:** Frühstück, Mittagessen, Abendessen, Imbiss • **Preise:** €€–€€€ • **Zimmer:** 33; 19 Doppelzimmer mit Bad, 1 mit Dusche; 14 Einzelzimmer mit Bad und Dusche; 1 Suite; alle Zimmer mit Telefon, PC-Anschluss, TV, Radiowecker, Minibar, einige mit Haartrockner, Safe • **Anlage:** Aufenthaltsraum, Bar, Restaurant, Speisesaal, Hallenbad, Sauna, Solarium, Hof, Terrasse, Garten, Reithalle, Kapelle, Golfplatz
Kreditkarten: AE, DC, MC, V • **Kinder:** willkommen • **Behinderte:** Fahrstuhl
Tiere: gestattet • **Geschlossen:** 21. bis 24. Dez. • **Besitzer:** Baron Max-Richard von Rassler jr.

BADEN-WÜRTTEMBERG

WERTHEIM-BETTINGEN

Schweizer Stuben
～ Landhotelkomplex ～

97877 Wertheim-Bettingen, Geiselbrunnweg 11
Tel (09342) 3070 **Fax** (09342) 307155
e-mail stuben@relaischateau.com **website** www.relaischateau.com/stuben

»Ein kulinarisches Dorf in der schönen Landschaft des Maintals, umgeben von Wiesen und Getreidefeldern« steht im Prospekt. Das ist eine recht treffende Beschreibung für einen ziemlich ungewöhnlichen Hotelkomplex, der aus einem einzelnen im Chalet-Stil gehaltenen Hotel mit Restaurant im Jahre 1971 zu einem halben Dutzend Gebäuden angewachsen ist, die sich um einen Park gruppieren.

Beim Abendessen hat der Gast eine große Auswahl: Das Hotel hat drei (!) Restaurants, die alle höchstes Lob ernten. Anspruchsvolle französische Küche, die als eine der besten in Deutschland gilt, gibt es in den alten, holzgetäfelten »Schweizer Stuben«; schweizerische Spezialitäten werden im gemütlichen, rustikalen »Schober« serviert, während man in der »Taverna la Vigna« italienisch schlemmen kann.

Eine ebenso große Auswahl findet man bei den Zimmern, Suiten und Apartments, die sich auf das Hotel, ein weiteres, als »Villa Schweizer Stuben« bekanntes Chalet und zwei langgezogene, als »Landhaus« bezeichnete Gebäude verteilen. Alle sind sehr geschmackvoll und komfortabel eingerichtet, wobei rustikales Dekor das elegante Mobiliar ergänzt.

Umgebung: Stadtpfarrkirche, Burgruine • **Lage:** inmitten von Feldern nahe dem Main, 5 km nö von Wertheim, neben der A 3, 30 km w von Würzburg; auf einem großen Grundstück mit großem Parkplatz • **Mahlzeiten:** Frühstück, Mittag- und Abendessen, kleine Gerichte • **Preise:** €€–€€€€ • **Zimmer:** 33 Doppelzimmer mit Bad; alle Zimmer mit TV, Telefon, Radio, Fön, Minibar • **Anlage:** 3 Speiseräume; Tennishalle und Tennisplatz, Golfübungsplatz, Saunas mit Solarium, Dampfbad, beheizter Swimmingpool im Freien, Fahrräder • **Kreditkarten:** AE, DC, MC, V **Kinder:** willkommen • **Behinderte:** einige Parterrezimmer • **Tiere:** nach Vereinbarung erlaubt • **Geschlossen:** nie • **Besitzer:** Adalbert Schmitt

Nordbayern

Überblick

Hotels in Nordbayern

Die Donau teilt den Freistaat Bayern praktisch in zwei Hälften. Wir haben uns an diese natürliche Einteilung gehalten, wobei wir die an der Donau gelegenen Städte Nordbayern zuordnen. Nördlich der Donau liegen Franken mit dem Maintal, die Oberpfalz und ein Teil von Niederbayern mit bergigen Waldgebieten. Franken wurde früher von Fürstbischöfen regiert, die eine Reihe von Burgen, Schlössern und Kirchen hinterließen und den Grundstein für ein reiches kulturelles Erbe legten.

Nürnberg war eine der schönsten mittelalterlichen Städte Deutschlands, bis es im Zweiten Weltkrieg schwere Zerstörungen erlitt. Wir bieten zwar einen Eintrag für diese Stadt (S. 262), aber die meisten Hotels dort sind heute moderne Betongebäude. Dazu gehört auch das feudale *Atrium* (Tel. 0911/47480, Fax 4748420, 190 Zimmer), das aber von einem Park umgeben und zentral gelegen ist. Die Altstadt ist auch von den folgenden Hotels leicht zu erreichen: *Maritim* (Tel. 0911/23630, Fax 2363823, 307 Zimmer), ein Luxushotel, und *Am Jakobsmarkt* (Tel. 0911/20070, Fax 2007200), eine komfortable Pension.

Während die historisch bedeutsamen Städte Bamberg und Bayreuth mit je zwei Einträgen berücksichtigt sind (S. 241-244), empfehlen wir für Coburg das *Coburger Tor* (Tel. 09561/24074, Fax 28874, 135 Zimmer), das mit Ulrich Schaller über einen begabten Küchenchef verfügt, und das *Blankenburg* (Tel. 09561/75005, Fax 75674, 46 Zimmer), ein reizvolles Hotel mit Gartenrestaurant, in dem es im Sommer nach Kräutern duftet.

Aschaffenburg im Nordwesten ist das Zentrum einer blühenden Textilindustrie, hat aber dennoch die Atmosphäre eines historischen Markts bewahrt. Für Feinschmecker empfiehlt sich die *Sonne* (Tel. 06021/470077, 10 Zimmer), 8 km außerhalb.

Als Alternativen zu dem Eintrag für Würzburg (S. 273) empfehlen wir: *Rebstock* (Tel. 0931/30930, Fax 3093100, 79 Zimmer), ein komfortables Hotel mit gutem Restaurant, und *Schloss Steinburg* (Tel. 0931/97020, Fax 97121, 53 Zimmer), ein Hotel mit herrlicher Aussicht und Gästezimmern voller »Schlosskitsch«. Südöstlich von Würzburg liegt in Biebelried das *Leicht* (Tel. 09302/814, Fax 3163, 66 Zimmer), ein rustikales Hotel in einer ehemaligen Brauerei.

Im Nordosten befindet sich in Weiden das in den 1970er Jahren errichtete *Europa* (Tel. 0961/670710, Fax 6707114, 26 Zimmer), das attraktive Innenräume und eine gute Küche besitzt.

Nordbayern

Altenkunstadt

Zur Gondel
∽ Städtischer Gasthof ∽

96264 Altenkunstadt, Marktplatz 7
Tel (09572) 3661 **Fax** (09572) 4596

Das wunderschöne, 300 Jahre alte Fachwerkhaus des Gasthofs *Zur Gondel* fällt schon von weitem auf. Auch im Inneren herrscht geschichtsbewusste Tradition vor, sowohl in der Rezeption als auch im Restaurant sorgen schwere geschnitzte Holztüren und -möbel unter mächtigen Deckenbalken für eine gemütliche Atmosphäre. Um so deutlicher ist der Kontrast zu den Zimmern im oberen Stock. Ihre schnörkellos moderne Einrichtung wäre in einem internationalen Stadthotel keiner Erwähnung wert, hier aber verblüfft sie den Besucher. Dennoch sind sie komfortabel, nicht einmal unpersönlich, und die zum Garten führenden Zimmer sogar ruhig.

Altenkunstadt ist eine Kleinstadt im Maintal, umgeben von den Hügeln des Coburger Landes; viele Gäste sind zum Wandern hier oder weil sie die mittelalterlichen Orte besichtigen wollen. Seit 1921 bewirtschaftet die Familie Jahn den Gasthof »Zur Gondel«, auch die jetzigen Besitzer sorgen mit Komfort, gutem Essen (regionale und internationale Speisen) sowie einheimischen Weinen (die mehr Beachtung verdient hätten) und den berühmten lokalen Biersorten für das Wohl ihrer Gäste. Ein jovialer Umgangston herrscht zwischen Rezeption und Restaurant, Kaffeestube und Weinstube bis zur Terrasse hinter dem Haus, wo immer Herr Jahn auch auftaucht.

∽

Umgebung: Festung aus dem 16. Jh. in Kronach (12 km), Brauereien in Kulmbach (9 km) • **Lage:** in der Ortsmitte, 5 Min. im Taxi vom Bahnhof Burgkunstadt; zur Autobahn A 70/E 48 Bamberg-Lichtenfels (Ausfahrt Stadelhofen/Burgkunstadt) 20 km; genügend kostenlose Parkplätze • **Mahlzeiten:** Frühstück, Mittagessen, Abendessen • **Preise:** € • **Zimmer:** 38; 32 Doppelzimmer, 16 mit Dusche, 16 mit Bad; 6 Einzelzimmer mit Dusche und Bad; alle Zimmer mit Telefon, TV • **Anlage:** Aufenthaltsraum, Restaurant, Speisesaal, Café, Weinbar, Terrasse, Garten **Kreditkarten:** AE, DC, MC, V • **Kinder:** willkommen • **Behinderte:** nicht geeignet **Tiere:** keine • **Geschlossen:** erste 2 Wochen im Jan. • **Eigentümer:** Reinfried Jahn

NORDBAYERN

AMORBACH

Der Schafhof
~ Umgebautes Kloster ~

63916 Amorbach
Tel (09373) 97330 **Fax** (09373) 4120
e-mail rezeption@schafhof.de **website** www.schafhof.de

Die Benediktiner wussten was sie taten, als sie sich im 15. Jh. hier niederließen. Denn der *Schafhof* war für sie ebenso ein stilles Refugium, wie er es für die Menschen heute noch ist. Das im 18. Jh. aus Sandstein errichtete heutige Hotelgebäude bietet einen herrlichen Blick über Wiesen und sanfte Hügel – eine Landschaft, in der es kaum andere Häuser gibt. In den Nebengebäuden werden Schafe, Hühner und Enten gehalten, die Fleisch für die Küche liefern. Im See gibt es Forellen und Karpfen. Alles, vom Brot über Nudeln, Marmeladen und Süßspeisen bis hin zum Apfelsaft, wird hier selbst hergestellt oder stammt vom örtlichen Markt. Die Küche genießt einen ausgezeichneten Ruf.

Die ehemaligen Besitzer haben eine schlichte Einrichtung gewählt, die zu den Balkendecken, den gefliesten Böden und den Steinwänden passt. Die Stoffe sind in weichen Rosa- und Cremetönen gehalten, die Wände weiß getüncht. Die Gästezimmer wirken gemütlich. In den unter dem Dach gelegenen Räumen mit niedriger, honigfarbener Holzdecke stehen einfache Betten aus Fichtenholz, während man in den Zimmern im ersten Stockwerk rustikale, dunkle Holzmöbel findet.

Umgebung: barocke Klosterkirche; Bisonreservat (10 km) • **Lage:** 3 km w von Amorbach inmitten von Wiesen; mit großem Parkplatz • **Mahlzeiten:** Frühstück, Mittag- und Abendessen, Kaffee und Kuchen, Vesper • **Preise:** €€€–€€€€ **Zimmer:** 23 Doppelzimmer (3 mit Einzelbetten), alle mit Bad, Telefon, TV, Radio, einige mit Minibar; Fön auf Anfrage • **Anlage:** Speiseräume, Hotelhalle; Terrassen, Höfchen, Teiche, Tennisplatz, Gartenschach, Bocciabahn, Fahrräder, Pferdekutschen; Golfplatz in Walldürn-Neusaß (12 km) • **Kreditkarten:** AE, DC, MC, V **Kinder:** willkommen • **Behinderte:** Zugang schwierig • **Haustiere:** in den Gesellschaftsräumen erlaubt • **Geschlossen:** nie • **Eigentümerin:** Frau Händle

Nordbayern

Ansbach

Bürger-Palais
~ Stadthotel ~

91522 Ansbach, Neustadt 48
Tel (0981) 95131 **Fax** (0981) 95600
e-mail info@hotel-buerger-palais.com **website** www.hotel-buerger-palais.com

Das beeindruckende Stadthaus, das um 1700 für einen Adligen errichtet wurde, ist zwar zu klein für einen Palast oder (mit nur 12 Zimmern) für ein Nobelhotel, es ist aber auf alle Fälle ein sehr romantisches Gästehaus. Um besser zur Barockfassade zu passen, wurde das Innere »im Stil der Hocharistokratie« renoviert, erklärt Stephanie Altrock, ein Mitglied des sehr engagierten Teams, das die Gäste betreut. Viele Räume werden stilecht von Kristallüstern und Wandleuchtern erhellt. In den Zimmern finden sich bemalte Möbel mit Polsterstoffen aus Samt und Damast, alte Gemälde sowie Marmor in den Badezimmern (in einem sogar ein Jacuzzi).

Unter den Kunden des Hotels gibt es – dank der entspannten Atmosphäre – viele Langzeitgäste. Im Sommer versammeln sich diese gerne an den Tischen der Caféterrasse, die an den großen Garten mit seinen herrlichen Rosen grenzt. Vier Zimmer gehen auf diesen Garten hinaus; da das *Bürger-Palais* im Zentrum von Ansbach liegt, wo es durchaus laut zugeht, sind diese die ruhigsten. Ihren eigenen Lärm machen die Gäste in der Caféstube und dem Restaurant, das sich auf bayerische Küche spezialisiert hat. Stilistisch sind diese Räume überraschend bürgerlich gestaltet; die Fußböden sind gefliest und jedes freie Mauerstück sorgfältig vertäfelt.

~

Umgebung: die Residenz und andere barocke Gebäude von Ansbach • **Lage:** direkt nördlich des Gartens der Residenz der Hohenzollern; 2 Min. im Taxi vom Bahnhof; zur Autobahn A 3/E 56 (Ausfahrt Ansbach-West) 6 km; öffentlicher Parkplatz
Mahlzeiten: Frühstück, Mittagessen, Abendessen • **Preise:** €€–€€€ • **Zimmer:** 12; 8 Doppelzimmer, 6 mit Bad, 2 mit Dusche; 4 Suiten, 3 mit Bad, 1 mit Jacuzzi; alle Zimmer mit Telefon, PC-Anschluss in den Suiten, TV, Schreibtisch, Haartrockner
Anlage: Café mit Bar, 1 Zimmer mit Jacuzzi, Terrasse, Garten • **Kreditkarten:** AE, DC, MC, V • **Kinder:** willkommen • **Behinderte:** Zugang mit Hilfe • **Tiere:** erlaubt
Geschlossen: nie • **Besitzer:** Georg Mayer

NORDBAYERN

BAD KISSINGEN

Laudensacks Parkhotel
~ Stadthotel ~

97688 Bad Kissingen, Kurhausstraße 28
Tel (0971) 72240 **Fax** (0971) 722444 **e-mail** laudensacks-parkhotel@t-online.de
website www.laudensacks-parkhotel.de

Dieses kleine, exquisite Hotel mit Hermann und Susanne Laudensack als charmante Gastgeber und einem preisgekrönten Restaurant ist eine Art Wellnesstempel mit Fitnessraum im dritten Stock, Sauna, Dampfbad, Solarium und Zimmern für kosmetische Behandlungen, Reflexzonenmassagen, Shiatsu, Qigong und allen Arten von Therapien. Sie können das alles an einem Gesundheitswochenende ausprobieren. Außerdem hat das Hotel einen Tennis- und einen Golfplatz, Rad- und Wanderwege sind in der Nähe. Es gibt keinen Diätzwang, aber für Gäste, die auf ihr Gewicht achten, zaubert Chefkoch Joachim Raeder Gerichte, die gesund, wohlschmeckend und zugleich magenfüllend sind.

Das *Parkhotel* ist eine Jugendstilvilla, die gegen Ende des 19. Jh. gebaut wurde. Die Laudensacks haben im Innern einiges verändert, vieles von der ursprünglichen Einrichtung aber auch übernommen. Wo immer man hinschaut, findet man Lampen und Stoffe des Jugendstils oder andere interessante Details. Da die Fenster des Hotels auf den Park hinausgehen, der ihm den Namen gab, ist es für ein Stadthotel sehr ruhig. Es ist ideal für Gäste, die sich ein paar Tage richtig erholen wollen.

~

Umgebung: Fahrten auf der B 286 und B 27 in Richtung Fulda (58 km) • **Lage:** im Stadtzentrum, 400 m östlich des Bahnhofs; zur Autobahn A 7/E 41 Würzburg-Kassel (Ausfahrt Hammelburg) 12 km; kostenloser Parkplatz • **Mahlzeiten:** Frühstück, Mittagessen, Abendessen • **Preise:** €€–€€€ • **Zimmer:** 21, 10 Doppelzimmer, 8 mit Dusche, 6 mit Bad; 10 Einzelzimmer, 1 mit Bad, 9 mit Dusche; 1 Suite; alle Zimmer mit Telefon, PC-Anschluss, TV, Radio, Haartrockner, Safe **Anlage:** Aufenthaltsraum, Bar, Restaurant, Terrasse, Garten, Sauna, Dampfbad, Fitnessraum, Behandlungszimmer • **Kreditkarten:** AE, DC, MC, V • **Kinder:** willkommen • **Behinderte:** Fahrstuhl • **Tiere:** erlaubt (geringe Gebühr) **Geschlossen:** Mitte Dez. bis Ende Jan. • **Besitzer:** Familie Laudensack

Nordbayern

Bad Neustadt

Kur- & Schlosshotel
∾ Umgebautes Schloss ∾

97616 Bad Neustadt an der Saale, Kurhausstr. 37
Tel (09771) 61610 **Fax** (09771) 2533 **e-mail** hotel-schloss-neuhaus@t-online.de
website www.hotel-schloss-neuhaus.de.vu

Hier ist wirklich ein Platz, an dem man sich verwöhnen lassen kann, »ein Haus mit besonderem Charme«, wie uns ein Gast geschrieben hat. Viele Leute gehen zur Kur nach Bad Neustadt, aber der Aufenthalt im *Schlosshotel* ist sicher die luxuriöseste Art und Weise, seine Batterien wieder aufzuladen und Gesundheit zu tanken. Auch die Küche passt sich diesem Trend mit »Anti-Stress«- und »Lady-vital«-Angeboten an.

Michael Erichsen regiert nicht nur in der Küche, sondern leitet zusammen mit seiner Frau Andrea auch das Hotel; sie haben mit viel Begeisterung das Barockschloss aus dem 18. Jh. restauriert. Die geräumigen Zimmer sind mit Seiden- und anderen edlen Stoffen dekoriert, es gibt schöne Marmorbäder, und die beiden Rokoko-Speiseräume haben prächtige Stuckdecken.

Trotz dieser Ausstattung sind die Preise maßvoll, vor allem da Neustadt touristisch ziemlich erschlossen und damit die Konkurrenz groß ist. Doch wird sich das sicher ändern, wenn das *Schlosshotel* erst bekannter geworden ist, was natürlich durch diesen Beitrag noch wahrscheinlicher wird.

∾

Umgebung: Kurpark, Altstadt; Skifahren, Wandern • **Lage:** mitten in der Stadt gegenüber dem Kurpark; mit Parkplatz • **Mahlzeiten:** Frühstück, Mittag- und Abendessen, Imbisse • **Preise:** €€ • **Zimmer:** 14; 8 Doppelzimmer, 6 Suiten, alle mit Bad, Telefon, TV, Radio, Minibar • **Anlage:** Speisezimmer, Bar, Konferenzzimmer, Terrasse, Kapelle und Spiegelzimmer • **Kreditkarten:** AE, DC, MC, V **Kinder:** willkommen • **Behinderte:** Zugang durch Lift • **Tiere:** erlaubt **Geschlossen:** nie • **Besitzer:** Michael Erichsen

Nordbayern

Bad Neustadt

Schwan & Post
~ Stadthotel ~

97616 Bad Neustadt, Hohnstr. 35
Tel/Fax (09771) 91070
website www.schwan-und-post.de

Da viele der schmalen, kopfsteingepflasterten Straßen der viel besuchten Altstadt von Bad Neustadt mit ihren attraktiven Geschäften Fußgängern vorbehalten sind, kann die Parkplatzsuche zum Problem werden. Ein Grund mehr, direkt dieses Hotels neben dem alten Stadttor anzusteuern.

Man erkennt das Haus sofort an seiner charakteristischen Fassade, die mit zwei Nischenfiguren geschmückt ist, und an seiner winzigen Terrasse. Die Innenräume sind mit einer zurückhaltenden Mischung aus Alt und Neu eingerichtet worden. Eine breite Treppe aus Marmor und Holz führt von der großen Lobby zu einem Podest mit modernen Ölgemälden und Aquarellen und reich gemusterten Teppichen auf dem Parkettboden. Die älteren Gästezimmer besitzen wunderschöne alte Türen. Der Anbau enthält etwas reizlos wirkende, aber komfortable, moderne Zimmer, die mit heller Esche eingerichtet sind, sowie Sauna, Solarium und Whirlpool.

Die angenehm hellen Speiseräume sind in Grün gehalten; die Postillion-Stube wirkt mit ihren provenzalischen Fliesen und den Karikaturen an den Wänden weniger nüchtern. In der von einem Gewölbe überspannten Kellerbar verbreitet ein Holzkohlengrill eine rustikale Atmosphäre.

~

Umgebung: Salzburg (Herschfeld); Ski fahren, Wandern • **Lage:** am alten Stadttor; mit Parkplatz und einigen Garagen • **Mahlzeiten:** Frühstück, Mittag- und Abendessen • **Preise:** €–€€ • **Zimmer:** 30; 15 Doppel- (mit Einzelbetten), 15 Einzelzimmer mit Bad; alle Zimmer mit TV, Telefon, Radio, Minibar • **Anlage:** Speiseraum, Bar, Gaststube, Whirlpool, Solarium, Fitnessraum • **Kreditkarten:** AE, DC, MC, V • **Kinder:** willkommen • **Behinderte:** keine speziellen Einrichtungen • **Tiere:** erlaubt (geringe Gebühr) • **Geschlossen:** nie • **Geschäftsführer:** Herr Gräbel

Nordbayern

Bamberg

Barock Hotel am Dom
~ Stadthotel ~

96049 Bamberg, Vorderer Bach 4
Tel (0951) 54031 **Fax** (0951) 54021

Für die Mühe, die es macht, dieses Hotel zu finden (unser Tester musste dazu einen Einheimischen »entführen«), wird man durch einen herzlichen Empfang entschädigt. Frau Goller und ihr Personal tun für ihre Gäste alles: von Ratschlägen, wo man gut essen kann, bis zum Besorgen eines Mietwagens. Da das Hotel mitten in der Altstadt liegt, wo die Suche nach einem Parkplatz zu einem Alptraum werden kann, ist der hoteleigene Parkplatz vor dem Haus eine wahre Erlösung.

Das kleine Barockgebäude, das eine prächtige Fassade besitzt, ist im Inneren renoviert und zu einem gemütlichen Hotel umgewandelt worden, dem cs jedoch etwas an Charakter und Atmosphäre mangelt. Nur das stuckierte Deckengewölbe im Frühstückszimmer erinnert noch an das Alter des Hauses. Während in der Halle und den Korridoren Antiquitäten stehen, sind die Gästezimmer einfach und modern ausgestattet. Die stets freundliche Frau Goller verwöhnt ihre Gäste mit einem herzhaften Frühstück. Das Hotel ist ein ausgezeichneter Ausgangspunkt für die Besichtigung der Altstadt, in der man auch viele gemütliche Gaststuben mit guter Küche findet.

Umgebung: Altstadt, Dom, Diözesanmuseum • **Lage:** in einer winzigen Nebenstraße in der Fußgängerzone beim Dom; mit Parkmöglichkeiten • **Mahlzeiten:** Frühstück • **Preise:** €–€€ • **Zimmer:** 17; 11 Doppelzimmer (mit Einzelbetten), 5 Einzelzimmer, alle mit Dusche, 1 Familienzimmer mit Bad; alle Zimmer mit TV, Telefon, Radio, Minibar • **Anlage:** Frühstückszimmer • **Kreditkarten:** AE, DC, MC, V **Kinder:** sehr willkommen • **Behinderte:** Zugang leicht, Aufzug • **Tiere:** erlaubt (geringe Gebühr) • **Geschlossen:** Jan. bis Ende Feb • **Besitzerin:** Inge Goller

NORDBAYERN

BAMBERG

Weinhaus Messerschmitt
~ Städtisches Weinhaus ~

96047 Bamberg, Lange Str 41.
Tel (0951) 27866 **Fax** (0951) 26141
e-mail hotel-messerschmitt@t-online.de **website** www.hotel-messerschmitt.de

Das Zentrum der alten Domstadt Bamberg mit seinem Kopfsteinpflaster, den Fachwerk- und Giebelhäusern und den blumengeschmückten Innenhöfen liegt auf einer großen Insel in der Regnitz. Das 1422 errichtete *Weinhaus Messerschmitt* gehört zu dieser Altstadt, auch wenn es sich etwas außerhalb des Stadtkerns befindet. Es wurde 1832 als Restaurant eröffnet und ist seitdem im Besitz der Familie Pschorn. Heute kümmert sich Lydia Pschorn um die Küche, während ihr Mann Otto die Weinkeller betreut. Das Restaurant ist bekannt für seine regionalen Spezialitäten, zu denen auch hier gefangene Fische (oder sogar Aal in Salbeisauce) gehören. In der Hubertusstube werden zu jeder Tageszeit kleine Gerichte und gute Weine serviert; im Gartenzimmer gibt es Kaffee und selbst gemachte Kuchen.

In einer Stadt wie Bamberg fällt die bemalte Fassade des Hotels nicht weiter auf, aber auch das Innere ist angenehm traditionsbewusst, mit gefliesten Böden, glänzenden alten Holzmöbeln und rustikaler Dekoration. Die Gästezimmer sind behaglich mit guten Reproduktionen möbliert; die Bäder besitzen ebenfalls alte Dekorationsstücke.

~

Umgebung: Dom, Alte und Neue Hofhaltung, Domherrenhöfe • **Lage:** im Zentrum nahe der Altstadt; mit Parkplatz für 4 Autos • **Mahlzeiten:** Frühstück, Mittag- und Abendessen, Brotzeit • **Preise:** Zimmer €€–€€€ • **Zimmer:** 17; 11 Doppelzimmer mit Bad; 4 Einzelzimmer, 1 mit Bad, 3 mit Dusche; 2 Suiten; alle Zimmer mit Telefon, TV, Minibar, Radio • **Anlage:** Speiseraum; Salon/Festsaal, Konferenzraum; Gartenzimmer • **Kreditkarten:** AE, DC, MC, V • **Kinder:** erlaubt • **Behinderte:** keine speziellen Einrichtungen • **Tiere:** nicht erlaubt • **Geschlossen:** nie • **Besitzer:** Otto und Lydia Pschorn

Nordbayern

Bayreuth

Eremitage Hotel
~ Ländliches Gästehaus ~

95448 Bayreuth, Eremitage 6
Tel (0921) 99970 **Fax** (0921) 999711
e-mail info@eremitage-gastro.de **website** www.eremitage-gastro.de

Die passende märchenhafte Kulisse für das Schloss Eremitage bildet der Schlosspark von Bayreuth. Diese »Einsiedelei« war ein Zufluchtsort, der 1715 für die Markgräfin Wilhelmine gebaut und später in ein Lustschlösschen umgewandelt wurde. Um das Schloss wurde ein französischer Garten angelegt, in dem eine im romantischen Stil errichtete alte Remise das *Eremitage Hotel* beherbergt.

Seit unserer letzten Ausgabe haben im *Eremitage Hotel* die Besitzer gewechselt. Frau Jöckel ist nun die Herrin über die sechs hohen und hellen Gästezimmer, die im klassischen Stil, vielleicht etwas zu streng eingerichtet sind; alle blicken auf den Park hinaus. Herr Jöckel steht der Schlossgaststätte vor, dem großen Restaurant, das das gesamte Erdgeschoss des Hauses einnimmt, einschließlich der angrenzenden Terrasse, auf der es im Sommer gesellig zugeht. Er serviert verschiedene internationale Gerichte, aber auch fränkische und bayerische Spezialitäten, alle auf der Basis lokaler Produkte. Das Café »Orangerie« des Hotels liegt drei Minuten zu Fuß entfernt, doch wer das prächtige alte Orangeriegebäude erst einmal gesehen hat, nimmt diesen Spaziergang durch den Park gerne auf sich, um in einer wirklich palastartigen Umgebung Kaffee zu trinken und die Aussicht zu genießen.

~

Umgebung: Richard-Wagner-Museum und Franz-Liszt-Museum, Bayreuth • **Lage:** im Eremitage Park, 4 km östlich der Stadtmitte von Bayreuth; 10 Min. im Taxi vom Bahnhof; zur Autobahn A 9/E 51 von Nürnberg 5 km; kostenloser Parkplatz
Mahlzeiten: Frühstück, Mittagessen, Abendessen, Imbiss • **Preise:** €–€€
Zimmer: 6; 5 Doppelzimmer, 2 mit Bad, 3 mit Dusche, 1 Einzelzimmer mit Dusche; alle Zimmer mit Telefon, PC-Anschluss in einigen, TV, Radiowecker, Fön, Safe, Minibar • **Anlage:** Rezeption, Speisesaal, Restaurant, Terrasse, Café in der Orangerie, Lebensmittelladen • **Kreditkarten:** AE, DC, MC, V • **Kinder:** willkommen
Behinderte: ungeeignet • **Tiere:** erlaubt, geringe Extragebühr • **Geschlossen:** Jan., Feb. • **Besitzer:** Familie Jöckel

NORDBAYERN

BAYREUTH

Schlosshotel Thiergarten
~ Schlosshotel ~

95448 Bayreuth, Oberthiergärtner Str. 36
Tel (09209) 98418 **Fax** (09209) 98413 **e-mail** schlosshotel-thiergarten@
t-online.de **website** www.schlosshotel-thiergarten.de

Dieses hübsche barocke Jagdschloss erhebt sich auf einem Hügel inmitten seines eigenen Wildgeheges; die Zufahrtsstraße windet sich zwischen Wiesen und Feldern dort hinauf. Oben angekommen, stellt man allerdings entsetzt fest, dass die auf der anderen Seite des Hügels verlaufende Autobahn nicht nur zu sehen, sondern auch zu hören ist. Im Hotel selbst ist es dennoch ruhig. Die meisten Gästezimmer und die Terrasse gehen nach Osten, wo nichts die Aussicht auf die ländliche Umgebung stört. Es herrscht eine entspannte Atmosphäre; der Service ist gut.

In den Räumen im Erdgeschoss fühlt man sich in eine andere Zeit versetzt: gut erhaltene Stuckwände von Domenico Caddenazzi, prächtige Kronleuchter, Kerzenlicht auf dem Tisch und große Ölgemälde. Essen kann man entweder im eleganten Wilhelminischen Zimmer oder im Venezianischen Zimmer, das nach seinem herrlichen Spiegel und Lüster benannt ist.

Die großen, komfortablen Gästezimmer sind mit grün gebeizten oder lackierten Kiefernholzmöbeln eingerichtet. Geplant ist eine umfassende Erweiterung des Hotels.

Umgebung: Markgräfliches Opernhaus, Neues Schloss • **Lage:** in offener Landschaft, 6 km sö von Bayreuth; mit Park, großem Parkplatz und Garagen
Mahlzeiten: Frühstück, Mittag- und Abendessen, kleine Gerichte **Preise:** €€–€€€€
Zimmer: 8 Doppelzimmer, 6 mit Bad, 2 mit Dusche; alle Zimmer mit TV, Telefon, Radio, Fön, Minibar • **Anlage:** 2 Speiseräume, Bar, Konferenzzimmer, Sauna; Terrasse, Swimmingpool • **Kreditkarten:** AE, DC, MC, V • **Kinder:** willkommen
Behinderte: keine speziellen Einrichtungen • **Tiere:** erlaubt (geringe Gebühr)
Geschlossen: nie • **Besitzerin:** Renate Kaiser

Nordbayern

Colmberg

Burg Colmberg
~ Umgebaute Burg ~

91598 Colmberg
Tel (09803) 91920 **Fax** (09803) 262
e-mail info@burg-colmberg.de **website** www.burg-colmberg.de

Schon von weitem bietet die *Burg Colmberg* auf einem Bergrücken ein beeindruckendes Bild. Von jedem Fenster der Gästezimmer genießt man einen Rundblick über die friedliche fränkische Landschaft. Hinter den Fenstern befinden sich palastartige Zimmer mit allen Einrichtungen der Neuzeit wie Jacuzzis in einigen Badezimmern. Suchen Sie sich ein Zimmer in Ihrem Stil aus: traditionell, barock oder mittelalterlich mit modernen Zutaten. Durch seine isolierte Lage und die Entfernung vom nächsten Ort bietet das Hotel ideale Möglichkeiten für alle, die der Stadt für eine Weile den Rücken kehren wollen: eine Runde Golf auf dem Golfplatz oder Spaziergänge im Wildchege mit seinen Rehen, Schafen und Wildschweinen (gelegentliche Jagden versorgen das Restaurant mit seiner traditionellen fränkischen Küche mit Wild). Für die Kinder gibt es einen Spielplatz am Fuß des mittelalterlichen Turms. Bei der Reservierung sollten Sie darauf achten, dass die Burg bei Ihrem Besuch nicht von Tagungsgästen oder einer Hochzeitsgesellschaft in der Kapelle aus dem 15. Jahrhundert überlaufen ist. Laut sind auch die mittelalterlichen Bankette im Rittersaal.

~

Umgebung: Barocke Altstadt von Ansbach (13 km) • **Lage:** auf einem Berg am Ende einer Privatstraße, die 8 km nördlich von Leutershausen von der B 13 abbiegt; 20 Min. im Taxi vom Bahnhof Ansbach; zur Autobahn A 6/E 50 Heilbronn-Nürnberg (Ausfahrt Aurach) 15 km • **Mahlzeiten:** Frühstück, Mittagessen, Abendessen, Imbiss • **Preise:** €–€€€ • **Zimmer:** 26; 24 Doppelzimmer, 17 mit Dusche, 7 mit Bad, 6 mit Jacuzzi, 21 mit getrennten Betten; 2 Einzelzimmer mit Dusche; alle Zimmer mit Telefon, TV, Radio, Fön • **Anlage:** Rezeption, Foyer, Weinstube, Speisesaal, Veranstaltungsräume, Kinderspielplatz, Garten, Kapelle
Kreditkarten: AE, MC, V • **Kinder:** willkommen • **Behinderte:** nicht geeignet
Tiere: nach Vereinbarung • **Geschlossen:** Feb.; Restaurant Di • **Besitzer:** Familie Unbehauen

Nordbayern

Dinkelsbühl

Deutsches Haus
~ Städtischer Gasthof ~

91550 Dinkelsbühl, Weinmarkt 3
Tel (09851) 6058 **Fax** (09851) 7911
e-mail info@deutsches-haus-dkb.de **website** www.deutsches-haus-dkb.de

Das *Deutsche Haus* gehört zu den ältesten und schönsten Bürgerhäusern, die um den alten Marktplatz im mittelalterlichen Dinkelsbühl stehen. Im unteren Teil führen Steintreppen und gefliese Fußböden die Hungrigen und Durstigen durch gotische Bögen zum Restaurant und dem Stüble mit ihren bemalten vertäfelten Decken. Im oberen Teil findet man geräumige Zimmer mit geschnitzten und bemalten Betten, Truhen und Stühlen; überall stehen Antiquitäten. Sogar der Anbau ist ein altes Gebäude; Familie Kellerbauer kaufte unlängst die nebenan liegende mittelalterliche Schranne und baute sie mit untadeligem Geschmack zu einem Veranstaltungsort für Gruppen um; die Atmosphäre ist angenehm, die Zimmer hübsch und bequem.

So fehlt es nicht an Lob sowohl für Frau Kellerbauers charmante Art als auch für die Küche, die traditionelle deutsche Gerichte wie Kartoffelklöße oder Hecht in Sauerrahm leicht und kreativ abwandelt. Das Hotel liegt in der Stadtmitte und ist von Mai bis Oktober gut besucht. Denken Sie daran, dass die vier Zimmer mit Aussicht auf den Marktplatz laut sind.

Umgebung: Waldwanderungen; mittelalterliche Architektur von Dinkelsbühl
Lage: im Stadtzentrum gegenüber der Kirche St. Georg, 5 Min. im Taxi vom Bahnhof; zur Autobahn A 7/E 41 Würzburg-Ulm 9 km; kostenloser Parkplatz
Mahlzeiten: Frühstück, Mittagessen, Abendessen; Imbiss von 14-18 Uhr • **Preise:** €€-€€€ • **Zimmer:** 18; 8 Einzelzimmer mit Dusche, 8 Doppelzimmer mit Bad, 1 mit getrennten Betten, 2 Suiten, 1 mit Dusche, 1 mit Jacuzzi; alle Zimmer mit Telefon, PC-Anschluss, TV, Radiowecker, Haartrockner, Safe, Minibar • **Anlage:** Hauptgebäude mit Rezeption, Aufenthaltsraum, Fernsehzimmer, Bar, Restaurant, Speisezimmer, Terrasse; Schranne mit Veranstaltungsräumen • **Kreditkarten:** AE, MC, V • **Kinder:** willkommen • **Behinderte:** keine besonderen Einrichtungen **Tiere:** keine • **Geschlossen:** Mitte Jan. bis Mitte Feb. • **Besitzer:** Familie Kellerbauer

NORDBAYERN

DINKELSBÜHL

Hotel Eisenkrug
~ Stadthotel ~

91550 Dinkelsbühl, Dr. Martin-Luther-Str. 1
Tel (09851) 57700 **Fax** (09851) 577070
e-mail info@hotel-eisenkrug.de **website** www.hotel-eisenkrug.de

Das rosa getünchte Gebäude mag als Sehenswürdigkeit nicht so interessant sein wie das nahe *Deutsche Haus* (S. 246), aber es befindet sich ebenfalls im Herzen der gut erhaltenen Altstadt von Dinkelsbühl, direkt am Weinmarkt, und reizt in mancher Hinsicht zum Übernachten.

Hauptattraktion ist dabei die Küche, die eine gelungene Mischung von fränkisch-schwäbischen Spezialitäten und einfallsreicheren modernen Gerichten bietet. Sie gilt als die beste in der Stadt und verdient ihren Michelin-Stern. Das mit eleganten Reproduktionen möblierte Hauptrestaurant »Zum kleinen Obristen« ist schick und gefällig, aber nicht besonders charaktervoll. Wer mehr Atmosphäre will, muss in den Weinkeller hinabsteigen; dort wird bodenständige fränkisch-schwäbische Kost serviert. (Hoffentlich fällt Ihr Besuch nicht mit einem traditionellen »Ritteressen« zusammen!)

Die Gästezimmer sind geschmackvoll mit einer Mischung aus antiken Möbeln und Reproduktionen eingerichtet. Jedes von ihnen ist individuell gestaltet; die besten sind wunderbar geräumig. Durch ein neues Gästehaus ist die Kapazität verdoppelt worden.

Umgebung: Stadtpfarrkirche St. Georg, Segringer Straße, Stadtmauer • **Lage:** mitten in der Altstadt, nahe dem Weinmarkt; öffentlicher Parkplatz in der Nähe
Mahlzeiten: Frühstück, Mittag- und Abendessen, kleine Gerichte • **Preise:** €–€€
Zimmer: 21; 18 Doppelzimmer, 1 mit Bad, 17 mit Dusche; 2 Einzelzimmer mit Dusche; 1 Familienzimmer mit Bad; alle Zimmer mit Fön, TV, Telefon, Minibar, Safe
Anlage: Speiseraum, Bar, Weinkeller, Konferenzraum und Terrasse • **Kreditkarten:** AE, DC, MC, V • **Kinder:** willkommen • **Behinderte:** leichter Zugang, Lift • **Tiere:** erlaubt (geringe Gebühr) • **Geschlossen:** nie • **Besitzer:** Martin Scharff

NORDBAYERN

DINKELSBÜHL

Gasthof Zum goldenen Anker
~ Stadthotel ~

91550 Dinkelsbühl, Untere Schmiedgasse 22
Tel (09851) 57800 **Fax** (09851) 578080
e-mail goldener.anker@t-online.de **website** www.goldener-anker-dkb.de

Der *Goldene Anker* liegt gerade innerhalb der mittelalterlichen Stadtmauer von Dinkelsbühl, nahe am Segringer Tor, aber auch nur 500 m von der Wörnitz entfernt, aus der die Forellen und Karpfen für die empfehlenswerte Küche des Restaurants stammen, die sich auf fränkisch-schwäbische Gerichte spezialisiert hat. Während der hiesigen Fischwochen werden sie lebend zum Hotel gebracht und in Becken oder künstlichen Teichen vor dem Haus aufbewahrt.

Der *Goldene Anker* ist ein altes Stadthaus, im Restaurant und im Erdgeschoss herrscht der gemütliche fränkische Stil mit Holzverkleidungen vor. Die Zimmer dagegen orientieren sich eher an einem internationalen Hotelstandard. Vor kurzem erwarb die Familie Scharff zwei neue, etwas entfernt liegende Gästehäuser. Sie enthalten weitere geräumige und bequeme Zimmer, eines davon auch Sauna und Solarium, aber die Gäste müssen für das Frühstück oder weitere Mahlzeiten stets etwa 100 m bis zum Hotel gehen. Die Straßen der Umgebung sind ruhig und man kann entspannt einen Bummel machen; vor allem am Sonntag, wenn die ganze Altstadt zur Fußgängerzone wird. Innerhalb der Stadtmauer darf man nur nachts parken, tagsüber muss man die paar Minuten vom Hotel zu den Parkplätzen außerhalb der Mauer gehen.

Umgebung: Karpfen angeln in der Wörnitz; Spaziergänge am hübschen Flussufer **Lage:** in der südwestlichen Ecke der Altstadt; 5 Min. im Taxi zum Bahnhof; zur Autobahn A 7/E 41 (Ausfahrt Dinkelsbühl/Fichtenau) 9,5 km; Garagenparkplatz in der Nähe • **Mahlzeiten:** Frühstück, Mittagessen, Abendessen; Imbiss 14-17 Uhr **Preise:** €-€€ • **Zimmer:** 24; 21 Doppel-, 3 Einzelzimmer, alle mit Dusche, Telefon, TV, Safe, Minibar • **Anlage:** Hotelgebäude mit Rezeption, Restaurant; Gästehaus 50 m entfernt: Sauna, Solarium; Gästehaus 100 m entfernt; Garage • **Kreditkarten:** AE, DC, MC, V • **Kinder:** willkommen • **Behinderte:** Zugang möglich, nach Vereinbarung • **Tiere:** erlaubt (geringe Gebühr) • **Geschlossen:** Restaurant Fr., Jan-April • **Besitzer:** Elfriede Scharff-Mayer

Nordbayern

Erlangen-Frauenaurach

Schwarzer Adler
~ Dorfgasthof ~

91056 Erlangen-Frauenaurach, Herdegenplatz 1
Tel (09131) 992051 **Fax** (09131) 993195 **e-mail** schwarzeradler-frauenaurach@web.de **website** www.hotel-schwarzer-adler.de

Diese hübsche alte Weinstube versteckt sich außerhalb der Industriestadt Erlangen direkt neben der Kirche des Dorfs Frauenaurach. Die Fachwerkfassade wirkt rustikal; die Innenräume sind einfach, aber sehr geschmackvoll eingerichtet. Eine Treppe aus Eichenholz führt zu den beiden Stockwerken hinauf, wo sich die Gästezimmer befinden; am Treppenabsatz kommt man an einem alten Schaukelpferd und einer Standuhr vorbei. Die Zimmer, die nach Vögeln benannt sind, besitzen handbemalte Türen und sind geschmackvoll möbliert: Im »Storch« beispielsweise gibt es einen antiken verzierten Wandschrank aus Kiefernholz; die Wände mit freiliegendem Gebälk sind weiß getüncht. Obwohl die Zimmer so wirken, als würden sie unter Denkmalschutz stehen, bieten sie jeden nur erdenklichen Komfort.

Das Frühstück wird bei leiser Hintergrundmusik am Tisch serviert. Mittagessen gibt es nicht im *Schwarzen Adler*, aber abends kleine Gerichte und Getränke, entweder in der hübschen, mit geschnitzten Figuren und Kachelofen dekorierten historischen Weinstube oder im Biergarten.

~

Umgebung: Erlangen (5 km) mit Markgräflichem Schloss und Hofgarten • **Lage:** am Dorfplatz, 2 km von der E 45 entfernt, sw von Erlangen; mit großem öffentlichem Parkplatz • **Mahlzeiten:** Frühstück, kleine Gerichte • **Preise:** €€–€€€ **Zimmer:** 15; 9 Doppel- (mit Einzelbetten), 5 Einzel-, 1 Familienzimmer; alle Zimmer mit Dusche, Telefon, Fön, TV, Minibar • **Anlage:** Weinstube, Biergarten **Kreditkarten:** AE, DC, V • **Kinder:** willkommen • **Behinderte:** 1 Parterrezimmer **Tiere:** erlaubt • **Geschlossen:** Mitte Mai bis Juni, Mitte Aug. bis Sept., Weihnachten und Neujahr • **Besitzerin:** Christiane Müller-Kinzel

Nordbayern

Eschau-Hobbach

Gasthof zum Engel
~ Ländlicher Gasthof ~

63863 Eschau-Hobbach, Bayernstr. 47
Tel (09374) 388 **Fax** (09374) 7831
e-mail 060927326@t-online.de **website** www.engel-eschau.de

Dies ist ein friedliches kleines Gästehaus in einem Dorf im Elsava-Tal am Rande des Naturparks Spessart. Die meisten Gäste nutzen den *Gasthof zum Engel* für Ausflüge in den Spessart. Der neueste Teil des Hotels ist das 20 Jahre alte Gästehaus. Es liegt in einem großen Garten, der sich wunderschön einen Hügel hinaufzieht; gleich daneben, mit Blick auf die Gartenanlage, liegt auf einer Terrasse ein Biergarten. Bis auf zwei besitzen alle der angenehmen, unkomplizierten Zimmer einen Balkon mit Aussicht über die bewaldete Hügellandschaft des Elsava-Tals. Der älteste Teil ist der über 200 Jahre alte Fachwerkbau des Restaurants neben dem Gästehaus, das man über einen Hof betritt. Schon seit fünf Generationen bewirtschaftet die alteingesessene Familie Weibel den Gasthof; die Speisekarte umfasst vor allem regionale Gerichte mit Wildschwein und Pilzen sowie anderen Zutaten aus dem nahen Wald. Auf der Weinkarte finden sich viele hiesige Gewächse. Restaurant und Stube sind geschmackvoll traditionell gehalten und wirken mit ihren Holz- oder Steinböden, den Deckenbalken und den Steinmauern sehr einladend.

~

Umgebung: das mittelalterliche Miltenberg (20 km), Klosterkirche (18. JH) in Amorbach (25 km) • **Lage:** im Zentrum des Dorfs Hobbach, 7 km nördlich von Eschau und 13 km nördlich von Miltenberg; 30 Min. im Taxi vom Bahnhof Aschaffenburg; zur Autobahn A 3/E 41 Aschaffenburg–Würzburg (Ausfahrt Rohrbrunn) 15 km; öffentlicher Parkplatz • **Mahlzeiten:** Frühstück, Mittagessen, Abendessen • **Preise:** € • **Zimmer:** 25; 13 Doppelzimmer, 10 mit Dusche, 3 mit Bad, 12 Einzelzimmer mit Dusche; alle Zimmer mit Telefon, TV, Radiowecker, Haartrockner; 7 mit PC-Anschluss, Safe • **Anlage:** Rezeption, Aufenthaltsraum, Restaurant, 2 Konferenzräume, Biergarten, Hof, Terrasse, Garten mit großer Rasenfläche • **Kreditkarten:** V • **Kinder:** willkommen • **Behinderte:** nicht geeignet **Tiere:** nicht gestattet • **Geschlossen:** nie • **Besitzer:** Hubertus Weibel und Familie

Nordbayern

Feuchtwangen

Hotel Greifen-Post
~ Stadthotel ~

91555 Feuchtwangen, Marktplatz 8
Tel (09852) 6800 **Fax** (09852) 68068
e-mail hotel@greifen.de **website** www.greifen.de

Dieses solide Hotel besitzt eine Fassade mit auffälligem Treppengiebel sowie gemütlich und charaktervoll gestaltete Innenräume. Es ist seit 1369 ein Gasthaus. Eine vor kurzem vorgenommene Renovierung hat den Komfort verbessert, ohne das Ambiente zu beeinträchtigen. Im Speiseraum sind die bunten Wandbilder erhalten geblieben. Die Küche bietet im Hauptrestaurant gehobene neue deutsche Küche, während man in der Kamingrillstube Grillgerichte und deftige fränkische Spezialitäten erhält.

Die Gästezimmer sind in verschiedenen Stilrichtungen eingerichtet: von Laura Ashley über Biedermeier bis zu rustikal mit Himmelbetten, aber alle sind geschmackvoll und gemütlich. Das benachbarte Neumeisterhaus aus dem 16. Jh. beherbergt zwei Apartments.

Der Swimmingpool, der Stolz des Hauses, befindet sich im Innenhof der ehemaligen Poststation, deren Renaissancebogen und -säulen noch original erhalten sind. In den Ställen standen schon die Postkutschenpferde zahlreicher historischer Persönlichkeiten, wie z.B. die der Zarin von Russland.

Umgebung: Pfarrkirche; Dinkelsbühl (10 km); Rothenburg (25 km) • **Lage:** auf dem Marktplatz der Altstadt; mit Parkplatz in der Nähe • **Mahlzeiten:** Frühstück, Mittag- und Abendessen • **Preise:** €€–€€€ • **Zimmer:** 41; 32 Doppelzimmer (4 mit Einzelbetten), 19 mit Bad, 13 mit Dusche; 6 Einzelzimmer mit Dusche; 3 Familienzimmer mit Dusche; alle Zimmer mit TV, Telefon, Radio, Fön, Minibar **Anlage:** Speiseräume, Bibliothek, Frühstückszimmer; Fahrräder • **Kreditkarten:** AE, DC, MC, V • **Kinder:** willkommen • **Behinderte:** keine speziellen Einrichtungen **Tiere:** erlaubt • **Geschlossen:** nie; Restaurant Jan. und Nov. bis April So, Mo **Besitzerin:** Frau Becker-Plaba

NORDBAYERN

FRICKENHAUSEN AM MAIN

Meintzinger
~ Umgebaute Weinkellerei ~

97252 Frickenhausen am Main, Babenbergerplatz 2–4
Tel (09331)87210 **Fax** (09331) 7578
e-mail hotel- meintzinger@t-online.de **website** www.hotel-meintzinger.de

Dieses Hotel garni ist ein Eldorado für Liebhaber deutschen Weins, die sich hier mit einem deftigen Frühstück vor dem ausgiebigen Besuch der benachbarten Weinkeller stärken können. Frickenhausen liegt südlich von Würzburg, der Hauptstadt des Frankenweins, und die ganze Region ist berühmt für trockene Weißweine aus der Silvanertraube. Meintzinger ist ein bekannter Weinproduzent, der in Frickenhausen seit 1790 Weine keltert; seine Webseite kann die neuen Nachrichten, Preislisten und Bekanntgaben seiner jüngsten Auszeichnungen für Weiß- und Rotweine kaum noch aufnehmen. Das Hotel *Meintzinger* wurde von der Familie 1978 eröffnet; es liegt in einem Gebäude aus dem 15. Jh., das zur Weinkellerei gehörte. Die Zimmer sind geräumig, jedoch nicht besonders bemerkenswert; einige gehen allerdings auf Terrassen hinaus. Das Frühstückszimmer ist groß, hell und freundlich, und im Sommer kann man auch auf der Terrasse frühstücken. Die meisten Gäste kommen zur Weinlese, oder im Mai und Juni, wenn der hiesige Spargel gestochen wird. Rita Meintzinger will jedoch auch andere Kunden ansprechen und eröffnete einen Salon mit Ayurveda-Massagen, Aromatherapie und Anti-Zellulitis-Behandlungen, dazu einige Konferenzräume für Geschäftsleute.

Umgebung: das Wehrstädtchen Frickenhausen; die Weinberge des Maintals
Lage: in der Weinkellereianlage Meintzinger, nahe beim Rathaus; 10 Min. im Taxi vom Bahnhof Ochsenfurt; zur Autobahn A 3/E 41 Frankfurt-Würzburg (Ausfahrt Randersacker) 5 km über die B 13; kostenloser Parkplatz • **Mahlzeiten:** Frühstück, Imbiss • **Preise:** €–€€€ • **Zimmer:** 22; 20 Doppelzimmer, 10 mit Bad, 10 mit Dusche, 2 Einzelzimmer mit Dusche; alle Zimmer mit Telefon, TV, Radio, Fön
Anlage: Rezeption, Aufenthaltsraum, Frühstückszimmer, Behandlungsräume, Terrasse, Garage • **Kreditkarten:** AE, MC, V • **Kinder:** willkommen • **Behinderte:** nicht geeignet • **Tiere:** erlaubt, geringe Extragebühr • **Geschlossen:** nie
Besitzerin: Rita Meintzinger

Nordbayern

Fürsteneck

Schloss Fürsteneck
∽ Pension in umgebauter Burg ∽

94142 Fürsteneck, Schlossweg 5
Tel (08505) 1473 **Fax** (08505) 1473
e-mail e.wilhelm@vr-web.de **website** www.schloss-fuersteneck.de

Mächtige alte Bäume umgeben das Schloss *Fürsteneck*, dessen älteste Teile vor über 1200 Jahren errichtet wurden. Man kann es auf einer Klippe hoch über dem Zusammenfluss von Ohe und Ilz schon von weitem sehen. In der ehemaligen Residenz von Fürstbischöfen ist jetzt eine einfache Pension untergebracht, von deren Zimmer man teilweise eine unvergleichliche Aussicht über die Wälder und Hügel genießt. Als Pension dient ein weiß gestrichenes Haus aus dem Jahr 1600, doch zum Schlosskomplex gehört eine Kirche von 1212 mit einem barocken Altarbild und einem Glockenturm, dessen Glocken jeden Sonntag die friedliche Stille vor der Morgenmesse lautstark unterbrechen. Vom Turm blickt man auf die fünf rückwärtigen Zimmer der Pension und die Caféterrasse im ersten Stock.

Das Hotel selbst ist schlicht und die Preise entsprechend moderat. In den einfachen, geräumigen Zimmern gibt es seit kurzem Badezimmer. Das Restaurant befindet sich in drei stilvollen Räumen mit gewölbter Decke im Untergeschoss, die gleichzeitig als Rezeption dienen müssen. Ein Raum besitzt einen Kamin, ein anderer blickt hinab auf das Flüsschen Ohe. Die vielgelobte Küche stützt sich auf Zutaten aus dem kleinen Küchengarten des Schlosses und der Umgebung und bereitet bodenständige Gerichte zu.

∽

Umgebung: Wanderungen und Radtouren im Bayerischen Wald • **Lage:** auf einem Hügel am Ende der Privatstraße, die 8 km nordwestlich von Hutthurm von der B 85 abbiegt; 30 Min. mit dem Hotelshuttle vom Bahnhof Passau; zur Autobahn A 3/E 56 Regensburg–Passau (Ausfahrt Passau) 25 km über die B 12; kostenloser Parkplatz außerhalb des Komplexes • **Mahlzeiten:** Frühstück, Mittagessen, Abendessen, Imbiss • **Preise:** € • **Zimmer:** 10 Doppelzimmer, alle mit Dusche • **Anlage:** Restaurant mit Rezeption, Bar, Caféterrasse • **Kreditkarten:** AE, MC, V • **Kinder:** willkommen • **Behinderte:** nicht geeignet • **Tiere:** erlaubt • **Geschlossen:** Jan. **Besitzer:** Adrian Forster

Nordbayern

Grafenau

Säumerhof
~ Dörfliches Gästehaus ~

94481 Grafenau, Steinberg 32
Tel (08552) 408990 **Fax** (08552) 4089950
e-mail saeumerhof@t-online.de **website** www.saeumerhof.de

Grafenau liegt tief im Bayerischen Wald und ist Ausgangspunkt für Wanderungen und Tierbeobachtungen. Das Hotel *Säumerhof* ist ein 25 Jahre altes Haus im ruhigen Teil des Orts und wird von Gärten und Wiesen umgeben. Dass dies ein familiengeführtes Unternehmen ist, wird spätestens beim herzlichen Empfang durch Frau Endl deutlich. Das Hotel ist durch und durch modern, auch wenn die Kassettendecke im Restaurant auf traditionelle Bauweise hindeutet. Von der Sauna und dem Solarium im vierten Stock bis zum Restaurant im Erdgeschoss wurde es zeitgenössisch eingerichtet; die Gartenterrasse mit ihren Hängepflanzen ist ein besonders romantischer Ort für ein sommerliches Abendessen.

Alle Zimmer sind ausgesprochen bequem, diejenigen an der Südseite bieten dazu eine schöne Aussicht auf den Garten. Gebhard Endl verbindet die traditionelle Küche des Bayerischen Waldes mit der Nouvelle Cuisine und benutzt lokale Zutaten wie Trüffel und Waldhonig. Beispiele für seine Kochkunst sind etwa Hasenbraten mit Pilzragout oder Wildrücken mit Grüner-Pfeffer-Sauce und glasierten Birnen. Der gute Ruf seines Restaurants und die Beliebtheit der Gegend bei Wanderern und Radfahrern hat sich auch bei einer jungen, internationalen Klientel herumgesprochen.

Umgebung: Freilichtmuseum Finsterau und Glasfabrik in Zwiesel (25 km) • **Lage:** auf einem Hügel westlich der Ortsmitte, 2 Min. im Auto vom Bahnhof; zur Autobahn A 3/E 58 Nürnberg-Passau (Ausfahrt Passau) 35 km über die B 5 nach Schönberg; großer Parkplatz • **Mahlzeiten:** Frühstück, Mittagessen am Wochenende, Abendessen, Imbiss • **Preise:** €–€€ • **Zimmer:** 8; 7 Doppelzimmer, 2 mit getrennten Betten, 1 Einzelzimmer; alle Zimmer mit Bad, Telefon, PC-Anschluss, TV, Radiowecker, Fön • **Anlage:** Restaurant, Speisezimmer, Sauna, Solarium, Garten **Kreditkarten:** AE, DC, MC, V • **Kinder:** willkommen • **Behinderte:** keine speziellen Einrichtungen • **Tiere:** erlaubt (geringe Gebühr) • **Geschlossen:** nie • **Besitzer:** Familie Endl

NORDBAYERN

GUNZENHAUSEN

Zur Post
∾ Stadthotel ∾

91710 Gunzenhausen, Bahnhofstraße 7
Tel (09831) 67470 **Fax** (09831) 6747222 **e-mail** info@hotelzurpost/
gunzenhausen.de **website** www.hotelzurpost/gunzenhausen.de

Das Hotel *Zur Post* liegt nahe der Altmühl und etwa in der Mitte zwischen dem zum »Fränkischen Seenland« gehörenden Altmühl- und dem Brombachsee, auf denen man gut segeln oder angeln kann.

Familie Loos hat die alte Poststation am Rand von Gunzenhausen mit viel Mühe und Geld in ein komfortables Hotel umgewandelt. In allen Gemeinschaftsräumen herrscht Holz vor; die Vertäfelung über die gesamte Raumhöhe im Restaurant und die wunderschön bemalten Holzverkleidungen im benachbarten Veranstaltungsraum sind ein Meisterwerk der Restaurationskunst. Die Küche verlegt sich auf Haute Cuisine, hervorragend präsentiert und moderat im Preis. Die Bandbreite reicht von spanischen zu österreichischen Speisen, von Seefisch bis zu Pasta; Lammbraten in Trüffelsauce mit sautierten Krustentieren war jedoch etwas zu pompös für unseren Tester, er hätte lieber auch ein paar einfache Gerichte auf der Karte. Wer den Straßenlärm, vor allem im Sommer vermeiden will, sollte ein Zimmer im hinteren Bereich reservieren. Die Zimmer sind gut ausbalanciert zwischen Tradition und Modernität, die neutrale Dekoration wird durch Holzmöbel aufgepeppt.

∾

Umgebung: Angeln, Bootsfahrten, Rudern, Segeln, Windsurfen auf den Seen
Lage: im Stadtzentrum; 5 Min. im Taxi vom Bahnhof; zur Autobahn A 6/E 50 (Ausfahrt Gunzenhausen) 19 km über die B 13; kostenloser Parkplatz • **Mahlzeiten:** Frühstück, Mittagessen, Abendessen, Imbiss • **Preise:** €–€€ • **Zimmer:** 26; 14 Doppelzimmer, 1 mit Bad, 13 mit Dusche, 12 Einzelzimmer mit Dusche; alle Zimmer mit Telefon, TV, Radiowecker, Haartrockner, Safe • **Anlage:** Rezeption, Aufenthaltsraum, Restaurant mit Terrasse, Garten mit Biergarten, Kinderspielplatz
Kreditkarten: AE, MC, V • **Kinder:** willkommen • **Behinderte:** nicht geeignet
Tiere: erlaubt (geringe Gebühr) • **Geschlossen:** 24. Dez. bis 6. Jan., Restaurant So mittag, Mo • **Besitzerin:** Natascha Loos

NORDBAYERN

HOHENAU

Die Bierhütte
∾ Ländliches Hotel ∾

94545 Hohenau, Bierhütte 10
Tel (08558) 96120 **Fax** (08558) 961270
e-mail info@bierhuette.de **website** www.bierhuette.de

Die abgeschiedene Lage dieses Hotels, das sich über dem kleinen Dorf Hohenau nahe der Grenze zu Tschechien erhebt, scheint sich nicht negativ auf das Geschäft auszuwirken. Als wir im Sommer dort zur Mittagszeit einkehrten, herrschte in den Speiseräumen reger Betrieb. Es gab dort die verschiedensten Gerichte: von gefülltem Kohl bis zu mariniertem Lachs. Besonders empfehlenswert sind die Puddings. Die Weinkarte ist gut und umfangreich. Aber die Popularität der Bierhütte hängt nicht nur mit dem Essen, sondern auch mit der Umgebung zusammen. Von der Terrasse blickt man auf den hauseigenen Teich. In der Wappenstube fallen die bemalte Decke und der Marmorboden auf.

Die Gästezimmer sind in drei verschiedenen Gebäuden untergebracht: in der wunderschön renovierten ehemaligen Brauerei über den Speiseräumen, in einem chaletähnlichen Bau, in dem Baumwollstoffe und Kiefernholz dominieren, und im jüngsten Anbau, einem weiteren Chalet mit modernen Ledersesseln und zeitgemäßer Beleuchtung. Herr Lackwitz führt sein Hotel, in dem es recht zwanglos zugeht, sehr gut. Das Personal ist freundlich.

∾

Umgebung: Wintersportmöglichkeiten; Nationalpark • **Lage:** in einem Dorf 4 km n von Freyung; mit Garten und großem Parkplatz • **Mahlzeiten:** Frühstück, Mittag- und Abendessen, kleine Gerichte • **Preise:** € • **Zimmer:** 43; 40 Doppelzimmer, 16 mit Bad, 24 mit Dusche; 3 Einzelzimmer mit Dusche; alle Zimmer mit TV, Telefon, Radio, Minibar, einige mit Fön • **Anlage:** 2 Speiseräume, Frühstückszimmer, Gaststube; Terrasse, Kinderspielplatz • **Kreditkarten:** AE, DC, MC, V
Kinder: willkommen • **Behinderte:** keine speziellen Einrichtungen
Tiere: erlaubt (geringe Gebühr) • **Geschlossen:** nie • **Besitzer:** Herr Lackwitz

NORDBAYERN

KÖTZTING

Landsitz Gut Golhof
Hotel in einem Landgut

93444 Kötzting, Bonreid 2
Tel (09945) 902181 **Fax** (09945) 902179
website www.golhof.de

Roland und Roberta Springer (er ist Deutscher, sie Brasilianerin) kauften den *Landsitz Gut Ulmenhof* an der Grenze zur Tschechischen Republik, gaben ihm seinen alten Namen zurück und verwirklichten hier ihren Traum von einem perfekten Hotel. Wohn- und Freizeiträume wurden vom Innenarchitekten gestaltet; die Schlafzimmer sind Musterbeispiele für asketische Schlichtheit, die durch geschnitzte Möbel und geblümte Vorhänge aufgelockert wird. Die Küche ist strikt international ausgerichtet, das Gemüse stammt aus dem Garten.

Das Hotel liegt mitten im Bayerischen Wald, in seiner Umgebung sind alle Arten von Outdoor-Aktivitäten möglich. Frühere Wirtschaftsgebäude des Guts wurden zu einer Sauna, einem Solarium und einem beheizten Schwimmbad umgebaut, außerdem gibt es einen Teich und Reitställe im Parkgelände. Roberta und Roland haben weitere Pläne für einen Kinderspielplatz, einen Golfplatz und vieles mehr. Gäste des Guts bekommen Sondertarife bei einem nahe gelegenen alternativen Gesundheitszentrum, das sich auf Körperfunktionsanalyse und Präventionstechniken spezialisiert hat.

Umgebung: Tennis, Golf, Wildwasserfahrten, Flugplatz (Flugstunden), Wanderwege, Ski fahren • **Lage:** auf Landgut im Wald, auf der B 85 zwischen Viechtach und Kötzting; 10 Min. im Taxi vom Bahnhof Kötzting; zur Autobahn A 3/E 66 Deggendorf–Passau (Ausfahrt Kötzting) 40 km über die B 11; kostenloser Parkplatz
Mahlzeiten: Frühstück, Mittagessen für Gruppen ab 10 Personen, Abendessen, Imbiss • **Preise:** €–€€ • **Zimmer:** 15; 10 Doppelzimmer, 1 mit Bad, 9 mit Dusche, 3 Einzelzimmer mit Dusche, 1 Suite, 1 Apartment • **Anlage:** Aufenthaltsraum, Bar, Restaurant, Freizeitraum mit kleinem Kino, Billard, Musikraum; Konferenzraum, Terrasse, Sauna, Solarium, beheizter Swimmingpool, Reitställe, Garten mit Trampolin, Privatpark mit See • **Kreditkarten:** keine • **Kinder:** willkommen
Behinderte: keine speziellen Einrichtungen • **Tiere:** erlaubt • **Geschlossen:** nie
Besitzer: Roland und Roberta Springer

Nordbayern

Marktbreit

Löwen
~ Stadthotel ~

97340 Marktbreit, Marktstr. 8
Tel (09332) 50540 **Fax** (09332) 9438
e-mail info@loewen-marktbreit.de **website** www.zum-hotel-loewen.de

Der asymetrische Grundriss und das unregelmäßige braun-weiße Fachwerk verweisen auf das Baujahr dieses Gebäudes, 1430, sodass dieses Hotel eines der ältesten in Bayern ist. Einige Räume haben Fachwerkwände und Decken, die von mächtigen Balken und Pfeilern getragen werden, das Restaurant und die Stube sind vertäfelt und traditionell, allerdings ohne den üblichen Kitsch eingerichtet. Einige der Gästezimmer sind beeindruckend, darunter eines mit einem großen, geschnitzten Himmelbett, doch diese liegen im alten Teil des Gebäudes (dem vorderen, der auf den Markt blickt, nachts jedoch relativ ruhig ist). Die Zimmer nach hinten sind neu, ruhiger und gehen auf den Garten. Wer in den sechs Doppelzimmern des Gästehauses *Schlösschen* absteigt, muss zum Frühstücken 50 m weit zum Hotel gehen. Das Restaurant blickt auf eine lange Tradition zurück und serviert Essen und Getränke mit stark regionalem Einschlag; im Sommer können die Gäste im Garten essen.

Das Haus ist seit nunmehr 80 Jahren im Besitz der Familie König, dennoch fehlt ihm die Atmosphäre anderer Familienhotels; unser Tester beklagte sich über lieblosen Service. Die Hauptklientel des Hotels sind Geschäftsleute, die den spektakulären Saal für Meetings buchen. Touristen kommen meist an Wochenenden, dann beherbergt das Hotel auch große Hochzeitsgesellschaften!

Umgebung: Renaissance-Gebäude von Marktbreit; Weingüter im Maintal • **Lage:** am zentralen Marktplatz, 5 Min. im Taxi vom Bahnhof; zur Autobahn A 7/E 45 Würzburg-Ulm 2 km; kostenloser Parkplatz • **Mahlzeiten:** Frühstück, Mittagessen, Abendessen, Imbiss • **Preise:** €-€€ • **Zimmer:** 29 Doppelzimmer, alle mit Dusche, 7 mit Bad, 1 mit getrennten Betten; alle Zimmer mit Telefon, TV, Radio • **Anlage:** Hauptgebäude mit Rezeption, Restaurant, Veranstaltungsräumen; Terrasse, Garten, Garage • **Kreditkarten:** AE, DC, MC, V • **Kinder:** willkommen • **Behinderte:** keine speziellen Einrichtungen • **Tiere:** erlaubt (geringe Gebühr) • **Geschlossen:** Mo, Nov. bis März • **Besitzer:** Familie König

Nordbayern

Miltenberg

Jagdhotel Rose
~ Städtischer Gasthof ~

63897 Miltenberg, Haupstr. 280
Tel (09371) 40060 **Fax** (09371) 400617
e-mail jagd-hotel-rose@t-online.de **website** www.jagdhotel-rose.de

Das für seine Fachwerkhäuser bekannte Städtchen Miltenberg liegt auf einer kleinen Ebene zwischen hohen bewaldeten Hügeln und dem mäandernden Main. Das *Jagdhotel Rose* wurde 1650 als Wohnhaus gebaut und liegt nahe dem Fluss. Mit seinem Walmdach, den rot-weiß gestreiften Fensterläden und den Glyzinen am Portikus wirkt es sehr einladend; im Inneren finden sich dann helle Speisesäle mit Terrakottaböden und unbehandeltem Holz.

Während Frau Schneider die neu renovierten kleinen Zimmer in Schuss hält, kümmert sich ihr Ehemann um die Küche. Seine Familie stammt aus Schweden, auf seiner variantenreichen internationalen Speisekarte stehen im Herbst deshalb auch Smörgasbröd sowie fettarme Gerichte für alle, die Diät halten. Kaffee und Kuchen werden auf Tischen vor dem Hotel serviert, leider mit direktem Blick auf den Parkplatz und die Hauptstraße, aber auch auf den Fluss. Die Hauptsaison ist hier der Herbst, wenn Städter aus aller Welt herbeiströmen um im Wald spazierenzugehen, bayerisches Bier zu trinken und die Sehenswürdigkeiten abzuklappern. Das meistgebuchte Zimmer ist Raum Nr. 30 mit seinem Blick auf den Main, wir finden das schrullige Zimmer Nr. 32 mit einem Wasserbett jedoch interessanter.

~

Umgebung: Wanderungen im riesigen Naturpark Bergstraße-Odenwald • **Lage:** vier Minuten vom Ortskern entfernt, am Main; 5 Min. im Taxi vom Bahnhof; zur Autobahn A 3/E 47 (Ausfahrt Stockstadt/Miltenberg) 2 km über die B 469; kostenloser Parkplatz • **Mahlzeiten:** Frühstück, Mittagessen, Abendessen, Imbiss am Nachmittag • **Preise:** €€ • **Zimmer:** 23 Doppelzimmer, 21 mit Bad, 2 mit Dusche, 1 mit Wasserbett; alle Zimmer mit Telefon, PC-Anschluss, TV, Radiowecker, Minibar, Fön • **Anlage:** Rezeption, Frühstückszimmer, Restaurant, Terrasse, Garten **Kreditkarten:** AE, DC, MC, V • **Kinder:** willkommen • **Behinderte:** keine speziellen Einrichtungen • **Tiere:** erlaubt, geringe Extragebühr • **Geschlossen:** 24. Dez.; Restaurant So abends, Mo mittags • **Besitzer:** Familie Schneider

Nordbayern

Miltenberg

Gasthaus Zum Riesen
~ Städtisches Gästehaus ~

63897 Miltenberg, Hauptstr. 99
Tel (09371) 989948 **Fax** (09371) 989450
e-mail info@riesen-miltenberg.de **website** www.riesen-miltenberg.de

Das Gasthaus liegt in der Fußgängerzone des hübschen Städtchens Miltenberg. Man betritt das Haus durch einen Seiteneingang, weil die Hauptgaststube im Erdgeschoss ein eigener Betrieb ist. Sobald man jedoch mit dem Aufzug zum Hotel im Obergeschoss fährt, fühlt man sich wie in einer anderen Welt.

Werner und Cilly Jöst sind mit Recht stolz auf die luxuriöse Atmosphäre, die sie hier geschaffen haben. Die Gästezimmer sind nach Adligen benannt, die hier früher einmal logierten. Einige Gästezimmer sind holzgetäfelt und stuckiert; andere haben nackte Sandsteinwände. Jedes Zimmer ist in einem anderen Stil gehalten: Das Kaiser-Friedrich-Zimmer zeigt Gelb- und Weißtöne, während die Balken schwarz und weiß bemalt sind; das Kaiserin-Maria-Theresia-Zimmer (mit eigener Dachterrasse) ist sehr hell und mit Stuckverzierungen ausgestattet. Einige Zimmer enthalten antike Möbel, andere rustikale oder moderne Stücke.

Das Frühstück von Cilly Jöst wird in einem anheimelnden Raum zwischen Balken und Holzvertäfelung serviert, das von Jürgen Lange zubereitete Mittag- und Abendessen in der Gaststube im Erdgeschoss.

~

Umgebung: Schnatterloch, Brunnen • **Lage:** in der Fußgängerzone (die von den Anliegern befahren werden darf); ohne privaten Parkplatz • **Mahlzeiten:** Frühstück, Mittag- und Abendessen • **Preise:** €–€€€ • **Zimmer:** 14 Doppelzimmer mit Bad oder Dusche; die meisten Zimmer mit Telefon • **Anlage:** Frühstückszimmer **Kreditkarten:** V • **Kinder:** willkommen • **Behinderte:** Aufzug • **Tiere:** nur wohlerzogene Hunde • **Geschlossen:** Ende Dez. bis Mitte März • **Besitzer:** Cilly und Werner Jöst

Nordbayern

Muggendorf

Hotel Feiler
Restaurant mit Gästezimmern

91346 Muggendorf, Oberer Markt 4
Tel (09196) 92950 **Fax** (09196) 362
e-mail info@hotel-feiler.de **website** www.hotel-feiler.de

Dieses schöne, ländliche Haus, das in einem Dorf im grünen Wiesenttal steht, ist seit 1890 im Besitz der Familie Feiler. Es ist ein Genuss, auf der herrlichen Terrasse zu sitzen und dem Gesang der Sittiche im Hotel zu lauschen; man kann dabei Trüffel essen, die der Pilzkenner Horst Feiler selbst gesammelt und zubereitet hat. Für das Studium der Speisekarte sollte man sich Zeit nehmen. Bei einem Aperitif auf Kosten des Hauses kann man in aller Ruhe überlegen, ob man lieber Seezungenfilet mit Krebsfleisch in Waldpilzsauce, Lammfilet im Walnussteigmantel mit Senfsauce oder eine andere Spezialität möchte. Die Spaniels der Familie Feiler streichen um die Beine der Gäste, um ein Bröckchen von dem Feinschmeckeressen zu erhaschen. Ein sehr familiärer Betrieb!

Die 15 geräumigen Gästezimmer sind mit Laura-Ashley-Stoffen ausgestattet; die meisten gehen auf den blumengeschmückten Hinterhof. Überall im Haus spürt man die Liebe zum Detail: Dresdener Porzellanuhren und schöne Lampen schmücken die Speiseräume; im Wintergarten kann man ein Glasmosaik der vier Jahreszeiten bewundern.

Umgebung: Ebermannstadt (5 km) mit gotischer Kirche Mariä Geburt; Gößweinstein (10 km) mit Wallfahrtskirche und Burg • **Lage:** in einem kleinen Dorf im Wiesenttal; mit Garten und großem Parkplatz • **Mahlzeiten:** Frühstück, Mittag- und Abendessen • **Preise:** €€ • **Zimmer:** 15; 9 Doppelzimmer, 3 mit Bad, 5 mit Dusche; 1 Einzelzimmer mit Dusche; 3 Apartments mit Bad; 2 Suiten mit Whirlpool; alle Zimmer mit Telefon, TV • **Anlage:** Speiseraum, Gartenterrasse • **Kreditkarten:** AE, MC, V • **Kinder:** willkommen • **Behinderte:** Restaurant ebenerdig; Hotel nicht geeignet • **Tiere:** erlaubt (geringe Gebühr) • **Geschlossen:** Mo, 15. Nov. bis 15. März • **Besitzer:** Horst Feiler

Nordbayern

Nürnberg

Zirbelstube
~ Ländliches Hotel ~

90455 Nürnberg-Worzeldorf, Friedrich-Overbeck-Str. 1
Tel (0911) 998820 **Fax** (0911) 9988220
e-mail kunkel.zirbelstube@t-online.de **website** www.zirbelstube.com

Die *Zirbelstube* hat eine einmalige Lage am König-Ludwig-Kanal aus dem 17. Jh., lediglich einige Minuten vom Zentrum Nürnbergs entfernt. Die Fensterläden und andere Holzteile dieses ehemaligen Bauernhauses sind in einem Graublau gestrichen, das gut mit dem Wasser harmoniert. Maria und Erhard Kunkel, die neuen Eigentümer, geben sich alle Mühe, den Charme des Hauses zu erhalten. Sie renovierten unlängst die Gästezimmer und bewiesen auch hier ein glückliches Händchen für Farben; das ganze Haus wirkt heller und fröhlicher. Die prachtvolle Holzvertäfelung des Speisesaals wurde jedoch nicht angetastet.

Chefkoch Erhard Kunkel hat diese Leichtigkeit auch in der Küche durchgesetzt und produziert moderne oder neu angepasste Gerichte aus lokalen Zutaten, zum Beispiel eine klare Consommé mit Fischklößchen aus hier geangelten Fischen. Entlang dem Haus verläuft eine Straße, aber vier Zimmer blicken auf den hübschen Kanal und die umliegende Landschaft. Eine verblüffende Mischung internationaler Gäste besucht regelmäßig dieses kleine Hotel, darunter sogar Chinesen; alle genießen besonders die entspannte Atmosphäre auf der sonnigen Terrasse mit dem besonderen Einfluss des Wassers.

Umgebung: Nürnbergs Gebäude aus dem 15. und 16. Jh; Albrecht-Dürer-Haus **Lage:** am Rand des Vororts Worzeldorf, 5 Min. im Auto vom Zentrum Nürnbergs nach Süden, am König-Ludwig-Kanal; 10 Min. im Taxi zum Bahnhof; zur Autobahn A 73 (Ausfahrt Zollhaus) 2 km; wenige kostenlose Parkplätze • **Mahlzeiten:** Frühstück, Mittagessen, Abendessen, Imbiss im Sommer • **Preise:** €€ • **Zimmer:** 8 Zweibettzimmer mit Dusche; alle Zimmer mit Telefon, TV, Radiowecker, Fön, Minibar • **Anlage:** Rezeption, Speisesaal, Restaurant, Kinderspielplatz, Terrasse, Garten • **Kreditkarten:** MC, V • **Kinder:** willkommen • **Behinderte:** nicht geeignet **Tiere:** nicht gestattet • **Geschlossen:** erste 2 Wochen im Jan., letzte 2 Wochen im Juli • **Besitzer:** Familie Kunkel

Nordbayern

Pegnitz

Pflaums Posthotel
~ Luxuriöser Gasthof ~

91257 Pegnitz, Nürnberger Str. 8–16
Tel (09241) 7250 **Fax** (09241) 80404
e-mail info@ppp.com **website** www.ppp.com

Das von den Brüdern Pflaums geführte Haus ist eines der erstaunlichsten und exzentrischsten Hotels, die wir in unseren Führern empfehlen. Die geraniengeschmückte Fachwerkfassade der alten Poststation im südlich von Bayreuth gelegenen Pegnitz lässt nicht ahnen, was sich hinter ihr verbirgt. Das Leitmotiv ist der Nähe zu Bayreuth zu verdanken: Richard Wagner. Auf einer Leinwand im Foyer laufen Filme mit den Opern des Komponisten; die Zimmer sind nach Figuren Wagners benannt und mit Videos und CDs seiner Werke ausgestattet. In einer der Suiten ist man von Wänden aus rotem Samt umgeben, in einer anderen schmückt der großflächige Entwurf eines Bühnenbildes (einer Kirche) die Wand hinter dem Bett. Ein Schalter in der Suite »Parsifal« bringt unzählige kleine Sterne zum Funkeln. Manche Suiten haben Gärten; eine spezielle Familiensuite bietet einen Spielbereich für Kinder. Die futuristische Atmosphäre ist fast im gesamten Hotel durchgehalten, rustikal sind dagegen die Gaststube und die dort servierten Mahlzeiten. Das gut geführte Restaurant dient als Gegenpol zu dem extravaganten Design im restlichen Haus. Ausgezeichnetes Frühstück, gediegener Service.

~

Umgebung: Bayreuth (19 km), Nürnberg (52 km) • **Lage:** im SW von Pegnitz, außerhalb der Stadt; Parkmöglichkeiten • **Mahlzeiten:** Frühstück, Mittagessen, Abendessen • **Preise:** €€–€€€€ • Zimmer: 50; 25 Doppelzimmer, 25 Apartments, alle mit Bad, TV, Video, CD-Spieler, Radio, Telefon, Fön • **Anlage:** Aufenthaltsräume, Fernsehzimmer, Bar, Konferenzraum, Fitness-Studio, Terrasse • **Kreditkarten:** AE, DC, MC, V • **Kinder:** willkommen • **Behinderte:** 1 Zimmer im Erdgeschoss; Lift • **Haustiere:** auf Anfrage • **Geschlossen:** nie • **Besitzer** Andreas und Hermann Pflaums

Nordbayern

Regen

Burggasthof Weißenstein
~ Chaletartiges Gästehaus ~

94209 Weißenstein-Regen, Weißenstein 32
Tel (09921) 2259 **Fax** (09921) 8759
e-mail welzel@burggasthof.de **website** www.burggasthof.de

Der Burggasthof ist nicht wirklich ein Teil von Burg Weißenstein, sondern ein kleines Hotel am unteren Hang des Burgbergs mit Blick auf die umliegenden Äcker und Wiesen. Dennoch wirkt es, als würde der mächtige Wachtturm der Burgruine über das Gebäude wachen, das ein Gästehaus mit viel Charisma beherbergt. Das Restaurant ist farbenfroh und normalerweise voller Gäste, die sich die unkomplizierten, herzhaften Speisen schmecken lassen, die auf einer Tafel im Freien aufgelistet sind. Täglich gibt es ein preiswertes Mittagsgericht, dienstags Schnitzel, sonntags Steak und samstags urtümliche bayerische Abende, mal mit Regenbogenforelle, mal mit Schweinshaxn. In der Kellerstube spielen häufig Musikgruppen.

Die Zimmer sind klein und ruhig (kein Radio, kein TV, es gibt aber ein Fernsehzimmer); sie sind mit strahlend weißen Bettlaken und Vorhängen, ansonsten einfach eingerichtet. Von manchen der Zimmer führt eine Tür auf den Balkon. Das Gästehaus wird von dem sehr effizienten Ehepaar Welzel mit sicherer Hand geführt.

Umgebung: das mittelalterliche Straubing mit Turm von 1316 und anderen historischen Bauten (59 km); das kleinere Deggendorf (25 km) • **Lage:** unterhalb der Burg am Südrand von Weißenstein an der B 85N, 3 km südöstlich von Regen; 10 Min. im Taxi vom Bahnhof; zur Autobahn A 3/E 56 (Ausfahrt Regen) 25 km; kostenloser Parkplatz • **Mahlzeiten:** Frühstück, Mittagessen, Abendessen, Imbiss
Preise: € • **Zimmer:** 15; 8 Doppelzimmer mit Dusche, 7 Einzelzimmer mit Dusche
Anlage: Rezeption, Aufenthaltsraum, Fernsehzimmer, Speisezimmer/Café, Kellerstube, Terrasse, Kinderspielplatz, Garage • **Kreditkarten:** keine • **Kinder:** willkommen • **Behinderte:** keine besonderen Einrichtungen • **Tiere:** erlaubt
Geschlossen: Di; Nov. bis Mitte Dez. • **Besitzer:** Familie Welzel

Nordbayern

Riedenburg

Schloss Eggersberg
~ Umgebautes Schloss ~

93339 Riedenburg
Tel (09442) 91870 **Fax** (09442) 918787 **e-mail** schwarz-renate-riedenburg@t-online.de **website** www.schloss-eggersberg.com

Das solide, im 15. Jh. errichtete Gebäude diente der Familie von Bassus über 250 Jahre lang als Jagdschloss. Der umgebende Park ist auch heute noch Teil des Anwesens, sodass man sich weiterhin wie auf einem feudalen Landsitz fühlen kann. Die Gäste können in der Nähe Boot fahren, angeln oder sich auf den 120 km Radwegen fit halten. Zusätzlich besteht die Möglichkeit, das eigene Pferd mitzubringen und die Reitschule oder die zahlreichen Reitwege zu nutzen. Im Winter gibt es Anfängerhänge für ungeübte Skifahrer sowie prächtige Loipen für Langläufer.

Das einladende Hotel liegt in einer herrlichen Landschaft abseits der üblichen Touristenrouten und bietet dem Gast eine anspruchsvolle internationale Küche. Für kulturell Interessierte steht ein Theater in einem umgebauten Kornspeicher zur Verfügung. Die Gästezimmer sind – wie man es nicht anders erwarten würde – geräumig und schön möbliert, hauptsächlich mit antiken Stücken verschiedener Epochen. Auf den glänzenden Parkettböden liegen farbenprächtige Perserteppiche; die weiß getünchten Wände schmücken zahlreiche Bilder. Die Badezimmer sind hübsch und modern.

Umgebung: Altmühltal; Eichstätt (35 km) • **Lage:** in einem ländlichen Park in Obereggersberg, 4 km w von Riedenburg; mit großem Parkplatz • **Mahlzeiten:** Frühstück, Mittag- und Abendessen, Brotzeit • **Preise:** €€–€€€ • **Zimmer:** 15; 10 Doppel-, 4 Einzel-, 1 Familienzimmer; alle mit Bad, Radio • **Anlage:** Speiseräume, TV-Zimmer, Theater, Terrasse, Tennis, Wassersport, Rad fahren, Reiten
Kreditkarten: AE, DC, MC, V • **Kinder:** sehr willkommen • **Behinderte:** Zugang schwierig • **Tiere:** gut erzogene erwünscht • **Geschlossen:** Restaurant Mo
Geschäftsführer: Familie Schwarz

NORDBAYERN

ROTHENBURG OB DER TAUBER

Burg-Hotel
~ Stadthotel ~

91541 Rothenburg ob der Tauber, Klostergasse 1–3
Tel (09861) 94890 **Fax** (09861) 948940
e-mail burghotel.rothenburg@t-online.de **website** www.burghotel.rothenburg.de

Das Gebäude, das sich auf dem Gelände eines ehemaligen Klosters am Rand der historischen Stadt Rothenburg hoch über der Tauber befindet, wurde im 12. Jh. als Anwesen des Bettelvogts errichtet. Das Äußere strahlt noch immer klösterliche Strenge aus, während die Ausstattung und die Möblierung der Innenräume heute eindeutig weibliche Handschrift verraten (das Hotel scheint ausschließlich von Frauen geführt zu werden).

Vom Hotel aus hat man einen herrlichen Ausblick, insbesondere von der Frühstücksterrasse, die in die mittelalterliche Stadtmauer hineingebaut ist. Bei schlechtem Wetter frühstückt man in einem hübschen Raum, der in zarten Rosatönen gehalten und mit klassischen Möbeln aus Eschenholz eingerichtet ist. Außerdem steht ein angenehmer, kleiner Salon zur Verfügung. Die Gästezimmer sind ebenfalls elegant: in ruhigen, aufeinander abgestimmten Farben dekoriert und mit schönen Möbeln ausgestattet. Einige sind sehr geräumig. Man sollte nach einem Zimmer mit Blick auf die Tauber fragen.

~

Umgebung: Rathaus, Plönlein, St.-Jakobs-Kirche mit Altären aus dem 15. und 16. Jh., Herrengasse, Topplerschlösschen • **Lage:** innerhalb der mittelalterlichen Stadtmauern über dem Taubertal; mit Klostergarten und Parkplatz
Mahlzeiten: nur Frühstück • **Preise:** €€–€€€ • **Zimmer:** 15 Doppelzimmer mit Bad, Zentralheizung, Telefon, Fön, TV, Minibar, Radio; einige mit Safe • **Anlage:** Salon, Frühstücksraum, Terrasse • **Kreditkarten:** AE, DC, MC, V • **Kinder:** willkommen • **Behinderte:** 1 Erdgeschosszimmer • **Tiere:** erlaubt • **Geschlossen:** nie
Besitzerin: Gabriele Berger-Klatte

Nordbayern

Rothenburg ob der Tauber

Kloster-Stüble
~ Städtischer Gasthof ~

91541 Rothenburg ob der Tauber, Heringsbronnengasse 5
Tel (09861) 6774 **Fax** (09861) 6474
e-mail hotel@klosterstueble.de **website** www.klosterstueble.de

Dieser kleine, gelb getünchte Gasthof aus dem Jahr 1540 liegt in einer Seitengasse, der Herrengasse, zwischen Marktplatz und Burggarten, und damit abseits vom Touristenrummel. Beim Eintreten gelangt man in eine kleine Gaststube mit Wandgemälden und der Rezeption.

Die Gästezimmer im oberen Stockwerk sind ebenfalls ruhig. Sie sind 1987 renoviert worden und hübsch eingerichtet: mit aufeinander abgestimmten Kiefernholzmöbeln, behaglichen Sofas und Spitzengardinen. Dabei hat man viel Wert auf gute Raumausnutzung gelegt: Ein holzgetäfeltes Zimmer, in das man ein großes Himmelbett gezwängt hat, wirkt eher gemütlich als beengend. Die Zimmer auf der Rückseite des Gebäudes bieten einen wunderschönen Blick auf das bewaldete Taubertal bis zum fernen Sauturm. Die Gaststube im Erdgeschoss ist schlicht ausgestattet: Trockenblumen, rustikaler Zierat und ein Wandgemälde mit einem fröhlichen Zechgelage. Der Speiseraum ist in Rosa gehalten; frische Blumen schmücken die Tische. Flügeltüren führen auf die Seitenterrasse hinaus. Rudolf Hammel, der sowohl Besitzer als auch Koch des Gasthofs ist, bietet eine einfache, erfreulich preiswerte Küche.

Umgebung: Altstadt, Stadtmauer, Stadtmuseum • **Lage:** mitten in der Stadt, Nähe Marktplatz; verkehrsberuhigt, aber Zufahrtsmöglichkeiten; öffentlicher Parkplatz in der Nähe • **Mahlzeiten:** Frühstück, Mittag- und Abendessen • **Preise:** € **Zimmer:** 20; 13 Doppelzimmer (2 mit Einzelbetten) mit Dusche; 2 Einzelzimmer mit Dusche; 5 Familienzimmer, 1 mit Bad, 4 mit Dusche; alle Zimmer mit TV, einige mit Minibar • **Anlage:** Speiseraum, Gaststube; Terrasse • **Kreditkarten:** V **Kinder:** willkommen • **Behinderte:** nicht geeignet • **Tiere:** erlaubt **Geschlossen:** Restaurant Jan. und Febr. • **Besitzer:** Rudolf Hammel

NORDBAYERN

ROTHENBURG OB DER TAUBER

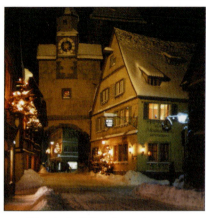

Hotel Markusturm
~ Stadthotel ~

91541 Rothenburg ob der Tauber, Rödergasse 1
Tel (09861) 94280 **Fax** (09861) 2692
e-mail markusturm@romantik.de **website** www.markusturm.rothenburg.de

Das 1264 als Zollhaus errichtete Gebäude schmiegt sich an den alten Turm, von dem es seinen Namen hat und der früher Teil der Stadtmauer war. Das Steildach, der gelbe Außenanstrich und die zartblauen Fensterläden wirken malerisch; auch die traditionell gehaltenen Innenräume enttäuschen nicht.

Das Haus ist bereits seit 1488 ein Gasthof, bevorzugt aber heute die treffendere Bezeichnung Hotel. Die Gästezimmer sind unterschiedlich eingerichtet: Viele davon sind hauptsächlich mit gemütlichen alten Stücken möbliert, einige haben Holzdecken, doch andere wirken eher modern. Alle sind geschmackvoll und unaufdringlich ausgestattet; die besten sind besonders geräumig. Die Dekoration ist von Generationen zusammengetragen worden. Beim Gang durch das Haus kann man Entdeckungen machen wie in einem gepflegten Museum. Die Küche ist traditionell; es gibt Wildgerichte während der Jagdsaison, Fische aus dem hoteleigenen Fischteich und gute regionale Gerichte. Von August bis Ende Oktober sammeln der Küchenchef und sein Bruder gern in der Umgebung Pilze, die dann auch auf der Speisekarte stehen.

~

Umgebung: Rathaus, Plönlein, Burggarten • **Lage:** im Stadtzentrum am Markusturm, in der Nähe des Marktplatzes; mit Garagen und Parkplatz • **Mahlzeiten:** Frühstück, Mittag- und Abendessen • **Preise:** €€-€€€€ • **Zimmer:** 28; 22 Doppelzimmer (5 mit Einzelbetten), 13 mit Bad, 9 mit Dusche; 3 Einzelzimmer, 1 mit Bad, 2 mit Dusche; 3 Familienzimmer mit Bad; alle Zimmer mit TV, Telefon, Radio, Fön
Anlage: Speiseräume, Sauna • **Kreditkarten:** DC, MC, V • **Kinder:** sehr willkommen • **Behinderte:** keine speziellen Einrichtungen • **Tiere:** erlaubt • **Besitzer:** Lilo und Stephan Berger

Nordbayern

Rothenburg ob der Tauber

Meistertrunk
~ Stadthotel ~

91541 Rothenburg ob der Tauber, Herrngasse 26
Tel (09861) 6077 **Fax** (09861) 1253 **e-mail** meisertrunk@romanticroad.de
website www.rothenburg.de/meisertrunkhotel

Die Größe und die eleganten Proportionen der Räume dieses Hotels sind ein klarer Hinweis auf früheren Wohlstand und Reichtum. Das Herrenhaus steht in einer Reihe mit anderen imposanten Gebäuden in einer heute ruhigen Seitenstraße, die einst aber eine noble Adresse war. Ein Hotel ist es erst seit 1976, als die jetzigen Eigentümer das Haus eines Händlers aus dem 14. Jh. aufkauften und umbauten. Die Räume wurden vorsichtig renoviert, ihre Stuckdecken und geschnitzten Türöffnungen erhalten; den freundlichen Speisesaal kennzeichnen eine Kassettendecke und vertäfelte Wände. Die 17 Zimmer sind in matten Farben gehalten, und die 40 m² große Hochzeitssuite besitzt ein bemaltes Himmelbett. Rothenburg liegt auf einer Klippe, weshalb die vorn liegenden Zimmer eine schöne Aussicht ins Tal genießen.

Der Chefkoch des Restaurants hat sein Handwerk hier erlernt und ist stolz auf seine einfache Küche mit fränkischen und schwäbischen Spezialitäten neben leichten internationalen Gerichten. Im Sommer können die Gäste, darunter viele Amerikaner, Brasilianer und Japaner, im hübschen und ruhigen Rosengarten speisen. Viele kommen jedes Jahr wieder.

~

Umgebung: Altstadt von Rothenburg (14. bis 16. Jh.) mit Gassen und Gebäuden **Lage:** westlich des Marktplatzes; 15 Min. im Taxi zum Bahnhof; zur Autobahn A 7/E 43 Würzburg-Ulm 3 km; kostenloser Parkplatz • **Mahlzeiten:** Frühstück, Mittagessen, Abendessen, Imbiss • **Preise:** €–€€€ • **Zimmer:** 16; 12 Doppelzimmer, 6 mit Dusche, 6 mit Bad, 2 Einzelzimmer mit Dusche, 2 Suiten mit Dusche; alle Zimmer mit Telefon, TV, Radiowecker, Haartrockner • **Anlage:** Rezeption, Speisesaal, Restaurant, Innenhof, Gartenterrasse • **Kreditkarten:** AE, DC, MC, V **Kinder:** willkommen • **Behinderte:** Fahrstuhl, telefonische Anfrage ratsam • **Tiere:** erlaubt • **Geschlossen:** 2-3 Wochen im Jan. • **Besitzerin:** Anne Gackstatter-Gerlinger

Nordbayern

Rothenburg ob der Tauber

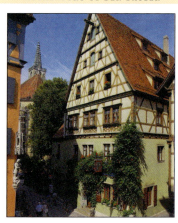

Reichs-Küchenmeister
~ Städtischer Gasthof ~

91541 Rothenburg ob der Tauber, Kirchplatz 8
Tel (09861) 9700 **Fax** (09861) 86965
e-mail hotel@ reichskuechenmeister.co **website** www.reichskuechenmeister.de

Dieses ehrwürdige Adelshaus im Zentrum von Rothenburg ist in Wirklichkeit ein Nachbau, da die Besitzer des Gebäudes, Familie Niedner, die ehemalige Residenz des mächtigen Meisterbäckers des Deutschen Reichs 1945 aus Schutt und Asche wieder aufbauen mussten. Das Hotel zeigt aber nach wie vor das mittelalterliche Emblem des Reichs-Küchenmeisters mit den Kochutensilien.

Im Inneren ist es traditionell, aber nicht übertrieben rustikal gehalten; dank der behutsamen Renovierung in den 1990er Jahren entstanden einige reizende Zimmer, die individuell ausgestattet sind. Von Mai bis Weihnachten ist Hauptsaison, in der viele Gäste im gegenüberliegenden Gästehaus mit 30 Zimmern untergebracht werden. Auch diese Zimmer sind ansprechend und bequem, das Haus hat wie das Hotel einen Fahrstuhl, aber keinen Speisesaal; die Gäste müssen also auf den Zimmern frühstücken oder ins Hotel gehen, um zu speisen oder den Badebereich mit Jacuzzi, Solarium, Sauna und Dampfbad aufzusuchen. Wolfgang Niedner sorgt für das leibliche Wohl mit einer Speisekarte, die internationale Küche mit fränkischen Spezialitäten verbindet.

~

Umgebung: mittelalterliche Altstadt; Spaziergänge an der Tauber • **Lage:** im Stadtzentrum nahe der St. Jakob-Kirche, 5 Min. im Taxi vom Bahnhof; zur Autobahn A 7/E 43 3 km; Garagenparkplätze • **Mahlzeiten:** Frühstück, Mittagessen, Abendessen, Imbiss • **Preise:** €€–€€€ • **Zimmer:** 45; 42 Doppelzimmer, 27 mit Bad, 15 mit Dusche; 3 Einzelzimmer, 1 mit Bad, 2 mit Dusche; alle Zimmer mit Telefon, TV, Radiowecker, Haartrockner, Safe • **Anlage:** Hauptgebäude mit Rezeption, Restaurant, Weinstube, Sauna, Solarium, Jacuzzi, Dampfbad; Garage **Kreditkarten:** AE, MC, V • **Kinder:** willkommen • **Behinderte:** Fahrstuhl • **Tiere:** erlaubt (geringe Gebühr) • **Geschlossen:** nie • **Besitzer:** Barbara und Wolfgang Niedner

Nordbayern

Volkach

Zur Schwane
~ Städtischer Gasthof ~

97332 Volkach, Haupstr. 12
Tel (09381) 80660 **Fax** (09381) 806666 **e-mail** schwane@ romantikhotels.com
website www.romantikhotels.com/volkach/

Volkach ist eine Kleinstadt, die inmitten von Weinbergen am Ufer des Mains liegt. Die *Schwane* ist in einem der schönsten Gebäude des Orts untergebracht und zählt zu den ältesten Gasthöfen dieser Gegend (1404). Durch einen alten Torbogen gelangt man in einen kopfsteingepflasterten Hof. Im Sommer ist dieser Hof ein beliebter Platz für Mittagsmahlzeiten, insbesondere wenn die Sonne durch das Laub der Weinranken lugt, aber auch für Abendessen bei Kerzenbeleuchtung (Reservierung!). Der Wein spielt für die Familie Pfaff eine sehr wichtige Rolle: Sie besitzt eigene Weinberge und verkauft ihre preisgekrönten Weine im Hotel.

Die Küche ist dem Weinkeller ebenbürtig: gute, regionaltypische Gerichte. In der alten Gaststube werden einfache Mahlzeiten serviert. Es gibt auch einen förmlicheren Speiseraum: hell und hübsch, mit weiß verputzten Pfeilern, alten Ölgemälden von Honoratioren des Städtchens und eleganten silbernen Kerzenleuchtern.

Die Gästezimmer unterscheiden sich im Stil. Die älteren sind einfach, aber sehr gemütlich, die moderneren exquisiter eingerichtet, mit hübschen, gestreiften Tapeten, diskreter Beleuchtung und eleganten Bädern.

~

Umgebung: Wanderungen, Bootsfahrten auf dem Main, Weinproben • **Lage:** an der Hauptstraße des Orts, 25 km ö von Würzburg; mit öffentlichem und privatem Parkplatz • **Mahlzeiten:** Frühstück, Mittag- und Abendessen • **Preise:** €–€€€ **Zimmer:** 27; 16 Doppelzimmer (1 mit Einzelbetten), 1 mit Bad, 12 mit Dusche; 11 Einzelzimmer mit Dusche; alle Zimmer mit Telefon, TV, die meisten mit Radio, einige mit Fön, Minibar • **Anlage:** 2 Speiseräume, Gaststube, Konferenzraum **Kreditkarten:** AE, DC, MC, V • **Kinder:** willkommen • **Behinderte:** keine speziellen Einrichtungen • **Tiere:** nur kleine Hunde erlaubt • **Geschlossen:** Restaurant 20. Dez. bis 20. Jan. • **Besitzerin:** Eva Pfaff-Düker

Nordbayern

Wirsberg

Posthotel
∽ Ehemalige Poststation ∽

95339 Wirsberg, Marktplatz 11
Tel (09227) 2080 **Fax** (09227) 5860
e-mail posthotel@romantikhotels.com **website** www.herrmanns-posthotel.de

Es war einmal vor langer Zeit, als hier ein berühmter Ritter von Wirsberg von einer Burg, die auf einem Hügel über dem Dorf lag, über seine armen Untertanen herrschte. Die Burg ist verfallen; geblieben ist nur der Garten, der den Gästen dieser ehemaligen Poststation offen steht. Das von Wäldern umgebene Wirsberg ist heute ein beliebter Kurort.

Das *Posthotel* befindet sich in zentraler Lage direkt am Marktplatz; dennoch hört man hier keinen Verkehrslärm. Es ist ein elegantes, komfortables Haus. Die Gästezimmer bieten einen hohen Standard und sind mit Dekostoffen und Tapeten im Laura-Ashley-Stil sowie mit erstklassigen Reproduktionen alter Möbel ausgestattet. Einige der Gästezimmer auf der Rückseite des Gebäudes bieten Blick auf einen Bach. In der rustikalen Jägerstube oder der eleganten Patrizierstube kann man fränkische oder internationale Spezialitäten genießen. Nur hier gibt es die berühmte fränkische Trüffelsuppe. Das Frühstück wird in einem hübschen, hellen Raum serviert. Eine der Attraktionen des Hotels ist das Hallenbad, das an ein römisches Bad erinnert.

∽

Umgebung: mittelalterlicher Marktplatz, Dampflokmuseum (2 km); Kulmbach (13 km) mit Brauereien; Plassenburg; Bayreuth (22 km). • **Lage:** am Marktplatz im Dorf, 22 km n von Bayreuth; mit großem öffentlichem Parkplatz • **Mahlzeiten:** Frühstück, Mittag- und Abendessen, kleine Gerichte • **Preise:** €€–€€€ • **Zimmer:** 46; 24 Doppel-, 7 Einzelzimmer, 5 Apartments, 10 Suiten mit Bad; alle Zimmer mit TV, Telefon, Radio, Fön, Minibar, die meisten mit Klimaanlage • **Anlage:** Salon, Frühstückszimmer, Speiseraum, Bar, Konferenzraum; Hallenschwimmbad, Sauna **Kreditkarten:** AE, DC, MC, V • **Kinder:** willkommen • **Behinderte:** keine speziellen Einrichtungen • **Tiere:** erlaubt • **Geschlossen:** nie • **Besitzerin:** Herta Herrmann

NORDBAYERN

WÜRZBURG

Zur Stadt Mainz
~ Stadthotel ~

97070 Würzburg, Semmelstr. 39
Tel (0931) 53155 **Fax** (0931) 58510
e-mail info@hotel-stadtmainz.de **website** www.hotel-stadtmainz.de

Das Hotel/Restaurant *Zur Stadt Mainz* bekam seinen Namen vor etwa 170 Jahren von Bootsleuten, die den Main auf und ab fuhren; seine Verbindung zur kulinarischen Geschichte Würzburgs reicht aber weiter zurück. Es steht an der Semmelstraße und diente vielleicht schon um 1300 den Bäckern als Gasthaus. Heute wird das jahrhundertealte Geschäft von Frau Schwarzmann und ihren Töchtern fortgeführt. Anneliese kocht modern interpretierte regionale Rezepte, die um 1850 von einem Koch des Hauses gesammelt wurden. Zu den preisgekrönten Essenskreationen kommen aus dem Keller Frankenweine und bayerisches Bier.

Das Gästehaus wird von der freundlichen und energischen Margarethe geleitet. In den etwas dunklen Räumen im unteren Teil des Hauses herrscht fränkische Einrichtung vor, an den Wänden und Dachbalken des Restaurants hängen Hirschgeweihe. In den Gästezimmern dominieren Möbel mit Blumenmustern; allerdings muss man wegen des Straßenlärms die Fenster tagsüber geschlossen halten. Das Hotel wird zu jeder Zeit von einer internationalen Klientel besucht. Für einen Besuch während des Musikfestivals im Mai und Juni oder den Weinfesten im Herbst sollte man unbedingt reservieren.

~

Umgebung: die mittelalterlichen und barocken Gebäude Würzburgs • **Lage:** neben der Theaterstraße, nordöstlich des Stadtzentrums; 5 Min. im Taxi vom Bahnhof; zur Autobahn A 3/E 41 Frankfurt-Nürnberg (Ausfahrt Heidingsfeld/Würzburg) 5 km; Parkplatz • **Mahlzeiten:** Frühstück, Mittagessen, Abendessen, Imbiss **Preise:** €€–€€€ • **Zimmer:** 15; 12 Doppelzimmer, 1 mit getrennten Betten; 3 Einzelzimmer; alle Zimmer mit Dusche, Telefon, TV, Radiowecker • **Anlage:** Rezeption, Aufenthaltsraum, Restaurant, Speisesaal • **Kreditkarten:** AE, MC, V **Kinder:** willkommen • **Behinderte:** keine speziellen Einrichtungen • **Tiere:** erlaubt **Geschlossen:** Weihnachten bis Mitte Jan., Restaurant So abend • **Besitzerin:** Anneliese Schwarzmann

Südbayern

Überblick

Hotels in Südbayern

Der Süden von Bayern ist vor allem eine landschaftlich reizvolle Region: hohe Berggipfel, große Seen mit klarem Wasser, Märchenschlösser, die auf Bergen thronen, Blumenkästen an den Holzbalkonen typischer alpenländischer Häuser und barocke Kirchen mit Zwiebeltürmen. Aber Südbayern ist auch ein Paradies für Sportler: Wandern, Bergsteigen und Segeln im Sommer, Ski fahren, Rodeln und Schlittschuhlaufen im Winter.

Flüsse durchschneiden die Ebenen und sanften Hügel im nördlichen Teil der Region. Die Fuggerstadt Augsburg, die Geburtsstadt von Bertolt Brecht, liegt an der Romantischen Straße. Wir empfehlen hier das *Hotel Gregor* (Tel. 0821/80050, Fax 800569, 40 Zimmer) und das ruhige, komfortable *Fischertor* (Tel. 0821/345830, Fax 3458395, 21 Zimmer), das aber von außen etwas trist wirkt.

Die vitale, elegante Landeshauptstadt München besitzt zahlreiche schöne Geschäfte und überdurchschnittlich viele hervorragende Hotels. Während man im Süden und Osten von München ebenfalls eine große Auswahl an guten Hotels hat, sieht es nördlich von München schlechter aus. Im Alpenvorland empfehlen wir zusätzlich zu unseren Einträgen das *Terrassenhotel Kolbergarten* (Tel. 08041/9067, Fax 9069, 16 Zimmer) im hübschen Kurort Bad Tölz. Der vor der herrlichen Kulisse der Alpen gelegene Chiemsee zieht nicht nur wegen des von König Ludwig II. erbauten Schlosses Herrenchiemsee viele Touristen an. Hier liegen als Alternativen zu den ausführlich beschriebenen Hotels *Zum goldenen Pflug* (Tel. 08667/790, Fax 56542, 89 Zimmer), ein vor allem für Reiter geeignetes Sporthotel in Chieming-Ising, und das malerische *Yachthotel Chiemsee* (Tel. 08051/6969, Fax 5171, 101 Zimmer).

Ein anderes beliebtes Fremdenverkehrsziel ist Füssen am Forggensee, denn in seiner Nähe liegen Neuschwanstein, das »Märchenschloss« Ludwigs II., und Hohenschwangau, wo der unglückliche König geboren wurde. *Alpenschlössle* (Tel. 08362/4017, Fax 39847, 10 Zimmer) und *Hirsch* (Tel. 08362/93980, Fax 939877, 46 Zimmer) sind beides Familienbetriebe, Ersteres mit ausgezeichneter Küche.

Nahe der Grenze zu Österreich befindet sich mit dem malerischen Mittenwald eine weitere Touristenhochburg. Die Pension *Gästehaus Franziska* (Tel. 08823/92030, Fax 2528, 20 Zimmer) ist trotz ihrer zentralen Lage ruhig und schön eingerichtet. Die Küche des hoch gelegenen *Latscheneck* (Tel. 08823/1057, 13 Zimmer) bietet nur für Übernachtungsgäste regionale Spezialitäten. Eher spartanisch sind die Gästezimmer im *Wipfelder* (Tel. 08823/1057, Fax 4077, 15 Zimmer), aber das Frühstück ist üppig.

SÜDBAYERN

Aschau im Chiemgau

Residenz Heinz Winkler
~ Dorfhotel ~

83229 Aschau im Chiemgau, Kirchplatz 1
Tel (08052) 17990 **Fax** (08052) 179966
e-mail info@residenz-heinz-winkler.de **website** www.residenz-heinz-winkler.de

»Restaurant mit Zimmern« wäre eine passende Beschreibung dieses echten Tempels der Gastronomie. Inmitten des idyllischen Dorfes Aschau steht gegenüber der Kirche die einstige Poststation aus dem 17. Jh. mit ihren rotweißen Fensterläden. Heute ist sie das luxuriöse Reich des Starkochs Heinz Winkler, dessen ebenso einfallsreiche wie teure Kreationen ihm zwei Michelin-Sterne eingetragen haben.

Die Zeit zwischen dem gekonnt servierten Diner und dem reichhaltigen Frühstück am nächsten Morgen verbringt man in geräumigen, eleganten Gästezimmern, ausgestattet mit hübschen Stoffen, warmer Beleuchtung und antiken wie modernen Möbeln. Weitgehend in solidem bayerischen Stil erbaut, besitzt der alte Gasthof auch verschiedene architektonische Details, die auf Italien und die Renaissance verweisen, wie etwa die sechseckigen Erkerfenster an den Ecken und die geometrischen Muster an der Unterseite des Dachs. Sie haben zu der fantasievollen Gestaltung des großen Foyers und der Speiseräume inspiriert, wo die Wände mit Blumen und Trompe-l'œil-Malerei geschmückt sind. Das Hotel bietet außerdem einen Schönheitssalon (Estée Lauder).

~

Umgebung: Schloss Hohenaschau; Salzburg (80 km) • **Lage** im Dorfzentrum, 82 km sö von München; Garage, Parkplatz • **Mahlzeiten:** Frühstück, Mittagessen, Abendessen • **Preise:** €€–€€€€ • **Zimmer:** 32; 13 Doppel-, 6 Luxusdoppelzimmer, 13 Apartments, alle mit Bad, Telefon, TV, Radio, Föhn • **Anlage:** Restaurants, Bar, Fernsehzimmer, Konferenzzimmer; Terrasse; Sauna • **Kreditkarten:** AE, DC, MC, V
Kinder: akzeptiert • **Behinderte:** einige der Zimmer im Erdgeschoss • **Haustiere:** auf Anfrage • **Geschlossen:** nie • **Besitzer:** Heinz Winkler

SÜDBAYERN

AYING

Brauereigasthof Hotel Aying
~ Brauereigasthof ~

85653 Aying, Zornedinger Str. 2
Tel (08095) 90650 **Fax** (08095) 906566
e-mail brauereigasthof@ayinger-bier **website** www.ayinger-bier.de

Der Gasthof ist nach dem Ort benannt, in dem er liegt – einem Dorf, wo seit über 500 Jahren ein berühmtes bayerisches Bier gebraut wird. Die moderne Ayinger Brauerei und der Gasthof liegen direkt nebeneinander. Die meisten Gäste kommen in erster Linie wegen des Biers (die Bierkarte ist sehr umfangreich und enthält auch Bierspezialitäten, die nur zu bestimmten Jahreszeiten hergestellt werden).

Eingangstür und Fenster des Gasthofs verschwinden fast hinter üppig wachsendem Wilden Wein. Der Gasthof verfügt über einen Saal mit einer prächtig bemalten Decke; er bietet Platz für 200 Personen und wird gern für Veranstaltungen genutzt. Doch es gibt auch ein Restaurant, wo man à la carte essen kann. Die Küche bietet regionale wie internationale Gerichte. Das Bier kommt selbstverständlich frisch vom Fass, aber es gibt auch eine gute Auswahl an Weinen. Hinter dem Haus befindet sich ein Restaurantgarten, der an Sommertagen sehr einladend ist.

Die Gästezimmer sind geräumig und geschmackvoll eingerichtet: In einigen stehen wunderschön bemalte Bauernmöbel und Himmelbetten.

Umgebung: Brauerei (mit Bierproben); Bayerische Alpen (im Winter Ski fahren); München (26 km); Rosenheim (30 km) • **Lage:** im Dorf, 26 km sö von München; Abfahrt Hofolding von der E 45; mit großem Parkplatz • **Mahlzeiten:** Frühstück, Mittag- und Abendessen, Brotzeit • **Preise:** €€–€€€€ • **Zimmer:** 29; 18 Doppelzimmer (1 mit Einzelbetten), 7 mit Bad, 9 mit Dusche, 1 mit Waschbecken; 3 Einzelzimmer mit Dusche; 7 Familienzimmer mit Bad; alle Zimmer mit Telefon, TV, Radio • **Anlage:** Speiseraum; Biergarten • **Kreditkarten:** AE, DC, MC, V **Kinder:** sehr willkommen • **Behinderte:** nicht geeignet • **Tiere:** erlaubt **Geschlossen:** Mitte bis Ende Jan. • **Besitzer:** Franz Inselkammer

Südbayern

Bad Aibling

Hotel Lindner
~ Stadthotel ~

83043 Bad Aibling, Marienplatz 5
Tel (08061) 90630 **Fax** (08061) 30535 **e-mail** lindner@romantikhotels.com
website www.romantikhotel.com/bad-aibling

Mit seiner gelb getünchten Fassade erinnert das vornehme Äußere dieses Hotels daran, dass das Gebäude eine über 1000 Jahre alte Burg ist. Auch in den Innenräumen ist die historische Atmosphäre erhalten geblieben. Über die Gesellschaftsräume spannen sich Deckengewölbe; den Treppenabsatz schmücken antike Tische und Familienporträts in Öl. Vor den Fenstern hängen Vorhänge im Renaissancestil. Kristallüster tragen zum Reiz der Räume bei, obwohl die Holzvertäfelung im Speiseraum und im Frühstückszimmer von modernen Spotlights angestrahlt wird.

Die Gästezimmer sind hübsch und geräumig und wurden kürzlich renoviert. Die meisten sind mit verschiedenen antiken Stücken möbliert; an den Wänden hängen Reproduktionen impressionistischer Gemälde. Einige befinden sich in einem neuen Gebäude hinter dem Haus, durch einen Hof abgetrennt und mit Blick auf den hübschen Garten. Der Anbau beherbergt eine kleine Bar mit Bibliothek; die Getränke können aber auch im Garten serviert werden. Erna Lindners Tochter Gabi ist eine charmante und umsichtige Gastgeberin, die sich glücklich schätzt, die 150 Jahre alte Familientradition fortzuführen.

~

Umgebung: Miesbach (10 km), München (60 km) Salzburg (90 km) • **Lage:** mitten im Ort am Marktplatz; mit Garten, großem Parkplatz und Garagen • **Mahlzeiten:** Frühstück, Mittag- und Abendessen • **Preise:** €–€€€ • **Zimmer:** 32; 16 Doppelzimmer (2 mit Einzelbetten) mit Bad; 16 Einzelzimmer, 11 mit Bad; die meisten Zimmer mit Telefon, TV, Fön • **Anlage:** Speiseraum, Frühstückszimmer, Konferenzzimmer; Garten, Terrasse, Fahrräder, Golf • **Kreditkarten:** AE, DC, MC, V • **Kinder:** sehr willkommen • **Behinderte:** einige Parterrezimmer • **Tiere:** willkommen **Geschlossen:** nie • **Besitzerinnen:** Erna Lindner und Gabi Jung

SÜDBAYERN

BAD TÖLZ

Altes Fährhaus
~ Restaurant mit Gästezimmern ~

83646 Bad Tölz, An der Isarlust 1
Tel (08041) 6030 **Fax** (08041) 72270
e-mail info@altes-faehrhaus-toelz.de **website** www.altes-faehrhaus-toelz.de

Die Isar fließt auf ihrem Weg zur Donau durch Bad Tölz. Auf der einen Seite des Flusses liegt die Altstadt, wo sich auch das Alte Fährhaus befindet, auf der anderen der Kurort. Deshalb war früher auch eine Fähre notwendig. Das unterhalb der Altstadt gelegene ehemalige Bootshaus ist in ein elegantes Restaurant mit Gästezimmern umgewandelt worden.

Abgesehen von seiner hübschen, schattigen Terrasse wirkt das Gebäude zwischen den dunklen Bergen nicht sonderlich eindrucksvoll. Die beiden Speiseräume sind hell und luftig; der eine ist mit Art-déco-Lampen und Holzschnitzereien, der andere mit Bändern und rosa Schmetterlingen dekoriert. Die gemütlichen, modern möblierten Gästezimmer besitzen alle einen eigenen Balkon mit Blick auf die Isar.

Elly Reißer bietet ihren Gästen klassische Gerichte, vor allem Fisch wie z. B. Flussbarsch im Teigmantel oder Steinbutt in Beurre blanc. Auf der Speisekarte stehen auch Wildgerichte. Eine Übernachtung lohnt sich hier schon allein wegen des köstlichen Frühstücks: Neben verschiedenen selbst gebackenen Brotsorten und selbst gemachten Marmeladen gibt es Parmaschinken und mariniertem Lachs.

Umgebung: Altstadt (Marktstraße, Kirche Mariä Himmelfahrt) • **Lage:** am Isarufer am Nordostrand der Stadt; mit kleinem Garten und beschränkten Parkmöglichkeiten • **Mahlzeiten:** Frühstück, Mittag- und Abendessen • **Preise:** €€ • **Zimmer:** 5 Doppelzimmer (mit Einzelbetten); alle Zimmer mit Bad, Telefon, TV, Radio, Minibar • **Anlage:** 2 Speiseräume; Terrasse • **Kreditkarten:** keine
Kinder: erlaubt • **Behinderte:** nicht geeignet • **Tiere:** nur in den Gesellschaftsräumen erlaubt • **Geschlossen:** Jan. und Febr.; Restaurant Mo, Di mittags
Besitzerin: Elly Reißer

SÜDBAYERN

BAYRISCHZELL

Postgasthof Rote Wand
~ Dorfgasthof ~

83735 Bayrischzell, Geitau 15
Tel (08023) 9050 **Fax** (08023) 656
e-mail info@gasthofrotewand.de **website** www.gasthofrotewand.de

Dieser in einem Alpental gelegene Gasthof eignet sich vor allem für Wanderer und Skifahrer. Die Ausstattung ist einfach, aber gut; die Gästezimmer sind gemütlich. Die besondere Attraktion ist der freundliche Empfang durch die Familie Gaukler-Pellkofer. Die Gastgeber tun alles für das Wohl ihrer Gäste; auch Kinder sind hier bestens aufgehoben.

Die Speiseräume (einer für Nichtraucher) sind einfach möbliert und mit rustikalem Dekor ausgestattet; es gibt dort auch Jagdtrophäen der Familie sowie Fotos, die Herrn Pellkofer als Skifahrer und Teilnehmer der Olympischen Winterspiele 1936 zeigen. Ein Teil der hübschen Terrasse ist überdacht, sodass erschöpfte Bergwanderer hier im Schatten ein kühles Bier genießen können. Im Winter können die Gäste ihre feuchte Kleidung vor einem großen Kachelofen trocknen. Das herzhafte Essen (zubereitet von Michael, dem Sohn des Hauses), dessen verführerischer Duft das Haus durchzieht, wird von der freundlichen Tochter der Familie in großen Portionen serviert. Man sollte jedoch beachten, dass die Küche in der Regel ab 20 Uhr geschlossen ist. Eine Ausnahme wird aber an Samstagen im Sommer gemacht, wenn viel Betrieb ist.

~

Umgebung: Rotwand (1885 m); Wendelstein-Seilbahn • **Lage:** in einem Weiler, 5 km nö von Bayrischzell; mit Garten und großem Parkplatz • **Mahlzeiten:** Frühstück, Mittag- und Abendessen • **Preise:** € • **Zimmer:** 31; 20 Doppelzimmer, 4 mit Bad, 16 mit Dusche; 10 Einzelzimmer mit Dusche; 1 Familienzimmer mit Dusche; alle Zimmer mit Telefon • **Anlage:** Gaststube, Speiseräume, Fernsehzimmer, Terrasse • **Kreditkarten:** AE, MC, V • **Kinder:** sehr willkommen • **Behinderte:** keine speziellen Einrichtungen • **Tiere:** willkommen • **Geschlossen:** Restaurant Di, Mi mittags • **Besitzer:** Familie Gaukler-Pellkofer

SÜDBAYERN

BURGHAUSEN

Klostergasthof Raitenhaslach
~ Umgebautes Kloster ~

84489 Burghausen, Raitenhaslach 9
Tel (08677) 973 **Fax** (08677) 66111
e-mail klostergasthof@webcam.de

Viele Touristen besuchen dieses ungewöhnliche Hotel von Burghausen aus, da der *Klostergasthof Raitenhaslach* in Gebäuden untergebracht ist, die einst zu einem Zisterzienserkloster gehörten. Die ehemalige Klosterkirche wurde im 12. Jh. gegründet und ist berühmt für ihre barocken Deckengemälde von Johannes Zink, auf denen das Leben von Bernhard von Clairvaux dargestellt ist. Auch andere Werke bekannter deutscher Barockmaler finden sich hier. Der spirituelle Frieden, der einst herrschte, ist tagsüber einem weltlichen Treiben gewichen: Ganze Busladungen voller Touristen besuchen den großen Biergarten, der sich auf einer der Gartenterrassen befindet; auf der anderen Terrasse sitzen Hotelgäste, trinken gemütlich ihren Kaffee und bewundern die alten Klostergebäude.

Abends kehrt wieder Friede ein, wenn die Touristen weg sind und die Gäste des Hotels sich im Klostergarten ergehen; dann kann man in aller Ruhe die Antiquitäten und Gemälde in den Gemeinschaftsräumen und Zimmern des Hotels betrachten. Die riesigen gewölbten Speisesäle füllen sich auch mit Einheimischen, die sich an den regionalen und internationalen Spezialitäten des deutschen Küchenchefs erfreuen.

~

Umgebung: mittelalterliches Zentrum und riesige Festung von Burghausen mit Museum (6 km) • **Lage:** 6 km südlich von Burghausen, 9 km von der A 309 bzw. E 522 München – Linz entfernt, über die B 20 erreichbar; Parkplatz • **Mahlzeiten:** Frühstück, Mittagessen, Abendessen, Snacks • **Preise:** €-€€ • **Zimmer:** 14; 12 Doppelzimmer mit Bad, 2 Einzelzimmer mit Dusche; alle Zimmer mit Telefon, TV, Radiowecker, Schreibtisch, Fön, Safe • **Anlage:** Biergarten, Restaurant, 2 Terrassen, Kinderspielplatz • **Kreditkarten:** MC, V • **Kinder:** willkommen **Behinderte:** nicht geeignet • **Tiere:** nicht erlaubt • **Geschlossen:** die ersten beiden November- und die letzten beiden Dezemberwochen • **Besitzerin:** Monika Klaus

Südbayern

Eichstätt

Adler
~ Stadthotel ~

85072 Eichstätt, Marktplatz 22
Tel (08421) 6767 **Fax** (08421) 8283
e-mail adler.stigler@t-online.de **website** www.ei-online.de/adler

Das hübsche Städtchen Eichstätt im Altmühltal ist weitgehend vom Expansionszwang des 20. Jh. verschont geblieben. Am Marktplatz liegt dieses attraktive Barockhotel von 1685. Trotz seiner Lage im Kern der Altstadt ist der *Adler*, eine frühere Poststation, unprätentiös und moderat im Preis. Offiziell ist es ein Hotel garni, aber nur auf dem Papier. Das italienische Restaurant-Café »Colosseo« im Erdgeschoss gehört nur anderen Pächtern, ist aber in den Hotelbetrieb mit eingebunden; zur Halbpension gehört auch ein Essen im großen Speisesaal oder an den Tischen auf der Terrasse vor dem Hotel. Eine Treppe tiefer befindet sich eine geräumige Stube im gewölbeartigen, mit Kupferkochgeschirr ausgeschmückten Keller. Morgens bedienen sich die Gäste vom umfangreichen Frühstücksbüfett in einem der beiden Frühstückszimmer des ersten Stocks. Obwohl das Hotel schlicht und modern eingerichtet ist, wurde es aufwendig renoviert und man hat nun die Möglichkeit, die Sauna und das Solarium im Keller zu nutzen. Die Zimmer sind nach »Schema F« eingerichtet, dafür ansprechend geräumig. Von acht der Zimmer blickt man auf den Platz. Bei der Ankunft fährt man zur Rezeption, trägt sich ein und lädt das Gepäck aus; danach fährt man das Auto zum Parkplatz des Hotels, der 50 m entfernt liegt.

Umgebung: Dom, Schloss, Hofgarten, Gebäude aus Barock und Rokkoko • **Lage:** am zentralen Marktplatz, 2 Min. im Taxi vom Bahnhof; zur Autobahn A 9/E 45 Nürnberg–München (Ausfahrt Altmühltal) 20 km; Garagenparkplatz (geringe Gebühr) • **Mahlzeiten:** Frühstück • **Preise:** € • **Zimmer:** 28; 27 Doppelzimmer, 14 mit Dusche, 13 mit Bad; 1 Einzelzimmer mit Dusche; alle Zimmer mit Telefon, TV, Radiowecker, Haartrockner, Minibar • **Anlage:** Rezeption, Aufenthaltsraum, 2 Frühstückszimmer, Stube, Sauna, Solarium • **Kreditkarten:** AE, DC, MC, V **Kinder:** willkommen • **Behinderte:** 2 Zimmer mit Badezimmern • **Tiere:** nicht erlaubt • **Geschlossen:** 1 Woche Nov., Mitte Dez. bis Mitte Jan. • **Besitzerin:** Gertie Stigler

Südbayern

Eisenberg

Magnushof
Ländliches Gästehaus

87637 Eisenberg, Unterreuten 51
Tel (08363) 91120 **Fax** (08363) 911250
e-mail magnushof@t-online.de **website** www.magnushof.de

Allein schon die Lage inmitten herrlicher Seen, Felder und Wälder am Fuße der Alpen macht den *Magnushof* zu einem reizvollen Aufenthaltsort. Hinzu kommen noch eine erstaunliche Innenausstattung und eine angenehme Atmosphäre.

Die Vorbesitzer haben die Einrichtung des Hauses deutlich geprägt; zum kühn zusammengestellten Mobiliar gehören bemalte Bettgestelle sowie bunt verzierte Deckenkassetten, aber auch moderne, rosafarbene Ledergarnituren. Alles ist geschmackvoll kombiniert und wirkungsvoll. In den großen, nach Wildenten benannten Gästezimmern fühlt man sich sofort wie daheim; man findet darin auch eine Menge Bücher. Der elegante Swimmingpool, die Sauna und der große Fitnessraum locken selbst unsportliche Gäste aus dem gemütlichen, hübsch möblierten Salon mit offenem Kamin und wunderschöner rot-blauer Glaswand. Die Messerlis, die den *Magnushof* kürzlich übernahmen, bieten im Restaurant eine ansehnliche Auswahl regionaler Gerichte und guter Weine an. Das Frühstück ist reichlich und vielfältig.

Umgebung: Füssen, Schloss Neuschwanstein, Schloss Hohenschwangau (10 km), Weißensee (2 km), Hopfensee (4 km) • **Lage:** in einem Weiler, erreichbar über eine ausgeschilderte Straße zwischen Eisenberg und Hopferau, 10 km nw von Füssen; mit Garten und großem Parkplatz • **Mahlzeiten:** Frühstück, Mittag- und Abendessen • **Preise:** €–€€ • **Zimmer:** 10; 9 Doppelzimmer (mit Einzelbetten), 1 mit Bad, 8 mit Dusche; 1 Einzelzimmer mit WC; alle Zimmer mit TV, Telefon, Radio, Fön, die meisten mit Minibar • **Anlage:** Speiseraum, Salon mit Kaminecke, Hallenbad, Sauna, Solarium, Fitnessraum • **Kreditkarten:** MC, V • **Kinder:** willkommen • **Behinderte:** nicht geeignet • **Tiere:** nach vorheriger Absprache erlaubt **Geschlossen:** nie • **Besitzer:** Familie Messerli

SÜDBAYERN

ETTAL

Zur Post
~ Dorfgasthof ~

82488 Ettal, Kaiser-Ludwig-Platz 18
Tel (08822) 3596 **Fax** (08822) 6971
e-mail info@posthotel-ettal.de **website** www.posthotel-ettal.de

Herr Fischer war entrüstet über den Vorschlag, in den Gästezimmern Telefone zu installieren: »Unsere Gäste wollen sich erholen!« Die meisten sind tatsächlich Urlauber und Herr Fischer macht es ihnen leicht sich zu entspannen. Die Schlafzimmer sind groß und bequem und verführen zum langen Ausschlafen nach einem Tag an der klaren Luft der Ammergauer Berge. Die – bayrische – Einrichtung der Zimmer mag etwas langweilig erscheinen, doch die Hälfte der Zimmer des alten Hauses verfügt über einen Balkon und die im neuen, nach hinten gehenden Flügel öffnen sich auf eine Terrasse. Von allen jedenfalls kann man Ettals elegante Benediktinerabtei und die Bergketten der Umgebung mit Respekt bewundern. Im Haus gibt es eine Sauna, ein Dampfbad und ein Solarium sowie eine Stube. Der Gasthof *Zur Post* ist eng mit dem Skisport verbunden, angefangen von der Langlaufloipe 50 m hinter dem Hotel bis hin zu den Abfahrtspisten in der Nähe. Herr Fischer kocht auch für das deutsche olympische Skiteam, also sollte das regionale bayerische Essen, das im hübschen getäfelten Restaurant serviert wird, auch die Energiereserven von Urlaubern wieder auffüllen. Die Musikberieselung im Speisezimmer werden manche vielleicht als störend empfinden.

~

Umgebung: landschaftlich schöne Fahrt auf der D 314 nach Westen zum Schloss Linderhof (10 km) • **Lage:** in der Ortsmitte, neben dem Kloster; 15 Min. im Taxi vom Bahnhof Oberau oder dem Ende der Autobahn A 95/E 533; kostenloser Parkplatz • **Mahlzeiten:** Frühstück, Abendessen, Imbiss; Mittagessen nur Gruppen
Preise: € • **Zimmer:** 21; 18 Doppelzimmer, 3 mit Bad, 15 mit Dusche; 3 Einzelzimmer mit Dusche; alle Zimmer mit TV, Radiowecker, Haartrockner • **Anlage:** Chalet mit Rezeption, Frühstückszimmer, Restaurant, Fitnessraum, Dampfbad, Sauna, Solarium, Stüble, Terrasse, Garten • **Kreditkarten:** MC, V • **Kinder:** willkommen • **Behinderte:** keine speziellen Einrichtungen • **Tiere:** erlaubt (geringe Gebühr) • **Geschlossen:** Nov. bis Mitte Dez. • **Besitzer:** Andreas Fischer

SÜDBAYERN

FRASDORF

Landgasthof Karner
~ Ländliches Hotel ~

83112 Frasdorf, Nussbaumstr. 6
Tel (08052) 4071 **Fax** (08052) 4711
e-mail info@landgasthof-karner.de **website** www.landgasthof-karner.de

Dieses Hotel, das nur einen Steinwurf entfernt von der Autobahn München–Salzburg liegt, ist ein beliebtes Ziel für betuchte Wochenendausflügler, die einmal aus der Stadt hinauswollen – aber nicht zu weit.

Rauchblaue Fensterläden, makellos weiße Mauern und wunderschöne Holztüren zeigen schon von außen, dass es sich hier nicht um ein durchschnittliches Chalet in den Alpen handelt. Das Innere ist ebenso eindrucksvoll. Der Speiseraum wirkt mit seinem Holzfußboden, der alten Holzvertäfelung und den schlichten, aber hübschen Vorhängen stilvoll. Die Gästezimmer sind teilweise mit schönen Bauernmöbeln und Teppichen ausgestattet. Das hat man uns jedenfalls erzählt, denn beim Besuch unserer Testerin waren die Karners und das Personal leider zu beschäftigt, um sie herumzuführen.

Trotz eines Michelin-Sterns ist die Küche im *Karner* stellenweise kritisiert worden, aber sie findet sichtlich viele Liebhaber – besonders an sonnigen Nachmittagen, wenn die hübsche Gartenterrasse bis auf den letzten Platz besetzt ist. Besonders gut geeignet für Wanderfreunde, die auch Wert auf Schlemmerfreuden legen.

~

Umgebung: Wildenwart (5 km) mit Schloss; Chiemsee (15 km) • **Lage:** in einer Seitenstraße des Dorfs, 78 km sö von München; mit Garten und großem Parkplatz
Mahlzeiten: Frühstück, Mittag- und Abendessen • **Preise:** €€–€€€ • **Zimmer:** 23; 18 Doppelzimmer (mit Einzelbetten), 9 mit Bad, 9 mit Dusche; 2 Einzelzimmer mit Dusche; 3 Apartments mit Bad; alle Zimmer mit TV, Telefon, Radio • **Anlage:** Speiseraum, Gaststube, Gartenterrasse; Sauna/Solarium und Schwimmbad
Kreditkarten: AE, DC, MC, V • **Kinder:** erlaubt • **Behinderte:** keine speziellen Einrichtungen • **Tiere:** erlaubt • **Geschlossen:** nie • **Besitzer:** Familie Karner

SÜDBAYERN

FREILASSING

Gasthof Moosleitner
~ Ländlicher Gasthof ~

83395 Freilassing, Wasserburger Str. 52
Tel (08654) 63060 **Fax** (08654) 630699
e-mail info@moosleitner.com **website** www.moosleitner.com

Im 14. Jh. wurde dieses damals bereits 200 Jahre alte Bauernhaus ein Gasthof für Händler, die das Salz aus den Stollen um Salzburg nach München transportierten. Seit mehreren Generationen befindet sich bereits im Besitz der Familie Niederbuchner, die die alten Gästezimmer mit viel Geschmack renovierte, ein gegenüberliegendes Gästehaus aus dem 19. Jh. und schließlich einen kleinen Anbau hinzuerwarb, um weitere Zimmer und Familienappartements anbieten zu können. Das Haus verfügt über eine Sauna, ein Dampfbad und einen großen Garten mit Tennisplatz.

Chefköchin Susanne Heugenhauser verleiht den bayrisch-österreichischen Gerichten eine moderne Note. Das Restaurant ist mit seinen Säulen, Bogen und Nischen auch optisch ansprechend; alles wirkt hell und luftig, und auch die unvermeidlichen Hirschgeweihe sind diskret angebracht. Die alte Salzstraße ist heute die Hauptroute nach Salzburg hinein, weshalb die ruhigeren Zimmer im Anbau oder den hinteren Bereichen des Gasthofs liegen, die auf den Garten blicken; die Zimmer des Gästehauses dagegen haben die beste Aussicht auf die Berge.

~

Umgebung: Salzburg (6 km). • **Lage:** im Westteil der Stadt in Richtung Waging am See; 5 Min. im Taxi vom Bahnhof; zur Autobahn A 1/E 60 (Ausfahrt Freilassing/Bad Reichenhall) 5 km über die B 20; kostenloser Parkplatz • **Mahlzeiten:** Frühstück, Mittagessen, Abendessen, Imbiss • **Preise:** €€–€€€ • **Zimmer:** 50; 25 Doppelzimmer, 10 mit Bad, 15 mit Dusche, 8 mit französischem Bett; 25 Einzelzimmer mit Dusche; alle Zimmer mit Telefon, TV, Radiowecker, Haartrockner, Minibar **Anlage:** Gasthof mit Rezeption, Aufenthaltsraum, Bar, Speisezimmer, Restaurant, Veranstaltungsraum, Spielzimmer für Kinder, Sauna, Dampfbad; Garten mit Restaurant und Biergarten, Tennisplatz • **Kreditkarten:** AE, DC, MC, V • **Kinder:** willkommen • **Behinderte:** einige überbreite Türen, Fahrstuhl • **Tiere:** erlaubt, geringe Extragebühr • **Geschlossen:** Restaurant erste Woche Jan. • **Besitzer:** Toni Niederbuchner

Südbayern

Garmisch-Partenkirchen

Gasthof Fraundorfer
~ Chaletartiges Hotel ~

82467 Garmisch-Partenkirchen, Ludwigstr. 24
Tel (08821) 9270 **Fax** (08821) 92799
e-mail info@gasthof-fraundorfer.de **website** www.gasthof-fraundorfer.de

Der exzentrische *Gasthof Fraunhofer* mit seinen Balkonkästen voller Geranien vor der weißen Fassade mit Lüftlmalerei im alten Ortskern von Partenkirchen ist die richtige Adresse für jeden, der die Klischees von bayerischer Gemütlichkeit hautnah erleben will. Die Familie Fraundorfer betreibt dieses Haus bereits seit Generationen und pflegt die Traditionen z. B. bei bayerischen Abenden mit Musikanten, Jodlern und Volkstanzgruppen in Tracht. Das Restaurant ist entsprechend rustikal mit Holztäfelung und bäuerlichen Utensilien eingerichtet; das Essen ist bodenständig und das Bier süffig. Die Betten der Gästezimmer fallen aus dem Rahmen: einige sind in Form von Autos oder Schiffen gefertigt, die für die Jungvermählten haben geschnitzte Bettpfosten und Baldachine oder weiße Vorhänge.

Das Hotel wird von der gesamten Großfamilie betrieben, und es eignet sich auch besonders für Familien: In einem Anbau gibt es mehrere Familienapartments mit Kinderstühlen, außerdem Kindermenüs und -spielsachen im Restaurant und einen Spielplatz im Garten.

~

Umgebung: Partnachklamm, über Eckbauer-Sessellift und Fußweg • **Lage:** im Zentrum von Partenkirchen nahe der Kirche; 5 Min. im Taxi vom Bahnhof; zum Ende der Autobahn A 95/E 533 5 km; kostenloser Parkplatz • **Mahlzeiten:** Frühstück, Mittagessen, Abendessen, Imbiss • **Preise:** €–€€ • **Zimmer:** 30; 19 Doppelzimmer mit Dusche, 3 Einzelzimmer, 3 Suiten mit Dusche, 5 Appartements, 1 mit Bad, 4 mit Dusche; alle Zimmer mit Telefon, TV, Radiowecker, einige mit Fön, Safe
Anlage: Frühstückszimmer, Restaurant, Veranstaltungsraum; Gästehaus Barbara mit Sauna, Dampfbad; Terrasse, Garten mit Sandkasten • **Kreditkarten:** MC, V
Kinder: willkommen • **Behinderte:** 1 Zimmer mit Bad im Gästehaus Barbara
Tiere: erlaubt (geringe Gebühr) • **Geschlossen:** 3 Wochen im Nov.; Restaurant Di
Besitzerinnen: Barbara und Andrea Fraundorfer

SÜDBAYERN

GARMISCH-PARTENKIRCHEN

Garmischer Hof
~ Chaletartiges Hotel ~

82467 Garmisch-Partenkirchen, Chamonixstr. 10
Tel (08821) 9110 **Fax** (08821) 51440
e-mail hotel@garmischer-hof.de **website** www.garmischer-hof.de

Dieses geschmackvoll eingerichtete Chalet hat einen herrlichen großen Garten, eine prachtvolle Aussicht auf die Berge und eine zentrale Lage im Ortsteil Garmisch. In einem neuen Flügel mit geräumigen Gästezimmern und einer Wellness-Suite mit Salzwasser-Jacuzzi und Laconium (Römisches Bad mit lauwarmem Wasser) gibt es außerdem Sauna, Dampfbad, Massage- und Behandlungszimmer. Das Restaurant bietet internationale Küche von Kalbsschnitzel bis Sushi.

Die alten wie neuen Zimmer sind individuell in einem nüchternen, geschmackvollen Landhausstil eingerichtet. Für Familien gibt es große Familienzimmer mit Babyphon, das mit der Rezeption verbunden ist, und sogar einer Waschmaschine mit Trockner. Die meisten Zimmer verfügen über einen Balkon. Im Garten können die Gäste im Sommer liegen und faulenzen.

~

Umgebung: Zahnradbahn bis zum Gipfel der Zugspitze (2962 m) • **Lage:** in der Fußgängerzone im Ortskern von Garmisch beim Kongresszentrum; 5 Min. im Taxi vom Bahnhof; zum Ende der Autobahn A 95/E 533 5 km; kostenloser Parkplatz
Mahlzeiten: Frühstück, Mittagessen, Abendessen, Imbiss • **Preise:** €–€€
Zimmer: 55; 24 Einzelzimmer, 2 mit Bad, 22 mit Dusche; 26 Doppelzimmer, 2 mit Bad, 24 mit Dusche, 5 mit getrennten Betten; 5 Familienzimmer mit 3 oder 4 Betten, Dusche; alle Zimmer mit Telefon, TV, Radiowecker, Haartrockner, Safe, in manchen PC-Anschluss • **Anlage:** Rezeption, Aufenthaltsraum, Bar, Speisezimmer, Restaurant, Veranstaltungszimmer, Salzwasser-Jacuzzi, Sauna, Solarium, Dampfbad, Laconium (lauwarmes Bad); Terrasse, Garten, Wäscheraum, Tiefgarage
Kreditkarten: MC, V • **Kinder:** willkommen • **Behinderte:** 1 speziell eingerichtetes Zimmer mit Bad; 2 Fahrstühle • **Tiere:** erlaubt (geringe Gebühr) • **Geschlossen:** nie
Besitzer: Familie Seiwald

SÜDBAYERN

GARMISCH-PARTENKIRCHEN

Staudacherhof
Chaletartiges Hotel

82467 Garmisch-Partenkirchen, Höllentalstr. 48
Tel (08821) 9290 **Fax** (08821) 929333
e-mail info@staudacherhof.de **website** www.staudacherhof.de

Das Hotel *Staudacherhof* nennt sich selbst eine Wellness-Residenz und bietet in seinem Vitalzentrum für Männer und Frauen (gegen entsprechendes Geld) das gesamte Spektrum römischer Badekultur an, vom Dampfbad über das Tepidarium bis zum Kaltwasserbecken; dazu gibt es noch Schönheitsräume, Behandlungzimmer, ein Hallenbad und einen Swimmingpool im Freien.

Der *Staudacherhof* ist ein Vier-Sterne-Hotel, das sich über zwei benachbarte Gebäude erstreckt. Seine Einrichtung ist luxuriös und geschmackvoll; alle Zimmer sind individuell gestaltet. Bis auf ein Zimmer im ersten Stock, das auf den Parkplatz hinausgeht, haben die Zimmer herrliche Ausblicke auf die Berge. Im Restaurant im Südwestturm bieten die Chefköche (aus der Familie Staudacher) eine breite Palette: von Putenbrust mit rotem Thaicurry über Schweinelende mit Gemüserisotto bis zu vegetarischen und fettarmen Menüs.

Umgebung: Skisprunganlage, Langlaufloipen; im Sommer Wasserski auf dem Eibsee • **Lage:** im Zentrum von Garmisch, 300 m vom Marktplatz entfernt; 5 Min. im Taxi vom Bahnhof; zum Ende der Autobahn A 95/E 533 5 km; einige kostenlose Parkplätze, Garage (geringe Gebühr) • **Mahlzeiten:** Frühstück, Mittagessen, Abendessen, Imbiss an der Bar 18-21 Uhr • **Preise:** €–€€ • **Zimmer:** 41; 24 Doppelzimmer, 3 mit Dusche, 21 mit Bad; 2 Suiten; 13 Einzelzimmer, 2 mit Bad, 11 mit Dusche; 2 Appartements im Anbau; alle Zimmer mit Telefon, PC-Anschluss, TV, Radiowecker, Haartrockner, Minibar, die meisten mit Safe • **Anlage:** Rezeption, Aufenthaltsraum, Bar, Café, Restaurant, Frühstückszimmer, Sauna, Solarium, Dampfbad, Behandlungzimmer, Schönheitssalons, Veranstaltungsräume; Hallenbad, Swimmingpool, Caféterrasse, Garten, Garage • **Kreditkarten:** MC, V
Kinder: willkommen • **Behinderte:** Fahrstuhl • **Tiere:** erlaubt, geringe Extragebühr
Geschlossen: Ostern bis Mitte Mai, Mitte Nov.. bis Mitte Dez. • **Besitzer:** Familie Staudacher

Südbayern

Grainau

Alpenhof
~ Chaletartiges Hotel ~

82491 Grainau, Alpspitzstr. 34
Tel (08821) 9870 **Fax** (08821) 98777
e-mail alpenhof-grainau@t-online.de **website** www.grainau.de/alpenhof

Grainau ist fast ein ländlicher Vorort von Garmisch-Partenkirchen und besitzt auch den gleichen majestätischen Alpenblick wie der Kurort.

In einem Gebiet, wo an blumengeschmückten Chalet-Hotels kein Mangel ist, zeichnet sich der *Alpenhof* – von außen eher unscheinbar – durch seine zurückhaltende Verwendung von traditionellen Stilelementen im Inneren aus. Die Holztäfelung in den Speiseräumen wirkt ebenso wenig überladen wie die vergoldeten Lampen, die die Wärme des Holzes zur Geltung bringen. Ein weiterer Raum mit hoher Decke verfügt über ein amüsantes Trompe-l'œil-Wandbild, das die Fassade eines imaginären Gebäudes darstellt. Die großen Gästezimmer sind schlichter gehalten, enttäuschen aber keineswegs (wie bei vielen konkurrierenden Chalet-Hotels); die antiken Möbel und die modernen Deko-Stoffe in gedämpften Farben lockern die weiß getünchten Wände auf.

Die Liebe zum Detail ist auch im Hallenbad spürbar, das ungewöhnlich stilvoll ist und auf den grünen Garten blickt; dort befindet sich eine Terrasse, auf der im Sommer helle Tische und Stühle stehen. Spezielle Abendveranstaltungen im Sommer.

Umgebung: Ski fahren, Wandern, Zugspitze • **Lage:** mitten im Dorf, 6 km sw von Garmisch-Partenkirchen; auf einem Grundstück mit Parkplatz • **Mahlzeiten:** Frühstück, Mittag- und Abendessen, Imbisse • **Preise:** €–€€€ • **Zimmer:** 36; 29 Doppelzimmer, 12 mit Bad, 17 mit Dusche; 7 Einzelzimmer mit Dusche; alle mit Telefon, TV, Fön, Minibar • **Anlage:** Speiseräume, Salon, Gaststube; Terrasse, Sauna, Hallenbad, Fahrräder • **Kreditkarten:** DC, MC, V • **Kinder:** willkommen
Behinderte: keine speziellen Einrichtungen • **Tiere:** nicht erlaubt
Geschlossen: Mitte Nov. bis Mitte Dez. • **Besitzer:** H. und G. Rosenstock

SÜDBAYERN

HERRSCHING AM AMMERSEE

Piushof
~ Chaletartiges Hotel ~

82211 Herrsching am Ammersee, Schönbichlstr. 18
Tel (08152) 96820 **Fax** (08152) 968270
e-mail info@piushof.de **website** www.piushof.de

Der *Piushof* aus den 1970er Jahren liegt inmitten eines friedvollen Gartens mit Liegestühlen, schattigen Bäumen, einem Tennisplatz und einer Caféterrasse. Die Anlage ist nur 5 Minuten zu Fuß vom Ammersee entfernt und bietet ein Jacuzzi, eine Sauna, ein Dampfbad und Massagezimmer. Die Stube ist mit bemalten Holzvertäfelungen und einer schön gemusterten Decke verziert. Im Winter kann man sich im Restaurant am offenen Kamin aufwärmen und dazu kräftige bayerische und italienische Gerichte zu sich nehmen. Im Herbst versammeln sich hier Gäste aus aller Welt wegen des Münchner Oktoberfests; spätestens im Februar sollte man dafür vorbuchen. Kloster Andechs mit seiner Brauerei und dem beliebten Restaurant liegt nur 7 Minuten mit dem Auto vom Piushof entfernt. In einem der Klostergebäude betreiben die Eigentümer des Piushofs ein Restaurant.

~

Umgebung: Rokokokirche von Kloster Andechs (7 km); Barockkirche in Dießen (15 km) • **Lage:** im Ostteil von Herrsching, ab der Stadtmitte ausgeschildert; 10 Min. im Taxi vom Bahnhof Starnberg; zur Autobahn A 95/E 53 (Ausfahrt Herrsching) 14 km; kostenloser Parkplatz • **Mahlzeiten:** Frühstück, Mittagessen, Abendessen, Imbiss • **Preise:** €€–€€€ • **Zimmer:** 21; 17 Doppelzimmer, 11 mit Bad, 6 mit Dusche, 9 mit getrennten Betten; 4 Einzelzimmer mit Dusche; alle Zimmer mit Telefon, PC-Anschluss, TV, Radiowecker, Haartrockner, Safe, Minibar **Anlage:** Rezeption, Aufenthaltsraum, Stube, Restaurant, Speisesaal, Jacuzzi, Sauna, Solarium, Dampfbad, Behandlungszimmer, Fitnessgeräte, Veranstaltungsraum; Tennisplatz, Kinderfahrräder, Terrasse, Garten • **Kreditkarten:** V • **Kinder:** willkommen • **Behinderte:** nicht geeignet • **Tiere:** nicht erlaubt • **Geschlossen:** Weihnachten bis Neujahr • **Besitzerin:** Gaby Urban

Südbayern

Hirschegg

Walserhof
~ Ländliches Hotel ~

87568 Hirschegg, Walserstr. 11
Tel (08329) 5684 **Fax** (08329) 5938
e-mail walserhof@aon.at **website** www.hotel-walserhof.de

Der *Walserhof* liegt im Kleinwalsertal, einem 100 km² großen Teil der Alpen, der politisch zu Österreich gehört, aber nur von Deutschland aus zugänglich ist. Wenn man von Riezlern nach Hirschegg fährt, liegt der Walserhof auf der linken Seite.

Die Gäste müssen sich zur sportlichen Erholung kaum aus dem Haus fortbewegen, da es vom Swimmingpool bis zu vitalisierenden Behandlungen vieles zum körperlichen Wohl der Klienten bietet. Außerdem stehen freundliche, rustikale Gemeinschaftsräume zur Verfügung, vor allem die Bar mit der niedrigen Decke und den vielen Holzbalken und das fantasievolle Billardzimmer. Dank seiner Gästezimmer, die groß genug für Extrabetten sind, zieht es besonders Familien in den Walserhof. Gesundheitsbewusste Küche ist eines der Markenzeichen des Restaurants, aber auch Kindermenüs und alle Arten von Diäten. Die Zimmer sind groß, hell und mit Balkonen ausgestattet. Die meisten blicken über das schöne Kleinwalsertal, doch die auf der Ostseite haben die schönste Bergsicht.

Umgebung: Seilbahn auf das Fellhorn für einen Alpenrundblick (13 km) • **Lage:** im Nordteil von Hirschegg, nahe der B 19, 4km südlich von Riezlern; 20 Min. im Taxi vom Bahnhof Oberstdorf; zur Autobahn A 7/E 532 (Ausfahrt Waltenhofen) 40 km **Mahlzeiten:** Frühstück, Abendessen, Imbiss • **Preise:** €€ • **Zimmer:** 45; 34 Doppelzimmer, 17 mit Dusche, 17 mit Bad; 5 Einzelzimmer, 1 mit Bad, 4 mit Dusche; 4 Suiten, 3 mit Bad, 1 mit Bad und Dusche; 2 Appartements, 2 mit Bad und Dusche, 1 mit Jacuzzi • **Anlage:** Rezeption, Aufenthaltsraum, Bar, Restaurant, Veranstaltungsräume, 2 Kinderzimmer, Jacuzzi, Sauna, Dampfbad, Solarium, Behandlungszimmer, Fitnessraum, Billard- und Tischtenniszimmer, Hallenbad, Garten, Terrasse • **Kreditkarten:** keine • **Kinder:** willkommen • **Behinderte:** Fahrstuhl; telefonische Anfrage zu empfehlen • **Tiere:** erlaubt (geringe Gebühr) **Geschlossen:** Nov. bis Dez. • **Besitzer:** Familie Wirz-Sättele

SÜDBAYERN

IFFELDORF

Landgasthof Osterseen
~ Gästehaus am See ~

82393 Iffeldorf, Hofmark 9
Tel (08856) 92860 **Fax** (08856) 928645
website www.landgasthof-osterseen.de

Der größte der Seen südlich von München ist der Starnberger See; gleich südlich von ihm schließt sich ein Gebiet mit Mooren, Bächen und vielen kleinen Seen an, deren größter der Ostersee ist. Im Gegensatz zum Starnberger See ist das Gebiet der Osterseen noch ruhig und unverdorben, Naturliebhaber und Vogelkundler kommen hier auf ihre Kosten. Der Landgasthof *Osterseen* ist ein modernes, in traditioneller Art mit Holzbalken und Paneelen gebautes Gästehaus, das von der Familie Link mit Charme betrieben wird. Von den Tischen auf seiner großen Terrasse, wo man die Mahlzeiten oder die Backwaren aus Georg Links Konditorei genießen kann, schaut man auf eine sanfte Hügellandschaft mit Seen, Wäldern und Weiden. In seiner Speisekarte nehmen je nach Saison neben diversen bayerischen Schmankerln und international angehauchten Gerichten auch Fische und Geflügel aus dem Seenland einen wichtigen Platz ein. In der Weinkarte dominieren neben deutschen Weinen die aus der Neuen Welt. Die Zimmer sind geräumig und einladend, ihre Dekoration zurückhaltend neutral und die Möbel sind aus Holz. Acht Gästezimmer haben einen Balkon, die ruhigsten sind Nr. 11, 12, 201 und 202, die nicht zur Straße hinausgehen; ihr Balkon blickt auf den See.

~

Umgebung: Schifffahrten auf dem Starnberger See mit Zwischenstopps; Tutzing (12 km) • **Lage:** im Ortskern von Iffeldorf; 5 Min. im Taxi vom Bahnhof; zur Autobahn A 95/E 533 nach München (Ausfahrt Iffeldorf) 2 km; kostenloser Parkplatz **Mahlzeiten:** Frühstück, Mittagessen, Abendessen, Imbiss am Nachmittag **Preise:** €€ • **Zimmer:** 24 Doppelzimmer, alle mit Dusche, Bad, Telefon, TV, Radiowecker, PC-Anschluss, Fön • **Anlage:** Rezeption, Aufenthaltsraum, Restaurant, Frühstückszimmer, 2 Veranstaltungsräume, Sauna, Terrasse, Garage • **Kreditkarten:** AE, DC, MC, V • **Kinder:** willkommen • **Behinderte:** keine speziellen Einrichtungen • **Tiere:** nicht erlaubt • **Geschlossen:** Restaurant Di • **Besitzer:** Georg Link

SÜDBAYERN

INZELL

Zur Post
~ Dorfhotel ~

83334 Inzell, Reichenhaller Str. 2
Tel (08665) 9850 **Fax** (08665) 985100
e-mail kontakt@post-inzell.de **website** www.post-inzell.de

Das Städtchen Inzell und das Hotel *Zur Post* beherbergen sommers wie winters sportbegeisterte Urlauber. Viele Hotelgäste kommen aber auch am Wochenende wegen der Saunen, dem Solarium, den Massage- und Behandlungszimmern, dem Dampfbad und dem Hallenbad sowie der großen Terrasse im ersten Stock.

Die 500 Jahre alte ehemalige Poststation beherbergt heute ein modernes Hotel mit einer eleganten Rezeption, Restaurants in eher traditioneller Bauweise oder internationaler Dekoration, und schön konzipierten Gästezimmern. Die Hälfte davon verfügt über einen Balkon, einige davon gehen auf die frühere Klosterkirche St. Martin auf der anderen Straßenseite hinaus. Von fast allen Zimmern sieht man die Berge. Wer Halbpension bucht, kann in den Restaurants für einen Spottpreis speisen. Die Bandbreite ihrer Speisen reicht von Gourmetküche über mediterrane bis zu bayerischen Spezialitäten (mit leichtem österreichischen Einfluss durch den Chefkoch). Das einzige Manko des Hotels ist, dass es ständig erweitert wird. Noch hat es seinen Charme nicht verloren, aber wer weiß, wie lange man es noch als kleines Hotel bezeichnen darf.

~

Umgebung: Spaziergänge an den Seen der bayerischen Voralpen • **Lage:** im Ortszentrum bei der Kirche; Shuttle-Service (30 Min.) zum Bahnhof Traunstein; zur Autobahn A 8/E 52 München–Salzburg (Ausfahrt Traunstein) 12 km; kostenloser Parkplatz • **Mahlzeiten:** Frühstück, Mittagessen, Abendessen, Imbiss am Nachmittag • **Preise:** €€ • **Zimmer:** 61; 52 Doppelzimmer, 26 mit Dusche, 26 mit Bad; 9 Einzelzimmer mit Dusche; alle Zimmer mit Telefon, TV, Radiowecker, Fön, Safe, PC-Anschluss in den Suiten • **Anlage:** Rezeption, Aufenthaltsraum, Bar, 3 Restaurants, Veranstaltungsraum, Hallenbad, Jacuzzi, 2 Saunas, 2 Dampfbäder, Solarium, Behandlungszimmer, Kinderspielplatz, Terrasse, Garage • **Kreditkarten:** MC, V **Kinder:** willkommen • **Behinderte:** Fahrstuhl, telefonische Anfrage ratsam • **Tiere:** erlaubt, geringe Extragebühr • **Geschlossen:** nie • **Geschäftsführer:** Jens Thielmann

SÜDBAYERN

KAUFBEUREN

Goldener Hirsch
∼ Stadthotel ∼

87600 Kaufbeuren, Kaiser-Max-Str. 39–41
Tel (08341) 43030 **Fax** (08341) 430375 **e-mail** info@goldener-hirsch-kaufbeuren.de **website** www.goldener-hirsch-kaufbeuren.de

Markenzeichen dieses Hotels ist der große goldene Hirschkopf mit Geweih, der die schöne Fassade des 400 Jahre alten Gebäudes schmückt. Der *Goldene Hirsch* erstreckt sich über zwei benachbarte Häuser in der hübschen Altstadt von Kaufbeuren. Er liegt an einer der wichtigsten Straßen, die allerdings für schweren Verkehr gesperrt ist und wo Parkverbot herrscht (der Parkplatz des Hotels befindet sich zwei Kreuzungen weiter).

Der *Goldene Hirsch* ist das führende Hotel von Kaufbeuren, er wurde mit viel Sorgfalt renoviert und modernisiert. Im großen Restaurant werden schwäbische und internationale Gerichte sowie vegetarische Speisen serviert. Man kann auch an den Tischen eines luftigen Gartenraums mit Säulen und Topfpflanzen essen, der ein fast subtropisches Flair ausstrahlt; hier findet auch an jedem zweiten Sonntag des Monats ein ausgiebiges Brunch statt. Seine Fensterfront geht auf einen Biergarten in einem gefliesten Innenhof hinaus, der ebenfalls mit Topfpflanzen geschmückt ist. Auch die eleganten Gästezimmer des kultivierten, modernen Hotels sind professionell eingerichtet worden. Einige von ihnen blicken auf die alten Gassen und Kirchen von Kaufbeuren.

∼

Umgebung: Memmingen (12 km) • **Lage:** in der verkehrsberuhigten Altstadt, gut ausgeschildert; 10 Min. im Taxi vom Bahnhof; zur Autobahn A 96 nach München und A 18 nach Memmingen 12km; kostenloser Parkplatz in der Hotelgarage
Mahlzeiten: Frühstück, Mittagessen, Abendessen, Imbiss • **Preise:** €–€€
Zimmer: 42; 25 Doppelzimmer, 10 mit Dusche, 15 mit Bad, 13 Einzelzimmer mit Dusche; 4 Appartements mit Bad; alle Zimmer mit Telefon, TV, Haartrockner, einige mit PC-Anschluss, Radiowecker, Minibar • **Anlage:** Rezeption, Aufenthaltsraum, Bar, Restaurant, Gartenraum, Sauna, Fitnessraum, Veranstaltungsräume, Café mit Terrasse, Biergarten im Sommer • **Kreditkarten:** MC, V • **Kinder:** willkommen
Behinderte: 1 speziell eingerichtetes Zimmer mit Bad • **Tiere:** erlaubt (geringe Gebühr) • **Geschlossen:** nie • **Besitzer:** Martin Knie

SÜDBAYERN

LANDSHUT

Hotel Fürstenhof
∽ Stadthotel ∽

84034 Landshut, Stethaimer Str. 3
Tel (0871) 92550 **Fax** (0871) 925544 **e-mail** fuerstenhof@romantikhotels.com
website www.romantikhotels.com/landshut

Das kleine Hotel besitzt zwar keine besonders reizvolle Lage, aber dafür ist das Innere dieses verzierten Giebelhauses um so schöner. Hertha Sellmair, die ehemalige Besitzerin, hat die Gesellschaftsräume, von der Rezeption bis hin zu den Speiseräumen, mit viel Flair gestaltet. In jeder Ecke stehen Schnittblumen oder Gestecke aus Trockenblumen. Die Beleuchtung ist dezent; die Farben, zarte Blau- und Rosatöne, verraten die weibliche Handschrift.

Das spürt man auch in den Gästezimmern. Rosa getünchte Wände harmonieren mit rauchblauen Teppichen. 1991 wurde ein neues Stockwerk fertiggestellt, das drei nur Nichtrauchern vorbehaltene Suiten umfasst und ebenfalls geschmackvoll eingerichtet ist.

Es gibt insgesamt drei Speiseräume: das holzgetäfelte, rustikale Herzogstüberl, das elegante, vornehm ausgestattete Fürstenzimmer und den hellen, hübschen Pavillon mit Blick auf den Garten. Die saisonal ausgerichtete Küche wird von Ramon Krückel geleitet; und Simone Greul ist die charmante Besitzerin.

∽

Umgebung: Münster St. Martin, Burg Trausnitz • **Lage:** an der Hauptstraße der Altstadt; mit Garten und großem Parkplatz • **Mahlzeiten:** Frühstück, Mittag- und Abendessen • **Preise:** €€–€€€ • **Zimmer:** 24; 11 Doppelzimmer, 2 mit Bad, 9 mit Dusche; 10 Einzelzimmer mit Dusche; 3 Suiten mit Bad; alle Zimmer mit , TV, Telefon, Radio, Fön, Minibar • **Anlage:** Salon, 2 Speiseräume, Bistro im Wintergarten, Sauna, Solarium; Gartenterrasse • **Kreditkarten:** AE, DC, MC, V • **Kinder:** willkommen • **Behinderte:** nicht geeignet • **Tiere:** erlaubt (geringe Gebühr)
Geschlossen: Restaurant So • **Besitzerin:** Simone Greul

SÜDBAYERN

LINDAU

Lindauer Hof
~ Hotel am See ~

88131 Lindau am Bodensee, Seepromenade
Tel (08382) 4064 **Fax** (08382) 24203
e-mail info@lindauerhof.de **website** www.lindauerhof.de

Dieses friedvolle Hotel in Lindau hat bereits viele Stammgäste. Familie Wimpissinger wirbt dafür mit dem Slogan »Ein neues Hotel in altem Gemäuer«; tatsächlich stammt das Gebäude aus dem Mittelalter und wurde sorgfältig renoviert. Seine Innenausstattung ist modern und geschmackvoll. Mehrere Gästezimmer blicken auf den See; vom privaten Aufenthaltsraum des luxuriös ausgestatteten »Santis« hat man ein besonders großartiges Panorama. Auch die vier Zimmer unter der Dachschräge – sie verfügen jeweils über einen Schlafbereich im oberen Stock und einen Wohnbereich im unteren – haben eine eigene Terrasse mit Blick auf den Hafen, ebenso das Restaurant im ersten Stock, wo man herrlich zubereiteten Fisch und andere Spezialitäten essen kann.

Die Klientel des *Lindauer Hofs* setzt sich eher aus Familien mit größeren Kindern zusammen, die sich im Wasser austoben können, und Senioren, die ab Ende August eintreffen, um die persönliche Atmosphäre, die Ruhe und die Aussicht auf die Alpen zu genießen.

Umgebung: Segeln, Windsurfen, Rad fahren, Wanderungen in den Bergen; Schifffahrten auf dem Bodensee • **Lage:** an der Seepromenade, nahe dem alten Leuchtturm und dem Rathaus, in einer Fußgängerzone; 10 Min. im Taxi vom Bahnhof; auf der B 31 oder A 96 bis Lindau-Insel, über die Brücke auf die Insel; Garagenparkplatz (geringe Gebühr) • **Mahlzeiten:** Frühstück, Mittagessen, Abendessen, Imbiss • **Preise:** €€–€€€€ • **Zimmer:** 30 Doppelzimmer, 13 mit Dusche, 17 mit Bad; alle Zimmer mit Telefon, PC-Anschluss, TV, Radiowecker, Haartrockner, Safe, Minibar in den größeren Zimmern • **Anlage:** Rezeption, Pizzeria/Bistro im Erdgeschoss, im Sommer geöffnet, Restaurant mit Terrasse im ersten Stock, ganzjährig geöffnet; Aufenthaltsraum mit Bar, Gartenzimmer, Garage **Kreditkarten:** AE, MC, V • **Kinder:** willkommen • **Behinderte:** Fahrstuhl • **Tiere:** erlaubt (geringe Gebühr) • **Geschlossen:** 24. Dez. • **Besitzer:** Gert und Karin Wimpissinger

Süddeutschland

Südbayern

Maierhöfen bei Isny

Gasthof zur Grenze
~ Chaletartiges Hotel ~

88167 Maierhöfen bei Isny, Schanz 2
Tel (075627) 975510 **Fax** (075627) 9755129
e-mail info@hotel-zur-grenze.de **website** www.hotel-zur-grenze.de

Dieses Urlauberhotel im Allgäu füllt sich meist ab Mitte November, wenn der erste Schnee gefallen ist, mit Skienthusiasten. Dann werden die Pisten von Maierhöfen, nahe der Grenze zur Schweiz, geöffnet, die Anfängerkurse beginnen und auf den Talböden werden Loipen gespurt; im benachbarten Isny kann man Schlittschuh laufen. Nach einem Tag im Schnee kehrt man gerne in das heimelige, langgestreckte Gebäude mit seiner Innenausstattung aus Holz und seiner freundlichen, familiären Atmosphäre zurück. Die Geweihe im Restaurant scheinen hier am richtigen Platz, genauso wie der Kachelofen, an dem man sich aufwärmt, bevor man sich die Kässpatzen oder Maultaschen schmecken lässt; dazu passen Weine aus der Bodenseeregion. Im Frühling überziehen sich die Felder von Maierhöfen mit frischem Grün und Sonnenlicht fällt wieder in die rustikalen Gästezimmer. Die unter dem Dach sind die geräumigsten, während einige im ersten Stock eigene Balkone besitzen, von denen man im Westen auf bewaldete Hügel und im Osten auf die Ausläufer der Alpen blickt. Bei genügend Sonne werden Tische auf die Terrasse hinausgestellt, doch auch im Sommer faulenzen nur die wenigsten Gäste. Das hügelige Gelände eignet sich zum Wandern und Rad fahren und der nahe gelegene See lockt zu einem Bad.

Umgebung: Bergpanorama vom »Paradies« bei Bad Oberstaufen (30 km) • **Lage:** auf einem Hügel außerhalb von Maierhöfen; 20 Min. im Bus vom Bahnhof Kempten bis Isny, dann noch 5 Min. im Taxi; zur Autobahn A 96/E 54 (Ausfahrt Leutkirch-Süd/Isny) 30 Min.; kostenloser Parkplatz • **Mahlzeiten:** Frühstück, Mittagessen, Abendessen, Imbiss 14–16 Uhr • **Preise:** € • **Zimmer:** 14; 9 Doppel-, 5 Einzelzimmer mit Bad; alle Zimmer mit Telefon, PC-Anschluss, TV, Radiowecker, Haartrockner • **Anlage:** Rezeption, Aufenthaltsraum, Restaurant mit Bar, Sauna, Terrasse, Garten mit Sandkasten, Garage • **Kreditkarten:** MC, V • **Kinder:** willkommen • **Behinderte:** nicht geeignet • **Tiere:** erlaubt (geringe Gebühr) **Geschlossen:** Restaurant 2 Wochen im Nov. • **Besitzer:** Familie Römer

SÜDBAYERN

MÜNCHEN

Acanthus
~ Bed & Breakfast in der Stadt ~

80331 München, An der Hauptfeuerwache 14
Tel (089) 231880 **Fax** (089) 2607364
e-mail acanthus@t-online.de **website** www.acanthushotel.de

Die verbindliche Art von Carola Günther, die Golden Retrievers züchtet und im Jagen und Fischen geübt ist, stellt sicher, dass das *Acanthus* ein angenehmes kleines Hotel ist, das sich durch seine Art von anderen abhebt. Es liegt in einer recht ruhigen Nebenstraße in der Nähe des Sendlinger Tors (eines der alten Stadttore), und die Günthers bieten in ihrem Hotel jede Menge Extras an: Der Empfang könnte herzlicher nicht sein, das Frühstücksbüfett ist ein wahres Fest, und eine kleine Tiefgarage gibt es auch. Die Gemeinschaftsräume bestehen aus einer Bar, einem Frühstücksraum und einem Empfangsbereich mit hohem Wohlfühlfaktor. In jedem Zimmer, auch in der Bar, stehen Bücher in mehreren Sprachen.

Die 36 Zimmer sind auf sechs Stockwerke verteilt, und ganz oben befindet sich noch eine Juniorsuite, die attraktiv im »englischen« Stil eingerichtet ist. Möglicherweise ist die Einrichtung in den teureren Zimmern etwas übertrieben: Dort herrschen Blumenmustertapeten und traditionelle Stoffe vor. Im »Rustika«-Stockwerk sind die Zimmer einfacher und in sanfteren Farben gehalten. Jedes Zimmer hat einen Sessel und einen Tisch und ist mit wertvollen Antiquitäten ausgestattet. Das kleinste Zimmer ist lediglich 17 Quadratmeter groß, aber trotzdem akzeptabel.

~

Umgebung: Marienplatz (10 Min. zu Fuß); Viktualienmarkt; Dom und andere Sehenswürdigkeiten • **Lage:** den Altstadtring am Sendlinger-Tor-Platz verlassen, in einer Nebenstraße auf der Zentrumsseite des Platzes; Tiefgarage (rechtzeitig buchen) • **Mahlzeiten:** Frühstück • **Preise:** €€-€€€€ • **Zimmer:** 36; 29 Doppel-, 7 Einzelzimmer; alle Zimmer mit Bad, Dusche, Telefon, TV, ISDN • **Anlage:** Frühstücksraum, Bar • **Kreditkarten:** AE, MC, V • **Kinder:** willkommen • **Behinderte:** Aufzug • **Tiere:** willkommen • **Geschlossen:** nie • **Besitzer:** Carola Günther

SÜDBAYERN

MÜNCHEN

Asam
~ Stadthotel ~

80331 München, Josephspitalstr. 3
Tel (089) 2309700 **Fax** (089) 23097097
e-mail info@hotel-asam.de **website** www.hotel-asam.de

Das *Asam* stellt einen weiteren Neuzugang in diesem Führer dar. Von außen ist das Gebäude nichts besonderes; doch der gesamte Eingangs- und Empfangsbereich wird durch riesige Kerzen stimmungsvoll erleuchtet. Im Asam begrüßt man alle Gäste beim Namen; die Kundschaft besteht aus einer angenehmen Mischung aus Geschäftsleuten, Models und Schauspielern, Touristen und Familien – Kinder unter zwölf Jahren können kostenlos im Zimmer ihrer Eltern übernachten. Die Gemeinschaftsräume setzen sich aus einem kleinen Aufenthaltsbereich, einer Bar und einem Frühstücksraum zusammen. Letzterer lässt das strahlende Sonnenlicht herein und verströmt mit seinem gefliesten Boden und den bemalten Holzstühlen eine angenehme, informelle Atmosphäre.

Die Zimmer, die sich alle ein wenig voneinander unterscheiden, sind hell und in mediterranem Stil gehalten; die meisten sind recht geräumig und mit glänzenden Marmorbädern ausgestattet. Das *Asam* liegt beneidenswert zentral, in der Nähe interessanter Restaurants und nur zwei Minuten zu Fuß vom Marienplatz entfernt. Es befindet sich in einer Einbahnstraße, in der die Nachtruhe weder durch Straßenlärm noch durch Diskotheken gestört wird.

Umgebung: Sehenswürdigkeiten im Zentrum der Stadt • **Lage:** 3 Min. zu Fuß vom Sendlinger Tor, hinter dem Tor links in die Kreuzstraße biegen, 2. Straße links in die Josephspitalstraße; Tiefgarage • **Mahlzeiten:** Frühstück • **Preise:** €€-€€€€ **Zimmer:** 25; 11 Doppel-, 5 Einzelzimmer, 9 Suiten; alle Zimmer mit Bad, Dusche, Telefon, TV; kleine Doppelzimmer nur mit Dusche • **Anlage:** Frühstücksraum, Aufenthaltsbereich, kleiner Fitnesstaum, Garten • **Kreditkarten:** AE, DC, V • **Kinder:** willkommen • **Behinderte:** 1 Doppelzimmer mit entsprechenden Einrichtungen **Tiere:** kleinere Tiere erlaubt • **Geschlossen:** nie • **Besitzerinnen:** Dorothy und Sophie Sauper

SÜDBAYERN

München

Cortiina Hotel
~ Stadthotel ~

80331 München, Ledererstr. 8
Tel (089) 2422490 **Fax** (089) 242249100
e-mail info@cortiina.com **website** www.cortiina.de

Dieses typische Stadthotel ist 2001 im Herzen der historischen Altstadt von München eröffnet worden. Dem Besitzer und Geschäftsführer Rudi Kull gehören auch einige Restaurants in der Innenstadt. Die Gemeinschaftsräume und Zimmer verströmen alle geschmackvolle, moderne Eleganz: Ledersofas in der Bar, Holz vom Fußboden bis zur Decke in den Zimmern und natürliches Gestein im Badezimmer. Einige Gäste mögen sich vom Minimalismus der Inneneinrichtung eingeschüchtert fühlen, doch das Personal ist stets bemüht, der Atmosphäre eine persönliche Note zu verleihen. Der Empfang ist ausgesprochen herzlich; überall im Hotel stehen frische Blumen. Zwischen September und April werden im Empfangsbereich am offenen Kamin typisch englische Gurkensandwiches und Gebäck zum Tee serviert – was in diesem Rahmen kurios wirkt. Abends verwandelt sich der Aufenthaltsbereich in eine trendige Stadtbar, in der man Cocktails trinkt und sich in den Ledersofas lümmelt. Dort gibt es auch eine ausgezeichnete internationale Küche – von der man jedoch kaum satt wird. Das *Cortiina* ist neu und gibt sich viel Mühe; vor allem der Service und die Liebe zum Detail haben uns überzeugt.

Umgebung: Oper; Deutsches Museum; Viktualienmarkt; Einkaufsmöglichkeiten; Museen • **Lage:** zwischen Viktualienmarkt, Marienplatz und Maximilianstraße; Tiefgarage (gebührenpflichtig) • **Mahlzeiten:** Frühstück, Nachmittagstee, Snacks **Preise:** €€€-€€€€ • **Zimmer:** 33; 12 Einzelzimmer mit Dusche, 18 Doppelzimmer mit Bad, 3 Studios mit Bad; alle Zimmer mit Minibar, Safe, Telefon, Modemanschluss • **Anlage:** Aufenthaltsbereich, Bar, Wäschereiservice • **Kreditkarten:** AE, MC, V • **Kinder:** erlaubt • **Behinderte:** Aufzug • **Tiere:** nicht erlaubt
Geschlossen: nie • **Besitzer:** Rudi Kull und Albert Weinzierl

SÜDBAYERN

MÜNCHEN

Gästehaus Englischer Garten
~ Gästehaus in der Stadt ~

80802 München, Liebergesellstr. 8
Tel (089) 3839410 **Fax** (089) 38394133
e-mail info@hotelenglishgarden.de **website** www.hotelenglishgarden.de

Uns gefällt die Art, wie dieses Hotel sich seine Nische in der Münchener Hotelszene gesucht hat. Während die trendigen Newcomer wie z. B. das Asam und das Ritzi (siehe Seite 299 und 305) für ihre Designerzimmer so viel wie möglich verlangen, bleibt dieses Gästehaus bescheiden, da es um seine Stärken – und seine Schwächen – weiß. Zu seinen Stärken gehört natürlich die ruhige Lage, sein Ambiente – die ehemalige, efeuüberwucherte Mühle liegt am Rand des Englischen Gartens – und sein unschlagbares Preis-Leistungs-Verhältnis. Zu seinen Schwächen zählen die recht kleinen Zimmer, die sich z. T. die Dusche teilen und sehr einfach und beinahe altmodisch eingerichtet sind.

Das friedliche Hotel hat Charme und ist tadellos gepflegt. Der Frühstücksraum – mit Aussicht – stellt einen wunderbaren Start in den Tag dar; bei schönem Wetter kann man sogar im Garten essen. In einem Nebengebäude über die Straße sind einige Apartments mit eigener Miniküche untergebracht. In Altschwabing ganz in der Nähe gibt es zahlreiche Restaurants und Kneipen, und zwei beliebte Biergärten im Englischen Garten – am Seehaus und am Chinesischen Turm – liegen nur fünf Minuten zu Fuß entfernt. Im Hotel kann man Fahrräder mieten, mit denen man den Englischen Garten erkunden kann.

~

Umgebung: Sehenswürdigkeiten im Zentrum der Stadt (15 Min.) • **Lage:** in einer ruhigen Nebenstraße in Altschwabing; 3 gebührenfreie Parkplätze vor dem Hotel, gebührenpflichtige Tiefgarage • **Mahlzeiten:** Frühstück • **Preise:** €-€€ • **Zimmer:** 25; 13 Doppelbettenapartments (auch als Einzelzimmer buchbar) mit Bad, 12 Doppelzimmer, 6 mit Bad, 6 mit gemeinsamer Dusche • **Anlage:** Frühstücksraum, Aufenthaltsraum, Garten, Fahrräder • **Kreditkarten:** AE, MC, V • **Kinder:** willkommen
Behinderte: 1 Doppelzimmer im Erdgeschoss geeignet • **Tiere:** erlaubt
Geschlossen: nie • **Besitzerin:** Roselinde Zankl

SÜDBAYERN

MÜNCHEN

Inselmühle
~ Umgebaute Wassermühle ~

80999 München-Untermenzing, Von-Kahr-Straße 87
Tel (089) 81010 **Fax** (089) 812 0571
e-mail insel-muehle@t-online.de **website** www.weber-gastronomie.de

Dieses schöne Hotel am nordwestlichen Stadtrand von München ist eine liebevoll umgebaute mittelalterliche Wassermühle. Sein großer Garten führt hinab zur Würm, an deren Ufer man spazieren gehen und den Blick über grüne Wälder genießen kann. Im Innern ist es rustikal-gemütlich eingerichtet, es bietet dicke Holzdecken, Antiquitäten und Wandgemälde. Jedes der stilvollen Gästezimmer hat eine schöne Aussicht, einige sogar einen Balkon; die kleineren Zimmer blicken auf den Fluss, die größeren jedoch gehen auf den Garten und weg von der Straße, die an der Vorderfront des Hotels entlangführt; sie sind am ruhigsten und daher auch am begehrtesten. Uns gefielen die Mansardenzimmer am besten. Das Restaurant im Erdgeschoss hat eine Terrasse, die in den Garten führt und einen guten Ruf. Im Sommer gibt es einen Biergarten. Die *Inselmühle* befindet sich am Rande des Industriegebiets von Untermenzing und ist unter der Woche voller Geschäftsreisender; für Urlauber gibt es spezielle Wochenendtarife. Die Mitglieder der Familie Weber sind stolz darauf, die meisten von ihnen mit Namen zu kennen. Hochsaison hat das Hotel während des Münchner Oktoberfests; Zimmer für diese Zeit müssen ein Jahr im Voraus reserviert werden.

~

Umgebung: Sehenswürdigkeiten in München, Konzentrationslager Dachau (10 km)
Lage: in Untermenzing am nordwestlichen Stadtrand von München; 20 Min. im Taxi vom Bahnhof; der Weg ist ab dem Ende der A 8 von Stuttgart ausgeschildert; kostenloser Parkplatz • **Mahlzeiten:** Frühstück, Mittagessen, Abendessen, Imbiss nur morgens • **Preise:** €€-€€€€ • **Zimmer:** 38; 33 Doppelzimmer mit Bad; 5 Einzelzimmer, 3 mit Dusche, 2 mit Bad; alle Zimmer mit Telefon, TV, Fön
Anlage: Rezeption, Restaurant, Bar, Veranstaltungsräume, Garten, Biergarten, Kinderspielplatz, Fluss, Garage • **Kreditkarten:** DC, MC, V • **Kinder:** willkommen
Behinderte: keine speziellen Einrichtungen • **Tiere:** erlaubt (geringe Gebühr)
Geschlossen: nie • **Besitzer:** Carola und Michael Weber

Süddeutschland

SÜDBAYERN

München

Hotel Opéra
~ Stadthotel ~

80538 München, St. Anna-Str. 10
Tel (089) 2104940 **Fax** (089) 21049477
e-mail reception@hotel-opera.de **website** www.hotel-opera.de

Als Ernestine Lutz dieses einst elegante Anwesen 1976 gekauft hat, befand es sich in einem desolaten Zustand. Es ist im späten 19. Jh. erbaut, im Krieg beschädigt und in der ersten Hälfte des 20. Jh. sehr vernachlässigt worden. Doch seit seiner Restaurierung erstrahlt das Hotel in neuem Glanz. Jedes Zimmer ist individuell in sorgfältig durchdachten Farben, mit Marmorfußböden und wunderschönen Antiquitäten eingerichtet. Die Zimmer sind geräumig, und einige verfügen über kleine Balkons, die auf den Garten im Innenhof hinausgehen. Hier kann man eine entspannte Mahlzeit unter Arkaden im Neorenaissancestil genießen, umgeben von Orangen- und Zitronenbäumen. Zum Hotel gehört auch das Restaurant »Gandl«, das Delikatessen sowie klassische italienische, französische und deutsche Küche serviert. Das Hotel wirkt sicherlich sehr elegant, und manche Gäste mögen es mit seinen riesigen Blumenarrangements und den bodenlangen seidenen Tischtüchern für etwas übertrieben halten. Dennoch ist das Opéra auch sehr einladend. Es wurde uns von unseren Partnern aufgrund seines Service empfohlen: Durch das aufmerksame Personal und die komfortable Umgebung fühlen sich die Gäste hier richtig wohl.

~

Umgebung: Oper; Residenz; Maximilianstraße • **Lage:** im Stadtzentrum, in der Nähe der Maximilianstraße; Parkplatz • **Mahlzeiten:** Frühstück, Mittagessen, Abendessen • **Preise:** €€€-€€€€€ • **Zimmer:** 27; 25 Doppelzimmer, 2 Suiten; alle Zimmer mit Bad, Dusche, TV, Telefon • **Anlage:** Aufenthaltsbereich, Bar, Restaurant, Konferenzraum, Jacuzzi, Wintergarten, Innenhofgarten • **Kreditkarten:** AE, MC, V • **Kinder:** willkommen • **Behinderte:** Aufzug • **Tiere:** willkommen
Geschlossen: nie • **Besitzerin:** Ernestine Lutz

SÜDBAYERN

MÜNCHEN

Palace
~ Stadthotel ~

81675 München, Trogerstr. 21
Tel (089) 419710 **Fax** (089) 41971819 **e-mail** info@hotel-palace-muenchen.de
website www.hotel-palace-muenchen.de

Ein Vielreisender unter unseren Gewährsleuten berichtete kürzlich, wie sehr er dieses klassische Hotel in München schätze. Mit 66 Zimmern und sechs Suiten ist es nicht gerade klein, aber dafür ist es ja auch ein Stadthotel. Sein Anspruch ist es, eine private und ruhige Atmosphäre zu schaffen; was dem Haus an Originalität fehlt, macht es durch seine Lage im vornehmen Stadtteil Bogenhausen, einen für ein Stadthotel außergewöhnlichen Garten und eine herrliche Dachterrasse wett. Der Service ist tadellos und für ein Hotel nahe der Stadtmitte auch extrem freundlich.

Die Gemeinschaftsräume sind in einem eleganten, internationalen Hotelstil gehalten, doch man findet immer wieder ansprechende Details, die das Haus weniger uniform erscheinen lassen. Das Gleiche gilt für die Gästezimmer in einem opulenten, aber vorhersehbaren »klassischen französischen Stil«; die meisten gehen auf den Garten, die Badezimmer sind ganz mit Marmor verkleidet. Wenn Sie eine Suite wählen, werden Sie sich in einem kleinen Appartement auf zwei Etagen wiederfinden, die durch eine elegante Wendeltreppe verbunden sind; sie haben sogar einen ISDN-Anschluss. Das Restaurant ist auf der Höhe der Zeit und konzentriert sich auf frische, erstklassige Zutaten, die zu leichten mediterranen Gerichten zubereitet werden.

~

Umgebung: Maximilianeum, Prinzregententheater, Haus der Kunst, Friedensengel, Villa Stuck, Delikatessengeschäft Käfer • **Lage:** in einer Wohngegend nahe der Prinzregentenstraße; eigener Parkplatz (Extragebühr)• **Mahlzeiten:** Frühstück, Mittagessen, Abendessen • **Preise:** €€€–€€€€ • **Zimmer:** 74; 67 Einzel- und Doppelzimmer, 7 Suiten, alle mit Bad, Dusche, Telefon, TV, Pay-TV, Minibar, PC-Anschluss, Fax • **Anlage:** Speisesaal, Bar, Lobby/Aufenthaltsraum, Garten, Dachterrasse, Fitnesscenter, Sauna • **Kreditkarten:** AE, DC, MC, V • **Kinder:** willkommen • **Behinderte:** keine speziellen Einrichtungen • **Tiere:** erlaubt (geringe Gebühr) • **Geschlossen:** nie • **Geschäftsführer:** Uli Schirmer

Südbayern

München

Ritzi
~ Stadthotel ~

81675 München, Maria-Theresia-Str. 2a
Tel (089) 4195030 **Fax** (089) 41950350
e-mail office@hotel-ritzi.de **website** www.hotel-ritzi.de

Im Großen und Ganzen könnte man die Philosophie dieses Hotels mit den folgenden Worten umschreiben: Für das Ritzi stehen Menschen, Kreativität und Lebenslust an erster Stelle. Das *Ritzi* liegt recht ruhig in Haidhausen, am Rande eines kleinen Parks, der sich bis zur Isar erstreckt, und nur 15 Minuten zu Fuß vom Stadtzentrum entfernt.

Eingangs- und Empfangsbereich bestehen aus einem hübschen blau-gelben Korridor. Ganz in der Nähe befinden sich Bar und Restaurant, die auch Nicht-Hotelgästen offen stehen. Deshalb geht es hier besonders am Sonntagvormittag, wenn Brunch serviert wird, recht lebhaft zu. In der Jugendstil-Bar werden ausgezeichnete Zigarren verkauft. Das moderne Restaurant hat sich auf »italienisch-asiatische« Küche spezialisiert. Diese Stilmischung ist auch vorherrschendes Prinzip in den Zimmern. Das »Afrika« ist mit grünen Wänden, einem mit weißen Vorhängen geschmückten Himmelbett und Fotos aus Afrika ausgestattet; das »Bali« mit roh vergipsten Wänden, einem Wandbehang, Laternen im orientalischen Stil und Teakholzmöbeln. Das elegante Hotel gehört einem Unternehmen und wird von einem jungen, begeisterten Team geführt; es eignet sich also mehr für Geschäftsleute als für Familien.

Umgebung: Villa Stuck; Maximilianeum; Sehenswürdigkeiten im Zentrum der Stadt • **Lage:** in einer breiten, recht ruhigen Straße; Parkplatz • **Mahlzeiten:** Frühstück, Mittagessen, Abendessen; sonntags Brunch • **Preise:** €€€-€€€€ **Zimmer:** 25; 21 Doppel-, 3 Einzelzimmer, 1 Suite, einige mit Bad, einige mit Dusche; alle Zimmer mit Telefon, TV; auf Wunsch mit Internetzugang • **Anlage:** Restaurant, Bar • **Kreditkarten:** AE, DC, MC, V • **Kinder:** willkommen **Behinderte:** nicht geeignet • **Tiere:** willkommen • **Geschlossen:** Restaurant an Heiligabend • **Geschäftsführerin:** Diana Bartl

SÜDBAYERN

MÜNCHEN

Schrenkhof
~ Chalet-Hotel ~

82008 Unterhaching bei München, Leonhardsweg 6
Tel (089) 6100910 **Fax** (089) 61009150
e-mail hotel-schrenkhof@t-online.de **website** www.hotel-schrenkhof.de

Von außen wirkt der Schrenkhof wie ein modernes Alpenchalet, aber das Innere dieses hübschen Hotels südlich von München ist erstaunlich. Obwohl das Haus erst 1988 erbaut wurde, griff man in hohem Maße auf alte Baumaterialien und Stilmittel zurück, um eine antike Atmosphäre zu schaffen. Für die prächtigen Malereien und Intarsien wurden keine Kosten gescheut.

Das Hotel selbst ist zwar alpenländisch gehalten, aber die Gästezimmer sind dennoch keineswegs rustikal ausgestattet. Zwar werden überall die gleichen schönen Dekostoffe und breit gestreiften Teppiche verwendet, doch jedes Zimmer ist in einem besonderen historischen Stil ausgeschmückt: In einigen gibt es minutiös ausgeführte Malereien, in anderen Holzschnitzereien, was jedem Zimmer seinen ganz eigenen Reiz verleiht. Selbst die Beleuchtung ist diskret und kombiniert antike mit exquisiten modernen Lampen. Der Frühstücksraum passt zu den Gästezimmern; sein Mittelpunkt ist ein Kachelofen im Renaissancestil. Das gleichnamige Restaurant, das gleich nebenan liegt, ist ebenfalls stilvoll und einladend und besitzt eine schöne Terrasse an einem Teich.

~

Umgebung: Sehenswürdigkeiten von München • **Lage:** in einer Gemeinde im Landkreis München, 10 km s von der Innenstadt, zu erreichen über die Tegernseer Landstraße und die B 13; mit 4 Tiefgaragen und großem Parkplatz • **Mahlzeiten:** Frühstück; Restaurant nebenan • **Preise:** €€–€€€ • **Zimmer:** 25; 20 Doppel-, 5 Einzelzimmer, alle mit Bad, Zentralheizung, Telefon, Fön, TV, Minibar, Radio **Anlage:** Frühstücksraum, Sauna, Solarium • **Kreditkarten:** AE, DC, MC, V • **Kinder:** erlaubt • **Behinderte:** geeignet • **Tiere:** erlaubt • **Geschlossen:** 20. Dez. bis 9. Jan. **Besitzerin:** Petra Durach

SÜDBAYERN

OBERAMMERGAU

Gasthof zur Rose
~ Chaletartiges Hotel ~

82487 Oberammergau, Dedlerstraße 9
Tel (08822) 4706 **Fax** (08822) 6753
e-mail gasthof-rose@t-online.de

Dieser altehrwürdige Gasthof ist nur einen Katzensprung von der Ortsmitte von Oberammergau entfernt, von den Zimmern des zweiten Stocks kann man jedoch die Gipfel der bayerischen Alpen sehen. Er ist vom Rathaus aus ausgeschildert und mit seinem spitz zulaufenden Satteldach und seinem hohen Giebel mit den vielen Fenstern leicht zu erkennen. Drei Generationen der Familie Stückl haben den Gasthof bislang betrieben. Roswitha und Peter (die zweite Generation, die immer noch mithilft) haben die Zimmer in rustikalem Stil mit hübschen Stoffen, antiken Möbeln und Gemälden eingerichtet. Ihre Tochter Renate hält die Tradition aufrecht; sie sorgt mit Arrangements von frischen oder getrockneten Blumen dafür, dass sich die vielen Familien, die hier absteigen, wie zu Hause fühlen. Renates Ehemann Ludwig befiehlt über die Küche. Sie genießt in der Umgebung einen guten Ruf für ihre bayerischen Spezialitäten, die in großen Portionen im hellen und freundlichen Restaurant serviert werden. Gäste von nah und fern treffen sich hier in den Sommerferien, zum Münchner Oktoberfest und zu Weihnachten, dann ist es ratsam zu reservieren; natürlich auch, wenn die berühmten Oberammergauer Passionsfestspiele (alle 10 Jahre, die nächsten 2010) stattfinden.

~

Umgebung: die Schlösser Linderhof (10 km), Hohenschwangau und Neuschwanstein (45 km) • **Lage:** 2 Min. zu Fuß nördlich des Marktplatzes, ab dem Rathaus ausgeschildert; 2 Min. im Taxi vom Bahnhof; zur Autobahn A9 6/E 533 10 km; kostenloser Parkplatz • **Mahlzeiten:** Frühstück, Mittagessen, Abendessen, Imbiss morgens und nachmittags • **Preise:** €-€€ • **Zimmer:** 21; 19 Doppel,- 2 Einzelzimmer; alle mit Dusche, Telefon, Farb-TV, Radiowecker • **Anlage:** Rezeption, Speisesaal, Restaurant • **Kreditkarten:** AE, DC, MC, V • **Kinder:** willkommen **Behinderte:** keine speziellen Einrichtungen • **Tiere:** erlaubt, dürfen nicht allein in den Gästezimmern bleiben • **Geschlossen:** Restaurant von Ende Okt. bis Mitte Dez.: Mo • **Besitzer:** Renate Stückl und Ludwig Frank

Südbayern

Oberstaufen

Hotel Löwen
~ Kurhotel ~

87534 Oberstaufen, Kirchplatz 8
Tel (08386) 4940 **Fax** (08386) 494222
e-mail info@loewenoberstaufen.de **website** www.loewen-oberstaufen.de

Dieses Hotel, das in einem der schönsten Gebäude des Kurorts untergebracht ist, wird noch nicht vollständig von den diversen Kureinrichtungen beherrscht. Natürlich fällt der blau-grüne Swimmingpool sofort ins Auge; die Fitnessräume sind geräumig und gut ausgestattet. Die Diätpläne sind ebenso spartanisch wie in anderen Kurhotels. Aber auch der normale Feriengast ist sofort vom stilvollen Ambiente gefangen; dies beginnt bei den Blumenmalereien an der Fassade und reicht bis zu der hellen, einladenden Hotelhalle.

Die drei Speiseräume sind in unterschiedlichen Stilen gehalten: einer ist modern und hellgrün, ein zweiter holzgetäfelt und rustikal, der dritte intim und reizvoll. Die Küche, die großes Lob von Michelin und Gault-Millau erntet, bietet Spezialitäten wie Lachs- und Barschröllchen oder Taubenbrust mit Trüffelfarce. Für Kurgäste gibt es köstliche Salate, aber die umfangreiche Weinkarte hilft die Pein etwas zu lindern. Die Gästezimmer sind geräumig und besitzen erstklassige Einbaubetten, moderne Möbel, kühne zeitgenössische Drucke und vornehme Bäder sowie Balkone mit wunderschönem Blick auf die Hügellandschaft.

~

Umgebung: Pfarrkirche, Heimatmuseum, Theater; Ski fahren • **Lage:** in einer Fußgängerzone mitten im Ort; mit Garten, Garagen und großem Parkplatz
Mahlzeiten: Frühstück, Mittag- und Abendessen, kleine Gerichte • **Preise:** €–€€
Zimmer: 33; 20 Doppel- (mit Einzelbetten), 10 Einzelzimmer mit Dusche; 3 Apartments mit Bad; alle Zimmer mit TV, Telefon, Radio, Fön, Minibar
Anlage: Salon, Café, 3 Speiseräume, Luxusrestaurant; Sauna, Swimmingpool, Fitnessraum, Kosmetikstudios, Naturheilkundepraxis • **Kreditkarten:** AE, DC, V
Kinder: willkommen • **Behinderte:** Zugang leicht, Aufzug • **Tiere:** nach Vereinbarung erlaubt • **Geschlossen:** Mitte Nov. bis Mitte Dez.; Restaurant Mi • **Besitzer:** Herr Purner

Südbayern

Oberstdorf

Haus Wiese
∽ Bed-and-Breakfast-Gästehaus ∽

87561 Oberstdorf, Stillachstr. 4a und 6
Tel (08322) 3030 **Fax** (08322) 3135
e-mail info@hauswiese.de **website** www.hauswiese.de

Von jedem Gästezimmer dieses kleinen Gästehauses genießt man eine fantastische Aussicht auf die Allgäuer Alpen, die den Talkessel von Oberstdorf umgeben. Im Winter blicken die Gäste vom Wintergarten auf schneebedeckte Gipfel. Das Gebäude wurde 1964 als Hotel erbaut, die Räume im unteren Teil haben warme, holzgetäfelte Wände und traditionelle Möbel, und in den Gästezimmern stehen große, handgeschnitzte Betten. Fast alle Zimmer besitzen einen Balkon und der Wintergarten geht in eine Terrasse über, wo die Besucher im Sommer die Aussicht auf grüne Hügel und blühende Wiesen genießen können.

Nach Oberstdorf pilgern Urlauber, die wandern, klettern, Rad oder Ski fahren wollen; außerdem steht hier die größte Skisprunganlage der Welt. Diesen Attraktionen stellt unser kleines Hotel garni noch ein Hallenbad von 4 x 8 Metern zur Seite. Darin findet sich als Wandgemälde eine Ansicht der Deichstraße in Hamburg, die der in Hamburg geborene frühere Schiffskoch Otto Wiese in Auftrag gegeben hat. Zu den vielen Pluspunkten dieses Hotels zählen die freundliche Fürsorge durch die Familie Wiese, die traumhafte Umgebung und die Ruhe (die Straße vor dem Hotel ist nach 17 Uhr für den Verkehr gesperrt); seit unserer letzten Ausgabe kamen noch drei Apartments für Familien in einem Anbau hinzu.

Umgebung: Ski fahren und Eis laufen, Klettern und Wandern • **Lage:** im Westteil von Oberstdorf, gleich westlich der Stillach; 5 Min. im Taxi vom Bahnhof; zur Autobahn A 7/E 532 30 km über die B 19; kostenloser Parkplatz • **Mahlzeiten:** Frühstück, Imbiss • **Preise:** €-€€ • **Zimmer:** 22; 5 Doppel-, 3 Einzelzimmer, 5 Apartments, 1 Ferienapartment; alle Zimmer mit Bad, Telefon, TV, Balkon oder Terrasse • **Anlage:** Frühstückszimmer, Sauna, Hallenbad, Wintergarten, Terrasse, Trockenraum, Tiefgarage • **Kreditkarten:** keine • **Kinder:** willkommen
Behinderte: Fahrstuhl • **Tiere:** erlaubt, geringe Extragebühr • **Geschlossen:** nie
Besitzer: Christa und Otto Wiese

Südbayern

Pfronten

Bavaria
~ Chaletartiges Hotel ~

87459 Pfronten, Kienbergstr. 62
Tel (08363) 9020 **Fax** (08363) 902222
e-mail info@bavaria-pfronten.de **website** www.bavaria-pfronten.de

Was dieses moderne, ruhige Hotel auszeichnet, ist seine herrliche Lage am Fuß eines bewaldeten Berges in einem friedvollen Tal. Viele Gäste kommen im Winter, wenn man rodeln oder auf dem zugefrorenen See Schlittschuh laufen und Eisstock schießen kann. Auch bei Frost kann man in einem auf 30 °C erhitzten Becken im Freien schwimmen. Im Winter lodern offene Feuer in mehreren Kaminen; im Sommer findet man kleine Sitzgruppen über den Garten verstreut.

Die Gästezimmer sind geräumig und luxuriös, die meisten besitzen einen Balkon mit Blick auf das Tal und die Alpen, teilweise sogar bis zur Zugspitze. Im mit viel Holz ausgekleideten Restaurant oder auf der Terrasse werden Gerichte serviert, die sich an der französischen Küche orientieren. Unser Tester fand den Service besonders freundlich. Das Hotel ist jedoch dabei zu expandieren, ein neues Gebäude ist in der Planung. Wir hoffen, dass dadurch die familiäre Atmosphäre nicht zerstört wird.

~

Umgebung: Füssen (12 km) mit den nahe gelegenen Königsschlössern • **Lage:** westlich der Stadtmitte, ausgeschildert; 8 Min. im Taxi vom Bahnhof Pfronten-Ried; zur Autobahn A 7 (Ausfahrt Pfronten) 15 km über die B 309; kostenloser Parkplatz • **Mahlzeiten:** Frühstück, Mittagessen, Abendessen, Imbiss • **Preise:** €€ **Zimmer:** 55; 34 Doppelzimmer, 9 mit Dusche, 25 mit Bad; 8 Einzelzimmer 5 mit Dusche, 3 mit Bad; 3 Suiten, 10 Apartments; alle Zimmer mit Telefon, TV, Radiowecker, Haartrockner, Safe, Minibar • **Anlage:** Rezeption, Aufenthaltsraum, Bar, Speisesaal, Restaurant, Veranstaltungsraum, Jacuzzi, Sauna, Solarium, Hallenbad, beheiztes Schwimmbecken im Freien, Massagezimmer, Kinderspielzimmer, Garten, Terrasse, Garage • **Kreditkarten:** MC, V • **Kinder:** willkommen • **Behinderte:** 2 Fahrstühle • **Tiere:** erlaubt (geringe Gebühr) • **Geschlossen:** nie • **Besitzer:** Herr Wohlfar

Süddeutschland

Südbayern

Probstried

Landhaus Henze
~ Ländliches Restaurant mit Gästezimmern ~

87463 Probstried, Wohlmutser Weg 2
Tel (08374) 58320 **Fax** (08374) 583222
e-mail pia@landhaus-henze.de **website** www.landhaus-henze.de

Der berühmte Chefkoch Christian Henze ist die treibende Kraft hinter diesem mit einem Michelinstern ausgezeichneten Restaurant mit Zimmern im Allgäu. »Komposition von Hummer und Räucheraal an Sauterne-Terrine« ist ein Beispiel für seine komplexe, an der Nouvelle Cuisine orientierte Küche. Man kann jedoch auch Einflüsse deutscher Tradition sehen, etwa beim Braten mit Spitzkohl, Feigen und Knödeln. Die Gerichte sind ihren Preis wert; interessante Weinempfehlungen bekommt man umsonst dazu.

Das Hotel befindet sich in einem modernen Gebäude neben einer Kirche. Das Restaurant und die Küche nimmt das ganze Erdgeschoss ein, im Sommer kann man auch in dem hübschen Garten essen. Das dreiräumige Restaurant ist in klassischem Stil mit Holzdecken und Wandvertäfelung ausgekleidet und mit vielen Blumen dekoriert. Abends tauchen die Lüster und Kerzen die Tische in ein warmes Licht. Die Gästezimmer sind rustikal gestaltet, aber sehr hell; Zimmer Nr. 6 ist geräumig und besitzt große Fenster und einen abgetrennten Sitzbereich. Außer zwei haben alle Zimmer Glastüren, die auf einen Balkon gehen; einige Zimmer blicken auf den kleinen Parkplatz, andere auf den Garten, von Zimmer Nr. 3 und 9 kann man die Berge sehen.

~

Umgebung: Volkskundliche Museen zum Allgäu und dem Alpenraum in Kempten (6 km) • **Lage:** an der A 7 (Ausfahrt Dietmannsried/Probstried); 10 Min. im Taxi vom Bahnhof; kostenloser und Garagenparkplatz • **Mahlzeiten:** Frühstück, Mittagessen nur So, Abendessen • **Preise:** €–€€€ • **Zimmer:** 10; 8 Doppelzimmer, 6 mit Dusche, 2 mit Bad; 1 Einzelzimmer mit Dusche; 1 Suite mit Bad; alle Zimmer mit Telefon, TV, Radiowecker, Haartrockner, Safe, Minibar • **Anlage:** Restaurant mit Rezeption, Bar, Terrasse, Garage • **Kreditkarten:** MC, V • **Kinder:** willkommen **Behinderte:** nicht geeignet • **Tiere:** erlaubt (geringe Gebühr) • **Geschlossen:** Jan. **Besitzer:** Familie Henze

SÜDBAYERN

SEEBRUCK

Malerwinkel
~ Hotel am See ~

83358 Seebruck, Lambach 23
Tel (08667) 88800 **Fax** (08667) 888044
e-mail malerwinkel@info-seebruck.de **website** www.hotelmalerwinkel.de

Die Lage des idyllisch am Chiemsee gelegenen Hotels macht seinem Namen alle Ehre. Große Glastüren führen vom Speisesaal zur Terrasse, wo der Blick auf See und Alpen einen Maler tagelang beschäftigen könnte.

Der Speisesaal ist zweigeteilt: Auf einer Seite isst man im Winter, gewärmt von einem großen grünen Kachelofen; die andere ist ein Sommerpavillon, dessen zentraler Holzpfeiler an die Spieren der Segelboote erinnert, die am Steg des Hotels liegen. Gelegentlich dringt Küchenlärm ins Restaurant, doch das Essen ist so reichhaltig und gut und der Empfang so freundlich, dass man gern darüber hinweghört. Das von seiner liebenswerten Chefin Anni Loh geführte Personal lässt sich auch durch späte Gäste nicht aus der Ruhe bringen und sorgt selbst nach dem offiziellen Küchenschluss gern für ein ausgezeichnetes Mahl.

Die geschmackvollen Gästezimmer sind mit antiken und sorgfältig ausgesuchten modernen Möbeln ausgestattet. In den nach hinten gehenden Zimmern leidet man eventuell unter Straßenlärm; ein Blick auf den See kostet etwas mehr.

Umgebung: Segeln; Herreninsel und Fraueninsel • **Lage:** am Nordwestufer des Chiemsees, 3 km sw von Seebruck; Garten; ausreichende Parkmöglichkeiten
Mahlzeiten: Frühstück, Mittagessen, Abendessen, Imbiss • **Preise:** €€–€€€
Zimmer: 20; 13 Doppel-, 1 Einzel-, 6 Familienzimmer, alle mit Dusche, Telefon, TV, Radio • **Anlage:** Speisesaal, Konferenzzimmer, Sauna; Terrasse am See, Bootssteg
Kreditkarten: MC • **Kinder:** sehr willkommen • **Behinderte:** nicht geeignet
Tiere: erlaubt (geringe Gebühr) • **Geschlossen:** nie • **Besitzerin:** Anni Loh

Südbayern

Seeg

Pension Heim
∽ Chaletartiges Gästehaus ∽

87637 Seeg, Auf'm Berg 8
Tel (08364) 258 **Fax** (08364) 1051
e-mail pensionheim@t-online.de **website** www.pensionheim.de

Dieses hübsche kleine Chalet besticht durch seine unschlagbar niedrigen Preise, z. B. für eine kleine Suite mit herrlichem Blick auf die umliegenden Wälder. Es ist ein Bed-&-Breakfast-Hotel, aber Kaffee, Tee, Allgäuer Bier und einen Imbiss bekommt der Gast in einer netten Stube mit Parkettboden, Holzdecke, traditionellen geschnitzten Möbeln und einem Buntglasfenster. Im Sommer stehen die Tische auf einer sonnigen Gartenterrasse. Die Gästezimmer sind einfach und sparsam möbliert, aber Schalen mit frischem Obst sorgen für eine gemütliche Atmosphäre. Zehn Zimmer besitzen einen Balkon, der im Sommer voller Blumen ist, und die meisten genießen eine herrliche Aussicht auf die fernen Berge.

Die *Pension Heim* besitzt einen großen Garten, wo Kinder spielen und Erwachsene faulenzen können; rund herum erstrecken sich Wiesen und Äcker. In der Nebensaison ist es hier sehr ruhig, während der Ferien wird die Pension dagegen von Familien fast überrannt. Für die Osterferien und August bis Oktober sollte man unbedingt reservieren. Seine Beliebtheit verdankt die Pension vor allem der Familie Willer-Heim, die das Haus auf eine sympathische und angenehme Art führt.

∽

Umgebung: Baden, Bootfahren und Segeln auf dem Forggensee und anderen Seen (4 km) • **Lage:** an der B 310; 20 Min. im Fahrzeug der Pension vom Bahnhof Füssen; zur Autobahn A 7/E 532 (Ausfahrt Füssen, Richtung Füssen) 10 km; kostenloser Parkplatz • **Mahlzeiten:** Frühstück, Imbiss • **Preise:** €–€€ • **Zimmer:** 16; 10 Doppelzimmer, 8 mit Dusche, 2 mit Bad; 4 Einzelzimmer, 3 mit Dusche, 1 mit Bad; 2 Suiten mit Dusche; alle Zimmer mit Telefon, TV, Radio, Haartrockner, Safe
Anlage: Rezeption, Aufenthaltsraum, Frühstückszimmer, Sauna, Café, Terrasse, Garten • **Kreditkarten:** keine • **Kinder:** willkommen • **Behinderte:** keine speziellen Einrichtungen • **Tiere:** erlaubt (geringe Gebühr) • **Geschlossen:** Nov. bis Mitte Dez. • **Besitzer:** Familie Willer-Heim

REGISTER DER HOTELS

In diesem Register sind die Hotels nach dem wichtigsten Bestandteil ihres Namens alphabetisch geordnet; in vielen Fällen werden sehr häufige Bezeichnungen wie »Hotel«, »Gasthof« u. Ä. und der Artikel weggelassen. Beginnt der Name eines Hotels mit »Schloss« oder »Schlosshotel«, ist das Haus in der Regel unter dem darauffolgenden Eigennamen zu finden. In den Übersichtsartikeln genannte Hotels werden hier nicht aufgeführt.

A

Abtei, Hamburg 38
Acanthus, München 298
Adler, Eichstätt 281
Adler, Glottertal 185
Adler, Häusern 189
Adler, Lahr-Reichenbach 199
Adler, Landgasthof, Rammingen 208
Adler, Landgasthof, Rosenberg 217
Adler Bärental, Feldberg-Bärental 179
Adler Post, Titisee-Neustadt 222
Alpenhof, Grainau 289
Altbriesnitz, Pension, Dresden 166
Alt Weimar, Weimar 158
Alte Försterei, Romantik Hotel, Kloster Zinna 147
Alte Post, Wangen im Allgäu 227
Alte Thorschenke, Cochem 91
Alte Vogtei, Romantikhotel, Hamm/Sieg 98
Alten Brauhaus, Zum, Dudeldorf 97
Alten Post, Bad Neuenahr-Heppingen 87
Alter Speicher, Wismar 141
Altes Brauhaus Burgkeller, Stolberg 81
Altes Fährhaus, Bad Tölz 278
Altes Pastorat, Landhaus, Insel Föhr 31
Altes Pfarrhaus Beaumarais, Saarlouis 108
Altkölnischer Hof, Bacharach 86
Ammann, Landhaus, Hannover 45
Asam, München 299

B

Bären, Zum, Balduinstein 88
Bären, Herrenhaus zum, Holzappel 99
Bären, Zum, Meersburg 205
Bärenfels, Gasthof, Bärenfels 162
Barock Hotel am Dom, Bamberg 241
Baumhaus Hagen, Insel Rügen 135

Register der Hotels

Baumhove, Werne 82
Baur, Landhaus, Fischbachtal-Lichtenberg 115
Bavaria, Pfronten 310
Benen-Diken-Hof, Insel Sylt 34
Berghof Lichtenhain, Lichtenhain 169
Bierhütte, Die, Hohenau 256
Birkenhof, Hanau 118
Bischofschloss, Markdorf 204
Blankenese, Strandhotel, Hamburg 40
Bongsiel, Gaststätte, Ockholm-Bongsiel 32
Borgmann, Lüdinghausen 74
Bornmühle, Groß Nemerow 128
Brauereigasthof Hotel Aying, Aying 276
Brenner, Koblenz 103
Bülow Residenz, Dresden 165
Burg-Hotel, Rothenburg ob der Tauber 266
Bürger-Palais, Ansbach 237
Burgschänke, Kaiserslautern-Hohenecken 102
Büttner, Hotel Restaurant, Schneeberg 170

C

Cecilienhof, Schlosshotel, Potsdam 150
Colmberg, Burg, Colmberg 245
Cortiina, München 300

D

Dammenmühle, Lahr-Sulz 200
Deidesheimer Hof, Deidesheim 95
Deutsches Haus, Dinkelsbühl 246
Diepenbrock, Schloss, Bocholt-Barlo 61
Doctor-Weinstuben, Bernkastel-Kues 89
Domicil, Bonn 62
Domschenke, Billerbeck 60
Dorer, Schönwald 219
Dornröschenschloss Sababurg, Hofgeismar 120

E

Eggersberg, Burghotel Schloss, Riedenburg 265
Eichenhof, Worpswede 53
Eisenkrug, Hotel, Dinkelsbühl 247
Elmer, Haus, Hamminkeln-Marienthal 70
Engel, Gasthof zum, Eschau-Hobbach 250
Englischer Garten, Gastehaus, München 301
Erbguths Villa am See, Hagnau am Bodensee 187
Eremitage, Bayreuth 243

REGISTER DER HOTELS

F

Feiler, Muggendorf 261
Fischerhaus, Düsseldorf 67
Fischerhaus, Uhldingen-Mühlhofen 225
Forsthaus, Bad Schandau 161
Forsthaus Paulsborn, Berlin/Grunewald 153
Frauenmark, Schloss, Frauenmark 129
Fraundorfer, Gasthof, Garmisch-Partenkirchen 286
Friedrichsruhe, Wald- & Schlosshotel, Friedrichsruhe 183
Fürst Bismarck Mühle, Aumühle 28
Fürsteneck, Schlos, Fürsteneck 253
Fürstenhof, Hotel, Landshut 296

G

Garmischer Hof, Garmisch-Partenkirchen 287
Georgenhof, Hannover 44
Goldenen Anker, Dinkelsbühl 248
Goldener Hirsch, Kaufbeuren 294
Gondel, Zur, Altenkunstadt 235
Götzenburg, Burghotel, Jagsthausen 196
Greifen-Post, Hotel, Feuchtwangen 251
Grenze, Gasthof zur, Maierhöfen bei Isny 297
Grüne Bettlad, Die, Bühl 177
Grüneklee, Borken/Rhedebrügge 64
Guten Einkehr, Landhotel Zur, Grubschütz bei Bautzen 168
Gutsschenke des Fürsten zu Münster, Holle-Astenbeck 47

H

Hanseatic, Hamburg 39
Hardenberg, Burghotel, Nörten-Hardenberg 49
Haselünne, Burghotel, Haselünne 46
Hecker's, Hotel, Berlin/Charlottenburg 152
Heidehof, Moraas 133
Heim, Pension, Seeg 312
Hirschen, Blaufelden 175
Hirschen, Oberwolfach 213
Hirschen, Weil am Rhein-Haltingen 230
Hirschgasse, Heidelberg 190
Historische Schlossmühle, Horbruch im Hunsrück 100
Hof zur Linde, Münster-Handorf 77
Höfingen, Schloss Leonberg-Höfingen 201
Hohenhaus, Herleshausen 119
Hornberg, Burg, Neckarzimmern 210
Hubertushöhe, Schloss, Storkow 151
Hugenpoet, Schloss, Essen-Kettwig 68

Register der Hotels

I

Immenbarg, Landhotel, Warnemünde 140
Ingeborg, Waren 139
Inselmühle, München 302

J

Jagdhaus Waldfrieden, Quickborn 33
Jagdhof Glashütte, Bad Laasphe-Glashütte 56
Johanniterkreuz, Überlingen-Andelshofen 225
Josthof, Salzhausen 50

K

Karner, Landgasthof, Frasdorf 284
Kloster-Stüble, Rothenburg ob der Tauber 267
Klostergasthof Raitenhaslach, Burghausen 280
Koitsche, Pension, Bertsdorf-Hörnitz 163
Kommende Ramersdorf, Schlosshotel, Bonn 63
Kronberg, Schlosshotel, Kronberg 122
Krone, Heitersheim 193
Krone, Weil am Rhein 229
Kronenschlösschen, Eltville-Hattenheim 113
Krug, Eltville-Hattenheim 114
Kucher's Landhotel, Darscheid 93
Kurfürstliches Amtshaus, Daun 94
Kurhotel, Bad Doberan 127
Kur- & Schlosshotel, Bad Neustadt 239

L

Landhaus Henze, Probstried 311
Landhaus Schlachtensee, Berlin/Zehlendorf 154
Landsitz Gut Golhof, Kötzting 257
Laudensacks Parkhotel, Bad Kissingen 238
Laurentius, Weikersheim 228
Lembeck, Schlosshotel, Dorsten-Lembeck 65
Lerbach, Schlosshotel, Bergisch Gladbach 57
Liebenstein, Schlosshotel, Neckarwestheim 209
Lindauer Hof, Lindau 296
Linde, Albstadt-Ebingen 172
Lindner, Bad Aibling 277
Lippachmühle, Landgasthof, Mahlstetten 203
Löwen, Duderstadt 43
Löwen, Hagnau am Bodensee 188
Löwen, Marktbreit 258
Löwen, Weinstube, Meersburg 205
Löwen, Hotel zum, Oberstaufen 308

REGISTER DER HOTELS

M

Magnushof, Eisenberg 281
Malerwinkel, Seebruck 312
Mangold, Waldhotel, Bergisch Gladbach 58
Markgrafen, Zum, Quedlinburg 144
Markusturm, Hotel, Rothenburg ob der Tauber 268
Meintzinger, Frickenhausen am Main 252
Meistertrunk, Rothenburg ob der Tauber 269
Menzhausen, Uslar 51
Messerschmitt, Weinhaus, Bamberg 242
Mönchhof, Gaggenau-Moosbronn 184
Moosleitner, Gasthof, Freilassing 285
Mühle, Binzen 174
Mühlenberger Hof, Duisburg-Rheinhausen 66
Mühlenhof, Westerdeichstrich 36

N

Neumarkt, Zeitz 145
Niederländischer Hof, Schwerin 136

O

Oberen Linde, Zur, Oberkirch 212
Oberkirchs, Freiburg im Breisgau 180
Oberstotzingen, Schlosshotel, Niederstotzingen 211
Ochsen, Hotel zum, Schönwald 220
Ochsen Post, Tiefenbronn 221
Opera, Hotel, München 303
Osterseen, Landgasthof, Iffeldorf 292

P

Palace, München 304
Palmenhof, Frankfurt am Main 117
Park Villa, Heilbronn 192
Parkhotel Juliushof, Groß Briesen 146
Perkeo, Heidelberg 191
Petershagen, Schloss, Petershagen 78
Pflaums Posthotel, Pegnitz 263
Piushof, Herrsching am Ammersee 290
Post, Bernkastel-Kues 90
Post, Zur, Ettal 283
Post, Zur, Gunzenhausen 255
Post, Zur, Inzell 293
Posthotel, Wirsberg 272
Poststation Zum Alten Forstamt, Morschen 124

Register der Hotels

R

Ratskeller Wiedenbrück, Wiedenbrück 84
Reetgedeckte Haus, Das Krakow am See 130
Reichs-Küchenmeister, Rothenburg ob der Tauber 270
Rengser Mühle, Bergneustadt 59
Reppert, Hinterzarten 194
Résidence, Essen-Kettwig 69
Residenz Bleichröder, Insel Usedom 137
Residenz Heinz Winkler, Aschau im Chiemgau 275
Residenz Joop, Magdeburg 142
Residenz Neuhof, Insel Usedom 138
Residenz Waldkrone, Kühlungsborn 132
Rettershof, Schlosshotel, Kelkheim 121
Riesen, Hotel zum, Miltenberg 260
Ritter, Durbach 178
Ritzi, München 305
Römerkrug, Oberwesel 105
Röntgen, Apartmenthotel, Kühlungsborn 131
Rose, Jagdhotel, Miltenberg 259
Rose, Gasthof zur, Oberammergau 307
Rote Wand, Postgasthof, Bayrischzell 279
Roten Bären, Zum, Freiburg im Breisgau 181
Rüsterhof, Colditz 164

S

Sassenhof, Hinterzarten 195
Säumerhof, Grafenau 254
Schafhof, Amorbach 236
Schassberger Ebnisee, Kaisersbach 197
Schloss Lübbenau, Lübbenau 149
Schnellenberg, Burghotel, Attendorn 55
Schönburg, Burghotel Auf, Oberwesel 105
Schöneck, Parkhotel Haus, Bad Karlshafen 112
Schrenkhof, München 306
Schwalenberg, Burghotel, Schieder-Schwalenberg 79
Schwan & Post, Bad Neustadt 240
Schwane, Zur, Volkach 271
Schwanen, Freudenstadt 182
Schwarzer Adler, Erlangen-Frauenaurach 249
Schweizer Stuben, Wertheim-Bettingen 233
Seegarten, Überlingen 224
Seehotel, Nakenstorf bei Neukloster 134
Seiler Hof, Insel Sylt 35
Siber, Seehotel, Konstanz 198
Siebelnhof, Hilchenbach 72
Sonne, Badenweiler 173

Register der Hotels

Sonne, Offenburg 214
Sonnora, Waldhotel, Dreis 96
Spangenberg, Schloss, Spangenberg 125
Spielweg, Münstertal 207
Spreewaldhof, Leipe 148
Stadt Mainz, Würzburg 273
Stadtschänke, Großbottwar 186
Staudacherhof, Garmisch-Partenkirchen 288
Stern, Bad Hersfeld 111
Sternen, Haus zum, Rottweil 218
Störmann, Schmallenberg 80
Stromburg, Stromberg 106

T
Theophano, Quedlinburg 143
Thiergarten, Schloss, Bayreuth 244
Töpferhaus, Alt Duvenstedt 27
Traube, Titisee-Neustadt 223
Tuchmacher, Romantikhotel, Görlitz 167

U
Utspann, Celle 42

V
Vecqueray, Haus, Monschau 75
Vier Jahreszeiten, Schlosshotel, Berlin/Grunewald 156
Villa Elben, Lörrach 202
Villa Fayence, Wallerfangen 109
Villa Hammerschmiede, Pfinztal-Söllingen 216
Villa Hentzel, Weimar 160
Voss Haus, Eutin 30

W
Waldesruh am See, Aumühle 29
Waldhaus, Westfeld-Ohlenbach 83
Waldhotel, Heiligenhaus 71
Waldsägmühle, Pfalzgrafenweiler-Kälberbronn 215
Walk'sches Haus, Weingarten 231
Walserhof, Hirschegg 291
Walsrode, Landhaus, Walsrode 52
Wartburg, Auf der, Eisenach 157
Wasserburg Anholt, Isselburg 73
Wehlauer's Badischer Hof, Bühl 176
Weißen Ross, Weinkastell Zum, Kallstadt 101
Weißenstein, Burggasthof, Regen 264
Weißmühle, Cochem 92

Register der Hotels

Weitenburg, Schloss, Weitenburg 232
Westend, Frankfurt am Main 116
Wiese, Haus, Oberstdorf 309
Wilkinghege, Schloss, Münster 76
Wittelsbach, Pension, Berlin/Wilmersdorf 155
Witthus, Krummhörn-Greetsiel 48
Wolff's Art Hotel, Weimar 159

Z
Zimmermann, Limburg an der Lahn 123
Zirbelstube, Nürnberg 262

REGISTER DER ORTE

In diesem Register sind die Hotels nach dem Namen des Ortes, in dem oder in dessen Nähe sie liegen, alphabetisch geordnet. Liegt ein Hotel in einem Weiler, so wird es möglicherweise unter dem Namen des nächstgrößeren Ortes aufgeführt, der auf der Karte leichter zu finden ist.

A

Albstadt-Ebingen, Linde 172
Alt Duvenstedt, Töpferhaus 27
Altenkunstadt, Zur Gondel 235
Amorbach, Der Schafhof 236
Ansbach, Bürger-Palais 237
Aschau-im-Chiemgau, Residenz Heinz Winkler 275
Attendorn, Burghotel Schnellenberg 55
Aumühle, Fürst Bismarck Mühle 28
Aumühle, Hotel Waldesruh am See 29
Aying, Brauereigasthof Hotel Aying 276

B

Bacharach, Altkölnischer Hof 86
Bad Aibling, Hotel Lindner 277
Bad Doberan, Kurhotel 127
Bad Hersfeld, Zum Stern 111
Bad Karlshafen, Parkhotel Haus Schöneck 112
Bad Kissingen, Laudensacks Parkhotel 238
Bad Laasphe-Glashütte, Jagdhof Glashütte 56
Bad Neuenahr-Heppingen, Zur Alten Post 87
Bad Neustadt, Kur- & Schlosshotel 239
Bad Neustadt, Schwan & Post 240
Bad Schandau, Hotel Forsthaus 161
Bad Tölz, Altes Fährhaus 278
Badenweiler, Hotel Sonne 173
Balduinstein, Zum Bären 88
Bamberg, Barock Hotel am Dom 241
Bamberg, Weinhaus Messerschmitt 242
Bärenfels, Gasthof Bärenfels 162
Bayreuth, Hotel Eremitage 243
Bayreuth, Schlosshotel Thiergarten 244
Bayrischzell, Postgasthof Rote Wand 279
Bergisch Gladbach, Schlosshotel Lerbach 57
Bergisch Gladbach, Waldhotel Mangold 58
Bergneustadt, Rengser Mühle 59
Berlin/Charlottenburg, Hecker's Hotel 152
Berlin/Grunewald, Forsthaus Paulsborn 153

REGISTER DER ORTE

Berlin/Grunewald, Schlosshotel Vier Jahreszeiten 156
Berlin/Wilmersdorf, Pension Wittelsbach 155
Berlin/Zehlendorf, Landhaus Schlachtensee 154
Bernkastel-Kues, Doctor-Weinstuben 89
Bernkastel-Kues, Zur Post 90
Bertsdorf-Hörnitz, Pension Koitsche 163
Billerbeck, Domschenke 60
Binzen, Mühle 174
Blaufelden, Gasthof zum Hirschen 175
Bocholt-Barlo, Schloss Diepenbrock 61
Bonn, Domicil 62
Bonn, Schlosshotel Kommende Ramersdorf 63
Borken/Rhedebrügge, Grüneklee 64
Bühl, Wehlauer's Badischer Hof 176
Bühl, Die Grüne Bettlad 177
Burghausen, Klostergasthof Raitenhaslach 280

C

Celle, Utspann 42
Cochem, Alte Thorschenke 91
Cochem, Weißmühle 92
Colditz, Rüsterhof 164
Colmberg, Burg Colmberg 245

D

Darscheid, Kucher's Landhotel 93
Daun, Kurfürstliches Amtshaus 94
Deidesheim, Deidesheimer Hof 95
Dinkelsbühl, Deutsches Haus 246
Dinkelsbühl, Hotel Eisenkrug 247
Dinkelsbühl, Gasthof Zum goldenen Anker 248
Dorsten-Lembeck, Schlosshotel Lembeck 65
Dreis, Waldhotel Sonnora 96
Dresden, Bülow Residenz 165
Dresden, Pension Altbriesnitz 166
Dudeldorf, Zum alten Brauhaus 97
Duderstadt, Zum Löwen 43
Duisburg-Rheinhausen, Mühlenberger Hof 66
Durbach, Hotel Ritter 178
Düsseldorf, Hotel Fischerhaus 67

E

Eichstätt, Adler 281
Eisenach, Auf der Wartburg 157
Eisenberg, Magnushof 282
Eltville-Hattenheim, Kronen-Schlösschen 113

REGISTER DER ORTE

Eltville-Hattenheim, Zum Krug 114
Erlangen-Frauenaurach, Schwarzer Adler 249
Eschau-Hobbach, Gasthof zum Engel 250
Essen-Kettwig, Schloss Hugenpoet 68
Essen-Kettwig, Résidence 69
Ettal, Zur Post 283
Eutin, Voss Haus 30

F

Feldberg-Bärental, Adler Bärental 179
Feuchtwangen, Hotel Greifen-Post 251
Fischbachtal-Lichtenberg, Landhaus Baur 115
Föhr, Insel, Landhaus Altes Pastorat 31
Frankfurt am Main, Hotel Westend 116
Frankfurt am Main, Hotel Palmenhof 117
Frasdorf, Landgasthof Karner 284
Frauenmark, Schloss Frauenmark 129
Freiburg im Breisgau, Oberkirchs 180
Freiburg im Breisgau, Zum Roten Bären 181
Freilassing, Gasthof Moosleitner 285
Freudenstadt, Schwanen 182
Frickenhausen am Main, Meintzinger 252
Friedrichsruhe, Wald- & Schlosshotel Friedrichsruhe 183
Fürsteneck, Schloss Fürsteneck 253

G

Gaggenau-Moosbronn, Mönchhof 184
Garmisch-Partenkirchen, Gasthof Fraundorfer 286
Garmisch-Partenkirchen, Garmischer Hof 287
Garmisch-Partenkirchen, Staudacherhof 288
Glottertal, Gasthaus zum Adler 185
Görlitz, Romantikhotel Tuchmacher 167
Grafenau, Säumerhof 254
Grainau, Alpenhof 289
Groß Briesen, Parkhotel Juliushof 146
Groß Nemerow, Bornmühle 128
Großbottwar, Stadtschänke 186
Grubschütz bei Bautzen, Landhaus Zur Guten Einkehr 168
Gunzenhausen, Zur Post 255

H

Hagnau am Bodensee, Der Löwen 188
Hagnau am Bodensee, Erbguths Villa am See 187
Hamburg, Hotel Abtei 38
Hamburg, Hotel Hanseatic 39
Hamburg, Strandhotel Blankenese 40

Register der Orte

Hamm/Sieg, Romantikhotel Alte Vogtei 98
Hamminkeln-Marienthal, Haus Elmer 70
Hanau, Hotel Birkenhof 118
Hannover, Landhaus Ammann 45
Hannover, Georgenhof 44
Haselünne, Burghotel Haselünne 46
Häusern, Hotel Adler 189
Heidelberg, Hirschgasse 190
Heidelberg, Perkeo 191
Heilbronn, Park Villa 192
Heiligenhaus, Waldhotel 71
Heitersheim, Krone 193
Herleshausen, Hotel Hohenhaus 119
Herrsching am Ammersee, Piushof 290
Hilchenbach, Siebelnhof 72
Hinterzarten, Reppert 194
Hinterzarten, Sassenhof 195
Hirschegg, Walserhof 291
Hofgeismar, Dornröschenschloss Sababurg 120
Hohenau, Die Bierhütte 256
Holle-Astenbeck, Gutsschenke des Fürsten zu Münster 47
Holzappel, Herrenhaus zum Bären 99
Horbruch im Hunsrück, Historische Schlossmühle 100

I

Iffeldorf, Landgasthof Ostersee 292
Inzell, Zur Post 293
Isselburg, Wasserburg Anholt 73

J

Jagsthausen, Burghotel Götzenburg 196

K

Kaisersbach, Schassberger Ebnisee 197
Kaiserslautern-Hohenecken, Burgschänke 102
Kallstadt, Weinkastell »Zum Weißen Ross« 101
Kaufbeuren, Goldener Hirsch 294
Kelkheim, Schlosshotel Rettershof 121
Kloster Zinna, Romantik Hotel Alte Försterei 147
Koblenz, Hotel Brenner 103
Konstanz, Seehotel Siber 198
Kötzting, Landsitz Gut Golhof 257
Krakow am See, Das Reetgedeckte Haus 130
Kronberg, Schlosshotel Kronberg 122
Krummhörn-Greetsiel, Witthus 48
Kühlungsborn, Apartment-Hotel Röntgen 131
Kühlungsborn, Hotel-Residenz Waldkrone 132

REGISTER DER ORTE

L

Lahr-Reichenbach, Adler 199
Lahr-Sulz, Dammenmühle 200
Landshut, Fürstenhof 295
Leipe, Spreewaldhof 148
Leonberg-Höfingen, Schloss Höfingen 201
Lichtenhain, Berghof Lichtenhain, 169
Limburg an der Lahn, Hotel Zimmermann 123
Lindau, Lindauer Hof 296
Lörrach, Villa Elben 202
Lübbenau, Schloss Lübbenau 149
Lüdinghausen, Hotel Borgmann 74

M

Magdeburg, Residenz Joop 142
Mahlstetten, Landgasthof Lippachmühle 203
Maierhöfen bei Isny, Gasthof zur Grenze 297
Markdorf, Bischofsschloss 204
Marktbreit, Löwen 258
Meersburg, Zum Bären 205
Meersburg, Weinstube Löwen 206
Miltenberg, Hotel Zum Riesen 260
Miltenberg, Jagd-Hotel Rose 259
Monschau, Haus Vecqueray 75
Moraas, Heidehof Moraas 133
Morschen, Poststation Zum Alten Forstamt 124
Muggendorf, Hotel Feiler 261
München, Acanthus 298
München, Asam 299
München, Cortiina Hotel 300
München, Gastehäus Englischer Garten 301
München, Inselmühle 302
München, Hotel Opera 303
München, Palace 304
München, Ritzi 305
München, Schrenkhof 306
Münster, Schloss Wilkinghege 76
Münstertal, Spielweg 207
Münster-Handorf, Hof zur Linde 77

N

Nakenstorf bei Neukloster, Seehotel 134
Neckarwestheim, Schlosshotel Liebenstein 209
Neckarzimmern, Burg Hornberg 210
Niederstotzingen, Schlosshotel Oberstotzingen 211

Register der Orte

Nörten-Hardenberg, Burghotel Hardenberg 49
Nürnberg, Zirbelstube 262

O

Oberammergau, Gasthof zur Rose 309
Oberkirch, Zur Oberen Linde 212
Oberstaufen, Hotel Löwen 308
Oberstdorf, Haus Wiese 309
Oberwesel, Römerkrug 104
Oberwesel, Burghotel Auf Schönburg 105
Oberwolfach, Hirschen 213
Ockholm-Bongsiel, Gaststätte Bongsiel 32
Offenburg, Sonne 214

P

Pegnitz, Pflaums Posthotel 263
Petershagen, Schloss Petershagen 78
Pfalzgrafenweiler-Kälberbronn, Waldsägmühle 215
Pfinztal-Söllingen, Villa Hammerschmiede 216
Pfronten, Bavaria 310
Potsdam, Schlosshotel Cecilienhof 150
Probstried, Landhaus Henze 311

Q

Quedlinburg, Schlosshotel Zum Markgrafen 144
Quedlinburg, Theophano 143
Quickborn, Jagdhaus Waldfrieden 33

R

Rammingen, Landgasthof Adler 208
Regen, Burggasthof Weißenstein 264
Riedenburg, Burghotel Schloss Eggersberg 265
Rosenberg, Landgasthof Adler 217
Rothenburg ob der Tauber, Burg-Hotel 266
Rothenburg ob der Tauber, Kloster-Stüble 267
Rothenburg ob der Tauber, Hotel Markusturm 268
Rothenburg ob der Tauber, Meistertrunk 269
Rothenburg ob der Tauber, Reichs-Küchenmeister 270
Rottweil, Haus zum Sternen 218
Rügen, Insel, Baumhaus Hagen 135

S

Saarlouis, Altes Pfarrhaus Beaumarais 108
Salzhausen, Josthof 50
Schieder-Schwalenberg, Burghotel Schwalenberg 79
Schmallenberg, Störmann 80

Register der Orte

Schneeberg, Hotel Restaurant Büttner 170
Schönwald, Hotel Dorer 219
Schönwald, Hotel zum Ochsen 220
Schwerin, Niederländischer Hof 136
Seebruck, Malerwinkel 311
Seeg, Pension Heim 312
Spangenberg, Schloss Spangenberg 125
Stolberg, Altes Brauhaus Burgkeller 81
Storkow, Schloss Hubertushöhe 151
Stromberg, Stromburg 106
Sylt, Insel, Benen-Diken-Hof 34
Sylt, Insel, Seiler Hof 35

T
Tiefenbronn, Ochsen-Post 221
Titisee-Neustadt, Adler Post 222
Titisee-Neustadt, Zur Traube 223

U
Überlingen, Seegarten 224
Überlingen-Andelshofen, Johanniterkreuz 225
Uhldingen-Mühlhofen, Fischerhaus 226
Usedom, Insel, Residenz Bleichröder 137
Usedom, Insel, Residenz Neuhof 138
Uslar, Menzhausen 51

V
Volkach, Zur Schwane 271

W
Wallerfangen, Villa Fayence 109
Walsrode, Landhaus Walsrode 52
Wangen im Allgäu, Alte Post 227
Waren, Ingeborg 139
Warnemünde, Landhotel Immenbarg 140
Weikersheim, Laurentius 228
Weil am Rhein, Gasthaus zur Krone 229
Weil am Rhein-Haltingen, Gasthaus zum Hirschen 230
Weimar, Alt Weimar 158
Weimar, Villa Hentzel 160
Weimar, Wolff's Art Hotel 159
Weingarten, Walk'sches Haus 231
Weitenburg, Schloss Weitenburg 232
Werne, Baumhove 82
Wertheim-Bettingen, Schweizer Stuben 233
Westerdeichstrich, Der Mühlenhof 36

Register der Orte

Westfeld-Ohlenbach, Waldhaus 83
Wiedenbrück, Ratskeller Wiedenbrück 84
Wirsberg, Posthotel 272
Wismar, Alter Speicher 141
Worpswede, Der Eichenhof 53
Würzburg, Zur Stadt Mainz 273

Z
Zeitz, Gasthaus am Neumarkt 145

Bitte beachten Sie auch folgende Titel aus dem Christian Verlag:

StyleCityTravel
192 Seiten mit 400 Farbfotos und 6 Karten
Bisher erschienen: **Paris, London, New York, Barcelona, Amsterdam, Berlin, Sydney**
In Vorbereitung: **Rom, San Francisco**

Die neue Generation von Reiseführern mit den angesagtesten Plätzen und Adressen der Metropolen: **StyleCityTravel**, der anspruchsvolle Guide für Städte- und Geschäftsreisende, führt straßenweise durch die interessantesten Viertel zu kreativen Galerien, außergewöhnlichen Museen und Theatern, originellen Straßenmärkten und idyllischen Parks. Übersichtskarten helfen bei der Orientierung. Die Style-Adressen (pro Band ca. 250 ausgewählte Adressen) verraten, wo es sich hip essen, trinken, schlafen, shoppen und erholen lässt.

StyleCityTravel Berlin
Entdecken Sie Berlin mit StyleCityTravel, dem Guide für anspruchsvolle Kosmopoliten. Rund 250 von Szenekennern ausgewählte Adressen führen straßenweise durch die Kieze, dorthin, wo man die aktuellen Trends in Kunst und Szene, Kultur und Design aufspüren kann. Ob Glamour-Hotel in Mitte oder Künstlerherberge in Charlottenburg, Multikulti-Shopping in Kreuzberg oder Designerboutiquen in Schöneberg, ob gemütliches Frühstückscafé, angesagte Bar oder hippe Clubs – zwischen Sony Center und Tacheles, Museumsinsel und Russendisko hat Berlin viel zu bieten. Lassen Sie sich zu einer ganz besonderen Begegnung mit dieser jungen, aufregenden Metropole inspirieren!

Hotel Stories
Legendäre Hotels und ihre Gäste
Von Francisca Matteoli
208 Seiten mit 250 Farbfotos und 85 s/w-Fotos
ISBN 3-88472-543-2

Unter den Augen des diskreten Personals spielen sich in Hotels die kleinen Unfälle und großen Tragödien des Lebens ab. Hier holen sich Schriftsteller ihre Inspiration, Schauspieler haben heimliche Affären – so etwa Marilyn Monroe und Yves Montand im Beverly Hills Hotel – und manchmal werden sogar Kinder geboren wie Bob Dylans Sohn im New Yorker Chelsea. FRANCISCA MATTEOLI, Autorin und Weltenbummlerin, hat 40 grandiose Hotels in aller Welt besucht und in Wort und Bild porträtiert.

Asien Spa
Anwendungen, Rezepte, Wellness-Oasen
Ayurveda, Jamu, Quigong & Taiji, Reiki, Sên
Von Ginger Lee und Christine Zita Lim
232 Seiten mit 400 Farbfotos
ISBN 3-88472-548-3

Entspannung pur, Wohlbefinden und gesundes Leben – der asiatische Kulturraum mit seinen jahrtausendealten Heilmethoden zeigt zahlreiche Wege auf, sich von Alltag und Stress zu erholen. Ob Traditionelle Chinesische Medizin (TCM) oder der aus Indien stammende Ayurveda, allen liegt das Streben nach Harmonie von Körper und Geist zugrunde. Dieser Führer durch die fernöstliche Wellness-Kultur stellt die traditionellen Therapien und Anwendungen vor und verführt zu einer Reise in die schönsten Spa-Resorts.

Spa & Wellness in Europa
Hotels – Anwendungen – Rezepte
Von Ginger Lee
232 Seiten mit 400 Farbfotos
ISBN 3-88472-625-0

Ob Thalasso, türkisches Hamam, ungarisches Moorbad, Kneipp, Aroma- oder Bachblütentherapie, Lymphdrainage, autogenes Training oder Sauerstofftherapie – es gibt viele Möglichkeiten, sich selbst Gutes zu tun. Das Buch stellt alle Wege zum Entspannen und Genießen vor und hilft Ihnen, die für Sie optimalen zu finden. Außerdem bietet es zahlreiche Rezepte aus Spa-Hotels, die Körper und Geist Harmonie und Energie schenken.

Küche, Kunst, Kultur am Jakobsweg
Von María Zarzalejos
Fotos von Xurxo Lobato, Sacha Hormacchea, Matías Briansó
248 Seiten mit 179 Fotos und 8 Karten
ISBN: 3-88472-667-6

Der tausendjährige El Camino breitet sich in prächtigen Bildern und informativen Texten zu Geschichte, Architektur und Esskultur vor dem Leser aus. Von Aragón über Navarra, La Rioja, Burgos, Léon bis A Coruna: Rezepte der einzelnen Regionen, durch die der Pilgerweg führt, wecken Erinnerungen und Sehnsucht gleichermaßen. Ein Buch zum Träumen und Genießen für alle, die den Weg gegangen sind oder gehen möchten, und alle Liebhaber der traditionellen spanischen Landküche.

Hotels auf Wasser, Rädern, Schienen
Von Shelley-Maree Cassidy
Fotos von Grant Sheehan
184 Seiten mit 179 Farbfotos
ISBN 3-88472-529-7

Sie sind Unterbringung und Transportmittel in einem. Ob auf einem Boot, in der Luft, unter Wasser, im Zug oder auf dem Pferdewagen – die hier vorgestellten »Hotels« bieten ständig wechselnde Aussichten, entspanntes Reisen, vor allem aber die Möglichkeit, ein Land »en passant« und doch ungleich intensiver zu entdecken, als wenn der Reisende nach jeder Erkundungsfahrt wieder in die ewig gleiche Welt eines konventionellen Hotels zurückkehren muss.

Die 24 schönsten Kreuzfahrten der Welt
Von Michel Bagot
176 Seiten mit 182 Farbfotos und 25 Karten
ISBN 3-88472-601-3

Kreuzfahrten sind »in«. Allein die legendären Namen der Kreuzfahrtschiffe und die Reiseziele – von der Eislandschaft der Antarktis bis zu den smaragdgrünen Gewässern der Südsee – wecken Sehnsucht nach Ferne und Abenteuer. Ob mit Luxusliner oder Eisbrecher, Windjammer oder Segeljacht: Spektakuläre Landschaften, quirlige Hafenstädte, kulturträchtige Landausflüge und das entspannte Leben an Bord machen den Urlaub zu einem unvergesslichen Erlebnis.

Pilgerwege
Von David Souden
192 Seiten mit 135 Farbfotos, 4 s/w-Fotos, 5 Illustrationen und 20 Landkarten
ISBN 3-88472-517-3

Santiago de Compostela, Mekka oder Jerusalem: Unterhaltsam und informativ wird die Geschichte der 20 wichtigsten Pilgerstätten der Welt, mit ihnen verbundene Traditionen sowie Verlauf und Bedeutung der Pilgerwege geschildert. Auch für moderne Pilger, die alternative Reiseerlebnisse suchen und fremde Völker und Kulturen aus einem anderen Blickwinkel kennen lernen möchten, bietet das Buch eine Fülle von Informationen und Anregungen für die individuelle Reiseplanung.

Das Kaffeehaus
120 klassische Rezepte & Geschichten aus Wien, Budapest und Prag
Von Rick Rodgers
248 Seiten mit 53 Farbfotos und 26 s/w-Fotos
ISBN 3-88472-572-6

Das Hawelka in Wien, das Gerbeaud in Budapest, das Slavia in Prag: Das Buch erzählt Anekdoten und Geschichten aus der Blütezeit des Kaffeehauses. Vor allem aber bietet es 120 Originalrezepte der Süßspeisen, die die großen Cafés berühmt gemacht haben – so unwiderstehlich, wie sie schon die k. u. k. Gesellschaft liebte.

Die Gewürzstraßen der Welt
Reisenotizen und Rezepte
Von Chris und Carolyn Caldicott
192 Seiten mit 115 Farbfotos
ISBN 3-88472-519-X

Jahrtausendelang lockte der Gewürzhandel mit immensem Reichtum. Die Caldicotts, passionierte Globetrotter und Kenner aller exotischen Kochtraditionen, folgten den alten Gewürzstraßen. Sie zeichnen mit eigenen Erlebnissen ein lebhaftes Bild der Länder, Menschen und Kulturdenkmäler und beschreiben die Rolle der heimischen und eingeführten Gewürze in den jeweiligen Küchen. Wo es ihnen am besten schmeckte, bei Freunden, an Straßenständen oder in Restaurants, haben sie 62 Rezepte gesammelt.

Italien - Genießer unterwegs
Rezepte und kulinarische Notizen
Von Michele Scicolone
256 Seiten mit 213 Farbfotos, 81 Aquarellen und 1 handillustrierten Landkarte
ISBN: 3-88472-471-1

MICHELE SCICOLONE nimmt den Leser mit auf eine Feinschmeckerreise durch Italien, von Südtirol bis Sizilien. Sie führt sachkundig und unterhaltsam in die Geheimnisse der regionalen Kochstile ein, blickt in die Kochtöpfe des Volkes und seiner fürstlichen Vorfahren und stellt in 24 Essays die typischen Zutaten und kulinarischen Leidenschaften vor. Unter den 143 Gerichten, die sie für unsere Feinschmeckerreise ausgewählt hat, finden sich berühmte Spezialitäten, traditionelle wie zeitgenössische Rezepte. Mit den 213 appetitanregenden Aufnahmen der Gerichte und Bilder aus dem kulinarischen Alltag, 50 bezaubernden Aquarellen sowie den mühelos nachkochbaren Rezepten können wir die Küche der italienischen Regionen zu Hause genießen.

Bäume
Die 60 größten und ältesten Bäume der Welt
Von Thomas Pakenham
192 Seiten mit 128 Farbfotos, 18 Stichen und 21 Illustrationen.
ISBN 3-88472-545-9

Bäume – sie sind Träger von Mythen, aber auch stumme Zeugen einer vieltausendjährigen Geschichte, die sie haben an sich vorüberziehen sehen. Dieses Buch nimmt uns mit auf eine Reise zu den 60 beeindruckendsten Bäumen der Erde, die uns mit ihrer faszinierenden Persönlichkeit in ihren Bann ziehen. Ob uns ihr scheinbar unendliches Alter oder ihre bizarre Gestalt verzaubert, jeder Baumliebhaber möchte sich am liebsten gleich selbst auf den Weg zu ihnen machen.

Orientalische Gärten
Inspirationen für die Gestaltung
Von Arnaud Maurières und Eric Ossart
Fotos von Joëlle Caroline Mayer und Gilles Le Scanff
168 Seiten mit 173 Farbfotos und 10 Gartenplänen
ISBN 3-88472-494-0

Seit seinen Ursprüngen in Persien verkörpert der orientalische Garten menschliche Vorstellungen vom Paradies. Seine wesentlichen Elemente Wasser, Geschmack (der Früchte), Farbe (der Blüten oder Kacheln) und Duft vereinigen sich zu einem Lustgarten für alle Sinne und zu einem Ort vollkommener Zufriedenheit.

Verborgene Gärten in Spanien
Von Eduardo Mencos
160 Seiten mit 220 Fotos.
ISBN 3-88472-647-1

Spaniens Gärten verdanken ihre faszinierende Vielfalt den unterschiedlichen Klima- und Landschaftszonen des Landes, vor allem aber sind sie geprägt von seiner wechselvollen Geschichte. So sind beispielsweise die charakteristischen Patios und die Kunst des Formschnitts eine Hinterlassenschaft der Römer, und 800 Jahre maurischer Herrschaft bereicherten die Gartenkultur um eine faszinierende Quelle der Inspiration: die Paradiesgärten des Orients. Dieser Band zeigt einige der sehenswertesten Gärten, von der weltberühmten Alhambra zu den privaten grünen Kleinoden.

Wohnen am Mittelmeer
Von Lisa Lovatt-Smith
216 Seiten mit 17 s/w- und 233 Farbfotos.
ISBN 3-88472-374-X

Ein orientalisch anmutender Märchenpalast in Marokko, eine ehemalige Kapitänsresidenz auf einer griechischen Insel, eine rustikale mallorquinische Finca, ein minimalistischer Neubau inmitten von Olivenhainen: Dieses Buch wirft einen Blick in die Wohnungen und Feriendomizile von kreativen und kunstsinnigen Menschen, die den Traum vom Leben im Süden verwirklichen konnten.

Wohnen in der Toskana
21 ländliche und exklusive Interieurs
Von Elizabeth Helman Minchilli
Fotos von Simon McBride
216 Seiten mit 228 Farbfotos
ISBN 3-88472-372-3

Alte Villen, großartige Landsitze und ehemalige Ölmühlen – die Häuser, die dieser Bildband vorstellt, sind in ihrer Verbindung von Eleganz, Prunk und ländlicher Bodenständigkeit typisch toskanisch und geben Einblick in die Kultur und Lebensweise ihrer Bewohner. In vielen Fällen sind sie seit Generationen im Besitz der Familien, auch wenn sie manchmal erst in jüngster Zeit aus ihrem Dornröschenschlaf geholt und zum dauerhaften Wohnsitz oder zur Sommerfrische erkoren wurden.